Russell Kolts

Schließe Freundschaft mit deiner Wut

Russell Kolts

Schließe Freundschaft mit deiner Wut

Wie Achtsamkeit und Mitgefühl dabei helfen können, besser mit Ärger und Wut umzugehen

Mit einem Vorwort von Paul Gilbert
Übersetzt von Peter Brandenburg

Arbor Verlag
Freiburg im Breisgau

Die Originalausgabe erschien unter dem Titel:
The Compassionate Mind Approach to MANAGING YOUR ANGER
First published in the UK by Robinson, an imprint of Constable & Robinson, 2012.

1. Auflage 2014

Titelfoto: © plainpicture/Millennium/Abbitt Paul
Lektorat: Lothar Scholl-Röse
Druck und Bindung: Kösel, Krugzell
Hergestellt von mediengenossen.de

Dieses Buch wurde auf 100 % Altpapier gedruckt und ist alterungsbeständig.
Weitere Informationen über unser Umweltengagement finden Sie unter www.arbor-verlag.de/umwelt

www.arbor-verlag.de

ISBN 978-3-86781-078-4

Wichtiger Hinweis
Die Ratschläge zur Selbstbehandlung in diesem Buch sind vom Autor und Verlag sorgfältig erwogen und geprüft worden. Dennoch kann eine Garantie nicht übernommen werden. Bei ernsthafteren oder länger anhaltenden Beschwerden sollten Sie auf jeden Fall einen Arzt oder einen Heilpraktiker Ihres Vertrauens zu Rate ziehen. Eine Haftung des Autors oder des Verlages für Personen-, Sach- und Vermögensschäden ist ausgeschlossen.

Inhalt

Dieses Buch ist den Männern des Airway Heights Corrections Center gewidmet,
die den Mut haben, hinter Gittern Mitgefühl zu kultivieren.

Und Lisa Koch und Dylan Kolts. Mein Herz lebt bei Euch.

Vorwort

Wir wissen, dass Mitgefühl für unser Wohlbefinden sehr wichtig ist. Wenn man gestresst oder erregt ist, ist es immer besser, freundliche und hilfsbereite Menschen um sich zu haben, als kritische, ablehnende oder uninteressierte. Es ist jedoch nicht nur der gesunde Menschenverstand, der uns etwas über den Wert von Freundlichkeit und Mitgefühl sagt – Fortschritte in jüngerer Zeit bei wissenschaftlichen Untersuchungen von Mitgefühl und Freundlichkeit haben unser Verständnis erheblich vorangebracht, wie mitfühlende Qualitäten der Psyche Gehirn, Körper und soziale Beziehungen tatsächlich beeinflussen sowie sich auf unsere Gesundheit und unser Wohlsein auswirken. Doch trotz gesundem Menschenverstand, uralter Weisheit und modernem Wissen leben wir in einer Zeit, die Selbstmitgefühl und Mitgefühl mit anderen schwierig macht. Wir leben in einer Welt des Gewinnstrebens, der Leistung und der Gier, von Vergleichen mit anderen, denen es vielleicht besser geht und von Unzufriedenheit, Enttäuschung über sich selbst und Selbstkritik und Selbstentwertung. Die Forschung hat gezeigt, dass solche Umgebungen uns wirklich unglücklich machen und dass psychische Krankheiten und Störungen auf dem Vormarsch sind, besonders bei jungen Menschen. Russell Kolts zeigt uns, dass Frustration, Reizbarkeit und Wut sehr verbreitete Symptome der Umwelten sind, in denen wir heute leben. Sei es Gereiztheit aufgrund langer Warteschlangen, übermäßig komplizierter Geräte, Verkehrsstaus, schreiender Kinder oder inkompetenter Politiker – die Liste der Dinge, die uns in Zustände hoher Spannung versetzen ist endlos.

Wenn es noch nicht reicht, dass man wütend, gereizt und gestresst ist, kann man diesen Emotionen entsprechend handeln und sich dann rechtfertigen: „Sie haben es verdient, sie hätte dies oder jenes nicht tun sollen." Und natürlich bezeichnen wir die Leute, auf die wir wütend sind, als „dumm", „dämlich", „nervig" oder „hirnlos und stumpfsinnig". Es gibt in der Gesellschaft auch subtile Botschaften, dass Wut mit Machismo zu tun hat, dass mit dieser Person eben nicht zu spaßen ist. So eine Haltung kann sogar hinter ziemlich ernster Gewalt stecken – wo Menschen das Gefühl haben, sie müssten ihr Gesicht wahren, müssten zu ihrem Recht kommen und dürften sich nicht demütigen oder respektlos behandeln lassen. In einigen Teilen der Gesellschaft sitzt die Angst vor Demütigung so tief, dass explosive Wut und Gewalt zum Alltag gehören.

Es ist sogar leicht, Aggressivität mit Selbstbewusstsein zu verwechseln, und wenn man das tut, kann man Menschen sehr verletzen oder verärgern. Kolts zeigt, dass Wut eine flüchtige, impulsive und nicht sehr kluge Emotion ist. Wenn man ihr einfach nachgibt, kann es sein, dass man dies noch lange Zeit bereut. Wut ist auch ziemlich „klebrig", da man dazu neigt, über die Dinge, die einen wütend gemacht haben, endlos zu grübeln. Wir hören nicht auf, darüber nachzudenken, was uns angetan wurde. Manchen Menschen können Gefühle der Wut sehr Angst machen, deshalb versuchen sie, ihre Emotionen zu unterdrücken, um Konflikte zu vermeiden. Andere reagieren selbstentwertend und verurteilen sich dafür, dass sie wütend geworden sind und sich eben nicht nett und freundlich verhalten haben. Wir kritisieren uns und meinen, wenn wir uns über uns selbst ärgern, hörten wir auf, ärgerlich oder wütend zu sein. Und die Umwelt neigt dazu, Vorwürfe zu machen und zu beschämen, wenn jemand mit seinen Emotionen zu kämpfen scheint.

Warum sind wir nun so empfänglich für Frustration und Ärger oder Wut, und warum nehmen sie in der modernen Gesellschaft zu? Kolts zeigt uns aufgrund seines reichen Wissens und seiner Erfahrung, dass viele unserer Emotionen eigentlich das Ergebnis eines sehr langen Prozesses der Evolution sind. Die Emotionen waren ursprünglich dazu bestimmt, mit unmittelbaren Gefahren in den Dschungeln und den Savannen fertig zu werden; an unsere moderne Welt sind sie leider nicht so gut angepasst.

Und es dient auch nicht unserem Wohlbefinden, wenn wir von Ärger oder Wut erfüllt unser neues Gehirn mit seiner Fähigkeit, zu denken und zu grübeln, benutzen und nicht mehr aus der Wut herausfinden. Menschen sind die einzigen höheren Lebewesen, die mit der Fähigkeit ausgestattet sind, unter einem Baum zu sitzen und zu grübeln, wie sie ihr Recht bekommen können oder wie wütend sie aufgrund irgendeines Ereignisses sind, und Rache schmieden oder sich einfach in einem Zustand der Wut halten. Man kann sogar wütend wegen etwas sein, was man fühlt – wütend oder ärgerlich, weil man Angst hat, weil man deprimiert ist, weil man dauernd müde und erschöpft ist. Wie wir über die Dinge in unserem Leben, die uns Stress verursachen, denken und grübeln, kann uns manchmal wirklich den Verstand rauben. Wenn wir das verstehen und die Identifikation mit den Emotionen aufgeben können, können wir erkennen, dass unsere Empfänglichkeit für Wut überhaupt nicht unser Fehler ist. Schließlich haben wir unser Gehirn mit seiner Fähigkeit, Emotionen wie Angst und Wut zu empfinden, nicht selbst gemacht. Und auch unsere Fähigkeit für komplexes Denken, das unser Erleben von Wut und Frustration sogar noch intensiver machen kann, haben wir nicht geplant oder gemacht. Und auch unsere Geschichte oder unsere Gene, die uns für Wut empfänglicher machen können, haben wir uns nicht selbst ausgesucht. Dies ist die zentrale Botschaft des Compassionate Mind Training und der Compassion Focused Therapy, denn Mitgefühl beginnt damit, dass man ein tieferes Verständnis dafür entwickelt und anerkennt, wie problematisch unser Gehirn aufgebaut ist. Das klingt ziemlich merkwürdig, nicht wahr? Aber wenn wir sehen, wie problematisch unsere Emotionen sein können, können wir Abstand zu ihnen nehmen und Mitgefühl für unsere Schwierigkeiten und Probleme empfinden.

Was können wir nun vor dem Hintergrund der Tatsache, dass unser Gehirn von der Evolution gemacht und von der Umwelt geformt wurde, in der wir leben, tun, was uns helfen könnte, wenn wir wütend werden? Zum einen können wir lernen, darauf zu achten, wie unser Denken beschaffen ist und wie es funktioniert, und achtsam bei den Gefühlen sein, die mit Wut zu tun haben, und sie genau beobachten. In diesem hilfreichen Buch zeigt Russell Kolts, wie manche Menschen gelernt haben, für die

Situationen sehr sensibel zu sein, die ihre Wut auslösen können, wie z. B. Erfahrungen von Frustration oder eher geringfügige Kritik.

Wenn wir uns unserer Wut stellen und mit ihr arbeiten sollen, dann ist die Beziehung, die wir mit uns selbst haben, sehr wichtig. Wenn man dazu neigt, sich abzuwerten und übertrieben streng mit sich zu sein, dann ist die innere Welt kein angenehmer Ort. Wenn man unter Scham leidet und sich in einer entwertenden Weise kritisiert, sich verurteilt oder sogar ablehnt, wird Selbstvertrauen untergraben, und man fühlt sich noch schlechter. Menschen, die im Allgemeinen zuversichtlich sind und sich selbst mögen, neigen viel weniger zu Wut als Menschen, die unsicher sind, sich leicht als Opfer fühlen und für Ablehnung empfänglich sind.

Außerdem ist Wut natürlich nicht immer nach außen gerichtet, sie kann auch nach innen gegen einen selbst gerichtet sein, und dies verursacht wirklich Probleme. Leider kritisieren sich heute viele Menschen auf eine selbstentwertende Weise, und wenn etwas schiefgeht oder wenn sie Fehler machen, reagieren sie mit Frustration und Wut auf sich selbst, statt zu versuchen, etwas Nützliches und Unterstützendes für sich zu tun. Dies ist kein sinnvoller Umgang mit Wut, denn damit gibt man, wie Kolts beschreibt, dem Feuer unseres Bedrohungssystems noch mehr Nahrung. Im Gegensatz dazu ist Selbstmitgefühl eine Weise, wie man mit Unterstützung und Ermutigung bei sich und bei allen Emotionen, so unangenehm sie auch sein mögen, sein kann, ohne sich zu verurteilen. Die Forschung zeigt, dass man um so glücklicher ist und um so resilienter wird, je mehr Mitgefühl man in schwierigen Situationen mit sich hat. Zudem kann man besser auf andere zugehen und sich helfen lassen und man empfindet auch mehr Mitgefühl mit anderen.

Mitgefühl hat oft den Beigeschmack von „weich“ oder „schwach“ oder fühlt sich so an, als mache man sich „wehrlos“ oder „strenge sich nicht genug an“. Es ist ein großer Fehler, Mitgefühl so zu sehen, denn es setzt im Gegenteil voraus, dass man für schmerzhafte Gefühle offen sein und sie aushalten kann, um sich schwierigeren Emotionen und Problemen zu stellen. Manchmal ist es Wut, die uns vor schmerzhafteren Dingen Deckung bietet, aber es ist Mitgefühl, das den Mut verleiht, uns ihnen zu stellen. Mitgefühl bedeutet nicht, dass man sich von emotionalen Schwierigkeiten oder von etwas Unangenehmem abwendet oder versucht, sie loszuwerden. Es ist keine weiche Option. Vielmehr verschafft uns Mitgefühl den Mut, die Aufrichtigkeit und die Stärke, die wir brauchen, um mit unseren Schwierigkeiten umzugehen, und Wut und andere Probleme zu mildern. Es befähigt uns, das zu tun, was für uns und unser Leben sinnvoll und hilfreich ist, und unser Leben voller und zufriedener zu leben.

In dieses Buch bringt Russell Kolts seine langjährige Erfahrung als klinischer Psychologe und als Psychotherapeut ein, der in Washington mit Menschen arbeitet, die an einer Vielzahl verschiedener emotionaler Probleme leiden. Außerdem meditiert er seit vielen Jahren. Er hat besonderes Interesse an der Arbeit mit Menschen, die sich aufgrund von aggressivem Verhalten im Gefängnis befinden. Er bringt auch seine Erfahrung mit der Compassion Focused Therapy (CFT) bei der Behandlung von Wut ein. In diesem Buch beschreibt er ein Modell von Mitgefühl, das Ihr Selbstvertrauen stimulieren und aufbauen kann, sodass Sie auf Ihre Wut zugehen und sich mit ihr auseinandersetzen können. Sie werden lernen, wie Sie eine unterstützende Freundschaft mit sich selbst aufbauen können, die Ihnen in schweren Zeiten helfen wird. Kolts leitet Sie an, wie Sie eine mitfühlende Motivation, mitfühlende Aufmerksamkeit, Gefühle, die von Mitgefühl getragen sind, mitfühlendes Denken und mitfühlendes Verhalten entwickeln können. Sie werden etwas über die potentielle Wirkung von Bildern lernen, die Mitgefühl ausdrücken oder verkörpern, und die Sie geistig entwickeln können – Bilder, die bewirken, dass Sie sich selbst als mitfühlend empfinden, und die aus der eigenen inneren Weisheit und den Qualitäten des Wohlwollens gespeist werden. Das sind Qualitäten, die Sie sehr wahrscheinlich empfinden, wenn Sie ruhig sind oder Anteilnahme zeigen. Es ist sehr nützlich, zu lernen, wie man atmen muss, um „langsamer zu werden“, und auch diese Qualitäten zur Verfügung zu haben, wenn Frustration, Wut und Zorn uns wie ein Sturm mitreißen. Mit dem Gebrauch verschiedener Bilder, die Mitgefühl verkörpern, werden Sie entdecken, dass Ihre Orientierung auf Mitgefühl visuell oder auditorisch sein kann (zum Beispiel die Imagination einer mitfühlenden Stimme, die zu Ihnen spricht, wenn Sie sie brauchen). Diese Bilder sind besonders nützlich, um in Momenten intensiver Not oder negativer Emotionen mit mitfühlenden Gedanken und Wünschen in Berührung zu kommen.

Der Ansatz, dem Kolts folgt, ist der Compassionate Mind Approach. Wenn man Mitgefühl weckt und sich davon leiten lässt, wird es unsere Aufmerksamkeit, die Gedanken und Gefühle und unser Verhalten beeinflussen – mit anderen Worten, wie unser Geist als Ganzes funktioniert. Der Compassionate Mind Approach geht auf viele andere gut entwickelte Ansätze zurück, darunter auch auf buddhistische Traditionen. Außerdem wurzeln Formen des Compassionate Mind Approach – besonders die, die Teil der CFT bilden – in einem wissenschaftlichen Verständnis davon, wie unser Geist funktioniert. Ohne Zweifel wird sich in Zukunft unser wissenschaftliches Verständnis erweitern und verbessern. Etwas, was sich nicht verändern wird, ist hingegen die Tatsache, dass Freundlichkeit, Wärme und Verstehen immer eine große Hilfe sind. In diesem Buch werden Ihnen diese Qualitäten immer wieder begegnen, sodass auch Sie lernen werden, verständnisvoll, unterstützend und freundlich, aber auch offen und mutig zu sein, wenn Sie mit Ihrer Wut arbeiten.

Viele Menschen leiden stumm und im Verborgenen an einer Vielzahl von Problemen mit Wut und Frustration – manche empfinden deswegen Scham oder, weil sie so empfinden, Ärger, andere haben manchmal Angst, Wut und Frustration könnten die Oberhand gewinnen. Leider hält Scham viele davon ab, Hilfe zu suchen. Wenn wir aber unser Herz für Mitgefühl öffnen, können wir die ersten Schritte tun, auf neue Weise mit unseren Problemen umzugehen. Meine mitfühlenden Wünsche begleiten Sie auf Ihrer Reise.

Paul Gilbert
August 2011

Einleitung

In diesem Buch wird ein neues Modell vorgestellt, mithilfe dessen man Wut verstehen und mit ihr arbeiten kann. Es beruht auf einem neuen Ansatz, der von Paul Gilbert, einem bekannten britischen Psychologen, entwickelt wurde. Gilberts Compassionate Mind Approach geht davon aus, dass wir zunächst Kenntnisse von der Funktionsweise unserer Psyche haben müssen, wenn wir effektiv mit ihr arbeiten wollen. Die Compassion Focused Therapy (CFT), die therapeutische Methode, die aus diesem Ansatz hervorgegangen ist, stellt wirkungsvolle Strategien für die Arbeit mit schwierigen Emotionen wie z. B. Wut bereit und dafür, wie wir uns in Richtung auf ein glücklicheres und gesünderes Leben entwickeln können. Wir werden uns in diesem Buch intensiv mit Mitgefühl befassen, aber im Hintergrund steht immer die Erkenntnis, dass wir alle glücklich sein und Leiden vermeiden wollen. Kombiniert mit der Sensibilität für die Unvermeidlichkeit von Leiden und einer Motivation, zu helfen, Leiden in uns und in anderen Menschen zu erleichtern, bildet diese Einsicht die Grundlage dafür, wie man mit Mitgefühl in der Welt sein kann. Mitgefühl spielt seit Langem im Herzen verschiedener spiritueller Traditionen eine zentrale Rolle, vor allem im Buddhismus. In der Psychologie hat es aber historisch eine viel weniger formale Stellung eingenommen, als man erwarten könnte, wenn man bedenkt, dass professionelle Helfer auf dem Gebiet der psychischen Gesundheit den größten Teil ihrer Zeit darauf verwenden, Patienten zu helfen, mit Leiden zu arbeiten.

Viele Menschen, die in solchen Berufen arbeiten, beginnen zu verstehen, dass Mitgefühl eine wichtige Rolle bei der Arbeit mit schwierigen Emotionen spielen kann. Ferner belegt die Forschung, die aus der gemeinsamen Anstrengung westlicher Psychologen und buddhistischer Mönche hervorgeht, dass Mitgefühl potentiell auch helfen kann, Teile des Gehirns zu stärken, die für die Regulierung von Emotionen wichtig sind. Besondere Therapieformen bilden sich heraus, die die Kultivierung von Mitgefühl mit sich selbst und mit anderen einsetzen, um Menschen zu helfen, mit den Schwierigkeiten des Lebens umzugehen.

Dieses Buch verwendet die CFT, um Ihnen zu helfen, mit Ärger und mit Wut umzugehen, die auf der Reaktion des Gehirns auf reale oder vorgestellte Bedrohungen und Gefahren und auf unseren frühen Erfahrungen beruhen. Es will Ihnen helfen, Scham wegen Ihrer schwierigen emotionalen Erfahrungen aufzugeben und stattdessen Verantwortung für sie zu übernehmen. Gemeinsam werden wir Möglichkeiten finden, mit diesen Emotionen zu arbeiten und Strategien zu entwickeln, die Ihnen helfen, mit Ihrer Wut umzugehen. Wir werden viele Praktiken und Techniken kennenlernen, die Ihnen helfen werden, Ihre Beziehung mit Ihren Emotionen, mit Ihren Lebenserfahrungen und mit anderen Menschen zu verändern. Sie können lernen, freundlicher mit sich selbst und mit anderen zu sein und mit Ihrer Wut so zu arbeiten, dass sie Ihr Leben, so wie Sie es gern leben möchten, nicht mehr stört.

Die CFT greift auf Mitgefühlspraktiken zurück, die seit Tausenden von Jahren verwendet werden, aber sie nutzt auch das wissenschaftliches Verständnis davon, wie der Geist und die Psyche funktionieren. Sie greift auf die evolutionäre Psychologie zurück, die unsere Hirnfunktionen vor dem Hintergrund unserer evolutionären Geschichte betrachtet (das heißt, wie wir so wurden, wie wir sind), und hilft uns so, den Sinn einiger manchmal sehr frustrierender Aspekte unseres Verhaltens zu verstehen. Die CFT profitiert auch von der sogenannten „affektiven Neurowissenschaft“, die uns hilft, unsere emotionalen Erfahrungen in Verbindung mit den Vorgängen in unserem Gehirn zu verstehen. Auf der Grundlage dieser Ansätze vertritt das Compassionate-Mind-Modell (auf dem die CFT beruht) die Auffassung, dass Mitgefühl sowohl einzigartig als auch wirkmächtig ist: Es ist einfach gut für uns, wie der Dalai Lama meint, wenn wir Mitgefühl kultivieren. Es ist auch die einzig sinnvolle Reaktion, wenn wir bedenken, wie schwer zusammenpasst, wie sich unser Gehirn entwickelt hat, um mit bestimmten Bedrohungen und Gefahren umzugehen, und wie wir jetzt in einer Welt leben, die uns mit ganz anderen Arten von Gefahren und Bedrohungen konfrontiert.

In den ersten drei Kapiteln dieses Buches betrachten wir Wut aus der Perspektive der CFT. Wir beginnen, Wut als das Produkt der Systeme zur Regulierung von Emotionen zu verstehen, die sich über Millionen von Jahren entwickelt haben. Wir werden beschreiben, wie diese uralten Systeme mit unseren Fähigkeiten interagieren können, zu denken und zu fantasieren (oder zu imaginieren), und uns in Zyklen von Wut und Feindseligkeit halten und blockieren können. Wir werden auch andere Systeme zur Regulierung von Emotionen kennenlernen, die uns helfen können, Wut und starke Aggression mit anderen Emotionen auszugleichen und Kontrolle darüber zu gewinnen, wie wir denken und fühlen. Später werde ich die Konzepte von Mitgefühl und vom mitfühlenden Selbst und eine Reihe von Übungen vorstellen, mit denen man mit Wut arbeiten kann, um einen ruhigen, zuversichtlichen, weisen und mitfühlenden Geist zu kultivieren.

Einige Praktiken und Ansätze, die in diesem Buch verwendet werden, sind für die CFT typisch und manche kennen Sie vielleicht schon. Zum Beispiel stammen das Selbstbehauptungstraining und Techniken zur Veränderung der Weise, wie man denkt, aus der Kognitiven Verhaltenstherapie (KVT). Bei der CFT geht es nicht darum, das Rad neu zu erfinden. Vielmehr stellt sie uns eine Möglichkeit zur Verfügung, wie wir uns selbst transformieren können und die mit sehr wirksamen und etablierten Methoden der Veränderung kompatibel ist. Gleichzeitig fügt sie etwas Neues hinzu: ein mitfühlendes Verständnis davon, wie unser Geist funktioniert. Unser Ziel ist es, das mitfühlende Selbst (Compassionate Self) zu entwickeln, sodass wir auf eine Weise mit den Schwierigkeiten des Lebens umgehen können, die uns ermöglicht, unsere Wut zu kontrollieren, statt von ihr kontrolliert zu werden.

Meine Einführung in dieses Thema entstand als Folge meiner Beschäftigung mit meiner eigenen Wut. Viele meiner Studenten haben mir in meinen Psychologieseminaren erzählt, dass sie eines Tages Kinder haben möchten. Ich habe dann oft geantwortet: „Wenn Sie ein guter Vater (oder eine gute

Mutter) sein möchten, dann versuchen Sie, selbst zu so einem Menschen zu werden, wie Sie es auch Ihrem Kind wünschen. Kultivieren Sie in sich selbst die Eigenschaften, die Sie Ihrem Kind wünschen." Wenn Sie möchten, dass Ihr Kind freundlich ist, dann lernen Sie, Menschen freundlich zu behandeln. Wenn Sie wollen, dass es mit schwierigen Umständen gut umgehen kann, dann lernen Sie selbst, sich solchen Situationen zu stellen. Die Idee ist, dass Kinder dadurch lernen, das Leben zu bewältigen, dass sie mit den Menschen interagieren und die Menschen beobachten, die ihnen nahe sind. Wie wir uns gegenüber unseren Kindern und in ihrer Umgebung verhalten, hat mehr Einfluss auf ihren Charakter, als wenn wir ihnen nur sagen, wie sie sich verhalten oder nicht verhalten sollten.

Als mein Sohn geboren wurde, habe ich angefangen wahrzunehmen, dass ich mich manchmal so verhielt, wie ich es nicht an ihn weitergeben wollte – und meistens hatte dieses Verhalten mit Ärger und Wut zu tun. Während dieses Prozesses der Arbeit mit Ärger und Wut begegnete ich dem Buddhismus und seinen Mitgefühlspraktiken, von denen viele Tausende von Jahren alt sind. Ich fing selbst an, sie zu lernen, und als ich ihre Kraft spürte, mein Leben zum Besseren zu transformieren, wusste ich, dass ich einen Weg finden musste, sie in meine Arbeit als Psychologe zu integrieren. Dies führte mich zu Paul Gilberts CFT. Wie gesagt, mein Ansatz zu dieser Arbeit ist sehr von der traditionellen westlichen Psychologie und durch meine persönliche Erfahrung mit den Techniken buddhistischen Geistestrainings beeinflusst. Keine Sorge – wenn ich dies schreibe, ist mein Ziel nicht, jemandem zum Buddhismus zu bekehren. Ich würde mich nicht einmal selbst als Buddhisten bezeichnen, und im Folgenden werden Sie sehen, dass dieses Buch ganz sicher keine religiöse Tendenz erkennen lässt. Ich glaube aber, es ist wichtig, den Einfluss des Buddhismus anzuerkennen, denn er hat mir die Erfahrung vermittelt, welche kraftvolle Wirkung die Kultivierung von Mitgefühl in unserem Leben haben kann. Er zeigt uns viele Möglichkeiten, wie man sein Denken verändern kann, mit schwierigen Emotionen arbeiten und auf schwierige Situationen reagieren kann – Strategien, die einen starken Einfluss auf dieses Buch hatten.

Eines der Dinge, die ich bemerkt habe, als ich anfing, buddhistische Lehrvorträge zu hören, war die Betonung der Motivation, die uns hilft zu reflektieren, warum wir gerade dieser Aktivität zu diesem Zeitpunkt nachgehen. Was ist unser Ziel, wenn wir dies oder jenes tun? Meine Lehrer betonten, dass das Ergebnis einer Aktivität sehr viel mit der zugrunde liegenden Motivation zu tun hat und dass Motivation etwas ist, was man wählen und entwickeln kann.

Ich möchte Ihnen an dieser Stelle eine erste Übung vorschlagen, die ich von meinen Lehrern übernommen habe: Nehmen Sie sich einen Moment Zeit und reflektieren Sie darüber, wie Sie Ihr Leben in diesem Moment erleben und erfahren. Nehmen Sie die Umgebung wahr, in der Sie sich befinden. Was sehen Sie? Was hören Sie, was fühlen Sie? Wie ist die Temperatur? Ist es warm oder kühl?

Seien Sie sich nun Ihres Körpers bewusst. Wie fühlt er sich an? Ist er entspannt oder angespannt? Sitzen Sie oder liegen Sie? Wie fühlt es sich an, wenn Sie dies tun? Ist es angenehm und bequem? Oder eher unangenehm?

Richten Sie jetzt Ihr Bewusstsein auf Ihre Emotionen. Wie fühlen Sie sich in diesem Moment? Interessiert? Nervös? Angespannt? Irritiert oder gereizt? Gelangweilt? Was für Gedanken gehen Ihnen durch den Kopf?

Betrachten Sie schließlich Ihre Motivation, dieses Buch zu lesen. Warum haben Sie es gekauft, geöffnet und angefangen zu lesen? War es Neugier? Haben Sie sich mit Wut auseinandergesetzt, und suchen Sie vielleicht etwas, was Ihnen helfen könnte? Vielleicht hat Ihnen jemand dieses Buch empfohlen? Vielleicht lesen Sie es, weil Sie jemanden kennen, der Probleme mit Wut hat – einen Freund, ein Familienmitglied, oder wenn Sie beruflich mit Menschen mit psychischen Problemen arbeiten, einen Klienten oder einen Patienten – und Sie hoffen zu lernen, wie Sie ihnen helfen können?

Überlegen Sie, was Ihre Motivation ist, und schauen Sie, ob Sie mit ihr arbeiten können. Schauen Sie, ob Sie an die Lektüre dieses Buches mit der Motivation herangehen können, sich selbst und andere besser verstehen und sich selbst helfen zu können. Stellen Sie sich vor, dass Sie dies tun, damit Sie lernen können, wirksamer mit den schwierigen Emotionen umzugehen, mit denen Sie in Ihrem Leben konfrontiert werden, damit Sie in der Welt auf eine Weise existieren können, die freundlich und für Sie selbst wie für alle, denen Sie begegnen, nützlich ist.

Dies ist ein vollkommener Anfang.

1 Ärger und Wut
Einführung und Überblick

Als ich mich auf dieses Buch vorbereitete, habe ich mich hingesetzt und den Fernsehapparat eingeschaltet. Ich wollte eine interessante Geschichte über Wut finden. Ich suchte ein Beispiel, das Ihre Aufmerksamkeit erregen und Sie fesseln würde und Ihnen das Gefühl vermitteln würde, dass Sie dieses Buch wirklich lesen wollen. Ich dachte mir, dass es sicher nicht schwierig sein würde, im Fernsehen (oder im Internet) ein Beispiel für Aggressivität zu finden, das die meisten Leser interessant finden könnten. Tatsächlich war das auch kein Problem.

Schwierig war nur, ein Beispiel auszuwählen: Sollte ich über die Berühmtheit schreiben, die vor laufender Kamera jemanden mit rassistischen Ausdrücken beschimpft hatte, der nicht einmal dieser Rasse angehörte? Über den Starathleten, der gesperrt worden war, weil er den Spieler einer anderen Mannschaft geschlagen hatte? Oder über die Talkshowgäste, die in farbigen Ausdrücken die ebenso farbige äußere Erscheinung oder die Lebensstile ihrer Gegenüber durch den Kakao ziehen? Ich meine, ich fand diese Stiefel selbst ein bisschen grell, also wirklich …

Am Ende war ich von all diesen Beispielen unbeherrschter Aggressivität ein wenig überwältigt und beschloss, sie alle zu verwenden.

Oft hat man den Eindruck, überall von Aggression umgeben zu sein. Wir schalten die Abendnachrichten ein und sind mit Berichten von häuslicher Gewalt, Gewaltverbrechen, sich befehdenden Berühmtheiten und Politikern, Gewalt im Straßenverkehr und zahllosen Gruppen konfrontiert, die gegen fast alles protestieren, was man sich vorstellen kann. Die Leserbriefe in den Zeitungen enthüllen noch mehr Aggression und Wut, mit Tiraden und feindseligen Attacken gegen Politiker, Personen des öffentlichen Lebens und andere Leserbriefautoren. Mein lokales Wochenblatt hat sogar einen Extrateil für „Meckereien", der Gelegenheit geben soll, es in maximal 50 Worten jemandem heimzuzahlen, über den man sich geärgert hat. Unsere politischen Parteien haben die Macht von Wut und Angst erkannt, und manchmal sieht es so aus, als schürten sie diese Emotionen absichtlich. Sie attackieren einander in endlosen Wahlreden und Debatten, vielleicht in der Hoffnung, unsere Empörung in Stimmen für ihre Sache und ihre Kandidaten zu verwandeln.

Formen von Ärger und Wut

Ärger und Wut sind vielfältig in unserem Leben. Da ist einmal unsere Frustration, wenn wir uns umsonst angestrengt und unser Ziel nicht erreicht haben – wenn wir hart arbeiten und die Dinge sich doch nicht so entwickeln, wie wir es uns wünschen. Wenn wir gereizt und bereit sind, auf die geringste Frustration zu reagieren, kann sich Wut dicht unter der Oberfläche verbergen. Da ist die impulsive Wut, wenn wir einfach zuschlagen – sie scheint ein Eigenleben zu haben, so schnell und mächtig flammt sie auf. Und da ist die selbstgerechte Wut, wenn wir Ungerechtigkeit erleben oder das Gefühl haben, dass uns unrecht getan oder wir unfair kritisiert wurden. Wut entsteht auch aus einem Gefühl der Ohnmacht, wenn wir uns nicht gesehen oder gehört fühlen. Wir nennen die Ausdrucksformen der Wut „Frustration", „Gereiztheit" oder „Empörung". Aber alle diese Erfahrungen sind Ausdruck des Systems in unserem Gehirn, das uns hilft, auf Bedrohungen und Gefahren zu reagieren (unser „Bedrohungssystem").

Menschen, die leicht frustriert sind, haben vielleicht solange einen ganz wunderbaren Tag, bis sie plötzlich nicht das bekommen, was sie wollen, oder ihre Unzufriedenheit bricht hervor, wenn ihnen irgendetwas in die Quere kommt. Diese Ausbrüche und Gefühle haben etwas mit „Frustrationstoleranz“ zu tun, die bei manchen Menschen ziemlich niedrig sein kann und viele Probleme verursacht. Die Frustrationstoleranz kann besonders niedrig sein, wenn man unter Zeitdruck steht oder zu viel zu tun hat – ein typisches Muster in unserer heutigen Arbeitswelt. Es ist schon interessant, dass wir uns so oft einem Zeitdruck aussetzen und uns zu viel vornehmen, obwohl wir wissen, wie frustriert uns das machen kann.

Wenn Ärger die Form von Gereiztheit annimmt, erscheint er eher als Stimmung oder dauerhafter Geisteszustand, besonders dann, wenn wir unter Stress stehen, deprimiert oder depressiv sind. Wir gehen dann durch den Tag und müssen jederzeit damit rechnen, dass unsere Wut hervorbricht. Das sind solche Tage, an denen wir bissig auf Familienmitglieder oder Freunde reagieren, oder unwirsch sind, wenn Kinder mit uns spielen wollen.

Wenn es noch schlimmer wird, kann Ärger die Form von Feindseligkeit annehmen und wie ein Teil der Persönlichkeit wirken. Menschen mit einer so tief verwurzelten Feindseligkeit empfinden das Leben als Kampf, und sie reagieren auf Situationen und andere Menschen oft auf eine negative und übertrieben kritische Weise. Es fällt ihnen schwer, den Gefühlen anderer zu vertrauen und Rücksicht auf sie zu nehmen, wenn sie ihre Ziele verfolgen.

Ärger kann von unterschiedlicher Intensität sein, wobei Gereiztheit und Frustration sich am einen Ende des Spektrums und Wut und Zorn am anderen befinden. Er kann langsam oder schnell zum Ausdruck kommen (sich allmählich aufbauen und köcheln oder auf der anderen Seite plötzlich auf jemanden einschlagen) und er kann unterschiedlich lange andauern (chronische Gereiztheit und Feindseligkeit gegenüber kurzen Wutausbrüchen). Wir unterscheiden uns darin voneinander, wie wir unseren Ärger ausdrücken bzw. ob wir ihn überhaupt ausdrücken oder nicht. Ärger kann sich in Form peinlichen, unkontrollierten Verhaltens manifestieren, z. B. als unangemessen formulierte E-Mail, als bissige Bemerkung oder in Form eines Gegenstandes, den jemand durch den Raum wirft. Viele von uns erleben aber auch Ärger, der „überkontrolliert“ ist: wenn man ihn unterdrückt und sich stundenlang damit quält, „wie schlimm man behandelt wurde“, in der Fantasie immer wieder Rachegedanken wiederkäut usw. Andere Menschen sind vielleicht der Meinung, dass es schon inakzeptabel ist, Ärger oder Wut auch nur zu fühlen, und sie haben Angst vor ihren eigenen Gedanken, Wünschen und Fantasien. Solche Menschen verhalten sich in ihrem Leben häufig sehr passiv, sie vermeiden Meinungsverschiedenheiten oder Auseinandersetzungen, auch wenn das zu Problemen in ihrem eigenen Leben führt (1).

Ob es uns gefällt oder nicht, Ärger ist ein Teil unseres Lebens, und ganze Systeme in unserem Gehirn sind damit befasst. Es ist wichtig, zu lernen, mit Ärger zu arbeiten, denn wenn wir nicht bewusst damit umgehen, kann er negative Wirkungen auf unsere psychische und physische Gesundheit haben. Schlecht kontrollierter Ärger kann Beziehungen mit Partnern, Kindern, Freunden und Kollegen dauerhaft beschädigen. Er kann nicht nur zu Erschöpfung, Angst und Depression führen, man hat ihn auch mit reduzierter Funktion des Immunsystems, mit Hypertonie, Infarktrisiko und koronaren Herzerkrankungen in Verbindung gebracht (2). In meiner Danksagung habe ich die Gruppen erwähnt, mit denen ich mit der Compassion Focused Therapy in einem örtlichen Gefängnis arbeite. Die Teilnehmer dieser Gruppen beginnen ihre Therapie mit einer kurzen Vorstellung und sprechen dann über ihre Motivation, weshalb sie lernen möchten, mit Ärger und Wut umzugehen. Mindestens die Hälfte der Teilnehmer einer meiner neueren Gruppen hat erwähnt, dass ihre Verbrechen durch Ärger oder heftige Wutausbrüche und daraus resultierende Gewalt bedingt waren.

Glücklicherweise hat unser Ärger normalerweise nicht so dramatische Folgen wie die Verurteilung zu einer Gefängnisstrafe, aber er kann dennoch eine gewaltige Wirkung auf unsere Fähigkeit haben, ein glückliches Leben zu führen. Denken Sie zum Beispiel an die Probleme, die Sie in Beziehungen hatten. Wie viele dieser Probleme hatten in irgendeiner Form mit Aggression zu tun? Häufig wurzeln diese Probleme darin, wie wir unseren Ärger erleben sowie in unseren Möglichkeiten oder Fähigkeiten, ihn auszudrücken (oder dem Mangel daran). Tatsächlich erleben wir alle Ärger in unserem Leben und wir leben in einer Welt, die von Aggression geprägt ist. Dieses Buch wird Möglichkeiten beschreiben, wie man

Ärger und Aggression verstehen und damit arbeiten kann. Das soll uns dabei helfen, bessere Beziehungen zu gestalten, glücklicher zu leben und zu einer friedlicheren Welt beizutragen.

Aus der Nähe betrachtet

Schauen wir uns Steve an – einen meiner Patienten, der sich mit den Konsequenzen seiner Aggression auseinandersetzen musste. Als er sprach, wurde sein Gesicht rot, und als er den Zusammenstoß beschrieb, der ihn seinen Job kosten konnte, nahmen seine Worte einen rauen Ton an. Er konnte sich nicht mehr genau erinnern, was sein Kollege zu ihm gesagt hatte, aber er wusste, dass er respektlos behandelt worden war und dass er das nicht hinnehmen wollte. Seine Wut war so plötzlich gekommen, dass sie ihm Angst gemacht hätte, wenn er nicht so mit ihr identifiziert gewesen wäre. Wie so oft zuvor, begann er zu schreien, und er stieß Drohungen aus. Steve ballte die Fäuste, er griff den Mann nicht an, aber er hatte es gewollt. Nur die Angst vor dem Gefängnis hatte ihn davon abgehalten, das zu tun.

Sein Kollege ging weg und schien durch Steves Reaktion eingeschüchtert und schockiert zu sein, und Steve kochte weiter. Seine Hände zitterten, als er erzählte: „Niemand behandelt mich mit Respekt. Nicht die Leute, mit denen ich arbeite, nicht mein Chef, niemand. Zum Teufel mit ihnen. Ich hätte diesem Arschloch eine Lektion erteilen sollen."

Aufgrund von Zusammenstößen wie diesem hatte Steve schon eine Reihe von Jobs verloren. Seine Beziehungen mit seiner Frau und mit seinen Kindern waren angespannt, und er merkte, dass sie ihm aus dem Weg gingen, und sehr vorsichtig waren, um ihn nicht zu reizen. Er hatte seine Frau nie geschlagen, aber bedrückende Gefühle stiegen in ihm auf, wenn er sich an die Angst erinnerte, die er manchmal in ihren Augen sah, wenn er von Wut überwältigt war. In diesen Situationen fühlte er sich manchmal stark und mächtig, aber in seiner Erinnerung wich dies schnell Gefühlen von Scham, Traurigkeit und Hoffnungslosigkeit. Er dachte nur selten über seine Wutausbrüche nach und neigte dazu, sie aus seinem Bewusstsein zu verdrängen, sobald sie vorbei waren, genauso wie er gelernt hatte, die Erinnerungen an seine Zeit im Irak zu verdrängen und an die Schläge, die seine Mutter und er von seinem Vater bekommen hatten, als er klein war.

Obwohl er es vermied, hinterher an seine Wutausbrüche zu denken, war er doch ständig in einer gewissen Anspannung und aufgeregt. Er hielt andere für „nervig, grob, faul und verantwortungslos", andere Autofahrer hielt er für „Idioten, denen man den Führerschein entziehen müsste". Er hatte das Gefühl, dass seine Frau und die Kinder ihn einfach benutzten und das Leben, das er ihnen mit Jahren harter Arbeit in gehassten Jobs ermöglichte, als selbstverständlich nahmen. Wenn er wütend war, fielen ihm oft Leute ein, die ihm geschadet oder ihn respektlos behandelt hatten, und er dachte an vieles in seinem Leben, das nicht so geworden war, wie er es wollte.

Steve fühlte sich von seinen Reaktionen verraten und war frustriert. Er kämpfte abends um seinen Schlaf, und wenn er dann endlich schlief, biss er die Zähne so stark aufeinander, dass am Morgen sein Kiefer schmerzte. Sein Magen war ständig in Aufruhr, er hatte Magengeschwüre und musste ständig Medikamente nehmen. Sein ganzer Körper schmerzte – sein Kopf, sein Rücken, sein Kiefer. Und vor Kurzem hatte er auch noch einen Herzinfarkt Sein Arzt hatte ihm eine Psychotherapie empfohlen, um an seinem „Stress" zu arbeiten. So war er zu mir gekommen.

So viel Wut er auch gegen andere richtete, niemanden verurteilte er schärfer als sich selbst. In seinen besonneneren Momenten gestand er das überwältigende Gefühl ein, dass er ein gescheiterter Ehemann, Vater, Arbeiter und Mann war. Zu vielen seiner Kämpfe mit seiner Frau war es gekommen, wenn sie ihn als Vater kritisiert hatte – nicht, weil er zu streng mit den Kindern war, sondern dass er sie oft überhaupt nicht disziplinierte. Das war eine Kritik, von der er wusste, dass sie in gewisser Hinsicht zutraf. Steve fühlte sich hilflos. Konnte sie nicht sehen, dass er sich als Vater zurückhielt, weil er Angst hatte, er könnte seine Kinder so behandeln, wie sein Vater ihn behandelt hatte? Sah sie nicht, dass er sie liebte und dass er ihnen die Lektionen ersparen wollte, die er leider von seinem eigenen Vater hatte lernen müssen? Steve hatte schreckliche Angst vor seiner eigenen Wut und vor dem Kontrollverlust, der sie begleitete. Er spürte, dass ihm seine Familie entglitt, und er wusste nicht, wie er das aufhalten sollte. Dafür hasste er sich.

Steves Geschichte ähnelt der von vielen, die mit Wut kämpfen. Sein Leben mag uns extrem erscheinen. Andere, die aufgrund ihrer unkontrollierten Wut ihre Ehe, Familie oder sogar ihre Freiheit verloren haben, können wahrscheinlich gut verstehen, in welchem Maß er sich zurückhält. Wie Steve fühlen sich vielleicht viele von uns in einer Art Falle ihrer Wut und möchten etwas verändern, aber sind entmutigt, weil sie mit allem, was sie aufbieten konnten, erfolglos waren.

Was meinen wir mit „Ärger“ oder „Wut“?

Eine der Herausforderungen der Psychologie besteht darin, dass viele Dinge, die wir studieren, auch wenn sie uns sehr vertraut erscheinen können (wie „Liebe“, „Selbstwertgefühl“ und auch „Ärger“ oder „Wut“), manchmal ziemlich schwer zu definieren sind. Bleiben wir einen Moment dabei, um ganz klar zu machen, was wir mit „Ärger“ meinen.

Wut gilt als eine der Grundemotionen (3) neben Emotionen wie Angst, Ekel, Freude und Traurigkeit. Dies bedeutet, dass diese Emotion unabhängig zu allen Zeiten und in verschiedenen Kulturen beobachtet wurde. Der Gesichtsausdruck von Wut wird überall verstanden, sogar in der Tierwelt. Das Erleben von Wut kann auch mit den sog. „sekundären Emotionen“ in Verbindung gebracht werden, die Bewusstsein von einem selbst voraussetzen und zu denen Scham (4), Stolz und Verlegenheit gehören.

Wenn wir an eine Emotion denken, stellen wir uns vielleicht schnell vor, wie wir uns „fühlen“, wenn wir diese Emotion erleben. Zu dem „Gefühl“ von Ärger und Wut gehören eine Menge Erfahrungen oder Wahrnehmungen, zum Beispiel körperliche Empfindungen, Motivationen und Weisen zu denken. Wut und andere Emotionen organisieren das Bewusstsein auf eine bestimmte Weise und wirken sich darauf aus, wie man das Leben erlebt und wahrnimmt. Entsprechend stellen sich Wut und andere Emotionen in unserem Gehirn dar – es gibt keine bestimmte Stelle im Gehirn, wo Wut und Ärger zu finden wären. Eher interagieren die Teile des Gehirns, die beeinflussen, wann man wütend oder ärgerlich wird, mit vielen anderen Bereichen des Gehirns und des Körpers (5), die alle zusammen einen „inneren Zustand" der Wut oder des Ärgers oder ein entsprechendes Muster im Gehirn (brain pattern) hervorrufen. Beim Compassionate-Mind-Modell verwenden wir oft das „Spinnendiagramm" (Diagramm 1.1), um darzustellen, wie innere Zustände der Wut uns innerlich bewegen können (6). Dieses Diagramm zeigt, wie Wut unser Verhalten uns selbst gegenüber sowie anderen Menschen und der Welt gegenüber verändert.

Wenn wir uns anschauen, wie Ärger oder Wut unser Bewusstsein organisieren, können wir verstehen, dass das, was wir „Ärger" nennen, eigentlich ein fortschreitender Prozess im Gehirn ist, vergleichbar einer Reihe von Dominosteinen, die alle von allein umfallen, wenn der erste umgestoßen ist. Wenn man seine Wut bemerkt, hat das Gehirn schon den ersten Dominostein gekippt, denn es bewertet die Situation sofort als unerwünscht oder bedrohlich. Der erste Dominostein steht für die Aktivierung unseres Bedrohungssystems durch unser Bewusstsein.

Diagramm 1.1: Wie Ärger und Wut Bewusstsein und Denken organisieren

Bestimmte Teile unseres Gehirns, wie zum Beispiel die Amygdala, entscheiden, wann wir wütend werden. Diese Teile sind die primären Spieler bei dem, was wir das „Bedrohungssystem" nennen. (Wir werden in Kap. 2 darauf zurückkommen.) Für jetzt reicht es, zu wissen, dass die Aufgabe des Bedrohungssystems darin besteht, Gefahren zu erkennen und schnell darauf zu reagieren. Wie wir sehen werden, hat das System sehr schnelle Reaktionen entwickelt, da sonst die Abwehrmaßnahmen zu spät kommen könnten. Diese Teile unseres Gehirns sind also sehr effizient, und oft sind wir uns dessen, was passiert, nicht einmal bewusst, da sie uns sehr schnell aktivieren, damit wir auf eine reale oder auf eine wahrgenommene Gefahr oder Bedrohung reagieren. Die Dominosteine haben begonnen zu fallen, bevor wir überhaupt wissen, was los ist. Wenn wir zu unserer Erfahrung „erwachen", sind wir schon mitten in unserem Wutausbruch … und haben zum großen Teil verpasst, wie sich der Prozess aufgebaut hat. Dies ist der Grund, weshalb es sich so anfühlt, als tauchte die Wut plötzlich aus dem Nichts auf.

Es ist wichtig, zu verstehen, dass dieser Ablauf der Dinge nicht unser Fehler ist. Unser Gehirn funktioniert einfach so. Dies ist eine ganz entscheidende Einsicht, auf die wir noch oft zurückkommen werden: Das Umgehen mit Wut und Ärger ist nicht nur eine Sache von Willenskraft oder persönlicher Disziplin. Wenn es uns schwerfällt, unsere Wut zu kontrollieren, bedeutet das nicht, dass wir „uns nicht genug um Veränderung bemühen" oder dass irgendetwas mit uns nicht stimmt. Schauen wir uns die Erfahrung der Wut jetzt ein wenig genauer an.

Analyse der Erfahrung von Ärger und Wut

Es ist eines der Ziele dieses Buches, Ihnen zu helfen, mit der Natur Ihrer Aggression, Ihrer Wut oder Ihres Ärgers vertraut zu werden und schließlich in der Lage zu sein, auf eine mitfühlende und weise Art, mit Selbstvertrauen und Stärke damit zu arbeiten. Bei diesem mitfühlenden Ansatz geht es nicht darum, Aggression irgendwie „wegzutrösten" oder sie loszuwerden – das wäre unmöglich, denn Aggression ist ein wesentlicher Teil unseres Menschseins. So können wir lernen, Aggression als Teil dessen zu verstehen, „was uns ticken lässt", das heißt, was es möglich macht, dass wir funktionieren – aber nicht wie eine tickende Bombe, sondern eher wie eine alte Standuhr aus Großvaters Zeiten. Ein mitfühlendes Verständnis von Aggression bedeutet, Verantwortung dafür zu übernehmen und zu lernen, damit zu arbeiten, statt zuzulassen, dass sie unser Leben bestimmt. Es ist wenig hilfreich, sie in der Hoffnung zu ignorieren, dass sie einfach verschwindet, und auch nicht, Dinge zu tun, die sie nur verschlimmern. Wir werden also die Aspekte von Aggression betrachten, die in dem Spinnendiagramm oben abgebildet sind. Dies hilft uns, eine genaue Vorstellung von den verschiedenen Faktoren zu bekommen, die unsere Aggression ausmachen. Es sind Faktoren, die so zusammenwirken und unser Bewusstsein organisieren können, dass wir in einem Teufelskreis von aggressiven Gefühlen, Gedanken und Verhaltensweisen feststecken, die weder konstruktiv noch mitfühlend sind.

Wie es sich anfühlt: Ärger und Wut im Körper

Ärger und Wut sind zunächst etwas, was man fühlt. Unser Körper ist für potentielle Gefahren sensibel, und Teile unseres Gehirns wie die Amygdala, sind darauf ausgelegt, diese Gefahren schnell zu erkennen und darauf zu reagieren. Diese Teile tauschen mit vielen anderen Bereichen des Gehirns und des Körpers Botschaften aus.

Wahrscheinlich sind Sie mit diesem Prozess ein wenig vertraut – denken Sie einfach daran, wie sich Ihr Körper anfühlt, wenn Sie richtig wütend werden. So ist das Gefühl des Körpers, wenn er uns darauf vorbereitet, zu kämpfen – das Nervensystem ist aktiviert und chemische Substanzen wie Noradrenalin werden in den Blutkreislauf ausgeschüttet. Bei körperlicher Erregung beginnt unser Herz zu klopfen, die Atemfrequenz erhöht sich und der Blutdruck steigt. Andere körperliche Veränderungen werden äußerlich sichtbar wie zum Beispiel Anspannung der Muskulatur und des Kiefers und weit geöffnete Augen.

Dazu schlagen wir eine Übung vor, durch die wir wahrnehmen können, wie sich Aggression im Körper auswirkt.

> **Übung 1.1: Ärger und Wut im Körper**
>
> Versuchen Sie, sich an einen Moment zu erinnern, als Sie aggressiv waren oder Ärger empfanden, und konzentrieren Sie sich darauf. Wie nehmen Sie die Aggression in Ihrem Körper wahr? Wie fühlt sich Ihre Aggression an?
>
> - Welche körperlichen Empfindungen waren da, als Sie aggressiv waren oder Ärger empfanden?
> - Woher wissen Sie, dass Sie aggressiv waren? Welche Empfindungen lassen Sie erkennen, dass es Aggression war, was Sie gefühlt haben?

Wenn Menschen aggressiv oder ärgerlich sind, empfinden sie häufig eine Enge in der Magengegend oder in der Brust oder das Atmen fällt ihnen schwerer. Andere berichten von Schmerzen im Nacken oder von Kopfschmerzen.

In meinem eigenen Leben und bei meiner Arbeit mit Klienten habe ich beobachtet, dass viele Menschen ignorieren, wie sich Emotionen in ihrem Körper ausdrücken, es sei denn, sie sind wirklich schmerzhaft. Es ist wichtig, zu verstehen, dass die Erregung, die sich im Körper aufbaut, die Aggression weiter antreiben kann. Wenn wir lernen, die Erregung der Aggression im Körper zu erkennen und mit ihr zu arbeiten, können wir verhindern, von ihr völlig erfasst zu werden, und sie kontrollieren.

Diese Erregung ist natürlich kein Zufall. In Kapitel 2 werden wir genauer ausführen, dass Ärger und Wut Emotionen sind, die sich entwickelt haben, um mit Rückschlägen, mit Hindernissen, die vereiteln, dass wir das verfolgen, was wir wollen, und mit einer Reihe von Gefahren für unser Überleben umgehen zu können. Ärger und Wut bereiten uns darauf vor, aktiv zu werden und eine Veränderung zu erzwingen, indem sie unseren Körper zum Handeln bereit machen. Dieser Prozess kann zu einem mächtigen und starken emotionalen Erleben führen, das es dann schwer macht, Ärger oder Wut wieder zu reduzieren – denn oft ist es auch so, dass man dieses Gefühl genießt. Später werden wir darüber sprechen, wie man diese Gefühle verstehen und mit ihnen arbeiten kann, damit man motiviert bleibt, effektiver mit unserer Wut zu arbeiten.

Aufmerksamkeit: Das Spotlight des Geistes

Eine der Hauptaufgaben des Gehirns besteht darin, die erstaunliche Menge an Informationen zu filtern, die wir jeden Tag durch unsere Sinne empfangen, und dann unsere Aufmerksamkeit für die Informationen zu mobilisieren, die für unser Überleben wichtig sind. In einem gewissen Ausmaß haben wir Kontrolle über das, worauf wir unsere Aufmerksamkeit richten, aber unser Gehirn ist an sich so verschaltet, dass es sehr wirksam fokussiert, wenn es eine reale oder vorgestellte Gefahr oder Bedrohung wahrnimmt. Wenn dies passiert, bündelt unser Gehirn unsere Aufmerksamkeit auf die Informationen, die sich auf die Gefahr oder Bedrohung beziehen, und auf Gedanken und Erinnerungen an andere, möglicherweise ähnliche Erfahrungen. Dann kann es schwierig sein, die Aufmerksamkeit auf etwas anderes und weg von der wahrgenommenen Gefahr zu richten. Denken Sie einmal an ein Ereignis, bei dem Sie in starke Verlegenheit geraten sind, und wie leicht es war, von dieser Erfahrung vollkommen absorbiert zu werden und in ihr gefangen zu sein. Erfahrungen bedrohlicher Situationen haben die Macht, alle anderen Erfahrungen zu überschatten – unser Gehirn gibt ihnen vor anderen Dingen, die gerade passieren, Vorrang.

Diese unwillkürliche Verengung unserer Aufmerksamkeit kann eine starke Erfahrung sein – ich habe das selbst erlebt. Als ich Ende der 1990er Jahre an der University of California in San Diego mein Praktikum machte, haben ein paar andere Praktikanten und ich die Nähe zum Meer genutzt – sobald der Arbeitstag vorbei war, sind wir direkt zum Surfen gegangen. Diese Nachmittage sind einige der angenehmsten Erinnerungen an diese Zeit – das warme Wasser des Pazifik, der Geruch und das Rauschen des Meeres und die Schönheit des Sonnenuntergangs.

Eines Tages paddelten wir wieder aufs Meer, als die Sonne eben unterzugehen begann und uns direkt in die Augen schien. Wir waren geblendet, aber etwa drei Meter vor uns konnten wir plötzlich den Umriss einer Rückenflosse erkennen, die aus dem Wasser ragte. Sofort verschwand alles andere aus unserem Bewusstsein – der schöne Sonnenuntergang, das warme Wasser, der Spaß des Tages – und ein einziger panischer Gedanke beherrschte uns: ein Hai. Der verengte Fokus meiner Aufmerksamkeit und die Bereitschaft meines Körpers, sofort die Flucht zu ergreifen, spiegelten die unglaublich schnelle Aktivierung meines Bedrohungssystems.

Selbst jetzt nach Jahren der Meditation, die mir helfen soll, meine Aufmerksamkeit zu richten, bin ich selten in der Lage, so einen ausschließlichen Fokus zu erleben wie damals, als ich nach dieser schemenhaften Flosse Ausschau hielt. Glücklicherweise dauerte es an dem Tag nur einen Moment, dann war alles vorbei. Als sich die Flosse aus dem direkten Sonnenlicht herausbewegte, sahen wir, dass sie gebogen war, und entdeckten noch vier andere in ihrer Nähe. Der Schreck verwandelte sich in Freude, als wir merkten, dass dies kein Hai, sondern eine kleine Gruppe von Delfinen war. Als die Gefahr vorüber war, wich die Anspannung und ich konnte wieder die Umgebung genießen und mich auch auf das Abendessen freuen: Carne asada burrito in der Taco-Bar.

Wenn unser Bedrohungssystem unsere Aufmerksamkeit schnell verengt, folgen die Gedanken. Dies ist einer der Gründe, weshalb man sich von seiner Aggression besetzt fühlen und es passieren kann, dass man Entscheidungen trifft, die bei späterer Überprüfung keinen Sinn zu machen scheinen. Wir neigen dazu, das Augenmaß zu verlieren, wenn wir unter dem Einfluss unseres Bedrohungssystems stehen. Es wird schwierig, flexibel zu denken und Informationen zu sammeln, die nicht unmittelbar mit der wahrgenommenen Gefahr zu tun haben.

Manchmal färbt die Aggression auch unsere Aufmerksamkeit. Die meisten Bedrohungen und Gefahren, die man wahrnimmt, sind nicht so eindeutig lebensbedrohlich wie ein Hai – nun gut, es waren zwar nur ein paar verspielte Delfine, aber in meiner Vorstellung war es ein riesiger Hai. Häufiger sind wir damit konfrontiert, dass wir nicht bekommen, was wir wollen, oder mit Ängsten, bloßgestellt oder von anderen negativ gesehen zu werden. In diesen Fällen kann der Gesamtfokus unserer Aufmerksamkeit immer noch ziemlich weit sein, aber wir neigen dazu, nur bestimmte Teile dessen wahrzunehmen, was geschieht – die Teile, die zu unserer aggressiven Stimmung passen oder sie nähren.

Beispiele aus meinem eigenen Leben fallen mir leicht ein – so erinnere ich mich, wie ich einmal morgens meinen Laptop zu Hause vergessen hatte und umkehren musste, um ihn zu holen und dann wieder zur Universität zu eilen. Ich machte mir Sorgen, dass ich zu meinem Statistikseminar zu spät kommen würde und meine koffeinsüchtigen Studenten nicht lange warten würden, um den Seminarraum zu verlassen und eines der vielen Cafés in der Nähe anzusteuern. Unterwegs kreisten meine Gedanken um all das Material, das ich mit ihnen vor dem nächsten Examen bewältigen musste, und ob ich es überhaupt schaffen würde.

Wie Sie sich vorstellen können, war ich deshalb ziemlich frustriert und ärgerlich. Wovon war meine Aufmerksamkeit eingenommen, als ich lange an einer roten Ampel warten musste? Von dem Song im Radio (den ich wirklich mochte) oder von der Person vor mir, die sich alle Zeit der Welt nahm, wieder loszufahren, als die Ampel schließlich auf Grün sprang? Als ich auf das Universitätsgelände einbog und einen Parkplatz suchte – was nahm ich da wahr? Die vielen Autos, die ordentlich geparkt waren, oder das eine, das quer stand und zwei Plätze einnahm? Als ich dann zum Seminarraum hastete, nahm ich da die frische Morgenluft oder den Gesang der Vögel in den Bäumen wahr? Oder war meine Aufmerksamkeit auf den peinlichen Kaffeefleck auf meinem Hemd gerichtet? Haben Sie selbst schon etwas Ähnliches erlebt?

Wenn sich unser Denken um die Erfahrung intensiver Aggression organisiert, wird unsere Aufmerksamkeit vom Negativen angezogen – auch wenn es nur eine kleine, unbedeutende Sache ist. Wenn man von Aggression oder Ärger besetzt ist, kann man im Laufe eines Vormittags 20 hilfsbereiten Menschen begegnen, ohne das auch nur zu bemerken. Wenn man aber von einer einzigen Person unfreundlich oder grob behandelt wird, kann einen das stundenlang beschäftigen. Man konzentriert sich auf die Teile der Erfahrung, die einem missfallen und die die aggressive Stimmung nähren, während man fast alles andere ignoriert (wenigstens das Gute).

Übung 1.2: Ärger und Wut und Aufmerksamkeit

Rufen Sie sich eine Situation ins Gedächtnis, die noch nicht lange zurückliegt und in der Sie sich geärgert haben.

- Worauf war Ihre Aufmerksamkeit gerichtet? Worauf haben Sie geachtet?
- Betrachten Sie die Qualität Ihrer Aufmerksamkeit. War sie weit und offen oder verengt?
- Gab es Aspekte der Situation, derer Sie sich nicht bewusst waren? Oder Dinge, die Sie nicht wahrgenommen haben?

Aggression und andere Emotionen, die mit Bedrohung und Gefahr zu tun haben, richten unsere Aufmerksamkeit besonders auf Informationen, die das Gefühl, bedroht zu sein, verstärken. Daher neigen wir dazu, Informationen zu ignorieren, die mit diesem inneren Zustand nicht konsistent sind. Unser Gehirn ist also zur Aggressivität geneigt. Wir suchen uns das natürlich nicht selbst aus und es ist sicher nicht unser Fehler. Es ist uns nicht vorzuwerfen, unser Gehirn funktioniert einfach so.

Und es funktioniert aus gutem Grund so, nämlich um unser Überleben zu sichern, um die Menschen, die uns nahestehen, zu schützen, und damit wir unseren Status und unseren Besitz verteidigen können. Wenn es eine reale Bedrohung oder Gefahr für uns gibt, brauchen wir selbstverständlich ein waches Bewusstsein, das allein darauf fokussiert ist und es uns ermöglicht, entsprechend zu reagieren. Wenn man auf den Gleisen eines heranrasenden Zuges steht, sollte die Aufmerksamkeit auf den Zug gerichtet sein und nicht von den schönen Wildblumen abgelenkt werden.

Das Problem ist, dass wir mehr Erlebnisse von der Art meiner Verspätung zum Seminar haben als extreme Erfahrungen wie meine Begegnung mit dem „Hai“. Denken Sie an Situationen aus jüngerer Zeit, in denen Sie sich aggressiv erlebt haben. Worauf war Ihre Aggression da gerichtet? Was hat sie ausgelöst? War es eine physische Bedrohung oder Gefahr oder war es etwas anderes? Viele der Bedrohungen, mit denen wir im modernen Leben konfrontiert sind, haben wenig mit Sicherheit für Leib und Leben zu tun, sondern eher mit Konflikten am Arbeitsplatz, mit sozialem Status, mit dem Selbstbild oder mit unseren Beziehungen. Aggression kann auch als emotionale Abwehr schmerzhafter Gefühle wie Verlust, Verlegenheit oder Scham benutzt werden. Und als wäre das noch nicht genug, das Gehirn kann auch seine eigenen „Bedrohungen“ erzeugen – in Form von Gedanken, Bildern und Fantasien.

Dinge, die wir uns sagen: Gedanken, Argumente und Grübeleien

Wenn man aggressiv ist, ist man oft mit einer Menge „automatischer Gedanken“ konfrontiert – mit Gedanken, die einem scheinbar von selbst in den Sinn kommen und die oft mit Dingen zu tun haben, die einem nicht gefallen oder mit denen man nichts zu tun haben will. Man neigt auch dazu, Dinge sehr persönlich zu nehmen, wenn man aggressiv wird oder sich sehr über etwas ärgert: „Dies sollte nicht passieren! Dies sollte mir nicht passieren! Das sollten sie nicht tun! Ich werde benutzt! Warum musste dies ausgerechnet jetzt passieren?"

Aggressive Gedanken entstehen häufig, wenn man sich bedroht fühlt. Wenn der neue Partner zum Beispiel nicht zur vereinbarten Zeit anruft, denkt man automatisch: „Ich bin ihm nicht so wichtig, denn sonst würde er mich anrufen." Solche Gedanken hängen häufig mit Unsicherheiten zusammen, die ihre Wurzel in der Vergangenheit haben. „Ich bin ihm nicht so wichtig ..." kann mit einem tieferen Problem wie Selbstwert und letztlich mit schwierigen Erinnerungen aus der Kindheit zu tun haben. Dieser Gedanke kann auch eine aggressive Reaktion auf eine wahrgenommene Gefahr für die Beziehung sein. Das Interessante ist aber, dass diese automatischen Gedanken meist nicht der Wahrheit entsprechen und nur von unserem überaktiven System zur Entdeckung von Gefahren und Bedrohungen genährt werden.

Eines meiner Lieblingsbeispiele stammt von Thubten Chodron, einer buddhistischen Nonne und Äbtissin der Sravasti Abbey im Nordwesten der USA. Sie ist auch eine produktive Autorin und Lehrerin (7). Vor ein paar Jahren hörte ich einen Vortrag von ihr über die Arbeit mit Aggression. Zu Beginn fragte sie die Zuhörer nach Aggression im Straßenverkehr – ein Thema, das in jüngerer Zeit, wenigstens in den USA, Schlagzeilen gemacht hat. Sie fragte: „Gibt es hier jemanden, der richtig aggressiv wird, wenn ihn jemand auf dem Freeway schneidet?"

Sofort hoben zwei Drittel der Zuhörer die Hand. Sie forderte uns dann auf, uns auf die Gedanken zu besinnen, die uns kommen, wenn dies passiert, und eine Reihe von Leuten teilte mit, was ihnen in so einer Situation durch den Kopf geht. Es waren vor allem negative Gedanken über den anderen Fahrer – Sie kennen sie: dass er entsetzlich blöde oder ein mieser Charakter ist oder zum persönlichen Vergnügen und aus reiner Langeweile das Leben anderer absichtlich in Gefahr bringt. „Dieses Arschloch!" „Was für ein Idiot! Hat er keine Augen?" „Er versucht tatsächlich, mich von der Straße zu drängen!" „Ich würde ihm gern ein Sandwich ins Gesicht schmeißen!"

Thubten Chodron tat als Nächstes etwas, womit sie, wie ich jetzt sehe, ein Bewusstsein von Mitgefühl und Verbundenheit mit den anderen Fahrern fördern wollte: Sie fragte, wie viele von uns schon einmal einen anderen Fahrer geschnitten hätten. An dieser Stelle senkten fast alle etwas betroffen den Blick und hoben zögernd die Hand (anscheinend waren wir ein außergewöhnlich wahrheitsliebender Haufen). Sie forderte uns dann auf, Gründe für unser „rücksichtsloses" Verhalten zu nennen. Niemand rief: „... weil ich ein Arschloch bin, dem nichts am Leben anderer liegt!"

Vielmehr konnte man murmeln hören: „Das war eine Ausnahme, ich hätte sonst die Ausfahrt verpasst" und „Ich habe sie nicht rechtzeitig gesehen". Der gereizte Ton im Raum verschwand und an seine Stelle traten Freundlichkeit und Mitgefühl, als wir uns innerlich in die anderen Fahrer hineinversetzen. Wir bedachten dann die vielen möglichen Gründe für ihr Verhalten, die in den Blick kommen konnten, wenn man ihnen keine Dummheit oder Bosheit und kein antisoziales Verhalten unterstellte. Wir öffneten uns für das mitfühlende Verständnis, dass es manchmal schwierig ist, auf dem Freeway voranzukommen, und dass wir alle manchmal Dinge tun, die andere behindern und anderen lästig sind – absichtlich oder unabsichtlich.

Solch mitfühlendes Erwägen kann ein sehr wirksames Gegenmittel gegen Aggression sein, und die Forschung hat gezeigt, dass Sympathie für jemanden, der einen beispielsweise beleidigt, die Aktivität des Gehirns, die mit Aggression verknüpft ist, reduziert (8). Wir können mit Aggression konstruktiv umgehen, wenn wir uns klarmachen, was wir miteinander gemeinsam haben und dass es Dinge gibt, die wir alle tun – zum Beispiel andere im Straßenverkehr schneiden. Innere Zustände der Aggression oder des Mitgefühls sind stark mit Motivation verbunden: Aggression mit der Motivation, Schmerz zuzufügen, Mitgefühl mit der Motivation, zu helfen. Mitgefühl kann dazu motivieren, selbst langsamer zu fahren, um den anderen vor uns einzuscheren zu lassen, statt zu beschleunigen, um ihn zu blockieren.

Grübeln

Wie schon erwähnt, scheinen unsere Gedanken von Ärger kontrolliert zu werden. Haben Sie einmal versucht, bei der Arbeit eine komplizierte Aufgabe zu erfüllen, für eine Prüfung zu lernen, eine Fernsehsendung zu sehen oder ein Buch zu lesen, wenn Sie wirklich ärgerlich waren? Das ist schwer, weil unser Bewusstsein dazu neigt, sich ständig mit unserem Ärger zu beschäftigen. Man kann sich anstrengen, wie man will, unser Gehirn lässt uns weiter an diese beleidigende Bemerkung denken, spielt die Situation immer wieder durch, führt sie uns immer wieder vor Augen. Man kann Stunden damit verbringen, über das, was „sie" gesagt haben, über das, was wir gern gesagt hätten, zu grübeln und zu formulieren, was wir das nächste Mal sagen werden.

Wenn uns der Ärger im Griff hat, scheint unser Bewusstsein an der wahrgenommenen Gefahr oder Bedrohung zu kleben. Wir nehmen die Situation auseinander, analysieren alle ihre Aspekte. Wir grübeln, denken immer wieder darüber nach. Wir dramatisieren, sodass die einzigen Aspekte der Person oder der Situation, die für uns existieren, diejenigen sind, die uns ärgerlich oder wütend machen. Wir haben vielleicht das Gefühl, als existierte die andere Person aus dem einzigen Grund, uns sauer zu machen, oder als wäre der Job (oder die Beziehung, das ganze Leben) ausschließlich Mist. In vielen Fällen hat die Aggression mit Gedanken und Gefühlen zu tun, man würde nicht gemocht, man wäre isoliert, würde benutzt und von anderen nicht wertgeschätzt. Wie Sie sehen werden, hilft der Ansatz mit Mitgefühl bei der Arbeit mit Ärger und Wut, dem entgegenzuwirken, indem wir uns mit anderen verbunden und in Beziehung, wertgeschätzt und unterstützt fühlen. All diese Gefühle können den Ärger reduzieren.

Argumentieren

Wenn man sich in einem aggressiven Zustand befindet, wirkt sich das nicht nur auf den Inhalt unserer Gedanken aus, es beeinflusst auch die Weise, wie wir in unserer Umgebung argumentieren und Informationen interpretieren. Unsere Aufmerksamkeit ist schon auf die eher bedrohlichen Aspekte unserer Umwelt eingestellt – und was meinen Sie, was wir mit diesen Dingen tun, wenn wir sie einmal wahrnehmen? Wenn wir aggressiv sind, tun wir das, was wir auch sonst tun, wir bewerten, was passiert ist, und versuchen, Vorwürfe oder Zuschreibungen in Bezug auf das zu formulieren, was wir entdecken: „Wer hat das getan? Warum haben sie es getan? Was ist hier los? Wie sollte ich reagieren?"

Die Antworten, die wir finden, sind oft stark von unserem Ärger beeinflusst. Wie wir am Beispiel mit der Aggressivität im Straßenverkehr gesehen haben, formt sie das, was wir von anderen denken – und wenn wir uns bedroht fühlen, macht Ärger es persönlich. Wenn uns Ärger im Griff hat, neigen wir dazu, andere zu dämonisieren und sie für unsere unangenehmen Gefühle verantwortlich zu machen. Wir bewerten ihre Handlungen streng oder verurteilen sie und unterstellen ihnen die übelsten Motivationen: Sie versuchen bewusst, uns zu schaden oder Unannehmlichkeiten zu bereiten. Wir fühlen uns von anderen getrennt und isoliert. In diesen Situationen kann die Art und Weise, wie wir die Situation und den Anteil der anderen daran einschätzen, sowohl defensiv als auch aggressiv sein. Diese Person bewegt sich im Gang des Supermarkts nicht nur langsam, sie versucht bewusst, in voller Absicht, mir Unannehmlichkeiten zu bereiten und mir den Tag zu verderben. Die Bemerkung des Kollegen während der Besprechung war keine konstruktive Kritik, sie war ein Angriff auf mich. Ich will damit sagen, dass wir nicht nur dazu neigen, negative Meinungen über die anderen Menschen in der Situation und über ihre Motive zu bilden, wenn wir ärgerlich oder wütend sind, sondern dabei oft einem Irrtum unterliegen. Wir richten sogar strenge und harte Kritik gegen uns selbst: „Ich kann nicht fassen, dass ich das gemacht habe! Ich bin so blöde! Ich mache auch alles falsch!"

Andere Probleme entstehen, wenn wir in einem aggressiven Zustand argumentieren. Die Forschung hat gezeigt, dass Aggression, verglichen mit anderen Emotionen im Zusammenhang mit Bedrohung wie Traurigkeit oder Angst, mit einem Gefühl der Gewissheit oder Sicherheit verknüpft ist (9). Wenn man aggressiv oder ärgerlich ist, neigt man dazu, sich seines Denkens sehr sicher zu sein, auch wenn es mit dem, was uns aggressiv oder ärgerlich gemacht hat, nichts zu tun hat oder einfach falsch ist. Letzteres ist ziemlich wahrscheinlich, denn die Forschung zeigt auch, dass die

Sicherheit, die die Aggressivität vermittelt, damit zusammenhängt, dass Informationen eher oberflächlich verarbeitet werden (10) – man denkt weniger genau, wenn man wertet oder urteilt und verlässt sich mehr auf Klischees (11).

Unter diesen Bedingungen kann es sehr leicht passieren, dass man schlechte Entscheidungen trifft, die Beziehungen beschädigen und unser Leben schwieriger machen können … die Entscheidung zum Beispiel, einen Partner zu beschimpfen oder einen Kollegen bloßzustellen. Nehmen Sie sich eine Minute Zeit und überlegen Sie, ob Ihnen Entscheidungen einfallen, die wirklich schrecklich waren (oder solche, die Sie bereuen), die Sie unter dem Einfluss von starkem Ärger oder Wut getroffen haben. Ich bin sicher, dass Ihnen welche einfallen. Wenn das nicht der Fall ist, haben Sie entweder ein sehr schlechtes Gedächtnis oder ein besonderes Geschick bei der Regulierung von Emotionen. Geschicklichkeit kann hier die Fähigkeit verleihen, darauf zu verzichten, wichtige Entscheidungen zu treffen oder sie aufzuschieben, wenn man merkt, dass man unter dem Einfluss starker Emotionen steht.

Übung 1.3: Von Ärger oder Wut beeinflusstes Denken

Schauen Sie sich Ihr Denken und Ihren Argumentationsstil an, die Sie von sich kennen, wenn Sie ärgerlich oder wütend sind.

- Worauf richten sich Ihre Gedanken? Woran denken Sie?
- Kommen Ihnen irgendwelche Erinnerungen, wenn Sie sich ärgern oder wütend sind? Wenn ja, was für Erinnerungen?
- Überlegen Sie, was mit Ihrem Denken passiert, wenn Sie wütend sind. Fangen Sie an zu grübeln? Haben Sie den Eindruck, dass Ihre Gedanken sehr schnell kommen? Sind sie leicht oder schwer zu kontrollieren?
- Überlegen Sie, wie Ihre Gedanken Ihre Aggression beeinflussen. Verstärken sie sie oder beruhigen sie sie?

Aggression in Gedanken durchspielen: Bilder und Fantasien

Unser Gehirn besitzt eine erstaunliche Fähigkeit, zu imaginieren und zu fantasieren – sich etwas im Geist bildlich vorstellen zu können, als eine Szene, die man wie einen Film vor dem inneren Auge abspielt. Diese Fähigkeit ist jedoch von Mensch zu Mensch verschieden ausgeprägt. Manche Menschen, wie etwa meine Frau Lisa, können visuelle oder mentale Bilder nach Belieben entstehen lassen. Als wir zusammen die Schule besuchten, erzählte sie mir, sie könnte im Geist die Seiten ihrer Notizen durchsehen, wenn ihr bei einer Prüfung die Antwort nicht gleich einfiel. Ich bin mehr auditorisch veranlagt. Daher ist mein visuelles Vorstellungsvermögen nicht so gut wie ihres, aber ich kann fast alle bekannteren Songs von den 70er Jahren an bis in die 90er nennen und mir selbst vorspielen, so als wäre mein Gedächtnis eine Jukebox. Man kann Imagination benutzen, um fast alles zu üben, von Fähigkeiten der Selbstbehauptung bis zu Tonleitern auf der Gitarre – es funktioniert!

Der Grund, weshalb es funktioniert, ist, dass man viele derselben Zellen im Gehirn (die Neuronen) aufleuchten lassen kann, die aktiviert werden, wenn man wirklich in der Situation ist. Teile des Gehirns wie die emotionalen Zentren (auch das für Aggression zuständige) reagieren stark auf Bilder und Fantasien, und der Inhalt der Imaginationen wird seinerseits von unserer Stimmung geformt. Dies ist eine sehr gute Sache, wenn man an eine positive Erfahrung zurückdenkt oder sie genießt, aber es hat keine so gute Wirkung, wenn unser Bedrohungssystem die Oberhand hat und anfängt, Imagination und Fantasien zu bestimmen. Wie beim Grübeln neigen wir dazu, uns die Situation immer wieder vorzustellen, die uns geärgert oder wütend gemacht hat. Man kann Variationen dieser Situation visualisieren oder sich alle möglichen Formen ausmalen, wie man Ärger oder Wut hätte ausdrücken können oder wie man es jemandem in Zukunft „heimzahlen" würde. Die Fantasien und Bilder dienen dazu, unseren Ärger oder die Wut am Kochen zu halten. Es ist ein Teufelskreis: Wenn man wütend ist, neigt man dazu, aggressive Fantasien und Bilder zu erleben; diese aggressiven Bilder und Fantasien schüren dann unsere emotionale Reaktion und lassen uns wütend bleiben. So funktionieren einfach unser

Gehirn und unser Körper – sie können nicht zwischen der äußeren Welt und der Welt, die wir in uns erzeugen, unterscheiden.

Wie wir Bilder verwenden oder einsetzen, beeinflusst unseren Körper und unsere Emotionen permanent. Sie müssen mir das aber nicht einfach glauben, sehen Sie selbst: Stellen Sie sich das nächste Mal, wenn Sie Hunger haben, einen Teller mit Ihrem Lieblingsgericht vor. Wie sieht es aus? Wie riecht es? Wie schmeckt es? Richten Sie Ihre Aufmerksamkeit dann auf die Reaktion Ihres Körper – läuft Ihnen das Wasser im Mund zusammen? Als sexuelle Wesen verwenden wir regelmäßig Bilder und Fantasien, um uns zu erregen und „in Stimmung" zu halten. Die Bilder und Fantasien regen die Hypophyse an, die Hormone auszuschütten, die mit sexueller Erregung verbunden sind.

Hier ein anderes kleines mentales Experiment – viel Spaß dabei. Beginnen Sie bitte damit, dass Sie einige Erinnerungen in sich wachrufen, die mit verschiedenen Stimmungen verbunden sind, und schauen Sie, was passiert (ich empfehle dazu glückliche Erinnerungen). Ich werde dieses Experiment ebenfalls machen, während ich dies schreibe. Als Erstes stelle ich mir vor, wie ich mit meinen Freunden an der Universität ein Footballspiel besucht habe, und ein Lächeln breitet sich auf meinem Gesicht aus. Als Nächstes denke ich daran, wie mein Sohn geboren wurde, und spüre eine Welle von Liebe, wenn ich ihn vor mir sehe, wie er sich an meine Frau kuschelt. Dann sehe ich mich bei der Beerdigung meines Großvaters, und Tränen steigen auf. Und so, wie wir körperlich auf diese schönen und traurigen Erinnerungen reagieren, ist es auch bei Situationen, in denen Aggression oder Ärger im Vordergrund standen. Ich verzichte aber darauf, denn es war ein Ereignis, der mich emotional sehr berührt hat. Wie war es für Sie, als Sie sich jetzt an bestimmte Dinge erinnert haben?

Das Gute ist, dass man lernen kann, die Macht der Imagination und der Fantasien zu nutzen, um innere Zustände von Mitgefühl herzustellen, die dazu führen, dass man sich sicher, zuversichtlich und mit anderen verbunden fühlt – und dass man Emotionen besser handhaben kann. Man kann diese Kräfte nutzen und Fähigkeiten einüben, mit denen man Konflikte auflösen kann, statt an ihnen festzuhalten oder sie zu nähren. In diesem Buch werden Sie lernen, das Potential Ihres Gehirns zu kontrollieren, Gedanken und Bilder zu erzeugen und diese Gedanken und Bilder dann zu nutzen, um innere Zustände zu beeinflussen.

Übung 1.4: Aggression und Bilder

Überlegen Sie, was für Dinge Sie sich vorstellen und was Sie fantasieren, wenn Sie ärgerlich oder wütend sind.

- Was für Fantasien und Bilder haben Sie, wenn Sie wütend sind? Wie sehen sie aus?
- Denken Sie an die Wirkung Ihrer Gedanken, Bilder und Fantasien auf Ihre Stimmung.
- Verstärken sie Ihre Aggression oder beruhigen sie sie? Machen sie es leichter, mit der Situation umzugehen, oder schwieriger?

Zum Handeln getrieben: die Macht der Motivation

Eine der Hauptfunktionen unserer Emotionen – Liebe, Aggression, Angst, Freude, Verlangen, Traurigkeit und Anziehung, um nur einige zu nennen – besteht darin, Verhalten zu motivieren. Besonders Emotionen, die mit einer starken Erregung verbunden sind wie Ärger und Wut, sind von einer Motivation zu handeln begleitet – sich zu paaren, zu fliehen, zu kämpfen, sich die Dinge zu verschaffen, die man haben will oder braucht. Zum Teil definieren diese Motivationen, was es bedeutet, aggressiv zu sein. Im Körper kann Ärger oder Wut ähnlich wie Angst in Erscheinung treten: Herz- und Atemfrequenz sind beschleunigt, der Blutdruck steigt, die Muskulatur spannt sich an. Die Motivationen, die mit Aggression verbunden sind,

sind aber andere als bei Angst. Wenn man Angst hat, will man fliehen und sich von der Quelle der Gefahr entfernen. Im Gegensatz dazu will man bei Ärger oder Wut auf diejenigen, die sie ausgelöst haben, zugehen (12). Man ist getrieben, anzugreifen, zu überwältigen und zu dominieren.

Diese Motivation ist nicht nur ein mentales Verlangen wie: „Nachdem ich hierüber nachgedacht habe, bin ich zu der Entscheidung gelangt, dass ich Ihnen wirklich gern eine scheuern möchte." Es ist eher wie ein Drang – so wie man sich kratzen möchte, wenn es juckt. Es ist wichtig, diese Empfindung anzuerkennen, wenn man lernt, Mitgefühl anzuwenden, um mit Aggression konstruktiv umzugehen. Es ist auch wichtig, zu verstehen, dass man sich in Wut oft nicht bewusst dafür entscheidet, aggressiv zu handeln. Häufig ist es nur etwas, was man fühlt. Unsere Verantwortung besteht darin, herauszufinden, wie man damit umgehen möchte, und zu vermeiden, anderen und sich selbst zu schaden. Wir haben gesehen, dass unser Körper in Gefahrensituationen auf Handeln eingestellt ist, und im Bewusstsein die Motivation im Vordergrund steht, alles Bedrohliche oder Gefährliche abzuwehren. Wir wollen uns verteidigen und die andere Person vielleicht sogar bestrafen, damit ihr niemals wieder in den Sinn kommt, uns in die Quere zu kommen. Besonders in Beziehungen schafft man sich so natürlich eine Menge Probleme.

Um also effektiv mit Aggression umgehen zu können, müssen wir mit unserer Motivation arbeiten, damit wir unseren Fokus erweitern und uns mit dem Wunsch verbinden können, mit uns selbst und mit anderen konstruktiver umzugehen. Im nächsten Kapitel werden wir genauer sehen, dass unser Gehirn so verschaltet ist, dass es auf Gefahr und Bedrohung reagiert, aber auch auf Anteilnahme von anderen und Fürsorge für sie. Diese Motivationen können uns helfen, Reaktionen des Gehirns mit Mitgefühl zu aktivieren und so mit schwierigen Situationen umzugehen, ohne uns in Wut oder Ärger zu verlieren.

Übung 1.5: Aggression und Motivation

Was ist Ihr Motiv, wenn Sie aggressiv sind? Was wollen Sie tun?

- Was möchte Ihr aggressiver Teil sagen?
- Was möchte Ihr aggressiver Teil tun?

Dinge, die wir tun: Aggression und Verhalten

Zu Beginn dieses Kapitels haben wir über Verhaltensweisen gesprochen, die von Aggression bestimmt sind, wenn unser Bedrohungssystem aktiv wird. Sie reichen von dem Versuch, die Aggression zu verbergen oder zu ignorieren, bis zu offener Gewalt. Wir agieren unsere Aggression auf vielerlei Weisen aus, die für uns typisch sind und von vielen Faktoren bestimmt werden. In Kapitel 3 werden wir sehen, dass unser Temperament, unsere frühen Beziehungen mit Beziehungspersonen (auch unsere Beobachtungen ihres Verhaltens, wenn sie ärgerlich oder wütend waren), soziale Rollen, unsere Ressourcen zur Bewältigung schwieriger Situationen und eine Menge anderer Situationen zu diesen Faktoren gehören, die unser Leben ausmachen.

Unter den vielen Formen, in denen wir Ärger ausdrücken, ist offene Aggression vielleicht die problematischste, besonders wenn sie unsere Beziehungen betrifft. Es gibt Kontexte (zum Beispiel Familie, Partnerschaft oder Arbeit), in denen wir es uns „leisten können", offen aggressiv zu sein, und es gibt andere, in denen es schlimme Konsequenzen hat. Es kann also sein, dass Menschen, die gelernt haben, ihren Ärger aggressiv auszuagieren, diejenigen, die ihnen am meisten bedeuten, am gröbsten behandeln, einfach, weil sie damit durchkommen. Oft sind es Schwächere, die uns selbst kaum schaden oder verletzen können, wie z. B. Angestellte, Partner oder Kinder. Beim Chef, der uns unfairerweise angeschrien hat oder dem Polizisten, der uns einen Strafzettel verpasst, sieht das natürlich ganz anders aus.

Offene Aggression ist nicht die einzige Verhaltensweise, die Distanz zwischen uns und denen, die wir lieben, schaffen kann. Dazu gehören auch Liebesentzug, also Zuneigung verweigern, oder in Groll schmoren und ständig Signale der Missbilligung aussenden. Kindern Liebe verweigern oder entziehen ist natürlich ebenso verletzend und schädlich, als wenn man sie schlüge – wenn auch auf eine andere Weise. Leise, ständige entwertende Kritik kann das Selbstwertgefühl eines Partners völlig zerstören. Man kann sich die Folgen oft gar nicht vorstellen, wenn das Gefahren- oder Bedrohungssystem unseren Alltag bestimmt.

Während Sie dies lesen, merken Sie vielleicht, dass Sie sich ein wenig verkrampfen, wenn Sie daran denken, wie Sie selbst andere auf diese Weise verletzt haben und wie Sie selbst verletzt wurden. Mir geht es jedenfalls so. Achten Sie genau auf den Schmerz, den sie empfinden, wenn Sie sich solchen Erinnerungen öffnen, denn dieses Gefühl kann uns helfen, Sympathie zu empfinden und die mitfühlende Entschlossenheit zu nähren, andere besser zu behandeln. Denn wir wissen, wie sich dieser Schmerz anfühlt.

Allzu oft verleugnen wir diesen Schmerz und die Verletzlichkeit, die damit verbunden ist, wenn wir Ärger oder Wut offen ausdrücken. Aber man sollte sich nichts vormachen: Man lässt sich auf eine Vermeidungsstrategie ein, die es nur vorübergehend ermöglicht, schwierigen Gefühlen zu entgehen. Es ist lediglich eine kurzfristige Betäubung unseres Schmerzes, die zudem einen hohen Preis hat. Man fühlt sich dann vielleicht weniger verletzlich, aber wenn man offene Aggression als Möglichkeit benutzt, anderen Emotionen auszuweichen, schafft man sich mehr Probleme, mit denen man dann später konfrontiert ist. Mitgefühl verlangt von uns, stark zu sein, und hilft uns, unseren Schmerz als eine Möglichkeit zu nutzen, andere besser zu verstehen und uns in sie hineinzuversetzen.

Es kann sehr hart sein, wenn wir uns bewusst werden, wie wir mit offener Aggression Beziehungen beschädigt haben. Viele der Klienten, mit denen ich gearbeitet habe, haben eingestanden, dass sie sich denen gegenüber, die ihnen am nächsten standen, am schlimmsten verhalten haben. Das waren die, die sie so sehr liebten, dass sie sogar angesichts einer so schlimmen Behandlung da geblieben waren, oder die nicht die

Möglichkeit hatten, zu gehen. Diese Einsicht ist verbreitet, und sie ist einer der Gründe dafür, weshalb Menschen den Entschluss fassen, mit ihrer Wut konstruktiver umzugehen.

Übung 1.6: Aggression und Verhalten

Überlegen Sie, wie Sie sich verhalten haben, wenn Sie aggressiv waren. Was haben Sie dann getan?

- Wie haben Sie gehandelt?
- Entsprachen diese Handlungen Ihrem Bild von dem Menschen, der Sie sein möchten?
- Wenn Sie Kinder haben: Entsprechen diese Handlungen dem Ideal eines Menschen, an dem Sie die Erziehung Ihrer Kinder orientieren?

Schauen Sie sich die Folgen an, die Ihr aggressives Verhalten auf Ihr Leben gehabt hat.

- Wie haben sich Ihre aggressiven Handlungen auf Ihr Leben ausgewirkt?
- Welche Wirkungen haben Ihre aggressiven Handlungen auf Ihre Beziehungen gehabt?

Wenn wir denen, die uns am Herzen liegen, wehtun und die Dinge häufig schlimmer und nicht besser machen, dann sollte uns das schon schmerzen. Und wie wir dann darauf reagieren, ist von entscheidender Bedeutung. Wenden wir uns gegen uns selbst und bezeichnen uns als schlechte Menschen, dann verschlimmern wir alles nur und schaffen die Bedingungen für eine Fortsetzung unseres destruktiven Verhaltens. Wichtig ist, sich für eine Veränderung zu entscheiden und dabei Schuldgefühle und Bedauern für unsere Motivation zu nutzen, auf eine positive Weise mit unserer Wut zu arbeiten. Dann können wir wirklich die nötigen Schritte unternehmen, um bessere Eltern, Ehepartner und Kolleg(inn)en zu werden. Genau so einen Schritt tun Sie in diesem Moment.

Glücklicherweise gibt es viele positive Möglichkeiten, auf schwierige, Wut auslösende Situationen zu reagieren. Man kann lernen, das Aufsteigen von Wut frühzeitig zu erkennen und direkt damit zu arbeiten, indem man den Körper beruhigt und seine Gedanken genau beobachtet. Man kann selbstbewusst und direkt mit denen sprechen, die an der Situation beteiligt sind, und ihnen und sich selbst mit gleichem Respekt begegnen. Man kann die jeweilige Situation als ein Muster betrachten, das sich im Laufe des Lebens immer wieder zeigen wird, und sich selbst und anderen Mitgefühl entgegenbringen. Wir sind Menschen und wollen alle ein glückliches Leben, und es gibt viele Hilfsmittel und Traditionen, die uns dabei unterstützen können. Die Tatsache, dass Sie dieses Buch lesen, zeigt mir, dass dies der Weg ist, den Sie gewählt haben, und ich werde mein Bestes tun, Ihnen auf diesem Weg zu helfen. Ihre Familie, Ihr Leben und Ihre Zukunft sind diese Mühe und Anstrengung wert.

Zusammenfassung

In diesem Kapitel haben wir die verschiedenen Formen von Aggression beschrieben und gezeigt, wie stark Aggression unser Denken und Bewusstsein organisiert, wenn unser Gehirn, wie es sich in der Evolution entwickelt hat, reagiert, um uns vor Gefahren zu schützen. Es ist wichtig, zu erkennen, dass dieser Prozess – die Tatsache, dass wir Aggression erleben – nicht etwas ist, was wir zu verantworten haben und uns vorwerfen müssten. Trotzdem müssen wir natürlich Verantwortung dafür übernehmen, damit Ärger und Wut nicht weiterhin uns selbst und anderen schaden. Wir können uns selbst dabei unterstützen, indem wir mit unserem Bedrohungssystem vertrauter werden und damit, wie es in Reaktion auf Ärger und Wut funktioniert, und indem wir lernen, mit dieser mächtigen Emotion zu arbeiten. Damit werden wir uns im Folgenden beschäftigen.

2 Der Compassionate Mind Approach kann helfen, Ärger und Wut zu verstehen

Bei der Compassion Focused Therapy (CFT) erkennen wir an, dass Wut eine Emotion ist, die sich als Überlebenshilfe entwickelt hat – sie warnt uns vor bestimmten Dingen und macht uns bereit zur Verteidigung, wenn wir in Gefahr sind. Wir haben aber auch gesehen, dass unkontrollierte Aggression reale Probleme in unserem Leben und in unseren Beziehungen zur Folge hat. Wir können unsere Aggression nicht loswerden, so wenig, wie wir unsere Nase loswerden können (unsere Nase loszuwerden wäre sogar viel leichter, wenn auch ein wenig schmerzhafter). Wir können aber lernen, unsere Aggression, unsere Wut zu verstehen – warum das Gehirn es so leicht macht, sie zu empfinden, wie sie sich in unserem Körper anfühlen und wie sie Kontrolle über unsere Gedanken und über unser Verhalten übernehmen können. Wir können etwas über die Dinge lernen, die sie auslösen, und dann an den Reaktionen auf diese Auslöser arbeiten. In diesem Buch befassen wir uns vor allem damit, wie wir Identifikationen mit Ärger und Wut lösen und mit Mitgefühl an unsere Aufgabe herangehen können. Wir haben nicht immer die Wahl, ob wir Ärger oder Wut empfinden, aber wir können bestimmen, was wir mit dieser Aggression tun.

Wir werden in diesem Buch viel daran arbeiten, unser „mitfühlendes Selbst" zu entwickeln. Es mag seltsam erscheinen, wenn wir dabei unser Mitgefühl zuerst auf uns selbst richten sollen, da wir uns doch so oft grob und verletzend anderen gegenüber verhalten. Wir werden aber sehen, dass dies sinnvoll ist, wenn wir erst einmal verstehen, woher unsere Aggression kommt und warum es so schwierig ist, mit ihr umzugehen.

Wir sind einfach so, wie wir sind

Im ersten Kapitel habe ich das Beispiel von Thubten Chodron zitiert, in dem sie fragte, was wir fühlen, wenn uns jemand auf der Straße schneidet, und was wir fühlen, wenn wir selbst jemanden schneiden. Dies änderte unsere Perspektive, und wir konnten uns leichter in diejenigen hineinversetzen, die wir bisher so wütend kritisiert hatten. Dies ist ein Beispiel für Empathie, einen sehr wichtigen Teil von Mitgefühl, der es uns ermöglicht, Situationen aus der Sicht der anderen zu verstehen – eine Sicht, die frei ist von dem Gefühl, bedroht oder in Gefahr zu sein. Wenn wir lernen, Identifikationen mit unseren Emotionen zu lösen und über uns und andere auf eine freundliche Weise und mit Verständnis nachzudenken, können wir uns von dem Einfluss von Ärger und Wut befreien, die durch das Bedrohungssystem ausgelöst werden. Wir sehen die Dinge klarer und bekommen mehr Kontrolle über unser Leben.

Entscheidend ist die Erkenntnis der CFT, dass wir alle einfach da sind, als Teil des Lebens, das vor Millionen von Jahren auf diesem Planeten begonnen hat. Wir sitzen sozusagen alle in einem Boot. Wir haben es uns nicht ausgesucht, hier auf diesem Planeten zu sein. Wir sind hier angekommen, in diesem Moment der Geschichte, in diesen bestimmten Formen, mit diesem Gehirn, und mit einer Menge unterschiedlichster Motivationen, Begierden und Gefühle. Wir finden uns alle hier vor, in Situationen hineingeboren, über die wir keine Kontrolle hatten, mit einem Körper und einem Geist, auf die wir keinen Einfluss hatten, und wir sind von Menschen umgeben, deren Gesellschaft und deren Eigenschaften wir nicht gewählt haben. Wir haben weder unsere Hautfarbe gewählt noch unsere körperlichen und seelischen Eigenschaften, d. h. unsere Vorlieben und Abneigungen, ob wir groß oder klein oder dünn oder rundlich sind, ob unsere Zähne gerade oder schief stehen und ob unser Herz belastbar ist oder sehr schwach. Und wir haben uns auch nicht unser Gehirn ausgesucht oder es selbst geplant, und auch nicht wie es funktioniert.

Viele Menschen sind sich dessen schmerzhaft bewusst, wenigstens gelegentlich. Wer von uns würde nicht etwas an sich ändern wollen, wenn er die Wahl hätte? Ich bin zum Beispiel mit meiner Körpergröße und meiner Sehkraft ziemlich zufrieden, aber ich hätte nichts gegen ein markantes Kinn, und meine eher dürftigen Fähigkeiten am PC und beim Gitarrespielen würden von einem Austausch meiner kurzen Wurstfinger gegen lange schmale sehr profitieren.

Es gibt Dinge an unserem Gehirn, die wir vielleicht auch gern ändern würden, wenn wir könnten. Auf der einen Seite gibt es wunderbare komplexe Systeme, die in der Lage sind, wahrhaft erstaunliche Dinge zu tun: Sie ermöglichen uns, uns zu erinnern, zu lernen, zu planen und differenziert mit den Nuancen komplizierter sozialer Beziehungen umzugehen. Sie ermöglichen uns auch, Optionen und Konsequenzen abzuwägen, wie zum Beispiel, ob wir Kaffee zum Nachtisch nehmen, um länger munter zu bleiben. Andererseits ist das menschliche Gehirn aber auch ein evolutionärer Flickenteppich – ein Gebilde, das ein komplexes und vielfältiges System von Strukturen und Funktionen enthält, von denen einige fast aus den Anfängen des Lebens selbst stammen. Unser Gehirn hat sich mit starken Emotionen entwickelt, die sich Gedanken und Aufmerksamkeit zunutze machen, oft ohne dass wir uns dessen bewusst sind. Ferner scheinen diese Emotionen oft besser zu früheren Zeiten der menschlichen Geschichte zu passen – wenn sie uns darauf vorbereiten, zu kämpfen, zu fliehen oder in Unterwerfung zu Boden zu gehen, statt innezuhalten, um achtsamer zu werden oder zu analysieren, zu überlegen und abzuwägen. Während uns unser Gehirn also oft gute Dienste leistet, funktioniert es auch auf eine Weise, die wir wahrscheinlich nicht gewählt oder so geplant hätten und wahrscheinlich gern verändern würden, wenn wir die Wahl hätten.

Wir können uns also weder unsere Lebensumstände selbst wählen, in die wir hineingeboren werden, noch können wir uns aussuchen, wie wir aussehen oder wie unser Gehirn funktioniert. Unsere frühe Umwelt spielt eine entscheidende Rolle dabei, wie wir mit der Welt interagieren werden, und sie formt weitgehend unsere Fähigkeiten, mit schwierigen Emotionen wie Ärger oder Wut umzugehen. Wir kommen alle mit einem Gehirn auf die Welt, das Systeme enthält, die sozusagen schon konfiguriert und bereit sind, davon aktiviert zu werden, wie das Leben uns behandelt – bestimmte Erfahrungen in unserem Leben können buchstäblich bestimmte Gene „einschalten" oder modifizieren, wie unser Gehirn funktioniert. Dies ist ein Grund, weshalb frühe Bindungen so wichtig sind. Wir werden im 3. Kapitel darauf zurückkommen. Wenn ich mit meinen Kollegen darüber spreche, wie uns die Situationen, in die wir hineingeboren wurden, geprägt haben, höre ich oft Sätze wie: „Wenn ich in ein Drogenkartell hineingeboren worden wäre, wäre ich jetzt wahrscheinlich ein Drogendealer oder vielleicht im Gefängnis oder tot oder selbst ein Mörder." Es ist leicht, die Welt in „gute und schlechte Menschen" zu teilen, aber diese Unterscheidungen werden der Wirklichkeit nicht gerecht. Untersucht man die Lebensgeschichten von Menschen genauer, dann sind solche Etikettierungen kaum haltbar. Viele wurden in Umgebungen hineingeboren, die von Gewalt, Feindseligkeit, Missbrauch oder Vernachlässigung bestimmt waren. Ihre Persönlichkeit und ihr Gehirn wurden derart geprägt, dass große Schwierigkeiten in ihrem Leben vorgezeichnet waren.

Betrachten wir das Ganze mit Mitgefühl, dann erkennen wir, dass wir möglicherweise ebenso gehandelt und so geworden wären, wenn wir in diese Umstände geraten wären. Wie würden uns vielleicht so ähnlich wie sie verhalten, im Guten wie im Schlechten. Es ist leicht, andere und auch uns selbst, zu verurteilen, aber oft sehen oder würdigen wir nicht die Charakterstärke, die möglicherweise noch viel Schlimmeres verhindert hat. Wäre ich in eine so problematische Umgebung hineingeboren worden, wäre es ziemlich wahrscheinlich, dass ich so – der Psychologieprofessor, der dieses Buch schreibt – nicht existieren würde. Diese Überlegungen sind wichtig, um zu erkennen, dass wir uns nicht ausgesucht haben, wie unser Gehirn funktioniert oder wie es von unserem Leben geformt und konditioniert wurde. Diese Einsicht wird uns helfen, die Herausforderungen unseres Lebens zu erkennen und Verantwortung dafür zu übernehmen und vor allem zu lernen, unseren Geist auf eine mitfühlende Weise auszubilden und uns an unserem eigenen Wohlbefinden und dem der anderen zu orientieren.

Dies können wir tun, auch wenn es nicht unser Fehler ist, dass wir dieses empfindliche und problematische Gehirn haben. Und ebenso können wir mehr Verständnis und Empathie für diejenigen aufbringen, die in schwierigeren Lebensumständen aufgewachsen sind und leben.

Altes Gehirn und neues Gehirn

Wenn wir das menschliche Gehirn studieren, sehen wir, dass wir viele grundlegende Triebe und Motivationen mit Organismen – wie Reptilien – gemeinsam haben, die lange vor uns in der Kette der Evolution aufgetaucht sind (1). Das Leben von Reptilien ist nicht annähernd so kompliziert wie Ihres oder meins. Sie sind im Allgemeinen nur an vier Dingen interessiert: Kämpfen, Fliehen, Fressen und Sex bzw. Fortpflanzung. Wahrscheinlich denken Sie, dass einige dieser Dinge auch Ihnen gelegentlich in den Sinn kommen. Aus der Perspektive der Evolution sind die Gehirne neuer Arten, die im Strom des Lebens auftauchen, nicht vollkommen neu; vielmehr besitzen sie neue Fähigkeiten, die sie einzigartig machen, und zugleich viele Strukturen und Eigenschaften, die in früheren Formen des Lebens schon da waren. Vereinfacht könnte man sagen, dass wir alle ein „altes Gehirn" haben, das immer noch auf die vier genannten Dinge hin orientiert und für unsere grundlegenden Begierden und Emotionen verantwortlich ist. Dieses „alte Gehirn" ist mit einem „neuen Gehirn" verknüpft, der Teil, der uns auf eine einzigartige Weise menschlich macht – das heißt fähig zu fantasiebegabtem und kreativem Denken, zu Imagination, Grübeln, Planen und so weiter.

Aus Sicht der CFT ist es wichtig, zu sehen, dass die Verknüpfung zwischen altem Gehirn und neuem Gehirn sehr problematische Folgen hat. Denken Sie an die vielen starken Leidenschaften, die Sie in Ihrem Leben erlebt haben. Sie haben erfahren, wie es ist, sich zu verlieben, eine Beziehung mit den Kindern zu pflegen, Freundschaften und Partnerschaften aufzubauen, eine gute sexuelle Beziehung zu haben, danach zu streben, angenommen zu werden und Ablehnung zu vermeiden. Sie wissen, wie es ist, in Wut zu geraten und Konflikte zu haben, Angst zu bekommen, wenn eine Gefahr droht, und Freude zu empfinden, wenn für Sie alles gut läuft … Wir können diese Verhaltensweisen und Erfahrungen auch bei vielen Tierarten beobachten: Sie können sie bei Haustieren wie Katzen und Hunden und bei den Schimpansen im Zoo live miterleben. So funktioniert das Leben – diese Triebe, Motivationen und Emotionen sind wesentliche Bestandteile unserer psychischen Ausstattung. Und in den meisten Filmen geht es genau darum: Liebe, Sex, Gewalt, Opfer, Verrat und so weiter. Dies sind die Themen, die unser Leben bestimmen.

Unser „altes Gehirn" steuert diese grundlegenden Prozesse und Emotionen, die uns helfen zu überleben und uns fortzupflanzen. Strukturen des alten Gehirns sorgen dafür, dass unser Herz schlägt und die Lungen funktionieren, und regulieren die Zyklen unseres Schlafes, der Nahrungsaufnahme und der Fortpflanzung. Andere Strukturen des alten Gehirns helfen uns, so mit der Umwelt zu interagieren, dass wir überleben und unsere Gene weitergeben können. Sie motivieren uns, uns die Dinge zu verschaffen, die wir brauchen, und sind dafür verantwortlich, vom passenden Partner angezogen zu sein, für Nachwuchs zu sorgen und emotional zu reagieren, wenn uns etwas bedroht und in Lebensgefahr bringt.

Diese Tendenzen des alten Gehirns haben sich über Millionen von Jahren entwickelt. Man kann sie bei zahllosen Tierarten beobachten. Betrachtet man Reptilien oder Amphibien, erkennt man Formen von Aggression, Angst und Anziehung (Paarungsverhalten); aber zum Beispiel auch, dass diese Arten ihre Jungen nicht säugen. Mit dem Auftauchen der Säugetiere vor etwa 120 Millionen Jahren entstand etwas wirklich Wichtiges: eine Psychologie der Fürsorge füreinander. Säugetiere – dazu gehören Nagetiere, Katzen, Hunde, Affen, Delfine und schließlich auch Menschen – nähren ihren Nachwuchs und sorgen füreinander. Diese Psychologie der Fürsorge ist die Grundlage von mitfühlendem Denken und Verhalten. Vielleicht haben sie dieses Verhalten bei Haustieren beobachtet und zugeschaut, wie die Mutter ihre Jungen sorgfältig gesäugt, gesäubert und beruhigt hat.

Dieses Verhalten ist nicht zufällig entstanden – es ist für das Überleben der Jungen notwendig, da sie weit weniger Nachwuchs zur Welt bringen als Reptilien, Amphibien oder Fische. Anders als deren Nachwuchs sind Säugetiere bei der Geburt fast hilflos. Sie müssen durch engen Kontakt mit der Mutter vor Gefahren geschützt, gefüttert und beruhigt werden, wenn sie in Not sind. Es muss für sie ebenso gesorgt werden wie für menschliche Babys, sonst würden sie nicht lange überleben. Wir werden später sehen, dass diese fürsorgliche Beziehung auch tiefe und bedeutende Wirkungen darauf hat, wie sich die Psyche des Säuglings entwickelt. Der Dalai Lama erwähnte diese angeborene Fähigkeit als Beweis dafür, dass wir „physisch dafür ausgestattet sind, Mitgefühl zu empfinden". Babys müssen dafür sorgen, dass sie versorgt werden (dies ist der Grund, weshalb Babys so süß sind und es ihnen so gut gelingt, unsere Aufmerksamkeit auf sich zu ziehen).

Wir besitzen auch die Fähigkeiten, abzuwägen, zu fantasieren, zu planen, uns in Kontemplation zu versenken, zu reflektieren und Ereignissen in unserem Leben Bedeutung und Sinn zu geben. Diese Fähigkeiten besitzen nur wir mit unserem „neuen Gehirn", besonders aufgrund des Frontallappens – der weichen, faltigen äußeren Hülle des Gehirns, die sich an der Stirnseite befindet. Dieses „neue Gehirn" ist der Grund, weshalb wir die dominante Spezies auf dem Planeten sind – es ermöglicht uns, Technologien zu entwickeln, riesige und komplexe Gesellschaften aufzubauen und tief nuancierte Beziehungen zu haben. Wir haben ein ganz erstaunliches Gehirn.

Leider entstehen aber Probleme aus der Kombination der Orientierung unseres alten Gehirns auf die vier Hauptziele (besonders sein starker Fokus auf dem Entdecken von Gefahren und Bedrohungen) und der Fähigkeiten des neuen Gehirns, Sinn herzustellen, zu grübeln und komplexe Vorstellungen und Fantasten zu entwickeln. Wie wir gesehen haben, werden diese Fähigkeiten des neuen Gehirns von unserem Bedrohungssystem in Anspruch genommen, wobei Gedanken, Argumentationen und Fantasien alle die Wirkung haben, uns in Ärger und Wut zu halten. Unser erstaunliches Gehirn macht auch möglich, dass unsere Aggression sich in einzigartig destruktiven Formen manifestiert – durch die Entwicklung und Verwendung von Waffen wie Schwertern, Gewehren und Atombomben. Das erfinderische neue Gehirn kann sich mit den Begierden und Motiven des alten Gehirns verbinden und zu sehr tragischen Konsequenzen führen. Schauen wir uns ein wenig genauer an, wie unser Gehirn funktioniert, damit wir es benutzen, um zu heilen, und nicht, um Schaden zuzufügen.

Ein Modell der Emotion

Unser Gehirn besteht aus Milliarden und Abermilliarden von Zellen, sog. Neuronen. Diese sind durch eine unglaublich große Zahl von Verbindungen miteinander verknüpft, den Synapsen. Allem, was wir erleben und wahrnehmen, jedem Gedanken, der uns durch den Kopf geht, allem, was wir tun, allem, was wir sehen, hören, fühlen, riechen, entspricht ein Muster einer Aktivität im Gehirn. Dies bedeutet, dass jedes Mal, wenn wir an etwas denken – zum Beispiel an eine Apfelsine –, Zellen im Gehirn „aufleuchten" und uns ermöglichen, diesen Gegenstand in unserem Bewusstsein zu „sehen", seine Form und Farbe zu verstehen, und uns seinen Geruch, und wie sie sich anfühlt und schmeckt, vorzustellen. Andere Zellen leuchten auf und lassen uns daran denken, ob wir Apfelsinen mögen oder nicht. Und wieder andere Zellen ermöglichen z. B. Kindheitserinnerungen, wie an einen Besuch in den Ferien beim Großvater, der einen Orangenhain hatte, und vielleicht auch an das warme Gefühl, damals verwöhnt und geliebt worden zu sein.

So wie das Wort „Apfelsine" bestimmte Zellen in unserem Gehirn aktivieren kann, können das natürlich auch Ärger oder Mitgefühl. Jedes Wort lässt andere Verbindungen im Gehirn aufleuchten, die mit emotionalen Erfahrungen, körperlichen Reaktionen, Aufmerksamkeitsmustern und Denk- und Verhaltensweisen verbunden sind. Normalerweise denkt man nicht an all diese Dinge, wenn man von Emotionen spricht. Man sagt einfach „Ärger". Aber unsere emotionalen Erfahrungen organisieren unser Denken und Bewusstsein in vielfältiger Weise und betätigen verschiedene Lichtschalter in unserem Gehirn. Bei Emotionen wie Ärger geht es nicht nur darum, wie man sich „fühlt".

Die drei Kreise

Bei der CFT wird die komplexe Welt der menschlichen Emotionen in drei Systeme zu deren Regulierung unterteilt, die uns in unterschiedlichen Situationen helfen (2):

1. Systeme, die uns helfen, Gefahren und Probleme zu entdecken und auf sie zu reagieren.
2. Systeme, die uns motivieren, Ressourcen zu suchen und uns zu verschaffen, und die helfen, günstige Gelegenheiten zu erkennen und darauf zu reagieren.
3. Systeme, die uns ermöglichen, in einen Zustand der Ruhe und Offenheit zu gelangen, wenn wir nicht mit Gefahren, Problemen oder drängendem Verlangen konfrontiert sind – wenn wir also zufrieden und befriedigt sind. Wir werden sehen, dass dieses System unmittelbar mit Erfahrungen der Zuneigung und mit „Zugehörigkeit" verbunden ist, mit Erfahrungen also, die beruhigen und trösten und die Aktivität des Bedrohungssystems reduzieren.

Drei Arten von Systemen zur Regulierung der Affekte

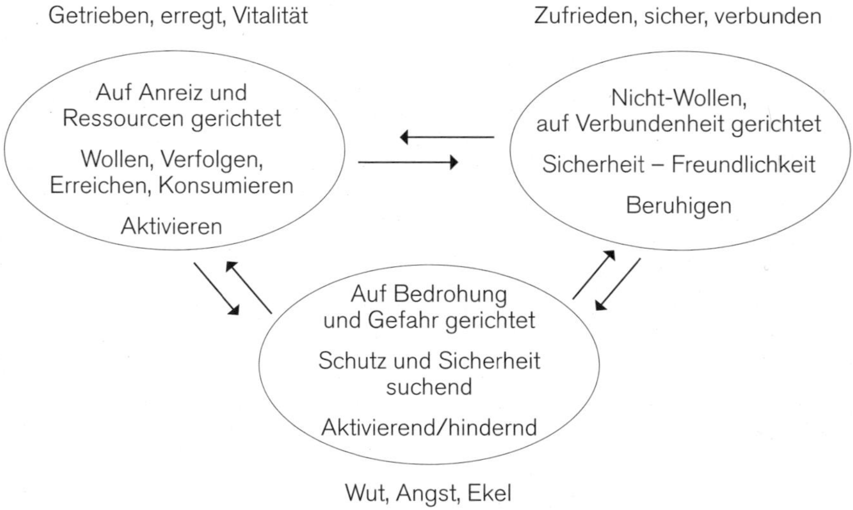

Diagramm 2.1: Die Interaktion zwischen drei Hauptsystemen emotionaler Regulierung

(Aus: P. Gilbert, (2011). *Mitgefühl: Wie wir Mitgefühl nutzen können, um Glück und Selbstakzeptanz zu entwickeln und es uns wohl sein zu lassen*. Freiburg, Br.: Arbor.)

Das Modell der „Drei Kreise“ hat eine lange Vorgeschichte in der Forschung und zeigt, dass positive und negative Emotionen im Gehirn verschieden verarbeitet werden und unterschiedliche Systeme im Körper beeinflussen. Sie erkennen darin das Bedrohungssystem, das an der Aktivierung unserer Kampf-oder-Flucht-Reaktion beteiligt ist. Statt Kampf oder Flucht kann es auch Erstarrung oder Unterwerfung hervorrufen.

Das Compassionate-Mind-Modell unterscheidet weiterhin verschiedene Arten positiver Emotionen. Wir fokussieren besonders auf die Unterschiede zwischen Emotionen, die mit Erregung und hoher Energie zu tun haben, und anderen, die mit Gefühlen der Ruhe und Zufriedenheit verbunden sind. Die Unterscheidung dieser Arten positiver Gefühle deutet schon an, wie Mitgefühl helfen kann, mit schwierigen Erfahrungen umzugehen (3). Wie unsere Emotionen in Wirklichkeit funktionieren, ist sehr kompliziert. Unser Modell zeichnet lediglich ein vereinfachtes Bild ihrer Funktionsweise. Es gibt viele andere Modelle, die zu erklären versuchen, wie unsere Emotionen funktionieren. Wir verwenden dieses Modell, weil es uns verstehen hilft, woher Emotionen stammen und in welcher Beziehung die verschiedenen Systeme zur Regulierung von Emotionen stehen und wie sie unser Bewusstsein und Denken organisieren können.

Das Bedrohungs- und Selbstschutzsystem

Schauen wir uns diese Systeme einmal genauer an und beginnen wir mit dem Bedrohungs- und Selbstschutzsystem, das wir der Einfachheit halber kurz „Bedrohungssystem“ nennen.

Die Erfahrung von Gefahr oder Bedrohung ist zum Teil mit unseren Motiven und Zielen verknüpft, und das Bedrohungssystem hat sich entwickelt, um unser Bewusstsein und Denken auf Selbstschutz zu richten. Es wird aktiviert, wenn unser Gehirn eine potentielle Bedrohung oder Gefahr für uns oder für Menschen, die uns nahestehen, wahrnimmt. (Ich sage „unser Gehirn“ und nicht „wir“, weil unser Gehirn etwas als Bedrohung wahrnehmen und darauf reagieren kann, auch wenn uns das nicht bewusst ist.)

Diagramm 2.2: Wie das Bedrohungssystem Bewusstsein und Denken organisiert

Wenn unser Gehirn eine Bedrohung wahrnimmt, setzt es eine Kaskade von Reaktionen in Bewegung (die in Kapitel 1 erwähnten Dominosteine), die dazu bestimmt sind, dass wir angesichts einer Gefahr schnell reagieren und diese zukünftig vermeiden. Wir erleben körperliche Reaktionen und Ausbrüche von Emotionen, die uns in Reaktion auf die reale oder vorgestellte Gefahr handeln lassen. Durch Bedrohung ausgelöste Emotionen sind z. B. Wut, Angst und Ekel. Jede von ihnen drängt uns zum Handeln. Der Impuls bei Wut oder Ärger ist das Bedürfnis, anzugreifen, bei Angst zu fliehen und bei Ekel das zu vermeiden, was uns abstößt. Wenn etwas Ekel auslöst – Anzeichen von Verwesung, Verschmutzung oder Dinge, die krank machen können –, dann ist das tendenziell etwas, was unser Überleben in Gefahr bringen könnte. Dies zeigt sich auch, wenn wir Abscheu vor Nahrungsmitteln empfinden, nach deren Genuss uns schon einmal übel geworden war. Wenn man zum Beispiel Krabben gegessen hat, und man muss sich die ganze Nacht erbrechen, weil sie verdorben waren, dann wird man Krabben so schnell nicht wieder bestellen und es kann gut sein, dass allein ihr Anblick oder Geruch schon Übelkeit auslösen kann. Dies ist ein Beispiel für „klassische Konditionierung“, eine Form von Lernen, auf die wir in Kapitel 3 näher eingehen werden.

Eine Form, wie das Bedrohungssystem unser Bewusstsein und unser Denken organisiert, besteht also darin, uns zu helfen, sehr nachdrücklich und wirksam Assoziationen zwischen verschiedenen Dingen zu lernen (zum Beispiel den Geruch einer Speise mit Übelkeit zu verbinden). Das Bedrohungssystem beeinflusst also nicht nur unser Fühlen, sondern auch unser Lernen. Wie das Beispiel mit den Krabben zeigt, lernt man unbewusst, bedrohliche Erfahrungen (Ekel) mit Situationen (eine bestimmte Speise) zu verbinden. Von der Wahrnehmung einer Bedrohung oder Gefahr ausgelöste Emotionen wie Ärger oder Wut können sich mächtig und unkontrollierbar anfühlen, weil oft tatsächlich nicht zu kontrollieren ist, dass man sie lernt, und auch nicht, dass man sich an sie erinnert.

Jedes der drei Systeme zur Regulierung der Emotionen ist mit körperlichen Erfahrungen verbunden. Besonders das Bedrohungssystem bedingt die Ausschüttung von Stresshormonen (wie Cortisol) in den Blutkreislauf. Die verschiedenen Emotionen, die von der Wahrnehmung einer Bedrohung oder Gefahr ausgelöst werden, wirken sich in unserem Körper verschieden aus. Nehmen Sie sich einen Moment Zeit und versuchen Sie, sich noch einmal daran zu erinnern, wie Sie sich körperlich gefühlt haben, als Sie einmal wütend waren. Kurzfristig erleben sie vielleicht eine erhöhte Erregung, die klassische „Kampf"-Reaktion, die mit einer Steigerung der Herzfrequenz und Intensivierung der Atmung verbunden ist, was auf Handeln vorbereitet. Auf lange Sicht aber, nach Tagen, Wochen oder Monaten macht diese gesteigerte Erregung anderen körperlichen Empfindungen wie Muskelspannung, Magenbeschwerden und Kopfschmerzen Platz. Warum? Weil Ärger oder Wut die Ausschüttung dieser Stresshormone sogar dann stimuliert, wenn die Situation, die diese Gefühle ausgelöst hat, längst vorüber ist (4).

Die Systeme zur Regulierung unserer Emotionen – besonders das Bedrohungssystem – beeinflussen auch unsere Aufmerksamkeit. Sie werden nach dem Prinzip „Vorsicht ist besser als Nachsicht" aktiviert. Wie wir in Kapitel 1 gesehen haben, bewirken Emotionen wie Ärger oder Wut, die von der Wahrnehmung einer Gefahr ausgelöst werden, dass unsere Aufmerksamkeit, unsere Gedanken und Vorstellungen auf die Quelle der Gefahr fokussieren und sich verengen. Wenn wir uns bedroht fühlen, neigen wir dazu, andere Dinge nicht wahrzunehmen oder zu beachten – wie alternative Erklärungen der Situation –, weil wir so sehr auf die Quelle der wahrgenommenen oder vorgestellten Gefahr und auf eine mögliche Reaktion zum Selbstschutz fokussiert sind.

Ich stelle mir unser Bedrohungssystem wie die Sicherheitsleute auf einem Flughafen vor, die jede mögliche Gefahr aufzuspüren versuchen, indem sie z. B. Verdächtiges durchleuchten oder Leibesvisitationen durchführen. Es ist nicht ratsam, mit diesen Sicherheitsleuten zu spaßen – sie nehmen ihre Sache sehr ernst, denn es geht ihnen um nichts anderes als um unsere Sicherheit. So ähnlich funktioniert auch unser Bedrohungssystem. In bestimmten Situationen ignoriert es positive Emotionen: Wenn man richtig gut isst und im Restaurant ein Feuer ausbricht, vergisst man das Essen besser und sieht zu, dass man sich so schnell wie möglich in Sicherheit bringt. Unser Bedrohungssystem kann uns alle positiven Dinge in unserem Leben vergessen lassen und unsere Aufmerksamkeit ausschließlich auf die – reale oder vorgestellte – Gefahr richten und uns in diesen Emotionen halten, die als Reaktion darauf entstehen.

Übung 2.1: Die Reaktion auf Bedrohung und Gefahr

Versuchen Sie, sich an eine Situation zu erinnern, in der Ihr Bedrohungssystem aktiv war – als Sie sich angegriffen oder im Stich gelassen gefühlt haben oder irgendwie behindert wurden.

- Welche Emotionen haben Sie erlebt? Wie haben Sie sich gefühlt? Was haben Sie körperlich empfunden?
- Erinnern Sie sich an Ihre Aufmerksamkeit. Worauf war sie gerichtet? Wo war Ihr Fokus?
- Woran haben Sie gedacht? Was hatten Ihre Gedanken mit Ihrer emotionalen Erfahrung zu tun?
- Was für Bilder oder Fantasien sind Ihnen gekommen?
- Wozu waren Sie motiviert? Was wollten Sie tun?
- Wie haben Sie sich verhalten?

Wenn wir vernünftig mit Ärger und Wut umgehen wollen, müssen wir rechtzeitig erkennen, dass unser Bedrohungssystem aktiviert ist. Wie wir gesehen haben, kann dieses System leicht unser Denken „besetzen", was dann zu dem Dominoeffekt der Erfahrungen führen kann, die in Kapitel 1 beschrieben wurden: Man empfindet Ärger oder Wut, der Fokus der Aufmerksamkeit verengt sich, sodass sie nur auf die Bedrohung gerichtet ist, die Gedanken jagen durch den Kopf und kreisen um die Situation und man spürt den Impuls, reale oder vorgestellte Feinde zu attackieren. Bei alldem können die Dinge ziemlich schnell außer Kontrolle geraten, wenn man sich nicht bewusst ist, was passiert. Das Entscheidende ist, dass man diesen Prozess rechtzeitig erkennt, wenn er beginnt, und ihn dann, bevor er die Kontrolle übernimmt, unterbricht.

Das Trieb-und-Ressourcen-Erwerbssystem

Wie oben bemerkt, haben wir zwei Systeme zur Regulierung zwei sehr verschiedener Arten positiver Emotionen. Die westliche Gesellschaft tendiert dazu, nur eines dieser beiden Systeme zu betonen, indem sie uns lehrt, dass wir, um glücklich zu sein, etwas „leisten" und „tun" müssen. Das zugrunde liegende System ist das sogenannte „Trieb-und-Ressourcen-Erwerbssystem", das wir kurz „Antriebssystem" nennen wollen.

Dieses System hat sich entwickelt, damit wir Ressourcen aufspüren und uns verschaffen können – Dinge, die wir zum Überleben und für ein gutes Leben brauchen. Als solches dient es zwei Zielen: Es motiviert uns, nach begehrten Dingen zu streben und erwünschte Ziele zu verfolgen, und es belohnt uns, wenn wir Erfolg dabei haben. Wenn die allgemeine Botschaft des Bedrohungssystems lautet: „Schütze dich!", dann lauten die Botschaften des Antriebssystems: „Hol es dir!" (bevor man es hat) und „Das ist toll!" (nachdem man es bekommen hat). Das Antriebssystem motiviert und organisiert unsere Bemühungen, Dinge wie Nahrungsmittel, Sex, Anerkennung usw. zu bekommen, die wir mit Glück und gutem Leben verbinden. Dieses System ist mit Emotionen wie Lust, Erregung und Begehren verbunden und hält unsere Motivation aufrecht, wenn wir ein Ziel verfolgen.

Wie das Bedrohungssystem organisiert das Antriebssystem also unser Denken: Es motiviert uns und richtet unsere Aufmerksamkeit auf den begehrten Gegenstand. Es aktiviert und energetisiert uns und lässt unsere Gedanken immer wieder zum begehrten Gegenstand zurückkommen. Denken Sie daran, wie Sie sich bei einem Wettbewerb verhalten oder wie sich ein Athlet oder ein Schachspieler verhält und sich während eines Wettkampfs oder Turniers konzentriert. Oder denken Sie an den „Kaufrausch" vieler Menschen. Oder als Sie sich das erste Mal verliebt haben: Wie oft waren Sie mit Ihren Gedanken bei diesem geliebten Menschen? Und wenn wir unser Ziel erreicht haben, den Wettkampf gewonnen oder die Anerkennung errungen haben, dann sind wir begeistert und aufgeregt und erleben einen Rausch von Lust oder Freude.

Diagramm 2.3: Wie das Trieb-und-Ressourcen-Erwerbssystem Bewusstsein und Denken organisiert

Wie das Bedrohungssystem erfüllt das Antriebssystem seine Aufgabe mittels verschiedener chemischer Substanzen im Gehirn. Eine dieser Substanzen ist der Neurotransmitter Dopamin (der wichtigste Botenstoff im Gehirn), der mit Erfahrungen und Empfindungen von Lust, Bewegung und Energie verbunden ist. Man erlebt einen Dopaminschub, wenn man verliebt ist, Sex hat, mit Bravour eine Aufnahmeprüfung besteht oder für seine Arbeit ausgezeichnet wird. Die Emotionen, die von Dopamin hervorgerufen werden, haben eine starke Fähigkeit, die Triebe zu mobilisieren. Stellen Sie sich vor, Sie gewinnen im Lotto und sind plötzlich im Besitz von 20 Millionen Euro. Wenn Sie von dem Gewinn erfahren, erleben Sie wahrscheinlich einen Dopaminrausch im Gehirn und einen Schub von Energie, der es schwer macht, ruhig zu schlafen, und der Ihre Gedanken rasen lässt. Kokain oder Amphetamine stimulieren im Grunde ein ähnliches Gefühl – man verschafft sich einen Schub von Energie, Schwung und Erregung. Nur hat der Drogenkonsum natürlich böse Folgen und kann letztlich in hohem Maße süchtig machen.

Übung 2.2: Das Trieb-und-Ressourcen-Erwerbssystem

Versuchen Sie, sich an eine Situation zu erinnern, in der Ihr Antriebssystem die Kontrolle hatte – als Sie etwas Bestimmtes mit wirklicher Begeisterung getan haben, zum Beispiel, um ein bestimmtes Ziel zu verfolgen, oder als Ihnen gerade etwas sehr Bedeutendes gelungen war.

- Welche Emotionen haben Sie erlebt? Wie haben Sie sich gefühlt? Was haben Sie körperlich wahrgenommen?
- Erinnern Sie sich an Ihre Aufmerksamkeit. Worauf war sie gerichtet? Wo war Ihr Fokus?
- Woran haben Sie gedacht? Was hatten Ihre Gedanken mit Ihrer emotionalen Erfahrung zu tun?
- Was für Bilder oder Fantasien gingen Ihnen durch den Kopf?
- Wozu waren Sie motiviert? Was wollten Sie tun?
- Wie haben Sie sich verhalten?

So wie das Bedrohungssystem unser Denken um wahrgenommene Gefahren und Bedrohungen organisiert, so richtet unser Antriebssystem unsere Emotionen, Aufmerksamkeit, Gedanken, Fantasien, Motivationen und unser Verhalten auf unsere vielfältigen Ziele im Leben. Es gibt auch Interaktionen zwischen dem Antriebssystem und dem Bedrohungssystem: Wenn wir „auf der Jagd" nach etwas sind und uns jemand in die Quere kommt oder uns etwas daran hindert, es zu bekommen. Wenn das passiert, werden unser Antriebssystem und das Bedrohungssystem gleichzeitig aktiviert. Konkurrenten, die nach dem gleichen Ziel streben wie wir, können als Bedrohung empfunden werden. Denken Sie an das Gedränge und Gerangel in vielen Geschäften kurz vor Weihnachten. Manchmal kann das auch zu gefährlich aggressivem Verhalten führen, wie im Jahr 2008, als ein Aushilfsverkäufer in einem Supermarkt in New York von Kunden zu Tode getrampelt wurde, die wie besessen drängelten, um in das Geschäft zu kommen (5). Auch in unserer Sprache spiegelt sich die Wechselwirkung von Bedrohungs- und Antriebssystem: „Man muss darum kämpfen, wenn man etwas haben will!"

Wenn wir also daran gehindert werden, das zu bekommen, was wir haben wollen, werden unsere Triebe blockiert, wir sind frustriert und werden ärgerlich und wütend. Ärger und Wut sind also eng mit dem Antriebssystem verknüpft. Auch wenn Traurigkeit oder Angst entstehen können, sind Ärger und Wut die häufigere Reaktion des Bedrohungssystems auf solche Hindernisse. Dies ist auch sinnvoll, wenn man bedenkt, dass Aggression eine Emotion ist, die ermutigt, auf etwas zuzugehen, sich vorwärts zu bewegen und Hindernisse und potentielle Bedrohungen des eigenen Glücks zu beseitigen.

In der buddhistischen Psychologie werden Ergreifen und Anhaften als Ursachen des menschlichen Leidens gesehen. Wir erleben viele negative Emotionen, wenn wir etwas wirklich haben wollen, es aber nicht bekommen, oder wenn wir etwas verlieren und nicht loslassen können. Bei Problemen und Schwierigkeiten wird in der CFT oft die Frage gestellt: „Was für eine Gefahr oder Bedrohung löst diese Emotion aus?" Wie wir gesehen haben, haben die Bedrohungen, die Wut auslösen, häufig damit zu tun, dass uns etwas verweigert wird, dass uns jemand daran hindert, etwas zu bekommen, dass uns etwas genommen wird oder dass wir die Kontrolle über etwas verlieren.

Im Fall von Wut, die auf Scham zurückgeht, erleben wir eine Bedrohung des Selbstbildes, des Gefühls persönlicher Identität oder des Bildes, das andere von uns haben sollen. Zusammengefasst haben Ärger und Wut also oft damit zu tun, dass die Dinge „nicht so sind, wie wir sie haben wollen", dass unsere Gewohnheit, die Dinge so zu sehen, wie wir sie gerne sehen, infrage gestellt wird.

Wenn Sie sich vor Augen halten, wie wir alle nach Dingen streben, die wir haben wollen, und mit einem Gehirn ausgestattet sind, das Frustration, Ärger und Wut entstehen lässt, wenn die Dinge nicht so laufen, wie wir das gerne hätten ... nun, dann ist wohl leicht einzusehen, wie Konflikte entstehen können. Eine mitfühlende Sicht ermöglicht uns, zurückzutreten, zu beobachten und diesen Prozess zu verstehen. Dann können wir ihn vielleicht kontrollieren und vermeiden, dass um kleine Dinge große Konflikte entstehen. Wir können aus dem Teufelskreis von Ärger und Wut heraustreten, wenn wir uns klar machen, dass alle glücklich sein wollen, dass niemand leiden möchte und dass all das Begehren und Festhalten, das Kämpfen und die aggressiven Verhaltensweisen einfach nur dadurch entstehen, dass das „alte Gehirn" und das „neue Gehirn" in ihrem Bemühen für unser Überleben und für ein gutes Leben in Konflikt geraten. Wenn wir dies verstehen, haben wir die Wahl: Wollen wir einfach so weitermachen? Oder möchten wir eher unser Wissen über unser Gehirn nutzen, um Möglichkeiten zu finden, wie wir unsere Systeme zur Regulierung von Emotionen in ein ausgewogenes Verhältnis zueinander bringen können, sodass wir bessere Beziehungen aufbauen und besser leben können? Wenn Sie diese zweite Option anspricht, lesen Sie weiter – denn wir müssen noch ein weiteres System zur Regulierung unserer Emotionen kennenlernen.

Das Beruhigungs- und Zufriedenheitssystem

Zum Glück haben wir ein System, das helfen kann, das Bedrohungs- und das Antriebssystem zu beruhigen. Wir nennen dieses dritte System das „Beruhigungssystem", und wir werden jetzt die Gefühle, die dieses System vermittelt, die Arten von Verhalten, mit denen es verknüpft ist, und die Systeme des Hirnstamms und die chemischen Substanzen betrachten, die daran beteiligt sind.

Mit ein paar Ausnahmen (zum Beispiel Traurigkeit) tendieren das Bedrohungs- und das Antriebssystem dazu, Denken und Bewusstsein auf eine aktive und fokussierte Weise zu organisieren, zu der auch das starke Verlangen gehört, entweder mit einer Bedrohung oder Gefahr umzugehen oder ein bestimmtes Ziel zu verfolgen. Im Vergleich mit diesen beiden anderen Systemen, bewirkt das Beruhigungssystem, dass wir gelassen und ruhig werden; deshalb auch die Bezeichnung „Zufriedenheitssystem". Es ist mit emotionalen Erfahrungen wie Zufriedenheit, Frieden, Heiterkeit und mit dem Gefühl verbunden, dass man sicher und mit anderen verbunden ist. Während am Bedrohungs- und dem Antriebssystem Motivation und Streben beteiligt sind, und es bei ihnen zum großen Teil darum geht, den gegenwärtigen Stand der Dinge zu verändern, geht es beim Beruhigungssystem darum, geerdet und sicher im gegenwärtigen Moment zu sein. Statt der Dringlichkeit, die das Bedrohungs- und das Antriebssystem kennzeichnen, lässt uns das Beruhigungssystem langsam, ruhig und gelassen werden – ohne allerdings gelangweilt zu sein. Neben dem „Schütze dich!" des Bedrohungssystems und dem „Los, hol es dir!" des Antriebssystems ist die zentrale Botschaft des Beruhigungssystems: „Es ist alles gut. Du bist sicher."

Wie das Beruhigungssystem funktioniert, kann man schön bei Tieren beobachten: zum Beispiel bei meiner Hündin Sadie, wenn sie friedlich in der warmen Sonne liegt, die durch unser Verandafenster scheint, und sich dabei zufrieden und sicher fühlt. Wenn sich Tiere nicht bedroht fühlen und zufrieden sind, wenn sie nichts leisten oder sich Nahrung verschaffen müssen, dann kommen sie in Zustände von Zufriedenheit und Wohlbefinden. Wie Untersuchungen zeigen, ist das auch bei uns Menschen so:

Unser Körper verhält sich anders, wenn wir uns in diesem Zustand der Zufriedenheit befinden (6, 7). Wenn unser Beruhigungssystem aktiviert ist, nimmt die Aktivität in unserem Nervensystem ab, und wir beruhigen uns bei Stress und fühlen uns gelassen und friedlich.

Das Beruhigungssystem ist fest in den Prozessen der Bindung verwurzelt, in unseren Erfahrungen, akzeptiert, wertgeschätzt und versorgt zu sein, und wenn wir selbst für andere sorgen. Dies ist ein wichtiger Unterschied zwischen dem Beruhigungssystem und dem Bedrohungs- und dem Antriebssystem, bei denen Beziehungen gegenüber dem Schutz und Verfolgen von Zielen zweitrangig sind. Im Fall des Bedrohungssystems geht es bei unseren Interaktionen tendenziell darum, die zu überwinden, zu vermeiden oder zu besänftigen, die uns bei der Verwirklichung unserer Ziele im Weg sind. Beim Antriebssystem spielt der Aspekt der Beziehung vor allem beim sexuellen Verlangen oder dem Konkurrenzverhalten eine Rolle. Im Gegensatz dazu bilden Beziehungen geradezu das Zentrum des Beruhigungssystems: Wir erfahren in ihnen Freundlichkeit, Liebe und das Gefühl, wertgeschätzt und umsorgt zu sein und vermitteln auch anderen diese Gefühle.

Denken Sie an Erfahrungen, als Sie sich vollkommen sicher und umsorgt gefühlt haben (wenn Sie sich an keine Erfahrungen dieser Art erinnern können, versuchen Sie sich vorzustellen, wie das sein könnte). Ein gutes Beispiel für eine Interaktion, die diese Gefühle vermittelt, ist das Bild einer Mutter, die ihr Kind stillt. Solche beruhigenden Interaktionen sind gleichzeitig Erfahrungen von Wärme und Vertrauen. Sie führen zu dem Gefühl der Sicherheit und Verbundenheit mit einem anderen Menschen. Wie das Bedrohungs- und das Antriebssystem spricht das Beruhigungssystem auf Signale aus der Umwelt an. Es reagiert besonders auf Botschaften, dass man wertgeschätzt, angenommen und umsorgt ist.

Stellen Sie sich vor, dass Sie an einer neuen Arbeitsstelle eben Ihre ersten Wochen hinter sich haben und ein wenig besorgt sind, weil Sie immer noch nicht genau wissen, was Sie tun sollen. Sie zweifeln vielleicht, ob Sie alle Erwartungen erfüllen können. Nun ruft Ihr Chef Sie zu sich in sein Büro. Versuchen Sie jetzt zu spüren, wie sich Ihr Körper in dieser Situation anfühlen könnte. Es kann sein, dass Ihr Bedrohungssystem und zugleich auch Ihr Antriebssystem alarmiert sind, denn es ist wichtig, dass

Sie an diesem Arbeitsplatz Erfolg haben, und Sie wollen ihren Job gut machen. Sie sitzen nun im Büro Ihres Chefs, er lächelt freundlich und sagt mit ruhiger Stimme: „Ich wollte Ihnen nur sagen, dass wir sehr froh sind, Sie bei uns haben. Es gibt eine Menge auf einmal zu lernen, und Sie machen das sehr gut. Wir müssen hier als ein Team arbeiten, und Sie passen genau dazu, es macht allen Freude, mit Ihnen zu arbeiten." Wow! Wie fühlt sich das an, wenn Sie eine so positive Rückmeldung bekommen? Unser Beruhigungssystem reagiert auf so positive Botschaften zum Teil so, dass es unsere Erregung dämpft. Dies hilft wiederum, die Ängstlichkeit auszugleichen, die vom Bedrohungssystem ausgelöst wurde.

Wäre es nicht toll, wenn wir so eine Bestätigung häufiger bekommen würden? Wir profitieren von Interaktionen dieser Art und wir können andere davon profitieren lassen. Es muss auch gar nicht so überdeutlich sein, wie in diesem Beispiel. Beruhigende Interaktionen können viele Formen haben: Ein Lächeln, ein freundliches Wort, ein Klopfen auf die Schulter können vermitteln: „Du bist bei mir sicher", „Ich akzeptiere dich", „Ich mag dich". Wärme scheint hier besonders wichtig zu sein. Warme Interaktionen sind beruhigend, sie signalisieren Interesse, Freundlichkeit, Anteilnahme, Sympathie, Zuneigung und Vertrauen (8). Diese Interaktionen – besonders mit den Menschen, die wir lieben und denen wir vertrauen – stimulieren unser Beruhigungssystem und helfen uns, uns weniger bedroht zu fühlen.

Wie man das Bedrohungssystem beruhigen kann

Die Fähigkeit unseres Beruhigungssystems, unser Bedrohungssystem zu beruhigen, wird gut von einer Studie illustriert, die im Jahr 2008 von James Coan, Hillary Schaefer und Richard Davidson (9) veröffentlicht wurde. In dieser Studie wurden 16 verheiratete Frauen mit der Bedrohung eines schwachen Stromschlags konfrontiert. Mithilfe des Verfahrens der funktionellen Magnetresonanztomografie (fMRT) konnten die Forscher untersuchen, was im Gehirn der Frauen vor sich ging, d. h., welche Teile des

Gehirns „aufleuchteten“, wenn Sie den Stromschlag erwarteten – sicher eine Situation, die geeignet ist, das Bedrohungssystem zu stimulieren. Während dieses Vorgangs hatten die Frauen unterschiedliche Kontakte durch Berührung: Manchmal hielten die Partner der Frauen ihre Hand, manchmal tat das eine fremde Person, manchmal waren die Frauen aber auch allein.

Die Forscher beobachteten dabei, dass die Teile des Gehirns, die mit emotionalen und Verhaltensreaktionen auf das Bedrohungssystem in Verbindung stehen, viel weniger aktiv waren, wenn die Frauen sich mit ihren Partnern an den Händen hielten. Körperkontakt mit den Partnern reduzierte also die Reaktion des Gehirns auf die Bedrohung. Es wurde auch beobachtet, dass diese Reduktion um so deutlicher war, je besser die Beziehung des Paares war. Körperkontakt reduzierte die Reaktion auf die Bedrohung auch, wenn die Frauen die Hand einer fremden Person hielten, aber sie war geringer als bei ihren Partnern. Dies zeigt die Wirksamkeit des Beruhigungssystems und seine Verbindung mit unseren Bindungserfahrungen und Gefühlen der Verbundenheit. Es hilft, das Erleben einer Gefahr oder Bedrohung zu reduzieren und emotionale Reaktionen in ein Gleichgewicht zu bringen.

So wie die anderen Systeme arbeitet auch das Beruhigungssystem mit spezifischen chemischen Substanzen. Sie haben bestimmt von Opiaten gehört – Heilmittel, die auch missbräuchlich verwendet werden können, weil sie Gefühle von Wohlbefinden und Glück hervorrufen. „Endorphine“ sind natürliche Opiate in unserem Körper, die uns beruhigen und uns Frieden und Verbundenheit empfinden lassen.

Diese beruhigende Wirkung der Endorphine ist nicht zufällig. Sie erinnern sich vielleicht, dass die Amygdala im Kern unseres Bedrohungssystems Bedrohungen und Gefahren schnell identifiziert und uns als Reaktion darauf aktiviert. Sie ist für die Wirkungen chemischer Substanzen wie die Endorphine sensibel. Diese Substanzen hemmen die Aktivität der Amygdala und bewirken, dass wir uns ruhiger und sicherer fühlen und weniger auf Bedrohungen fokussiert sind.

Im Laufe der Evolution ist dieses Beruhigungssystem eng mit dem Prozess der Bindung verknüpft worden. Zum Beispiel werden Babys ruhig, wenn sie an der Brust ihrer Mutter sind oder in ihren Armen liegen: Gefühle der Nähe rufen Gefühle der Sicherheit hervor. Größere Kinder, die irgendwie in Not oder verzweifelt sind, suchen die Nähe zu einem Elternteil, häufig zur Mutter, die sie in den Arm nimmt, küsst oder ihnen über den Rücken streicht. Dieser Kontakt hilft dem Kind, sich zu beruhigen. Solche Beziehungen sind mit der Ausschüttung chemischer Substanzen wie den Endorphinen und dem Hormon Oxytocin verbunden. Oxytocin spielt beim Verhalten der Mutter während des Stillens und bei der Pflege des Babys sowie bei der Hemmung von Stress, Reizbarkeit und Aggressivität eine große Rolle (10). Bisher wurde Oxytocin vor allem mit Körperkontakt in Verbindung gebracht, aber die neuere Forschung zeigt, dass dies nicht die einzige Möglichkeit ist, die positive Wirkung dieses Hormons zu erleben. Zur Ausschüttung von Oxytocin und dem dadurch vermittelten Gefühl von Beruhigung oder Sicherheit kann es auch als Reaktion auf eine Reihe anderer Aktivitäten kommen, zum Beispiel wenn man verbal (auch über Telefon! (11)) oder mit Bildern in der Vorstellung beruhigt oder getröstet wird. Wie man solche Bilder verwenden kann, um mit Ärger oder Wut umzugehen, werden wir später besprechen.

Wir halten also fest: Wenn wir uns weder bedroht fühlen noch gedrängt, ein bestimmtes Ziel zu erreichen, befinden wir uns in einem Zustand von Sicherheit, Entspannung und Zufriedenheit. Wir können uns liebenswert finden und spüren, dass wir es wert sind, freundlich und respektvoll behandelt zu werden. Unsere Aufmerksamkeit wird weit, und wir werden uns all der positiven Dinge bewusst, die wir in der Situation der Bedrohung übersehen haben. Unser Denken entspannt sich und wir betrachten die Dinge flexibel und gelassen und mit Abstand. Wir wägen Optionen ruhig ab und denken kreativer. Dies hilft uns, neue, effektivere Weisen zu entdecken, mit schwierigen Situationen umzugehen, statt an die Gewohnheiten gebunden zu sein, die vom Bedrohungssystem diktiert werden. Dies bezeichnen wir als „Flexibilität der Reaktion". Neuere Untersuchungen belegen, dass die nährenden Interaktionen einer guten Bindungsbeziehung, die den Kern des Beruhigungssystems bilden, tatsächlich Wachstum in Teilen des Gehirns aktivieren und fördern können. (12)

Diagramm 2.4: Wie das Beruhigungssystem Bewusstsein und Denken organisiert

Wir sehen also, dass das Beruhigungssystem einen „ausgleichenden Einfluss“ auf das Bedrohungs- und das Antriebssystem ausübt. Wir können lernen, das Beruhigungssystem zu stimulieren, um uns langsamer werden zu lassen und Situationen mit Abstand zu betrachten: „Bin ich wirklich in Gefahr oder gibt es noch andere Erklärungen, die ich nicht berücksichtigt habe?“ Diese weitere Perspektive erlaubt uns zudem abzuwägen, ob wir wirklich brauchen, wonach wir streben und ob es wirklich wahr ist, dass wir ohne es nicht glücklich sein können. Dieses System kann die Aggression beruhigen. Es kann uns die Freiheit vermitteln, nicht nur die Gefahr oder das Verlangen des Augenblicks, sondern auch weitergehende Fragen zu berücksichtigen: „Was für ein Mensch möchte ich sein und wie kann ich es anstellen, ein ‚besserer Mensch‘ zu werden?“, „Was kann ich tun, um für die Menschen, die mir nahe sind und die ich liebe, gut zu sorgen?“, „Welche Bedingungen kann ich schaffen, um dies zu verwirklichen?“

Übung 2.3: Unsere Reaktion auf Sicherheit

Versuchen Sie sich an eine Situation zu erinnern, in der Sie sich sicher und vollkommen entspannt gefühlt haben. Wenn Ihnen keine Situation einfällt, schließen Sie einen Moment die Augen und stellen Sie sich einfach vor, wie es wäre, wenn Sie sich vollkommen entspannt, zufrieden und sicher fühlen würden.

- Welche Emotionen haben Sie erlebt? Wie haben Sie sich gefühlt? Was haben Sie körperlich empfunden?
- Denken Sie an Ihre Aufmerksamkeit. Worauf war sie gerichtet? Wo war Ihr Fokus? War Ihr Fokus weit oder eng?
- Woran haben Sie gedacht? In welcher Beziehung standen Ihre Gedanken mit Ihrer emotionalen Erfahrung?
- Was für Bilder oder Fantasien gingen Ihnen durch den Kopf?
- Welche Motivation konnten Sie entdecken? Was wollten Sie tun?
- Wie haben Sie sich verhalten?

Wenn wir unter dem Einfluss des Bedrohungssystems stehen (zum Beispiel Ärger oder Wut empfinden):

- Wir erleben bedrohliche Emotionen wie Wut und Angst.
- Unsere Gedanken und unsere Aufmerksamkeit sind auf Quellen potentieller Bedrohungen oder Gefahren fokussiert.
- Wir haben körperliche Empfindungen von Erregung und Spannung, und wenn wir wütend sind, können wir zusätzlich Schmerzen, Magenbeschwerden oder Kopfschmerzen empfinden und unter Schlafstörungen leiden.
- Wir sehen nur wenige Möglichkeiten: Unsere Aufmerksamkeit verengt sich, und es kann sein, dass wir uns „gefangen" fühlen.
- Es fällt uns schwer, jemanden um Hilfe zu bitten, weil wir in der Defensive sind und uns vielleicht isoliert fühlen.

Wenn wir ausgeglichen sind und unser Beruhigungssystem aktiv ist:

- Wir erleben weiter negative Emotionen, aber wir werden von ihnen nicht überwältigt.
- Wir haben eine bessere, weitere Perspektive und ein Gefühl von Selbstvertrauen, dass wir mit dem Bedrohungssystem und mit dem Antriebssystem arbeiten können.
- Wir können körperliche Entspannung empfinden und sind in der Lage, mit unserem Körper zu arbeiten, um Spannung abzubauen.
- Wir können flexibel denken und viele Optionen sehen. Wir können verschiedene Möglichkeiten abwägen, mit schwierigen Situationen zu arbeiten, und entscheiden, welche die beste ist.
- Wir fühlen uns mit anderen verbunden und können uns an sie wenden, wenn wir Hilfe oder Unterstützung brauchen.

Zusammenfassung

Wenn wir Emotionen aus der Sicht dieser drei Systeme zur Regulierung von Emotionen betrachten – der drei Kreise –, können wir Ärger und Wut aus einer weiteren Perspektive verstehen. Und wenn wir berücksichtigen, wie sich diese drei Systeme entwickelt haben, verstehen wir, warum Emotionen so funktionieren, wie sie das tun. Das Bedrohungssystem hat die Funktion, uns zu schützen, damit wir angesichts von Gefahren überleben können. Das Antriebssystem aktiviert uns dazu, Ressourcen zu suchen und uns zu verschaffen, Partner zur Fortpflanzung zu finden, nach sozialem Status zu streben und für unseren Lebensunterhalt zu arbeiten. Das Beruhigungssystem schließlich hilft uns, enge und nährende Beziehungen mit den Menschen einzugehen, die wir lieben, es hilft uns zu entspannen, wenn die Gefahren vorüber sind und wir unsere Arbeit getan haben. Es gleicht die Wirkungen der beiden anderen Systeme aus.

Zu Problemen mit Emotionen, die von Bedrohung oder Gefahr ausgelöst werden, kommt es, wenn die Systeme nicht im Gleichgewicht sind. Im dritten Kapitel werden wir untersuchen, wie es dazu kommen kann, und warum z. B. manche Menschen Probleme mit Ärger und Wut haben und andere anscheinend nicht. Wir werden auch untersuchen, warum Aggression so verschieden erlebt wird. Wenn wir diese Unterschiede verstehen, können wir auch Scham und Vorwürfe leichter loslassen, die unser Erleben von Ärger und Wut so oft begleiten, und uns mehr Mitgefühl entgegenbringen.

3 Wenn die Dinge aus dem Gleichgewicht geraten

Im vorigen Kapitel haben wir die „drei Kreise" besprochen: das Bedrohungssystem, das Antriebssystem und das Beruhigungssystem. Wir haben gesehen, wie diese drei Systeme zur Regulierung der Emotionen unterschiedlichen Zielen dienen und miteinander interagieren und wie unsere emotionale Gesundheit davon abhängt, dass sie sich im Gleichgewicht befinden. In diesem Kapitel untersuchen wir verschiedene Möglichkeiten, wie diese drei Systeme aus dem Gleichgewicht geraten können und zu Problemen mit Aggression führen sowie zu Schwierigkeiten, uns angemessen und sinnvoll zu verhalten.

Unser von der Evolution geprägtes Gehirn in der modernen Welt

Wie wir gesehen haben, funktioniert unser Bedrohungssystem nach dem Prinzip „Vorsicht ist besser als Nachsicht". Um uns zu schützen, organisiert es unser Gehirn um Abwehr und Verteidigung. Das Antriebssystem motiviert uns, uns zum Überleben notwendige Dinge zu verschaffen, Partner zur Fortpflanzung zu suchen und Ressourcen zu erwerben und zu verteidigen. Im Vergleich dazu scheint das Beruhigungssystem eine wichtige, aber oft vernachlässigte Rolle zu spielen.

Jagd nach Ungleichgewicht

Die Forschung zeigt, dass wir dadurch, wie wir unser Leben einrichten, möglicherweise Unausgewogenheiten in den drei Systemen hervorrufen, die unsere Emotionen regulieren. Depression und Angst haben besonders bei jungen Menschen zugenommen, was darauf hindeutet, dass wir Zeiten für Entspannung und sinnvolle und bedeutsame Beziehungen mit anderen vernachlässigen und statt dessen Status und Wohlstand nachjagen (1). Denken Sie daran, dass Gefühle der Sicherheit im Allgemeinen vermittelt und empfangen werden, wenn man Verbundenheit mit Menschen erlebt, wenn man Gefühle der Wärme miteinander teilt und sich gegenseitig akzeptiert und wertschätzt. Jean Twenge und Keith Campbell haben darüber in *The Narcissism Epidemic: Living in the Age of Enlightenment* geschrieben und argumentiert, dass Veränderungen der psychischen Gesundheit und des Wohlbefindens mit dem Rückgang an Bewusstheit für Werte der Gemeinschaft und mit einer Zunahme an konkurrenzbetonten, selbstbezogenen Zielen verknüpft sind (2). Es ist leicht, der Jagd nach mehr Geld, Status und materiellem Besitz zu verfallen, und es gibt in unserer Gesellschaft zahllose Botschaften, die dies als den Weg zum Glück propagieren. Der australische Epidemiologe Richard Eckersley nennt dies „kulturellen Schwindel" (3). Wenn wir diesen kulturellen Botschaften glauben und Leistung vor der Beziehung mit Menschen den Vorrang geben, machen wir uns empfänglich für die Art von Unausgewogenheiten, die hinter Problemen mit Wut und Ärger stecken können.

Eine der Schwierigkeiten mit dem Antriebssystem besteht darin, dass es leicht frustriert werden kann, was uns dann geradeswegs zurück unter den Einfluss des Bedrohungssystems bringt. Man fühlt sich dann vielleicht ständig unter Druck, eine soziale Position erringen und verteidigen oder sich gegen Kritik oder Ablehnung schützen zu müssen. Besonders in wirtschaftlich schwierigen Zeiten macht man sich schnell Sorgen um seinen Arbeitsplatz und um seinen Lebensunterhalt. Wenn das Bedrohungssystem oder das Antriebssystem permanent aktiviert sind, kann es sein, dass das Beruhigungssystem, das darauf beruht, dass gute Beziehungen mit anderen aufgebaut und erlebt werden, zur Regulierung unserer Emotionen nicht viel beizutragen hat. Außerdem hat sich unsere Kultur auf eine Weise entwickelt, dass unser Bedrohungs- und unser Antriebssystem von vielen Erfahrungen aktiviert werden, die wenig mit dem Überleben zu tun haben (4): Wir werden ständig mit potentiellen Gefahrenquellen und mit Werbung konfrontiert, die dazu bestimmt sind, unsere Begierden zu stimulieren. Wir haben gelernt, Dinge zu begehren, die wenig zu unserem Überleben oder unserem Glück beitragen – eine Tatsache, an die mich meine Frau gerne erinnert, wenn ich gerade darauf brenne, mir eine weitere Elektrogitarre zu kaufen. Viele unserer Probleme entstehen, weil wir ein Gehirn und einen Körper haben, die noch an die Welt angepasst sind, in der unsere neolithischen Vorfahren gelebt haben. An das Leben in unserer modernen Welt, die von einer viel größeren Vielfalt potentieller „Gefahren" erfüllt ist, sind sie noch schlecht angepasst. Das Bedrohungssystem unseres alten Gehirns ist auf die Moderne noch nicht adäquat eingestellt.

Warum ich? Warum habe ich Probleme mit Ärger und Wut und andere anscheinend nicht?

Bisher haben wir gesehen, woher unsere Aggression kommt und wie uns das Bedrohungs- und das Antriebssystem dazu bringen können, dass wir Schwierigkeiten mit ihr haben. Wir fragen uns vielleicht, warum manche Menschen große Probleme mit ihrer Aggression haben, während andere anscheinend kaum Probleme damit haben. Diese Frage ist naheliegend: „Wenn es nicht mein Fehler ist, weil bei uns allen das Gehirn so funktioniert, dass unter bestimmten Bedingungen Aggression in Form von Ärger oder Wut eingeschaltet wird, warum müssen sich dann nur manche Menschen damit auseinandersetzen, andere dagegen nicht?" Betrachten wir einige mögliche Antworten auf diese Frage.

Temperament und unsere frühen Interaktionen

Wir haben gesehen, dass wir bei vielen Faktoren, die unsere emotionale Entwicklung und unsere Fähigkeiten beeinflussen, Emotionen zu regulieren, keine Wahl und keinen Einfluss darauf haben. Zum Beispiel können wir uns die individuellen Charakteristika, mit denen wir auf die Welt kommen, wie unser Temperament, nicht aussuchen. Wenn Sie einmal Babys beobachtet haben, dann wissen Sie, wie sehr sie sich darin unterscheiden können, wie munter oder wie irritierbar sie sind. Manche Babys sind anscheinend fast immer zufrieden, andere wirken leicht nervös, unkonzentriert und angestrengt.

Unser Temperament ist von unserer genetischen Ausstattung gefärbt, die beeinflusst, wie wir die Welt erleben und wie wir mit ihr interagieren. Während die wissenschaftliche Diskussion darüber, was Temperament eigentlich ist, bei Weitem noch nicht abgeschlossen ist, ist doch deutlich, dass wir uns sehr voneinander unterscheiden, was schon kurz nach der Geburt offensichtlich wird. Beispiele für diese Unterschiede sind die Art und Weise, wie Gehirn und Körper funktionieren (unsere hormonelle Aktivität, die Herzfrequenz, die elektrische Aktivität im Gehirn), unser Aktivitätsniveau (wie aktiv wir tendenziell sind), der Grad an Selbstkontrolle (wie geduldig oder impulsiv wir sind) und unsere Konzentrationsfähigkeit. Ferner gehören dazu Sensibilität und Anpassungsfähigkeit an Veränderungen in unserer Umwelt und die Art und Weise, wie man Glück und emotionale Not erlebt – um nur einige dieser Unterschiede zu nennen (5).

Da Babys uns schwerlich genau sagen können, was sie empfinden, entnehmen wir viel von dem, was wir über sie wissen, der Beobachtung ihres Verhaltens. Manche Babys geraten schon bei der geringsten Temperaturveränderung oder Frustration, wenn zum Beispiel ein Spielzeug außer Reichweite ist, in Aufregung. Andere können im Vergleich dazu seelenruhig wirken. Manche Babys weinen und schreien fast andauernd, während andere ruhig und gesammelt wirken. Manche scheint man kaum beruhigen zu können, während andere sich einfach eine kuschelige Haltung suchen und sogleich einschlafen. Manche sind sehr wählerische Esser, andere mampfen alles glücklich weg, was man ihnen in den Mund steckt.

Diese Züge beginnen sofort, die Umgebungen zu formen, in denen wir aufgezogen werden. Stellen Sie sich zwei Babys vor, von denen eins der Beschreibung des leicht aufgeregten Babys und das andere der des immer seelenruhigen Babys entspricht. Überlegen Sie, wie das Verhalten dieser beiden Babys aus ihrem jeweiligen angeborenen Temperament heraus wohl die Welt um sie herum prägt. Welches Baby würde wahrscheinlich am meisten Kuscheln und nährende Versorgung und den liebevollen Kontakt bekommen, der ihr Beruhigungssystem stimuliert und ihnen hilft zu lernen, dass die Welt ein sicherer Ort ist und dass sie erwarten können, dass ihre Bedürfnisse befriedigt werden? Und welches würde eher grob behandelt werden, zu welchem würden Erwachsene eher mit lauter Stimme reden, würden es abrupt absetzen, es ignorieren oder auf andere Weise sein Bedrohungssystem aktivieren und so prägen, dass es noch empfindlicher wird? Schon während der frühesten Momente unseres Lebens interagieren Faktoren, über die wir keine Kontrolle haben (unsere genetische Ausstattung und das entsprechende Temperament), mit anderen Faktoren, über die wir ebenso wenig Kontrolle haben (wie unsere Bezugspersonen auf uns reagieren), und beeinflussen die Erfahrungen, die wir im Leben machen.

Übung 3.1: Individuelle Unterschiede

Wenden Sie sich jetzt Ihrem eigenen Temperament und Ihrer Persönlichkeit zu. Denken Sie daran, dass Sie viele Aspekte Ihrer Reaktionen auf die Welt nicht frei wählen, und bedenken Sie die folgenden Fragen:

- Sind Sie im Allgemeinen eher gelassen oder sind Sie leicht frustriert? Was für Gefühle tauchen auf, wenn die Dinge nicht so laufen, wie Sie es gerne hätten?
- Mögen Sie es, wenn viel auf einmal passiert, oder sind Sie leicht überwältigt und ziehen es vor, wenn Sie still für sich sind?
- Sind Sie gern mit vielen Menschen zusammen? Oder lieber mit nur ein paar wenigen guten Freunden?

- Probieren Sie gerne etwas Neues aus (zum Beispiel neue Restaurants) oder bleiben Sie lieber bei Vertrautem?
- Würden Sie sagen, dass Sie dazu neigen, sich in Ihrer Denkweise einzurichten, oder sind Sie flexibel und können über den gewohnten Rahmen hinaus denken?
- Mögen Sie Überraschungen oder ziehen Sie es vor, dass die Dinge stabil und überschaubar sind?

Dies sind nur ein paar der vielen Möglichkeiten, wie wir uns voneinander unterscheiden. Wenn man mit seinen eigenen Charakteristika, Neigungen und Vorlieben vertraut ist, kann man sich eher bewusst sein, wo und wie man sich wohlfühlt, und Situationen wahrnehmen, die das Bedrohungssystem aktivieren (und Ärger oder Wut auslösen) können.

Die Karten sind ungleich verteilt, d. h., manche von uns werden mit einem Temperament geboren, mit dem es ihnen eher schwerfällt, mit Emotionen wie Ärger oder Wut umzugehen. Sie haben weniger Möglichkeiten, geschickt darin zu werden und zu Einsichten zu gelangen, wie Ihnen das besser gelingen kann. Dies befreit uns übrigens nicht von der Verantwortung, mit unseren Emotionen konstruktiv umzugehen. Es bedeutet nur, dass man sich wahrscheinlich stärker darum bemühen muss (zum Beispiel indem man dieses Buch liest), weil man vielleicht nicht die Möglichkeiten hatte, diese Fähigkeiten auf natürliche Weise zu erwerben oder sie von anderen zu lernen. Unsere Fähigkeit, Emotionen zu regulieren, entwickelt sich zum großen Teil in unseren Beziehungen, besonders mit unseren Bezugspersonen. Dies wollen wir im Folgenden genauer betrachten.

Bindung und emotionale Regulierung

Unsere frühen Beziehungen sind unglaublich wichtig dafür, wie sich unsere Fähigkeit entwickelt, Emotionen wie z. B. Wut zu regulieren (6). Die Forschung zeigt, dass die Beziehungen mit unseren primären Bezugspersonen eine mächtige Wirkung auf unsere Entwicklung haben, besonders in der frühen Phase unseres Lebens. Diese Interaktionen stimulieren unser Gehirn schon als Babys, und unser Gehirn wächst und entwickelt sich mit einer erstaunlichen Schnelligkeit. Ein Satz, der in der Neurowissenschaft immer wieder zitiert wird, lautet: „Zellen, die zusammen feuern, sind auch miteinander verschaltet" (Cells that fire together, wire together). Wenn wir auf verschiedene Weise stimuliert (zum Beispiel von der Mutter gehalten und gestreichelt) werden, feuern die Zellen in unserem Gehirn in einem bestimmten Muster zusammen und bilden Verbindungen, die jedes Mal verstärkt werden, wenn das Muster aktiviert wird. Dies bedeutet, dass dieses Muster in Zukunft umso leichter aktiviert wird, je häufiger ein bestimmtes Muster von Hirnzellen aktiviert wird – das Muster wird sozusagen eingegraben –, wie ein Pfad, der immer fester getreten wird. Unsere Erfahrungen erzeugen in Verbindung mit unseren genetischen Anlagen im Gehirn „Wege des geringsten Widerstands" und prägen damit, wie wir die Welt in Zukunft wahrnehmen und auf sie reagieren. Bei Babys wird diese Wirkung durch die Tatsache verstärkt, dass die Grundorganisation ihres Gehirns immer noch in Entwicklung ist – die Verbindungen zwischen Zellen im Gehirn eines Babys wachsen schnell in Reaktion auf Stimulierung, die von der Außenwelt kommt. Diese Stimulierung (zum Beispiel, wenn es gestillt wird) wirkt sich auf die Entwicklung der wichtigen Strukturen des Gehirns selbst aus.

Ein Bereich, der von der Zuneigung und Fürsorge, die wir als Säugling und als Kleinkind bekommen, beeinflusst wird, ist der Frontallappen. Das ist der Teil des Gehirns, in dem die mächtigen Emotionen, die aus unserem alten Gehirn entstehen, reguliert werden. Er beeinflusst auch unsere Fähigkeit, Empathie zu empfinden – unsere eigenen Emotionen und die Emotionen anderer Menschen zu verstehen (7, 8).

Stellen wir uns vor, was in dem Gehirn eines Babys passiert, wenn die Mutter mit ihm spielt und vielleicht freundliche oder witzige Grimassen schneidet, die es dazu bringen, sie anzulächeln. Das Gehirn dieses Babys summt geradezu vor Aktivität positiver Emotion – und Bahnen leuchten auf, die dieser Erfahrung und den Gefühlen der Verbundenheit mit seiner Mutter entsprechen und sie widerspiegeln. Stellen wir uns weiter vor, dass das Baby irgendwie in Not ist und dass die Mutter es auf den Arm nimmt, sanft streichelt und leise mit ihm spricht – das Baby beginnt, sich zu beruhigen. Dadurch, dass die Mutter es tröstet und beruhigt, stimuliert sie das Beruhigungssystem des Kindes, das dann die Aktivität seines Bedrohungssystems herunterzuregulieren beginnt. Mit der Zeit bildet das Kind selbst beruhigende innere Repräsentanzen von sich und seiner Mutter, wie es von ihr gepflegt und umsorgt wird, und von Hilfe, die verfügbar ist, wenn es sie braucht. Diese Repräsentanzen kann das Kind dann aufrufen, wenn es sich allein trösten und beruhigen muss. Die Forschung findet immer mehr Belege dafür, dass unser Gehirn davon geformt und verändert wird, wie unsere Eltern für uns sorgen und uns trösten ... oder wie sie das nicht tun (9).

Schauen wir uns ein anderes Szenario an. Stellen wir uns eine depressive oder leicht gereizte Mutter vor, die in ihrem Leben sehr viel Stress zu ertragen und wenig Unterstützung hat. Stellen wir uns weiter vor, dass sie wenig Energie oder Interesse hat, freudige Interaktionen zwischen sich und dem Baby anzuregen – vielleicht, weil sie nach mehreren Doppelschichten, um ihre kleine Familie zu ernähren, einfach zu erschöpft ist. Sie möchte vielleicht nur einen Moment Ruhe. Wenn diese Mutter ihr Baby schreien hört, fühlt sie sich fast schon überwältigt und reagiert mit Frustration und Gereiztheit. Man kann sich leicht vorstellen, dass diese Mutter ihr Baby, wenn es in Not ist, statt es zu trösten und zu beruhigen, allein lässt oder ohne Zärtlichkeit auf den Arm nimmt. Inwiefern wird das Gehirn dieses Babys im Vergleich mit dem des anderen Babys anders stimuliert, über das wir oben gesprochen haben, und was mag das Baby gewinnen, was dem Baby der überforderten Mutter vorenthalten bleibt? Während das eine lernt, dass Trost da ist, wenn es ihn braucht, lernt das andere, dass sein Schreien und Weinen ignoriert wird oder dass unzart darauf reagiert wird. Während das eine lernt, dass es sich an andere wenden kann, die ihm helfen, sich zu beruhigen, wenn es in Not oder in Angst ist, lernt das andere, dass dann keine Hilfe da ist. Das Gehirn des einen Babys wird durch das Handeln eines anderen Menschen in Reaktion auf seine emotionale Erfahrung angemessen stimuliert. Das andere bekommt keine angemessene Reaktion dieser Art und fühlt sich vielleicht dafür bestraft, dass es seine Emotionen überhaupt gezeigt hat. Wenn wir uns vorstellen, dass die Geschichten dieser Kinder in Hunderten oder Tausenden ähnlicher Interaktionen immer wieder durchlebt und ausgelebt werden, sehen wir, wie ihr Gehirn und ihre Entwicklung auf ganz verschiedene Weise geformt werden können – in Formen, für die sie nicht die geringste Verantwortung tragen.

Der Grund, weshalb wir diese Unterschiede in Fürsorge und Empfänglichkeit oder Offenheit beobachten, ist nicht, Bezugspersonen zu kritisieren oder zu loben, die ja auch von ihren eigenen Erfahrungen und der Umwelt geprägt wurden. Der Stress, mit dem die zweite Mutter konfrontiert ist, ist verständlich, und auch, dass es für sie vielleicht kaum möglich ist, ihren Sohn so zu umsorgen, wie er es brauchte, und dass sie eigentlich selbst Verständnis und Fürsorge braucht. Man kann sich vorstellen, wie die Unterschiede der Biografien dieser Eltern ihre Fähigkeit geprägt haben, mit ihren Kindern in Beziehung zu sein. Untersuchungen haben gezeigt, dass sich die Geschichte unserer eigenen Bindung (und wie wir sie innerlich verarbeiten) entscheidend auf unsere Fähigkeit auswirken kann, nährende, sichere Beziehungen mit unseren eigenen Kindern zu bilden (10).

Um sichere Bindungsbeziehungen haben zu können, braucht man Bezugspersonen, die für eine warme, liebevolle und sichere Umwelt sorgen und die auf eine Weise auf ein Kind eingehen können, die seine emotionalen Reaktionen spiegeln. Diese Art Umwelt gibt dem sich entwickelnden Gehirn genau das, was es braucht, und schafft die Voraussetzungen dafür, dass wir später mit schwierigen Emotionen umgehen können. Wenn auf der anderen Seite die Bezugspersonen in unseren frühen Beziehungen beziehungslos oder kontaktunfähig, überreaktiv oder unberechenbar waren oder uns Angst gemacht haben, kann sich das auf die Fähigkeit des jungen Gehirns ausgewirkt haben, Emotionen zu regulieren, und später die Fähigkeit potentiell beeinträchtigen, gesunde Beziehungen mit anderen Menschen zu bilden und unsere eigenen Kinder zu nähren. So eine Umwelt kann das Bedrohungssystem so prägen, dass es fast immer aktiviert ist, da man sich allein und schutzlos in einer angstmachenden Welt, ohne zuverlässige Quelle von Sicherheit oder Hilfe fühlt. Es gibt zu diesem Thema eine Reihe hervorragender Bücher, von denen ich einige im Anhang aufgelistet habe. Weiter unten gibt es ein paar Fragen, die Ihnen helfen sollen, Ihre eigene Beziehungsgeschichte zu untersuchen und sich dadurch besser zu verstehen. Zum Beispiel, wie sich Ihr Ärger oder Ihre Wut entwickelt hat, aber es kann auch schmerzhafte Gefühle wecken oder bewusst machen.

Wenn Sie die Übung zu diesem Zeitpunkt zu schwierig finden, übergehen Sie sie einfach und kommen Sie später darauf zurück, wenn wir ein paar Techniken besprochen haben, wie man mit schwierigen Emotionen arbeiten kann. Wenn man anfängt, sich der Vergangenheit zuzuwenden und sich in sie zu vertiefen, deckt man manchmal schmerzhafte Erinnerungen auf, die viel Schmerz und Leid verursachen können. Wenn das bei Ihnen der Fall ist, möchte ich Sie ermutigen, sich Unterstützung zu holen, zum Beispiel bei einem Therapeuten. Wir brauchen alle manchmal Hilfe und zu wissen, wann man sie sich suchen sollte, ist ein wichtiger Teil der Arbeit mit unseren Emotionen.

Übung 3.2: Unsere Bindungsbeziehungen

Schauen Sie sich einmal Ihre Erinnerungen an Ihre frühen Beziehungen mit Ihren Pflege- und Bezugspersonen an. Wie könnten sie die Erfahrungen, die Sie in Ihrem Leben machen, geprägt haben?

- Wem haben Sie sich nahe gefühlt, als Sie heranwuchsen?
- Was haben Sie gemacht, wenn Sie aufgeregt oder ärgerlich waren? An wen konnten Sie sich wenden?
- Haben Ihnen Ihre Eltern oder andere Bezugspersonen geholfen, sich sicher zu fühlen? Konnten sie Ihnen helfen, sich zu beruhigen, wenn Sie aufgeregt oder in Not waren?

- Können Sie sich daran erinnern, dass Ihre Eltern oder andere Bezugspersonen einmal oder auch häufiger sehr wütend geworden sind? Wie war das, wenn sie so wütend waren? Wie ging es Ihnen in solchen Momenten?
- Waren es immer die gleichen Menschen, die sich um Sie gekümmert haben? Wurden Sie von denselben Menschen während Ihrer ganzen Kindheit versorgt, oder gab es da Veränderungen?
- Wie glauben Sie, könnten die Erfahrungen mit Ihren Eltern oder Bezugspersonen Ihre Persönlichkeit als Erwachsener beeinflusst haben?
- Wie würden Sie die Beziehung beschreiben, die Sie gern mit Ihren Kindern haben würden, falls Sie Kinder haben?

Wenn man nicht bekommen hat, was man brauchte

Wie wir gesehen haben, sind Ärger und Wut Reaktionen auf Gefahr und Bedrohung, die sich zu unserem Schutz entwickelt haben und die die Kontrolle übernehmen können, wenn wir das Gefühl haben, in Gefahr zu sein. Es kann schwierig und schmerzhaft sein, die Geschichte hinter unserer Aggression zu untersuchen und aufzudecken, weil wir vielleicht in einer Umgebung aufgewachsen sind, in der wir uns selten sicher gefühlt haben – vielleicht sind wir auch missbraucht oder auf eine andere Weise traumatisiert worden. Vielleicht waren wir Bezugspersonen ausgesetzt, die mit ihrer eigenen Aggression nicht umgehen konnten oder die nicht auf eine Weise auf uns reagieren konnten, die uns geholfen hätte, uns sicher, wahrgenommen und wertgeschätzt zu fühlen. Wir haben vielleicht gelernt, Aggression als eine Reaktion auf Schwierigkeiten oder Probleme zu benutzen, weil sich unsere Bezugspersonen uns gegenüber so verhalten haben. Vielleicht haben wir auch gelernt, andere wegzustoßen oder abzuschrecken, weil das die einzige Möglichkeit war, uns sicher zu fühlen, und weil niemand da war, der uns emotional geschützt hat. Wir haben eine Möglichkeit gebraucht, uns zu schützen, und wir habe eine gefunden: Aggression in Form von Wut. Vielleicht empfinden wir viel

Scham für bestimmte Abschnitte unseres Lebens und benutzen Wut, um dieses Gefühl der Scham zu verbergen.

Wenn dies etwa Ihre Erfahrung ist, kann diese Erkenntnis sehr schmerzhaft sein. Aber wenn wir diesen Schmerz zulassen können, sind wir vielleicht in der Lage, Aggression als Hilfeschrei des Teils von uns zu verstehen, der das dringende Bedürfnis empfindet, sicher und wertgeschätzt zu sein. Wir können lernen, wie man sich selbst helfen kann, sich sicher zu fühlen, das Bedrohungssystem zu beruhigen und die automatischen Reaktionen auf Gefahren mit Aggression und Wut durch mitfühlende Reaktionen zu ersetzen, die uns helfen, uns zu schützen, gute Beziehungen zu haben und ein glückliches Leben zu leben. Dies ist schwere Arbeit, und ich möchte, dass Sie wissen, dass mein Herz bei Ihnen ist. Ich respektiere Ihren Mut, dass Sie diese schwere Arbeit auf sich nehmen. Sie sind dieser Mühe, dieses Einsatzes würdig, und Sie haben auch dieses Mitgefühl verdient.

Wie man lernt, wütend zu sein

Schauen wir uns dazu drei Arten von Lernen an:

1 Klassische Konditionierung

Das menschliche Gehirn ist eine „Lernmaschine". Während unseres gesamten Lebens verknüpfen wir ständig verschiedene Dinge miteinander – sodass wir lernen, verschiedene Gefühle mit verschiedenen Situationen, verschiedenes Verhalten mit verschiedenen Wahrnehmungen zu verbinden. Wenn wir von oben ein Zwitschern hören, wissen wir, das ist ein Vogel. Wenn wir aus dem Fenster schauen und Schnee oder Regen sehen, ziehen wir eine Jacke an, wenn wir nach draußen gehen wollen. Unser Gehirn bildet andauernd solche Verbindungen und stellt so Sinn in der Welt her, sodass wir in unserem Leben effizienter funktionieren können. Ebenso funktioniert auch unser emotionales Leben.

Wir sind sehr gut darin, bestimmte Geräusche, optische Eindrücke, Gerüche und Gefühle mit emotionalen Reaktionen zu verbinden. Zum Beispiel hat ein Hund nicht von Geburt an Angst vor zusammengerollten Zeitungen – aber wenn er ein paarmal damit geschlagen wird, lernt er schnell, Angst davor zu haben. Viele Dinge rufen von Natur aus Reaktionen in uns hervor. Wenn man eine Speise sieht oder riecht, die man mag, wird Speichelfluss ausgelöst. Wenn man attraktive Menschen sieht, kann man sexuelle Erregung empfinden. Von Natur aus empfinden wir Angst oder Furcht vor Dingen, die uns schaden oder unseren sozialen Status in Gefahr bringen können. Und natürlich empfinden wir Wut oder Ärger, wenn wir damit konfrontiert sind, dass wir in unserer Vorwärtsbewegung blockiert sind, wenn wir provoziert oder in Frage gestellt werden oder wenn wir angegriffen werden. Wenn diese Erfahrungen in Verbindung mit Menschen, Orten oder Situationen gemacht werden, verknüpft unser Gehirn sie. Wenn dies geschieht, können diese bisher neutralen Menschen, Orte und Situationen, die Macht bekommen, Reaktionen in uns auszulösen – sei es Erregung, Angst oder Wut. Diesen Prozess nennt man klassische Konditionierung, und wenn unser Bedrohungssystem daran beteiligt ist, ist es eine sehr wirksame und starke Form von Lernen.

Bei der klassischen Konditionierung verbindet unser Gehirn unschuldige Aspekte der Erfahrung, unproblematische Wahrnehmungen – ein Lied (auch wenn es nur im Hintergrund zu hören ist), einen Satz oder eine innere Erfahrung – mit Emotionen, die wir in dem Moment empfinden (Schrecken, heftigen Schmerz), sodass das nächste Mal, wenn man das Lied hört oder mit dem Satz oder der Erfahrung in Kontakt kommt, dieselben Emotionen in den Vordergrund kommen. Meistens ist diese Art Lernen unbewusst – man ist sich nicht bewusst, dass man Assoziationen zwischen Dingen lernt. Aber ob man sich dessen bewusst ist oder nicht, diese Verbindungen werden in unserem Gehirn gespeichert. Sie formen die Weise, wie wir die Welt verstehen, und können von zukünftigen Wahrnehmungen jederzeit aktiviert werden. Wenn dieselbe Geschichte viele Male so im Gehirn aufgezeichnet wird, ist sie sehr schwer wieder zu löschen und ihre Bedeutung schwer zu verändern.

Diese Form emotionalen Lernens kann in unseren Beziehungen große Probleme zur Folge haben. Stellen Sie sich zum Beispiel vor, dass Sie in einer Beziehung mit Konflikten und beunruhigenden Interaktionen leben – in jeder längeren Beziehung gibt es schwierige Zeiten. Problematisch wird es, wenn diese zwei Menschen sehr viele negative Interaktionen und nur sehr wenige positive haben. Man kann sich das wie eine Waage vorstellen mit positiven Interaktionen auf der einen Seite und negativen auf der anderen. Wenn die Waage der Beziehung sich ständig in die negative Richtung neigt, lernt man mit der Zeit, den anderen Menschen mit den negativen Emotionen zu identifizieren, die man in den Konflikten empfindet. Wenn man also viele Interaktionen mit dem Partner oder mit seinem Kind hat, die von heftiger Aggression wie Wut bestimmt sind, lernt das Gehirn, diesen Menschen mit dem Erleben von Wut zu assoziieren – es ist so, als würde unser altes Gehirn (besonders die Amygdala) dem anderen Menschen ein Schild auf die Stirn kleben mit der Aufschrift „GEFAHR". Im Allgemeinen ist man sich nicht bewusst, wenn dies geschieht oder dass es schon passiert ist. Wenn man also diesem Menschen wieder begegnet, kann es passieren, dass man ärgerlich oder wütend wird, auch wenn es einem sonst gut geht und man ganz entspannt ist, und es keinen äußeren Anlass zu einem Konflikt mit diesem Menschen gibt.

Stellen Sie sich vor, dass Sie einen 13 Jahre alten Sohn haben, der in der Schule etwas angestellt und sich dann im Ton vergriffen hat, als Sie versucht haben, die Situation zu klären – und das wäre schon häufiger vorgekommen. Sie hatten in letzter Zeit viele Konflikte mit ihm, und er hat angefangen, Ihnen aus dem Weg zu gehen (für Heranwachsende ist das oft typisch). Abgesehen von den Streitereien hatten Sie keinen Kontakt mit ihm. Stellen Sie sich nun vor, dass er eines Tages nach Hause kommt und zu Ihnen sagt: „Papa (oder Mama), ich muss mit dir über etwas reden." Worüber er mit ihnen sprechen möchte, kann alles Mögliche sein, aber wie geht es Ihnen damit? Was für Gedanken gehen Ihnen durch den Kopf? Viele von uns würden automatisch mit Ärger reagieren, weil sie davon ausgehen, dass es wieder ein Problem gibt. Vielleicht sagen Sie in scharfem Ton: „Was ist jetzt schon wieder los?" Man kann sich vorstellen, dass das Gespräch von da an den gewohnten Verlauf nehmen würde.

Wenn man also viele negative Interaktionen und sehr wenige positive mit jemandem gehabt hat, wird dadurch das Gehirn in einer bestimmten Weise geprägt – ein Teufelskreis wird in Bewegung gesetzt, der automatisch zu noch mehr Schwierigkeiten führt. Man lernt, diesen Menschen mit den Konflikten und dem damit verbundenen Ärger oder der Wut zu assoziieren, sodass die Amygdala die Reaktion auf Gefahr oder Bedrohung zu aktivieren beginnt, wenn man diese Person sieht. Dann beginnt man Ärger oder Wut zu empfinden, auch wenn es keinen äußeren Anlass dafür gibt. Wenn unser neues Gehirn wahrnimmt, was in unserem Körper passiert, sucht es nach Erklärungen für das, was passiert. Wir beginnen, nach Gründen zu suchen, die die aggressive Reaktion rechtfertigen – wenn wir mit jemandem Streit haben, finden sich diese Gründe leicht. Das Ergebnis? Ein weiterer Konflikt, der wie „aus der Luft gegriffen" ist und der die Verbindung stärkt, die unser Gehirn zwischen der anderen Person und der eigenen Wut herzustellen gelernt hat. Mit der Zeit kann unser Sohn oder unsere Tochter zu dem Kind werden, „das immer Probleme macht" (so wie wir in ihren Augen zu den „anmaßenden" Eltern werden, die „immer nur sauer auf sie" sind). Der Teufelskreis ist dann nur schwer zu durchbrechen.

So funktioniert unser Gehirn. Wenn wir mit jemandem eine Beziehung haben, wird auch diese Person lernen, uns mit bestimmten Emotionen zu assoziieren. Die Frage ist dann: „Mit welchen Emotionen assoziieren sie uns?" Möchten wir als Eltern, Partner, Freund oder Kollege lieber ihr Bedrohungssystem stimulieren oder hätten wir lieber, dass sie lernen, uns mit Gefühlen der Sicherheit, Akzeptanz oder Freundlichkeit zu assoziieren? Wodurch bekommen wir wohl mehr positiven Einfluss auf ihr Leben? Was kann eher zu einer Art Beziehung führen, die unser eigenes Beruhigungssystem stimuliert?

2 Nachmachen und Lernen durch Beobachten

Es gibt andere Arten von Lernen, die unbewusst stattfinden. Wenn man in einer Umgebung aufwächst, in der man Wut häufig miterlebt – wenn man zum Beispiel Eltern hat, die schreien oder auf andere Weise aggressiv miteinander umgehen –, lernt man, ähnlich zu reagieren. Viele Menschen wissen das intuitiv, wenn sie an sich selbst dieselben verstörenden Verhaltensweisen beobachten, die sie von ihren Eltern kennen (dasselbe, was sie verrückt gemacht hat, als sie aufwuchsen). Dies ist Lernen durch Beobachtung, d. h. soziales Lernen (11).

Man lernt, indem man andere beobachtet, besonders seine Bezugspersonen, auf die man genau schaut, wenn man herauszufinden versucht, wie man mit der Welt interagiert. Wenn unsere Bezugspersonen häufig impulsive Wut zeigen oder leicht frustriert sind oder schnell verbal oder körperlich aggressiv werden, übernimmt man leicht diese Verhaltensweisen und gibt sie später an die eigenen Kinder weiter. Durch Beobachtung lernt man, mit Wut zu reagieren – man muss nicht einmal selbst etwas mit der Situation zu tun haben.

Dies ist eine Erfahrung, die Menschen mit Aggressionsproblemen gut kennen. Immer wieder habe ich Klienten die Wut ihrer Eltern beschreiben hören: Sie haben geschrien, geschlagen und mit Gegenständen geworfen. Im nächsten Atemzug schauten dieselben Klienten dann zu Boden, wenn sie beschrieben, wie sie selbst dasselbe machten. Wenn man Kinder hat, kann dies zu einem weiteren Problem führen – zu der Angst davor, sie zu erziehen, weil man immer fürchtet, die Kontrolle zu verlieren und ihnen dieses Wutverhalten beizubringen, das man selbst so gerne nie von den eigenen Eltern gelernt hätte. In einer unserer Gruppen zum Wut-Management hat die Mehrzahl der Männer davon berichtet, dass die Kritik an ihrem Verhalten als Vater, die sie am häufigsten von ihren Partnerinnen zu hören bekamen, nichts mit Wut oder Härte zu tun hatte, sondern mit ihrer mangelnden Bereitschaft, ihre Kinder zu disziplinieren. Jeder Einzelne von ihnen sagte, er hätte Angst, seinen Kindern konsequent Grenzen zu setzen, weil er befürchtete, ihnen etwas Falsches beizubringen. Ein Mann sagte sogar, er hätte beschlossen, nie Kinder zu haben: „Ich weiß, ich würde sie nur kaputtmachen."

Diese Sorge hat eigentlich meinem eigenen Wunsch zugrunde gelegen, mit meiner Aggression zu arbeiten. Ich wollte die Art Person werden, die auch mein Kind später werden sollte – um die Möglichkeit zu nutzen, meinem Sohn als Vorbild Dinge zu vermitteln, die ihm auf seinem Weg durch das Leben helfen würden. Ich wollte kein schlechtes Vorbild sein. Wir hatten nicht die Möglichkeit, die Lektionen zu wählen, die unsere

Eltern uns gelehrt haben, aber wir haben die Wahl, was wir unseren eigenen Kindern vermitteln wollen (und allen Menschen, denen wir in unserem Leben begegnen, da wir immer durch Interaktionen miteinander lernen). Dies ist ein guter Grund dafür, Verantwortung für die eigene Aggression zu übernehmen, denn so wie wir uns nicht unsere Bezugspersonen aussuchen konnten, können auch unsere Kinder das nicht.

3 Lernen durch Konsequenzen: Verstärkung und Strafe

Eine andere Weise, problematisches Wutverhalten zu erlernen, besteht darin, dass es manchmal auf kurze Sicht funktioniert. Wenn man z. B. dem, der einen schikaniert, eins auf die Nase gibt, lässt er einen wahrscheinlich in Ruhe. Wenn man sein aufgeregtes oder quengeliges Kind anschreit, wird es meist still. Und wenn man auf überkritische Kollegen aggressiv reagiert, geben auch sie häufig Ruhe. Es kommt vor, dass Eltern, die selbst Probleme mit Aggression haben, ihre Kinder loben, wenn diese bei anderen zuschlagen („Oh, er ist ein richtiger Junge!", „Du bist ganz wie dein Vater (deine Mutter)!") Wenn man etwas tut, was zu funktionieren scheint, wenn auch nur auf kurze Sicht (und trotz der Probleme, die man sich auf lange Sicht einhandelt), neigt man natürlich dazu, diese Strategie wieder anzuwenden. So funktioniert Verstärkung: Verhaltensweisen, auf die eine Belohnung folgt, tendieren dazu, wiederholt zu werden.

Wenn unser Ausdruck von Aggression andererseits auf negative Folgen stößt, kann es sein, dass man lernt, Angst davor zu haben, Ärger oder Wut zu empfinden. Der Verhaltenspsychologe C. Ferster hat festgestellt, dass Kinder, die ständig bestraft werden, wenn sie aggressiv sind, lernen, Wutverhalten zu unterdrücken, und nicht lernen, ihren Ärger oder ihre Wut auf angemessene Weise auszudrücken (12). In diesen Fällen kann das Kind lernen, die innere Erfahrung von Aggression (und den Drang, entsprechend zu handeln) mit der Erwartung einer Bestrafung und Angst vor Strafe zu assoziieren. Mit der Zeit können Gefühle der Wut automatisch Angst und Verhaltensweisen auslösen, die das Kind entwickelt, um seine Wut zu verbergen – Angstverhalten wie Nägelkauen oder inneren Rückzug. Wenn man in so einen Teufelskreis geraten ist, kann es sein, dass man schließlich passiv wird, leicht überwältigt wird und nicht lernt, sich selbstbewusst zu verhalten und sich wenn nötig für sich einzusetzen (13).

Ob man sein Leben bewältigen lernt, indem man Aggression ausagiert oder indem man sie in sich verschließt – diese Reaktionen können mit der Zeit zur Gewohnheit werden, besonders wenn sie die einzigen Strategien sind, die man hat. Das alte Sprichwort drückt es so aus: „Wenn man einen Hammer hat, sieht alles aus wie ein Nagel." Wir versuchen, den Hammer zu benutzen, weil es sich so anfühlt, dass man das tun sollte. Aber auf lange Sicht können diese gewohnten Strategien verhindern, dass wir lernen, mit unseren Gefühlen umzugehen. Wir entscheiden uns nicht dafür, wenige effektive Strategien zu benutzen; es ist einfach so, dass wir nur die einsetzen, die wir kennen. Wir hängen an ihnen, weil sie manchmal zu funktionieren scheinen – aber es ist an der Zeit, neue, besser funktionierende Strategien zu erlernen.

Übung 3.3: Wut und Lernen

Schauen Sie sich einmal an, was Sie aus den Interaktionen mit Ihren Bezugspersonen und aus der eigenen Erfahrung über Ärger und Wut gelernt haben, als Sie heranwuchsen.

- Was haben Sie von Ihren Bezugspersonen über Aggression gelernt?
- Was haben Sie darüber gelernt, wann Sie aggressiv werden sollten?
- Wie haben Sie sich zu verhalten gelernt, wenn Sie wütend sind? Wie interagieren Sie mit anderen, wenn Sie wütend sind?
- Wie fühlen Sie sich, wenn Ärger oder Wut nachlassen? Was tun Sie, wenn die Situation vorbei ist?
- In welcher Hinsicht hat sich Ihre Wut in der Vergangenheit für Sie positiv ausgewirkt? Wie haben Sie von ihr profitiert?
- In welcher Hinsicht hat sich Ihre Wut in der Vergangenheit für Sie negativ ausgewirkt? Mit welchen negativen Folgen waren Sie konfrontiert?

Wir sehen nun, wie aus Erfahrungen in schwierigen Beziehungen in Verbindung mit einer Geschichte, in der man gelernt hat, leicht Aggression zu empfinden und sie auf eine ungute Weise auszudrücken, Probleme entstehen können. Wade war ein Teilnehmer in unserer ersten Gruppe im Gefängnis zum Wut-Management mit dem auf Mitgefühl fokussierten Ansatz. Seine Kindheit war von täglichen Prügeln geprägt, die aus jedem beliebigen Grund verabreicht wurden. Während er heranwuchs, erlebte er mit, wie sein Vater seine Mutter und seine Geschwister schlug, und auch er selbst wurde oft geschlagen. Die Tatsache, dass er so hilflos gewesen war und sich nicht hatte wehren können, verfolgte und beschämte ihn. Wie man sich vorstellen kann, lernte Wade nicht, seine Emotionen zu kontrollieren, und sein Bedrohungssystem reagierte extrem empfindlich. In seiner Pubertät explodierte er bei der geringsten Provokation und attackierte andere genauso mit Gewalt, wie er das so oft bei seinem Vater erlebt hatte. Bei Wade war die Aggression automatisch da – er hatte nicht einmal das Gefühl, dass er eine Wahl hatte.

Wades Wut beherrschte sein Leben, und seine Gefängnisstrafen hatte er alle für Gewaltdelikte bekommen. Zuerst sträubte er sich gegen Veränderung, weil der Ruf seiner Gewalttätigkeit auch bedeutete, dass die Leute ihn in Ruhe ließen. Sein aggressives Verhalten schien für ihn seine Funktion zu erfüllen, wenigstens im Gefängnismilieu. Schließlich kam Wade zu der Gruppe, weil er sich ein besseres Leben erhoffte und weil er ein besserer Vater sein wollte. Er wollte nicht den Rest seines Lebens im Gefängnis verbringen und er wollte diese Lektionen nicht an seine Kinder weitergeben. Ich erinnere mich, wie Wade mich in der ersten Sitzung ansah – so als hielte er mich für verrückt –, als ich über Mitgefühl als eine Weise sprach, mit Wut zu arbeiten. Inzwischen hat er sich sehr verändert und spricht von Mitgefühl als einer Stärke. Er wird von anderen anders wahrgenommen, er selbst sieht sich anders und er geht anders mit seiner Aggression um. Später werden Sie noch ein wenig mehr von Wades Geschichte erfahren.

Von der Vergangenheit geformt: Implizites Gedächtnis und die Konstruktion der „Realität“

Dass intensive Aggression und Wut so automatisch die Kontrolle übernehmen wie bei Wade, ist nicht ungewöhnlich. Wenn das einmal gelernt wurde, prägt es die Weise, wie es in unserem Gehirn gespeichert ist, die Art, wie wir die Welt wahrnehmen und mit ihr interagieren. Das Gelernte ist zum großen Teil im impliziten Gedächtnis gespeichert. Wir definieren kurz diesen Begriff und auch sein Gegenteil, das explizite Gedächtnis.

Betrachten wir zuerst das explizite Gedächtnis, in dem Erinnerungen an Tatsachen, Ereignisse und an uns selbst gespeichert werden. Es wird im Hinblick darauf, dass explizite Erinnerungen etwas sind, dessen man sich bewusst ist, – und aufgrund der Tatsache, dass man wiedergeben kann, woran man sich erinnert –, auch „narratives Gedächtnis“ genannt. Wenn man sagt: „Ich erinnere mich an …“, dann ist das, was nach dem Wörtchen „an“ kommt, ein Beispiel für eine explizite Erinnerung. Man kann sich bewusst daran erinnern, man kann es beschreiben und man ist sich bewusst, dass das, womit man es zu tun hat, eine Erinnerung ist.

Das implizite Gedächtnis ist etwas schwieriger zu beschreiben: Es bezieht sich auf eine Reihe von Erfahrungen und Assoziationen, die in unserem Gehirn gespeichert werden, sodass wir Sinn in der Welt sehen und sie verstehen können. Zum impliziten Gedächtnis gehören Dinge wie gelernte emotionale und körperliche Reaktionen (und die wir in diesem Kapitel im Abschnitt über die klassische Konditionierung besprochen haben). Wenn wir denselben Geruch wie den einer Speise, nach deren Genuss uns vor zwei Wochen einmal schlecht geworden ist, wahrnehmen und uns dann ein wenig übel ist, dann ist das eine Wirkung des impliziten Gedächtnisses. Wenn wir auf einer Gitarre oder auf dem Klavier einen Akkord spielen, den wir geübt haben, und die Finger bewegen sich direkt an die richtigen Stellen, dann ist auch dies das implizite Gedächtnis, welches das ermöglicht. Wenn wir dem Menschen, mit dem wir uns gestern gestritten haben, auf dem Flur begegnen, und sich sogleich der Bauch anspannt, dann ist das die Wirkung des impliziten Gedächtnisses.

Alle Beispiele, die wir in dem Abschnitt über klassische Konditionierung benutzt haben, sind von dem impliziten Gedächtnis aus zu verstehen.

Anders als das explizite Gedächtnis, das man verwendet, wenn man sich absichtlich an etwas erinnert, gibt es bei dem impliziten Gedächtnis keine Empfindung, dass man sich an etwas erinnert – ob absichtlich oder unabsichtlich. Es ist so, wie wenn man Fahrrad fährt – man hat nicht das Gefühl, dass man sich erinnern muss, wie man Fahrrad fährt (obwohl die Muskeln genau das tun), man hat einfach die Erfahrung des Radfahrens. Wenn man auf das Rad steigt, werden die Teile des Gehirns, die mit „Fahrrad“ assoziiert sind, aktiviert. Dazu gehört die Erinnerung daran, wie man Rad fährt … Also steigen wir auf das Fahrrad und fahren los, ohne uns bewusst zu sein, dass unsere Fähigkeit, das zu tun, eine Erfahrung ist, die wir aus unserem impliziten Gedächtnis abrufen. Wenn wir uns daran erinnern, wie man einen Fußball tritt oder am Computer schreibt, greift man ebenfalls auf das implizite Gedächtnis zurück; aber normalerweise erlebt man das nicht als Erinnern – man tut einfach, was immer man tut (14).

Genauso ist es mit emotionalem Lernen. Wenn man das Parfum riecht, das unsere erste Liebe immer benutzt hat, kann es sein, dass man eine Welle von Emotionen aufsteigen fühlt (je nachdem, wie diese Beziehung damals verlaufen ist). Unsere Erfahrung ist ein Fühlen, aber es wird von unserem impliziten Gedächtnis bewegt – von den Verbindungen, die unser Gehirn zwischen unseren Emotionen und unseren Sinneserfahrungen gespeichert hat. Wenn uns ein Teil des Puzzles angeboten wird, bringt das Gehirn von sich aus (und ohne, dass wir uns dessen bewusst wären) die anderen Teile ins Bewusstsein. Es kommt auch vor, dass einem das (explizit!) bewusst ist, wenn dies passiert, wie zum Beispiel: „Ich weiß, dass ich traurig werde, wenn ich dieses Lied höre, denn es erinnert mich an den Abend, als wir uns getrennt haben.“ Oft erleben wir es aber nur als etwas, „was ich in diesem Moment fühle“, ohne zu verstehen, dass viel von dem, was wir in diesem Moment empfinden, eigentlich ein Echo früherer Erfahrung ist.

Als ich zum ersten Mal richtig darüber nachdachte, was dies bedeutet, hat es mich fast umgehauen. Wir neigen dazu, das, was wir in diesem Moment empfinden – die Informationen, die wir durch unsere Sinne aufnehmen –, für die Realität zu halten. Aber eigentlich ist unsere Sinneserfahrung nur ein Teil dessen, was unsere Wahrnehmung des gegenwärtigen Moments ausmacht. Unsere Erfahrung der Realität ist in jedem Moment eigentlich eine Kombination von Informationen, die unsere Sinne liefern, und Informationen, die aus impliziten Erinnerungen an ähnliche Situationen der Vergangenheit stammen. Sie werden von den Teilen des Gehirns herausgefiltert und zusammengefügt, die mit Sinnen und Emotion zu tun haben. Emotionale Erinnerungen, die in der Vergangenheit gespeichert wurden, können die Erfahrung des gegenwärtigen Moments färben und unser Denken und Bewusstsein in bestimmter Weise organisieren, während wir an der Gegenwart teilnehmen.

Unser implizites Gedächtnis beeinflusst, wie wir uns in Reaktion auf die Gegenwart fühlen, wie es uns geht, welche Aspekte der Umgebung wir beachten und was wir in Bezug auf den Ablauf der Dinge erwarten – all das trägt dazu bei, wie wir uns verhalten. Wie gesagt, es ist so ähnlich wie ein Puzzle, das unser Gehirn angestrengt zusammenzusetzen versucht, indem es alle passenden Teile greift, um eine „Realität" herzustellen, die uns Sinn macht. Manchmal passen die Teile nicht besonders gut, und dies kann zu interessanten Problemen führen, wenn es mit dem sensiblen Bedrohungssystem zusammenwirkt. Menschen und Situationen können das Bedrohungssystem aktivieren, weil sie Charakteristika haben, die unser Gehirn mit Aggression in der Vergangenheit verbindet – einen „realen" Grund, auf sie wütend zu sein, gibt es nicht. Vielleicht erinnert uns jemand durch sein Aussehen und seine Sprache an eine Person, die uns irgendwann einmal schlecht behandelt hat. In dem Moment, wenn wir ihm begegnen, mit ihm interagieren, empfinden wir vielleicht Ärger, Wut oder Gereiztheit und sind uns kaum bewusst, dass diese Aggression wenig mit diesem Menschen oder mit der Situation, aber sehr viel mit unserer Vergangenheit zu tun hat. Wir können dies im Allgemeinen nicht verhindern, denn unser Gehirn funktioniert einfach so. Aber wenn man sich einmal bewusst ist, dass es passiert (und es passiert oft), kann man ein gewisses Mitgefühl mit den anderen an der Situation Beteiligten haben – es ist nicht ihre Schuld, dass ihr Verhalten das, was wir in unserer Vergangenheit gelernt haben, berührt oder aufwühlt (auch wenn sie sich vielleicht gedankenlos oder rücksichtslos verhalten). Man kann auch Mitgefühl mit sich selbst empfinden, wenn man daran denkt, dass es auch nicht unsere Schuld ist, dass unser Gehirn so funktioniert. Dieses Bewusstsein eröffnet neue Möglichkeiten. Wenn wir die Veränderungen unserer Stimmung wahrnehmen und uns bewusst werden, dass es an unserem komplizierten Gehirn liegt, dass unser Bedrohungssystem die Kontrolle übernimmt, können wir etwas daran ändern.

Auslöser

Dieses Kapitel verfolgt zwei Ziele: Das erste ist, Ihnen helfen zu verstehen, warum Sie vielleicht Schwierigkeiten mit Aggression haben, während es anderen anscheinend nicht so geht. Das kann dadurch geschehen, dass Sie die Geschichte Ihrer Bindungsbeziehungen mit Ihren Bezugspersonen besser verstehen und untersuchen, wie Sie vielleicht durch Ihre Erfahrungen aggressives Verhalten erlernt haben, und indem Sie sehen, wie das, was Sie so gelernt haben, in Form impliziter Erinnerungen in der Gegenwart zum Vorschein kommen kann. Es ist wichtig, festzuhalten, dass Sie sich wahrscheinlich keine dieser Faktoren, die zu Ihrer Aggression beitragen, ausgesucht haben – aber frei gewählt oder nicht, es ist unsere Aufgabe, mit der Aggression, und wie sie sich in unserem Leben auswirkt, umzugehen. Das ist das zweite Ziel: Bewusstsein für die Faktoren zu entwickeln, die Ihre Aggression auslösen, damit Sie die Aufgabe übernehmen können, mit ihr zu arbeiten. Ein Teil dieser Arbeit besteht darin, herauszufinden, was die Aggression auslösen kann – welche Dinge den Nerv berühren oder einen Ausbruch provozieren können. Wir haben gelernt, auf diese Auslöser mit Ärger oder Wut zu reagieren, aber in diesem Buch werden Sie andere Möglichkeiten kennenlernen, auf sie zu reagieren, die nicht die negativen Folgen haben, die offene intensive Aggression nach sich zieht. Halten Sie einen Moment inne und überlegen Sie, welche Dinge Ihre Aggression auslösen können.

Übung 3.4: Auslöser von Ärger und Wut

Denken Sie an Momente, wenn Menschen oder Situationen bei Ihnen „einen Nerv berühren" und Ärger oder Wut auslösen. Was löst bei Ihnen diese Aggression aus?

- Wann neigen Sie im Umgang mit Leuten dazu, aggressiv zu werden?
- Was für Situationen können bei Ihnen diese Aggression auslösen?

Fehler und Verantwortung

Wir haben mehrmals festgestellt, dass es „nicht Ihre Schuld oder Ihr Fehler" ist, dass Sie sich mit Ärger oder Wut aufeinandersetzen müssen. Wenn Sie so sind wie ich, fällt es Ihnen vielleicht schwer, das zu akzeptieren. Ich erinnere mich an das erste Training in Compassion Focused Therapy, als ich Paul Gilbert darüber sprechen hörte, wie viele unserer lästigen emotionalen Reaktionen nicht unser Fehler wären. Ich hatte ein komisches Gefühl im Bauch und dachte: „OK, vielleicht ist dies nur ein kleiner Teil des Modells … Ich kann diesen Teil übergehen, und nehme das Gute daran." Aber im Laufe des dreitägigen Trainings sagte er es immer wieder. Ich bemerkte schnell, dass „Es ist nicht Ihr Fehler" nicht nur etwas am Rande Erwähntes war, es war der Kern des Compassionate-Mind-Models, und es ist ein Kernstück der Compassion Focused Therapy.

Anfangs gefiel mir das gar nicht. Ich meine, ich bin nicht so sehr damit vertraut, wie man in Großbritannien und in der übrigen Welt damit umgeht, aber ich bin Amerikaner, und wenn es eines gibt, worin wir Amerikaner gut sind, dann darin, Schuld zuzuweisen. „Nicht mein Fehler? Wessen Fehler ist es dann? Es muss jemandes Fehler sein!" Zum Leidwesen von Menschen in anderen Teilen der Welt, sind es nicht nur Amerikaner, die nach Schuldigen suchen. Wenigstens scheinen wir in der westlichen

Kultur sehr gut darin zu sein, uns und anderen Vorwürfe zu machen, und dies gilt besonders für Ärger und Wut. Es sieht so aus, dass wir entweder denen Vorwürfe machen, die unsere Aggression provozieren, oder dass wir uns dafür schämen, wenn wir sie empfinden. Als ich Paul immer wieder sagen hörte „Es ist nicht euer Fehler, es ist nicht eure Schuld", machte mir unsere Neigung, Vorwürfe zu machen, Sinn. Noch einmal: Muss es nicht jemandes Fehler sein, dass wir wütend werden?

Gut, nicht eigentlich. Nachdem ich ein wenig darüber nachgedacht und mir angeschaut hatte, wie unsere Wut funktioniert, glaube ich wirklich, dass unsere Aggression nicht unser Fehler ist. Und es ist auch nicht der Fehler dessen, der sie provoziert hat, oder der Sache, die Anlass dafür war. Wenn wir sagen „Es ist nicht Ihr Fehler, meinen wir: „Es ist nicht hilfreich, sich selbst die Schuld für Dinge zu geben, die man sich nicht aussuchen konnte, und auch nicht für Prozesse oder Vorgänge, die man nicht erfunden hat." Es gibt viele Faktoren, die dazu geführt haben, wie wir unsere Wut wahrnehmen und ausdrücken, und sehr wenige dieser Faktoren haben wir gewählt oder unterlagen unserer Kontrolle. Ich würde sagen, dass sogar die bewussten Entscheidungen, die wir treffen, und die Verhaltensweisen, die wir bewusst annehmen, kein Zeichen eines grundlegenden Fehlers sind oder bedeuten, dass mit uns „etwas nicht stimmt". Wie wir weiter oben gesehen haben, kann sogar unsere Fähigkeit, Entscheidungen zu treffen und rational zu argumentieren, von unserem Bedrohungssystem beeinträchtigt sein – da es in dem Versuch, uns vor realer oder wahrgenommener Gefahr zu schützen, unsere Sicht und unser Denken verengt.

Ich könnte wetten, dass manche von Ihnen jetzt Zweifel haben und Widerstand empfinden und dass ein paar andere jetzt denken: „Dies ist alles schön und gut, aber …" und merken, dass ihnen diese Idee widerstrebt. Sie spüren vielleicht, dass Sie dagegen argumentieren möchten. Vielleicht werden Sie sogar ein wenig ärgerlich. Vielleicht beruht Ihr Widerstand auf der Beobachtung, dass Sie dieses Buch gerade deshalb lesen, weil Sie in Ihrem Leben folgenreiche unglückliche Entscheidungen getroffen haben, auch wenn Sie sich weder Ihr Gehirn noch Ihr Temperament, Ihre Situation in Ihrer Kindheit oder Ihre Bezugspersonen ausgesucht haben. Sie haben vielleicht Entscheidungen getroffen, mit denen Sie anderen geschadet und ihnen Leid verursacht haben. Aber ich möchte noch einmal wiederholen: Wenn Emotionen wie Ärger oder Wut jemanden ganz im Griff haben, wenn das Bedrohungssystem ganz die Kontrolle übernommen hat, dann ist es nahezu unausweichlich, schlechte Entscheidungen zu treffen. Unser Bedrohungssystem ist gut darin, irregeleitete, aber mächtige Impulse zu erzeugen, um uns zu schützen, was dann zu fehlerhaften Entscheidungen führt – Entscheidungen, die unter Bedingungen beträchtlich verengter Aufmerksamkeit und eingeschränkter Fähigkeit getroffen werden, flexibel zu denken und Probleme zu lösen. Dies ist keine Entschuldigung, es ist eine Beobachtung.

Dies könnte eine bittere Pille sein, wenn Sie eine andere Weise gelernt haben, sich Ihrer Wut gegenüber zu verhalten. Keine Sorge – ich lasse Sie nicht davonkommen! Es gibt einen sehr wichtigen Grund für den Ansatz, dem wir hier folgen. Obwohl es sich vielleicht seltsam anhört: Wenn wir aufhören können, uns für das Erleben von Aggression, Ärger oder Wut zu beschämen, befreit uns das dafür, Verantwortung für sie zu übernehmen. Wenn wir uns sagen, dass unsere Aggression irgendwie eine Wirkung von etwas Schlechtem in uns ist, haben wir zwei Probleme. Wir haben die Aggression selbst, aber wir haben auch das Gefühl, wie wir uns damit fühlen. Wenn wir hiermit konfrontiert sind, ist es leicht, darauf zurückzugreifen, anderen Vorwürfe zu machen, uns zu schämen oder unsere Aggression zu ignorieren, sie zu rechtfertigen oder zu rationalisieren. Keine dieser Reaktionen, die auf unsere tiefen Ängste davor zurückgeht, „was die Aggression vielleicht über mich sagt“ und „was für ein Mensch ich bin“, ist nützlich. Wenn man sich schämt, kann das sogar davon abhalten, auf eine produktive Weise mit der Aggression zu arbeiten, denn dann bleibt man dabei, sein Selbstbild aufrechtzuerhalten, statt effektiver mit der Aggression zu arbeiten. Wenn wir aufhören, uns anzuklagen oder mit dem Finger auf andere zu zeigen, können wir klarer sehen, was getan werden muss, um unser Leben zu verbessern, und es dann auch wirklich tun.

Ich meine nicht, dass wir für unsere Entscheidungen nicht verantwortlich sind, wenn wir unter dem Einfluss heftiger Aggression stehen. Natürlich sind wir das. Wenn ich achtlos bin und eine Tasse Kaffee über meine Tastatur schütte, und mein Computer den Geist aufgibt – dann habe ich das ganz allein verursacht, und es ist meine Aufgabe, das zu reparieren. Aber wenn ich mir Vorwürfe mache oder wenn es mir peinlich ist, wenn ich wütend werde, auf mich einschlage – dann Türen schlagend durch das Haus laufe und alle aufrege –, dann mache ich die Dinge nur schlimmer. Man kann stattdessen lernen, anzuerkennen, was passiert, möglichst ruhig bleiben, auch wenn man sehr frustriert ist, und versuchen, Verständnis für das Problem zu haben. Dann können wir das Wichtigste in dieser Situation tun: den Schaden, reparieren und lernen, das nächste Mal besser aufzupassen. Das ist das, was ich mit „Verantwortung übernehmen" meine: Erkennen, dass unsere Emotionen sehr stark geweckt werden können, und lernen, mit ihnen zu arbeiten, um uns nicht von ihnen kontrollieren zu lassen. Wenn wir also von „nicht mein Fehler" sprechen, dann meinen wir damit nicht: „Es spielt keine Rolle, was man tut." Vielmehr müssen wir gerade deshalb, weil wir uns alle diese Faktoren nicht aussuchen, konsequent daran arbeiten, uns zu verstehen und die Dinge in die Hand nehmen, die wir verändern können. Wie wir sehen werden, stellt Mitgefühl die Bedingungen für ein tiefes Gefühl für Verantwortung her, das natürlich entsteht und frei gewählt und nicht von außen auferlegt ist oder auf Vorwürfe zurückgeht.

Es ist auch nicht besonders nützlich, eine Debatte über Fehler oder Vorwürfe im Hinblick auf die schlechten Entscheidungen anzufangen, die man im Leben getroffen hat. Tatsache ist, dass man sie getroffen hat, und in diesem Moment müssen wir andere Entscheidungen treffen. Sollen wir unser Leben der Scham darüber widmen, dass wir diese Dinge getan haben, oder anderen Vorwürfe für unsere schlechten Entscheidungen machen? Sollen wir endlos debattieren, ob uns diese Entscheidungen zu „schlechten Menschen" machen oder nicht? Oder können wir eine andere Entscheidung erwägen – eine Entscheidung, Mitgefühl für die Situation und für alle zu empfinden, die an ihr beteiligt sind? Mitgefühl für uns selbst, die im Griff eines Bedrohungssystems sind, das außer Kontrolle ist und auf das wir nicht vorbereitet waren, und für alle anderen, die als Folge der Situation und unserer Wut Schaden genommen und emotionalen Schmerz erlitten haben? Ist es uns möglich, Kummer über den Schaden zu empfinden, den wir verursacht haben, und diesen Kummer dazu nutzen, uns so sehr zu bemühen, wie wir können, das nicht wieder zu tun? Können wir uns entscheiden, aufrichtig, direkt und mit Mitgefühl mit unserem Denken und Bewusstsein zu arbeiten, um die Gewohnheiten zu verändern und die Emotionen auszugleichen, die zu diesen schlechten Entscheidungen geführt haben? Können wir bessere Entscheidungen treffen und uns konsequent dafür einsetzen, zu den Menschen zu werden, die wir sein möchten?

Wenn Sie, bevor Sie dieses Buch zu lesen angefangen haben, gedacht haben, „Mitgefühl" sei etwas Schwaches, Weiches oder Kuscheliges – dass es bedeutet, „immer nett zu sein", dann hoffe ich, dass Sie bald sehen, dass dies nicht der Fall ist. Mitgefühl bedeutet, dass man die schwierigen Entscheidungen trifft, die nötig sind, um das Denken zu kontrollieren, und bereit ist, direkt mit den Gedanken und Emotionen zu arbeiten, die am meisten Angst machen. Dazu gehört Entschlossenheit und dazu gehört Stärke.

Zusammenfassung

Wir haben in diesem Buch eine ansehnliche Strecke zurückgelegt. Wir haben über Ärger und Wut gesprochen, ein Modell eingeführt, wie unsere Systeme zur Regulierung von Emotionen funktionieren und interagieren, und eine Reihe von Gründen angeschaut, warum manche Menschen Schwierigkeiten mit ihrer Aggression haben. Wenn Sie diese Dinge verstehen, kann Ihnen das helfen, so hoffen wir, die emotionalen Hürden zu überwinden – Scham, selbstentwertende Kritik und das Vermeiden, das damit in Beziehung steht –, die Ihre früheren Versuche, mit Ihrer Aggression zu arbeiten, behindert haben können. Wir haben auch begonnen, unsere Aggression ganz genau anzuschauen, sodass wir verstehen können, woher sie stammt und welche Dinge sie auslösen.

Wenn wir weitergehen, werden wir eine neue Weise lernen, wie wir unser Denken organisieren können. Wir werden lernen, wie man mit dem Beruhigungssystem arbeiten kann, um Emotionen auszubalancieren, damit das Leben nicht länger von Wut oder Ärger bestimmt oder von unserem Bedrohungssystem und von unserem Antriebssystem kontrolliert ist. Wir werden lernen, Mitgefühl mit uns und mit anderen zu kultivieren, unser Denken und unser Bewusstsein so zu organisieren, dass wir stark genug sind, mit unseren Schwierigkeiten umzugehen und unseren Fokus direkt darauf zu richten, das Leben für uns und für die, die uns nahestehen, besser zu machen. Wir werden Techniken lernen, mit denen diese mitfühlende Perspektive kultiviert werden kann, die uns helfen wird, zu Menschen zu werden, die zu friedlichen Lösungen beitragen – in unserem eigenen Leben und in der Welt.

4 Die Argumente für Mitgefühl

Der Ansatz der Compassion Focused Therapy (CFT) bei der Arbeit mit Wut und Ärger besteht darin, dass man lernt, Denken und Bewusstsein anders zu organisieren, indem man das entwickelt, was wir „mitfühlendes Denken" nennen. In diesem Kapitel werden wir erklären, was wir mit „Mitgefühl" meinen, und die mentalen Qualitäten besprechen, die wir brauchen, um mit Wut zu arbeiten.

Das Herz von Mitgefühl

Der Dalai Lama betont oft, dass niemand leiden möchte – alle wollen einfach glücklich sein (1). Bisher haben wir ausführlich untersucht, wie man von Ärger oder Wut beeinflusst und kontrolliert sein kann. Wir ertappen uns oft dabei, dass wir trotz all unserer Anstrengungen Dinge tun, die nicht zu Glück führen und die genau das Leiden hervorrufen, was wir gern vermeiden würden. Aber auch diese Dinge, die wir und andere tun – die lächerlichen, die irritierenden und die verrückt machenden Dinge –, alldem liegt das Streben nach Glück und der Versuch zugrunde, Leiden zu vermeiden.

Wenn man das einmal versteht, beginnt man, sich und andere Menschen anders zu sehen. Sich diese Einsicht vor Augen zu führen und über sie zu meditieren, ist eine Methode, Mitgefühl zu entwickeln. Ob es einem gefällt oder nicht (und normalerweise gefällt uns das nicht), zu einem normalen menschlichen Leben gehört, dass man immer wieder mit Leiden konfrontiert ist. Den meisten Menschen widerfährt Leiden – und nicht nur einmal, sondern häufig: Sie verlieren ihre Arbeit, sie machen Fehler, die tragische Folgen haben, und sie sind mit der Realität konfrontiert, dass wir allzu oft die Erwartungen an uns selbst nicht erfüllen. Und während wir mit all diesen Problemen und Aufgaben kämpfen müssen, sind wir auch noch mit einem komplizierten Gehirn ausgestattet, das uns oft Schwierigkeiten bereitet.

Niemand wacht auf und beschließt: „Ich werde heute ein wütender, unglücklicher Mensch sein." Aber oft tun wir in der Hitze des Gefechts Dinge, die uns (und andere in unserer Umgebung) unglücklich machen. Die Lösung besteht darin, unsere Handlungen mit den Augen des Mitgefühls zu sehen, damit wir verstehen können, warum wir uns auf die betreffende Weise verhalten haben. Nichtsdestotrotz kann es sehr schwer sein, Mitgefühl mit wütenden oder ärgerlichen Menschen zu haben – auch mit uns selbst.

Einer meiner Klienten, Chris, war ein junger Mann, der zu mir zur Therapie überwiesen worden war, weil er in Schlägereien verwickelt war und sich feindselig gegenüber seinen Bezugspersonen, Gleichaltrigen und Lehrern verhielt. Chris hatte ein sehr explosives Temperament und aus geringstem Anlass rastete er häufig aus. Es war schwer, mit ihm auszukommen, und es war häufig unmöglich, mit ihm zu reden, auch nicht über belanglose, neutrale Themen. Er tat absichtlich Dinge, die andere ärgerten oder reizten, war ein Meister darin, andere aus der Fassung zu bringen, und handelte oft sehr aggressiv. Kurz gesagt, es war leicht, ihn nicht zu mögen. Als ich Chris mit der Zeit kennenlernte und ein gewisses Vertrauen zwischen uns entstand (was ziemlich lange brauchte), begann ich, ein paar Dinge an ihm zu verstehen. Er lebte bei seinen Großeltern, weil seine Eltern ihn missbraucht und dann schließlich verlassen hatten. Trotz dieser Tatsache nahm er seine Eltern in Schutz und sprach kein schlechtes Wort über sie. Er bemerkte oft, man könne Menschen nicht trauen und werde nur von ihnen verletzt. Es war ihm eine tiefe Angst anzumerken, verlassen zu werden, auch wenn er andere mit seinem feindseligen und provozierenden Verhalten abstieß (denn „wenn man Leuten nicht traut, können sie einen auch nicht enttäuschen"). Seine Wut war unberechenbar und schien ihn „aus heiterem Himmel" zu überfallen – wenn sie ihn einmal erfasst hatte, hatte er das Gefühl, keine Kontrolle mehr zu haben. Er versuchte dennoch, dies zu seinem Vorteil zu wenden – er war stolz darauf, dass er in Schlägereien gut war, und sagte mir, das wäre „das Einzige, worin ich gut bin". Er war stolz darauf, einer der Jungs zu sein, dem „niemand in die Quere kommen will".

Als ich Chris mit den Augen des Mitgefühls genauer anschaute, konnte ich sehen, wie sein Verhalten, wie irregeleitet auch immer, aus der Kombination seines biografischen Hintergrundes, seiner biologischen Reaktion auf wahrgenommene Gefahr und des Verlangens entstand, Glück zu erreichen und so wenig wie möglich zu leiden. Es ist leicht, zu sehen, dass diese Versuche, sich zu schützen, eigentlich zu mehr Leiden führten – dadurch, dass er die Leute vertrieb, die ihm hätten helfen können, und sich das Leben zu Hause und in der Schule schwer machte.

Es ist leicht, jemanden wie Chris als einen „Schläger" oder als „Kotzbrocken" abzutun – sehr leicht. Nicht leicht ist es, damit aufzuhören, Chris als den schwierigen Halbstarken zu sehen und anzufangen, ihn als einen wertvollen Menschen zu sehen, der gelernt hat, mit dem sehr schwierigen Leben umzugehen, in das er hineingeboren wurde – was nicht das Leben war, das Sie oder ich uns aussuchen würden. Die Bewältigungsstrategien, die er gelernt hatte, um sich zu schützen, gingen auf Kosten seines Glücks. Meine Rolle als Therapeut bestand darin, ihm zu helfen, mit seinem schwierigen Leben und seinen Wutgefühlen so umzugehen, dass er sich nicht allen Menschen in seiner Umgebung entfremdete – auf eine Weise, die besser für ihn war und ihm letztlich ermöglichen würde, Glück und Zufriedenheit zu finden.

So schwierig es sein kann, Mitgefühl mit Menschen zu empfinden, die einen empfindlichen Nerv in uns berühren und uns in Rage bringen, es kann noch schwieriger sein, Mitgefühl mit uns selbst zu haben. Dies gilt besonders, wenn wir Dinge tun, die für unser eigenes Leben und für Menschen, die uns nahestehen, schädlich sind. Es ist schwierig, sich der Tatsache zu stellen, dass wir Schaden angerichtet haben – aber wir müssen das tun, wenn wir uns verändern wollen. An dieser Stelle geht es dann um Mitgefühl – es hilft uns, den Mut aufzubringen, uns den Dingen in unserem Leben zu stellen, die am schmerzhaftesten sind, und freundlicher zu uns zu sein, wenn wir den Prozess der Veränderung durchmachen. Mitgefühl ist, wie wir gesehen haben, nicht rosa und kuschelig … es geht dabei nicht darum, nur zu lächeln und nett zu sein. Es gehört dazu, dass man in das Feuer geht, um das Kind zu retten, und nicht wegzulaufen. In unserem Fall ist das Feuer unsere intensive Aggression und das Kind sind wir.

Was genau ist also Mitgefühl?

Das englische Wort für Mitgefühl, *compassion,* ist aus zwei Wörtern entstanden: *com,* „zusammen" und *pati,* „leiden" (2). Die üblichen Definitionen von Mitgefühl nennen zwei Bestandteile, die beide sehr wichtig sind. Danach gehört zu Mitgefühl zum einen die Sensibilität für Leiden – dass man es wahrnimmt und dass man eine emotionale Reaktion empfindet, wenn man ihm ausgesetzt ist. Ich definiere Mitgefühl gern so: „Bei Mitgefühl ist man von Leiden bewegt und man ist motiviert zu helfen". Mir gefällt das Wort „bewegt", weil es ausdrückt, dass man persönlich betroffen ist – man ist von dem Leiden berührt. Es wirkt so in uns, dass eine emotionale Verbindung mit dem Wesen entsteht, das leidet (auch wenn dieses Wesen ich selbst bin).

Dies bringt uns zum zweiten Bestandteil von Mitgefühl, der freundlichen Motivation, zu helfen. Wenn man Mitgefühl empfindet, beobachtet man nicht nur passiv, dass jemand leidet. Vielmehr möchte man etwas tun, damit es aufhört. Mitgefühl bringt uns wie Aggression hin zu der Schwierigkeit oder dem Problem, statt von ihm weg. Bei Ärger oder Wut gibt es den Wunsch, zu überwältigen, zu zerstören oder zu bestrafen. Bei Mitgefühl ist man sensibel für Leiden und hat einen entsprechenden Wunsch, sich dem leidenden Wesen gegenüber freundlich und verständnisvoll zu verhalten und die Dinge irgendwie zu verbessern – zu helfen oder wenigstens nicht zu schaden.

Wenn Mitgefühl nur mit Sensibilität zu tun hätte, hätte es viel mit Depression gemeinsam. Wenn alles, was wir hätten, ein emotionaler Zugang zu Leiden ohne die inspirierende Motivation, zu helfen, wäre, könnte es dazu kommen, dass wir uns in der Negativität der Welt suhlten und von den Schwierigkeiten des Lebens überwältigt würden. Das wäre nicht besonders nützlich. Es wäre wie Baden im Schmerz einer schrecklichen Trennung in Verbindung mit der Weigerung, sich aufgrund der Angst, verletzt zu werden, jemals wieder auf eine Beziehung einzulassen.

Wenn Mitgefühl andererseits nur aus Freundlichkeit oder ständiger Nettigkeit bestünde, wäre das wie bei Pollyanna: Ausstaffiert in einem hübschen Kleid wiederholt sie, wie wunderbar das Leben ist, und hat leichte, aber oberflächliche Lösungen bereit, während sie es ablehnt, den Schmerz und die Schwierigkeiten anzuerkennen, mit denen sie konfrontiert ist. Freundlichkeit und Motivation, zu helfen, ohne ein Verständnis von der Realität des Leidens können zu einer naiven Vermeidungshaltung führen. Ein Beispiel dafür wäre, wenn sich jemand am Tag nach einer schlimmen Trennung in eine neue Beziehung stürzte oder versuchte, Gefühle des Schmerzes mit Drogen oder Alkohol zu verleugnen.

Zu Mitgefühl gehört Sensibilität wie auch eine Motivation für nützliches Handeln, das Abhilfe schafft. Mitgefühl weiß, Leiden bedeutet, dass etwas im eigenen Leben (oder im Leben anderer) passiert, das Beachtung verlangt, und die Kenntnis dieses Leidens kann Informationen darüber liefern, wie wir helfen können – darüber, was die betreffende Person braucht. Wenn dieses Wissen mit der Motivation, zu helfen, verbunden ist, haben wir andere Optionen, konstruktiv mit schwierigen Situationen umzugehen. Mitgefühl kann uns die Fähigkeit verleihen, das zu erspüren und zu finden, was man im Buddhismus „geschickte Mittel" nennt – man ist dann in der Lage, genau das zu wissen und zu tun, was getan werden muss, um mit der Situation am besten umzugehen. Auch wenn das „nur" darin besteht, die Hand eines trauernden Menschen zu halten.

Bei Mitgefühl geht es nicht darum, den bequemsten Weg zu gehen – es bedeutet, bereit zu sein, unangenehme Empfindungen zu riskieren, um die Aufgabe korrekt und vollständig zu erfüllen. Mitgefühl erkennt an, dass es auf schwierige Fragen selten leichte Antworten gibt. Konfrontiert mit einem schrecklichen Ende einer Beziehung erkennt Mitgefühl den Schmerz an, wenn das Herz bricht, sieht aber auch, dass der Schmerz nicht ewig anhalten wird. Mitgefühl berücksichtigt neben dem Leiden auch die Freuden des Lebens und die Dinge, die einem helfen, sich besser zu fühlen. Im Fall einer schmerzhaften Trennung kann Mitgefühl helfen, so weise zu sein, sich anderen nahen Beziehungen zuzuwenden, während man heilt, und sich allmählich für neue Beziehungen zu öffnen, wenn man sich dazu bereit fühlt. Wenn man mit Schmerz im Leben konfrontiert ist, sagt das Bedrohungssystem: „Dies ist schlecht – ich muss kämpfen oder weglaufen." Das Antriebssystem sagt: „Es wird besser, wenn ich dieses oder jenes habe." Das Mitgefühl, das eng mit dem Beruhigungssystem verbunden ist, sagt: „Ah, Schmerz. Ich erkenne dich. So ist das Leben manchmal. Ich werde sehen, was zu tun ist, damit ich hiermit arbeiten kann, und bis dahin halte ich es aus."

Mitgefühl ist eine Stärke, die hilft, den Mut zu finden, sich auf Schwierigkeiten zuzubewegen, sodass man sie verändern kann, genau die Art Mut, den man an den Tag legt, wenn man sich dafür entscheidet, mit der eigenen Aggression zu arbeiten. Im weiteren Verlauf dieses Kapitels werden wir darüber sprechen, wie Mitgefühl unser Denken und Bewusstsein organisieren kann und wie sich das davon unterscheidet, wie Denken und Bewusstsein von Wut oder Ärger organisiert werden.

Warum Mitgefühl? Wie Mitgefühl unser Denken organisiert

Erinnern Sie sich daran, wie verschiedene Stimmungszustände (wie Wut) und die drei Systeme zur Regulierung von Emotionen unser Denken und Bewusstsein organisieren können? Nun, Mitgefühl kann dabei mitwirken, die Kontrolle darüber zu übernehmen, wie unser Denken und Bewusstsein organisiert sind – und zwar so, dass wir mit schwierigen Emotionen und Auseinandersetzungen effektiver umgehen können. Diagramm 4.1 veranschaulicht dies und vergleicht diese Form der Organisation damit, wie Denken und Bewusstsein von unserem Bedrohungssystem organisiert werden.

Von Bedrohung oder Gefahr bestimmtes Denken

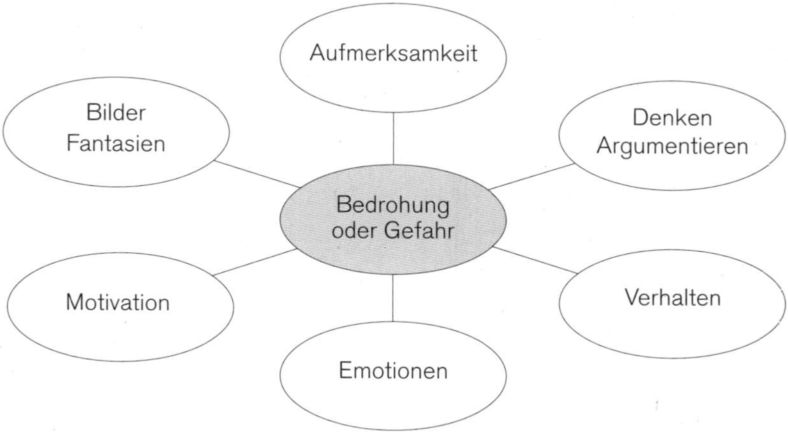

An Mitgefühl orientiertes Denken

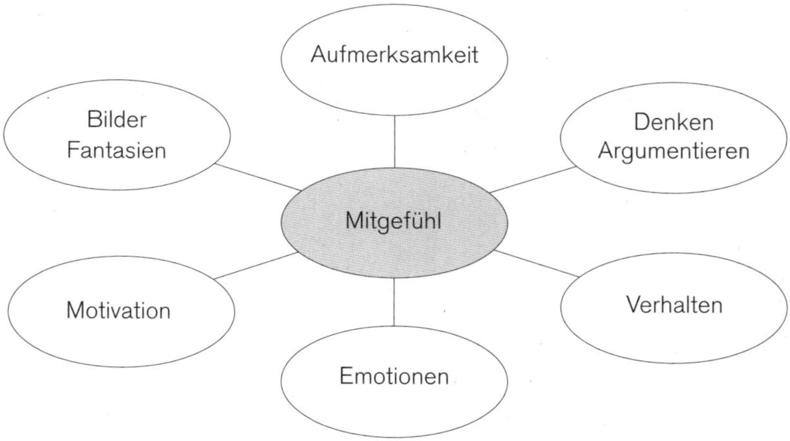

Diagr. 4.1: Verschiedene Wege, das Denken und Bewusstsein zu organisieren

(Aus Gilbert, P. (2011). *Mitgefühl: Wie wir Mitgefühl nutzen können, um Glück und Selbstakzeptanz zu entwickeln und es uns wohl sein zu lassen.* Freiburg i. Br.: Arbor.)

Das folgende Diagramm 4.2 illustriert das, was wir den „Zirkel des Mitgefühls" nennen, und bildet verschieden Aspekte des sogenannten „Compassionate Mind" ab:

Attribute – so ist ein Compassionate Mind.

Fertigkeiten – die Dinge, die wir tun werden, um Attribute von Mitgefühl zu entwickeln, und die Umwelt, in der all dies stattfindet – eine Umwelt der Wärme.

Diagramm 4.2: Der Mitgefühlskreis

(Aus: Gilbert, a. a. O., S. 257.)

Attribute von mitgefühlsorientiertem Denken

Das erste Ziel dieses Buches ist es, Ihnen praktische Hilfsmittel an die Hand zu geben, um mit Ärger und Wut zu arbeiten. Das zweite Ziel ist ein wenig ehrgeiziger – die Entwicklung Ihres mitfühlenden Selbst und der Fähigkeit, an das Leben auf eine Weise heranzugehen, die Ihnen ermöglicht, mit Ihrer Aggression zu arbeiten und ein glückliches Leben voller guter Beziehungen und Handlungen aufzubauen, das Ihren tiefsten Werten und Prioritäten entspricht. Dies mag als eine große Aufgabe erscheinen, und das ist es in gewisser Hinsicht auch, aber wir müssen nicht alles auf einmal oder sehr schnell schaffen. Ganz und gar nicht. Vielmehr ist unser Ziel, es in kleinen Schritten zu verwirklichen. Beginnen wir damit, dass wir die Attribute betrachten, die den inneren Kreis des Zirkels des Mitgefühls ausmachen.

Motivation

Ein mitfühlendes Denken ist von dem grundlegenden Verlangen motiviert, für das eigene Wohlsein wie für das anderer Menschen zu sorgen. Diese fürsorgliche innere Orientierung haben wir bereits in uns – sie gehört dazu, wie unser Gehirn funktioniert. Wenn man oft mit Wut konfrontiert war, hat man aber vielleicht nicht viel Erfahrung mit dieser fürsorglichen Motivation. Es ist schwer, fürsorglich zu sein, wenn man sich ständig bedroht fühlt und Wut oder Ärger empfindet. Interessanterweise ist ein Grund, weshalb man sich so oft bedroht fühlt, dass man keine fürsorgliche Beziehung zu sich selbst hat. Die Teile des „alten Gehirns", die unsere Emotionen auslösen, können oft nicht zwischen äußeren Bedrohungen (zum Beispiel, wenn einem jemand sagt, man sei ein schrecklicher Mensch) und inneren (wenn man zum Beispiel sich selbst sagt, man sei ein schrecklicher Mensch) unterscheiden. Die Scham, die man hervorruft und verstärkt, wenn man auf sich einschlägt, ist „mentales Benzin", das unsere Wut nährt. Wenn man die Motivation pflegt und stärkt, für das eigene Wohlbefinden zu sorgen, kann einem das helfen, den inneren Teufelskreis anzuhalten, der ein Denken und Bewusstsein, das von Wahrnehmungen von Bedrohung und entsprechender Wut erfüllt ist, in Gang hält. Die Motivation, für sich selbst zu sorgen, macht möglich, Gefühle des Vorwurfs mit Fragen wie dieser zu ersetzen: „Was brauche ich, um besser hiermit umzugehen?"

Mitfühlendes Denken ist auch mit der Motivation verbunden, für andere zu sorgen. Die Motivation, sich um das Wohlsein anderer zu kümmern, ist ein starkes Gegenmittel gegen Wut, die mit dem Drang verbunden ist, Schaden zuzufügen. Eine Weise, wie wir uns helfen können, unsere Aggression in den Griff zu bekommen, besteht darin, sensibler für die negativen Folgen zu werden, zu denen unser Agieren mit Wut führen kann. Man tut dies schon, wenn man darauf verzichtet, bei der Arbeit den Chef anzufahren, auch wenn man sich vielleicht sehr über ihn ärgert – man weiß, dass es den Job kosten kann. Wenn wir eine liebevolle Motivation anderen Menschen gegenüber entwickeln und diese Motivation im Bewusstsein halten (statt sie als einen Wert, den wir hochhalten, aber oft nicht leben, im Hintergrund verschwinden lassen), wird es viel schwerer, einer Aggression freien Lauf zu lassen, um diesen Menschen zu schaden. Man ist sich des Leidens bewusst, das man damit verursachen würde, und man weiß, dass es das nicht wert ist.

Ein weiterer Grund dafür, diese Motivation zu kultivieren, ist, dass sie auf eine natürliche Weise zu guten Beziehungen führt. Handeln wir aus so einer Motivation heraus, stimulieren wir damit auch das Beruhigungssystem anderer Menschen. Statt für sie zu jemandem zu werden, von dem sie sich bedroht fühlen, können wir dazu beitragen, dass sie sich sicher fühlen, und ihrerseits mit mehr Wärme und positiver reagieren.

Sensibilität

Sensibilität bedeutet, dass man bei sich selbst und bei anderen für Anzeichen von Leiden offen ist. Häufig stellt sich Ärger oder Wut ein, wenn man mit schwierigen Emotionen konfrontiert ist, die man lieber nicht fühlen würde. Beispiele dafür sind, wenn jemand zurückschlägt, der kritisiert wurde, und die Beschämung nicht fühlen will, die das in ihm ausgelöst hat, oder wenn jemand von seinen Kindern frustriert ist und ärgerlich wird, um seine Sorge zu maskieren, die er empfindet, wenn sie sich in irgendeiner Hinsicht schwertun. Wut entsteht aus dem Gefühl von Bedrohung und Gefahr – und diese Emotionen scheinen psychisch bedrohlich zu sein („Was passiert, wenn ich in meinem Job wirklich nicht gut bin?" „Was wäre, wenn mein Kind nicht intelligent genug ist, um die Schule zu schaffen?" „Was wäre, wenn ich ein schlechter Vater wäre?"). Sensibilität bedeutet, dass wir bereit sind, die schwierigen Gefühle hinter unserer Aggression wahrzunehmen – und aufrichtig uns selbst gegenüber in Bezug darauf zu sein, wie wir uns fühlen, wenn wir mit den unvermeidlichen Schwierigkeiten des Lebens konfrontiert sind. Es bedeutet, dass man (wenigstens sich selbst) sagen kann: „Das verletzt mich wirklich" oder „Ich mache mir wirklich Sorgen, dass mein Sohn kein gutes Leben haben wird" oder „Mich erschreckt, dass ich eine emotional missbräuchliche Mutter werden könnte".

Statt sich von Sorgen und Schmerz abzulenken, indem man zulässt, dass das Bedrohungssystem Denken und Bewusstsein mit Wut erfüllt, ermöglicht uns Mitgefühl, unser Bewusstsein für unsere Ängste und Probleme zu öffnen – sodass wir dann daran arbeiten können, die Situationen zu verbessern, die sie verursachen. Es geht darum, bewusst zu sein, wie wir leiden, und uns dann mit Freundlichkeit, Vergebung und Offenheit zu behandeln.

Wie bei der mitfühlenden Motivation kann Sensibilität für das Leiden anderer ein Gegenmittel gegen Ärger und Wut sein. Wenn man von diesen Gefühlen besetzt ist, malt man sich vielleicht in Gedanken aus, wie man jemandem schadet, aber das fühlt sich vielleicht nicht so schön an, wenn man sich der Umstände, in denen der andere lebt, und seines Leidens bewusst wird. Ich vermute, dass letztlich niemand anderen Leiden zufügen will, wenn man sich nicht gerade bedroht fühlt. Wenigsten gehe ich davon aus, dass Sie das nicht wollen – sonst würden Sie sicher nicht dieses Buch lesen. Wenn wir uns bewusst werden, dass unsere Handlungen in anderen wirkliches Leiden hervorrufen – dass es nicht nur um uns geht –, kann es sein, dass dies ein Anstoß ist, einen Schritt zurückzutreten und unser Handeln neu zu bewerten und die Bahn zu verlassen, auf die uns unser Bedrohungssystem gebracht hat.

Die Sensibilität des Mitgefühls kann auch die Form von Wachsamkeit annehmen: Wir halten nach Dingen Ausschau, die unsere Wut auslösen können, und nach Anzeichen in unserem Körper für aufsteigenden Ärger.

Je eher man wahrnimmt, dass Wut aufsteigt, um so wahrscheinlicher ist es, dass man sich bewusst dazu verhält, bevor das Bedrohungssystem Bewusstsein und Denken bestimmt. Diese Bewusstheit ist der erste Schritt, wenn man die Aggression halten will, bevor sie außer Kontrolle gerät. Diese Wachsamkeit können wir auch bei unserer Motivation zu Anteilnahme und Fürsorge für andere anwenden und sie nutzen, um uns zu transformieren – unser gesteigertes Bewusstsein vom Leiden anderer lässt uns immer mehr Gelegenheiten wahrnehmen, unser Mitgefühl in Handeln umzusetzen – das heißt, zu helfen. Und das kann, wie die Forschung zeigt, auch unsere eigene psychische Gesundheit verbessern (3).

Sympathie

Sympathie ist die emotionale Erweiterung der Motivation zu Fürsorge für andere. Sympathie bedeutet, dass man angesichts von Leiden bewegt und davon berührt ist – die emotionale Reaktion, die man empfindet, wenn man sieht, wie jemand mit etwas ringt oder Schmerzen leidet. Vielleicht haben Sie einmal im Fernsehen Menschen gesehen, deren Zuhause von einer Naturkatastrophe zerstört wurde, oder von Kindern erfahren, die missbraucht wurden oder Hunger leiden. Vielleicht waren Sie einmal Zeuge, wie Freunde von Ihnen etwas Schreckliches erlebt haben, ihren Job oder ihr Zuhause verloren, an Krebs erkrankten oder Ähnliches. Wenn wir von solchen Dingen hören, empfinden wir oft Traurigkeit oder Betroffenheit. Wir verstehen den Schmerz, und ein Teil von uns leidet mit. Wir wollen sie nicht leiden sehen. Sympathie kann eine starke Motivation für positives Handeln sein, was sich z. B. deutlich bei Spenden nach Erdbeben oder anderen Naturkatastrophen zeigt.

Man kann diese Sympathie auch auf sich selbst richten und sich für die Erkenntnis öffnen: „Dies ist schwer. In diesem Moment ist mein Leben schwierig." Man kann zulassen, Traurigkeit darüber zu empfinden, oder dass es einem das Herz zerreißt, und auch eine gewisse Freundlichkeit. Statt sich übel zu nehmen, dass es schwer ist, öffnet man dann sein Herz dafür, wie schwer es ist. Dies unterscheidet sich möglicherweise davon, wie man normalerweise mit Leiden umgeht: Man ignoriert oder verleugnet es oder versucht, sich schnell davon abzulenken. Auch Wut ist ein Beispiel für Leiden, von dem man sich bewegen und berühren lassen kann. Wut macht keinen Spaß und sie kann unserem Glück im Wege stehen. Obwohl Wut sich für kurze Zeit auch stärkend anfühlen kann, wissen wir, dass sie auf lange Sicht viel Leiden verursacht. Wenn wir unser Herz für unser Leiden weich werden lassen und erkennen, wie schwer es gewesen ist, mit den Folgen von Ausbrüchen heftiger Aggression umzugehen, können wir unsere Motivation stärken, etwas daran zu ändern. Sympathie ist nicht Mitleid, das damit verbunden ist, dass man auf die Person, die leidet, herabsieht (4). Sympathie bedeutet, dass man sich für die Gefühle öffnet, die sich von selbst einstellen, wenn man die Tatsache anerkennt, dass wir alle kämpfen und mit Schmerz und Mühsal konfrontiert sind.

Toleranz für Leiden

Wie wir weiter oben gesehen haben, schreckt mitfühlendes Denken nicht vor Schmerz zurück. Stresstoleranz ist die Fähigkeit, schwierige Emotionen, egal welcher Art, zu erleben und sie als Teil normalen menschlichen Lebens zu akzeptieren. Wenn wir lernen, uns für die Realität von Leiden und schwierigen Emotionen zu öffnen, um mit ihnen zu arbeiten, lernen wir auch, die unangenehmen Empfindungen zu tolerieren, die diese Schwierigkeiten mit sich bringen. Zuerst fühlt sich dies vielleicht nicht „natürlich" an – es kann sein, dass wir aus Gewohnheit Arbeit mit Wut und anderen schmerzhaften Emotionen vermeiden, weil wir das Gefühl haben, dass wir „sie nicht ertragen können".

Die Gewohnheit, Schmerz um jeden Preis zu vermeiden, kann in unserem Leben jedoch reale Probleme schaffen. Man bezeichnet diese Verhaltensweisen, mit denen auf Bedrohung oder Gefahr reagiert wird und die eine kurzfristige Wirkung und problematische langfristige Folgen haben, als „Sicherheitsstrategien" (5). Zu diesen Verhaltensweisen gehört auch das Ausagieren von Wut und Aggression, wenn man frustriert wird oder sich bloßgestellt fühlt. Wenn man unfähig oder nicht bereit ist, unangenehme Gefühle zu tolerieren, kann es dazu kommen, dass man alle möglichen wenig hilfreichen Dinge tut, um sie zu vermeiden.

Einer meiner Klienten, Richard, hatte diese Gewohnheit und erzählte mir, dass er sich bedroht und unsicher fühlte, wenn ein Kollege seine Entscheidungen in Frage stellte. Er hatte Angst, man würde ihn für inkompetent halten. Er regte sich schnell auf und wurde verbal aggressiv. Damit konfrontiert machten die Kollegen Rückzieher und beendeten die Konfrontation, was Richard eine kurze Erleichterung verschaffte. Diese Strategie führte jedoch zu langfristigen Problemen. Zum einen hatte er dadurch den Ruf, sehr schwierig zu sein, und seine Kollegen hörten allmählich auf, ihn mit einzubeziehen und auf dem Laufenden zu halten. So verpasste er Gelegenheiten, an wichtigen Projekten beteiligt zu werden, die seiner Karriere genutzt hätten. Außerdem verhinderten seine Reaktionen, dass er von dem profitierte, was von seinen Kollegen eigentlich als Hilfe gemeint war. Bedroht von dem Gefühl, sie stellten seine Kompetenz in Frage, brachte er sie zum Schweigen, bevor sie Vorschläge machen konnten, die die Projekte verbessert hätten, an denen er arbeitete. Als er später mit seiner unkontrollierten Aggression besser arbeiten konnte, lernte er auch, den Stress (Gefühle der Unsicherheit, Ängste, inkompetent zu sein) zu ertragen, den er als Reaktion auf die konstruktive Kritik seiner Kollegen empfand. Als er das konnte, machte er die Erfahrung, dass er den Drang, mit Wut zu reagieren, nicht mehr fühlte. Wie gesagt, man empfindet Wut, wenn man sich bedroht fühlt, und das ist unangenehm. Um solche Situationen durcharbeiten zu können, muss man lernen, diese unangenehmen Empfindungen zu tolerieren und sich damit den Raum zu verschaffen, nützliche Formen zu finden, wie man reagieren kann.

Toleranz für unangenehme Empfindungen ermöglicht uns, mit schwierigen Gefühlen zu arbeiten, statt sie umgehend zu vermeiden. In manchen Bereichen Ihres Lebens haben Sie das wahrscheinlich schon getan. Schließlich mussten die meisten Menschen ein gewisses Maß an unangenehmen Gefühlen ertragen, wenn sie bestimmte Ziele erreichen wollten. Wenn Sie zum Beispiel beim Fitnesstraining mit Hanteln trainiert haben, dann haben Sie gelernt, die unangenehmen Empfindungen und die Schmerzen auszuhalten, die mit den Übungen verbunden sind, um einen gesünderen Körper zu haben. Wenn wir unser Mitgefühl entwickeln, tun wir das mit einer Art Fitnesstraining für Bewusstsein und Gehirn.

Ein mitfühlendes Bewusstsein und Denken erkennt, dass wir unangenehme Empfindungen manchmal nicht loswerden, sondern nur unsere Beziehung zu ihnen verändern können, und dass wir lernen können, schwierige Gefühle zu tolerieren. In diesem Buch werden wir eine Reihe von Strategien dazu besprechen. Statt wie gewohnt wegzulaufen oder anzugreifen, wenn man einer schwierigen oder schmerzhaften Situation gegenüber steht, kann man lernen, sie als fundamentalen Teil der menschlichen Erfahrung anzuerkennen, um sich ihr mit dem ruhigen Selbstvertrauen zu nähern: „Ich kann auch hiermit arbeiten." Und was das im Einzelfall ist, spielt keine Rolle.

Empathie

Empathie ähnelt ihrem Wesen nach der Sympathie. Während es bei Sympathie jedoch darum geht, sich selbst zu erlauben, angesichts von Schmerz und von Kämpfen bewegt zu sein, ermöglicht Empathie zu verstehen, was wir und was andere fühlen. Zu Empathie gehört, dass man alle Emotionen akzeptiert, die gefühlt oder ausgedrückt werden, und zu verstehen versucht, woher diese Emotionen kommen und warum sie gültig sind.

Können Sie sich an eine Situation erinnern, in der Sie versucht haben, jemandem zu erklären, wie es Ihnen mit etwas ging, und die andere Person etwa Folgendes sagte: „Es klingt so, als würdest du ____________ fühlen", und diese Person damit ganz genau verstanden hatte, was Sie hatten ausdrücken wollen? Wie hat sich das angefühlt? Meiner Erfahrung nach fühlt es sich toll an, verstanden zu werden, wenn ich damit ringe, etwas aus meinem Inneren herauszubringen – auch wenn ich es selbst bin, der versteht.

Ein großer Teil meiner Arbeit an der Eastern Washington University besteht in der Ausbildung von Psychologiestudenten, die mit dem Ziel studieren, Therapeuten mit einem Master-Abschluss zu werden. Wir arbeiten ständig an der Entwicklung von Empathie, denn wenn man keine Empathie entwickeln kann, wird man für seine Klienten keine große Hilfe sein. Eine Anregung, die ich oft verwende, ist eine Frage: „Wie verstehen Sie, dass Ihr Klient so empfindet, wie er empfindet?" Wenn man etwas fühlt, gibt es dafür einen Grund – einen Grund dafür, dass die Psyche so antwortet.

Wenn man sich jemandem mit Empathie nähert, lässt man die Neigung zu werten beiseite und sucht stattdessen zu verstehen, was wir und andere Menschen fühlen und warum wir in dieser Situation so fühlen. „Wie kann ich verstehen, dass ich (oder sie oder er) in diesem Moment so fühle?"

Stellen Sie sich vor, dass Sie eine gute Freundin haben, die ihrer Mutter sehr nahesteht. Stellen Sie sich weiter vor, dass bei dieser Mutter eine sehr schnell wachsende Form von Krebs diagnostiziert wurde und dass sie plötzlich stirbt. Versuchen Sie, sich vorzustellen, wie sich Ihre Freundin fühlen würde. Wie würden Sie ihre Reaktion auf den Tod ihrer Mutter zu verstehen versuchen? Sie könnten sich in sie hineinversetzen und sich vorzustellen versuchen, wie es wäre, wenn Ihre eigene Mutter sterben würde. Dazu greifen Sie auf Ihre eigenen Erfahrungen mit dem Verlust von Menschen zurück, die Sie geliebt haben. Sie überlegen vielleicht, was Sie von ihr wissen, und denken an die Beziehung der Freundin mit ihrer Mutter, um zu verstehen, wie sich ihre Reaktion von Ihrer eigenen unterscheiden könnte. Am wichtigsten ist, dass Sie ihr zuhören würden. Damit würden Sie ihr die Möglichkeit geben, ihre Gefühle auf ihre Weise auszudrücken, und vielleicht würden Sie ab und zu spiegeln, was Sie hören, um sicher zu sein, dass Sie wirklich verstehen, was sie sagt. Neben dem Rückgriff auf die eigene Erfahrung gibt es eine kognitive Komponente (Denken) bei der Empathie, da wir die emotionale Erfahrung der anderen Person bedenken und wie sie in die Geschichte ihres Lebens passt.

Wenn man mit Wut arbeiten lernt, ist es sehr wichtig, Empathie und Mitgefühl für andere zu entwickeln. Unser Bedrohungssystem reduziert die Handlungen anderer Menschen auf sehr einfache, normalerweise defensive Begriffe („Er hat mich geschnitten, weil er ein Arschloch ist! Ich werd's ihm zeigen!"). Wenn man daran arbeitet, Empathie zu vertiefen, erkennt man, dass es für Emotionen und Verhaltensweisen anderer Menschen sehr komplexe Gründe geben kann – Gründe, die oft nichts mit einem selbst zu tun haben. Die Bereitschaft, aus dem Bedrohungssystem auszusteigen und sich in andere hineinzuversetzen, nimmt der Wut sehr schnell ihre Kraft. Wenn wir zu verstehen beginnen, wie andere Menschen fühlen und warum sie handeln, wie sie handeln, entdecken wir oft, dass es nicht viel Grund zu Ärger oder Wut gibt. Man kann stattdessen Mitgefühl mit ihnen haben, wenn man an Situationen denkt, in denen man selbst ähnlich gefühlt und sich verhalten hat, und an die Gründe dafür. Denken Sie daran, dass niemand leiden möchte – wir alle wollen nur glücklich sein.

Wir können Empathie auch für uns selbst haben. Für viele mag das ein wenig seltsam klingen, denn Empathie wird als Verständnis für die Emotionen anderer Menschen verstanden. Oft nehmen wir uns aber nicht die Zeit, unsere eigenen Emotionen anzuschauen und zu verstehen (und das gilt besonders für Wut). Warum? Weil wir zu sehr damit beschäftigt sind, sie zu vermeiden. Wenn wir uns zum Beispiel Wut genau anschauen, sehen wir oft, dass es eine ganze Reihe anderer Emotionen gibt, die gleich unter der Oberfläche liegen. Man erkennt, dass man Wut benutzt, um zu vermeiden, Dinge wie Scham, Peinlichkeit oder Verlegenheit, Unsicherheit, Verletzlichkeit, Angst oder ein gebrochenes Herz zu fühlen. Man richtet Hass und Wut auf den Partner, der einen verlassen hat, damit man sich nicht dem Schmerz, verlassen zu sein, oder den Ängsten stellen muss, dass man für ihn „nicht gut genug“ gewesen ist. Mein Klient Richard bedachte seine Kollegen mit wütenden Bemerkungen, damit er nicht die Angst davor fühlen musste, in seinem Job vielleicht nicht gut genug zu sein oder von anderen nicht respektiert zu werden.

Wut löst diese Probleme natürlich nicht und sie trägt auch nicht dazu bei, dass diese Emotionen integriert werden, sie verschleiert sie einfach und führt oft zu noch mehr Schwierigkeiten. In diesem Buch werden wir lernen, wie wir für uns selbst Empathie haben können – verstehen, was wir fühlen, und inwiefern es Sinn macht, dass wir so fühlen. Eine Möglichkeit, damit zu beginnen, besteht darin, auf sich selbst zu „hören“, indem man zum Beispiel darauf achtet, was man im Körper empfindet, oder dass man in einem Tagebuch beschreibt, was man fühlt, und es später noch einmal liest.

Nichtwerten

„Nichtwerten“ besteht darin, dass wir unsere Erfahrungen und die Erfahrungen anderer Menschen nicht bewerten oder verurteilen. Oft beeilt sich unser Verstand, Dinge in Kategorien zu fassen, d. h., er versieht sie mit den Etiketten „gut“ oder „schlecht“. Wenn wir mit Mitgefühl in Kontakt sind, erkennen wir, dass Emotionen, die wir als unangenehm erleben, Produkte unseres Bedrohungssystems sind, das uns eigentlich nur zu schützen sucht. Wenn man dies erkennt, kann man lernen, den Prozess der Bewertung aufzugeben, der schwierige Emotionen oder peinliche oder beschämende Situationen zu der schlimmen Erfahrung werden lassen kann, dass „mit mir etwas nicht stimmt“. Man kann dann Dinge einfach lassen, wie sie sind. („Schau mal an – das ist wieder mein Bedrohungssystem. Das geht mir jetzt wirklich auf die Nerven.“)

Nicht zu werten oder zu verurteilen, bedeutet nicht, dass man keine Vorlieben hat, dass es kein Bedürfnis oder keine Notwendigkeit gibt, sich anders oder besser zu verhalten, oder dass man nicht daran arbeitet, etwas zu verändern. Es ist vielmehr Ausdruck der Einsicht, dass man ein aufrichtiges Verständnis dessen braucht, was in diesem Moment passiert, und zwar bevor man Schwierigkeiten im eigenen Leben oder Probleme mit anderen Menschen wirklich angehen kann (6). Es geht darum, genau herauszufinden, was wir auf unserem Teller haben, bevor wir entscheiden, ob wir es essen wollen oder nicht – und anzuerkennen, dass Rosenkohl, allein weil ich ihn nicht besonders mag, nicht „schlecht“ ist (er kann sogar gut für mich sein!). Wenn wir noch einmal Richard anschauen, dann sehen wir, dass er so lange nicht mit seiner Wut umgehen konnte, weil er meinte, er sei zu recht wütend, weil seine Kollegen angeblich Arschlöcher waren – dann sollte er natürlich auf sie wütend sein. Als er ihre Bemerkungen schließlich hören konnte, ohne sie zu bewerten, konnte er sie als das verstehen, was sie waren: gut gemeinte, konstruktive Kritik. Dann konnte er akzeptieren, dass „ihre Bemerkungen in mir das Gefühl auslösen, bedroht zu sein, weil ich Angst habe, dass sie mich als inkompetent sehen“. Mit Unterstützung war er jetzt in der Lage, mit dem zu arbeiten, was seine Wut nährte – diese Gefühle der Unsicherheit, die sein Bedrohungssystem in einem Alarmzustand hielten. Wenn man Dinge so sieht, wie sie sind, und dem Drang widersteht, sie zu bewerten, ist man eher in der Lage, sie klar und deutlich zu sehen. In diesem Zustand weiß man, welche Dinge man besser lässt, wie sie sind, und welche man verändern sollte.

Training von Techniken

Wir werden uns hier nicht allzu ausführlich mit dem äußeren Ring beschäftigen, weil der Rest des Buches zum großen Teil dem Thema gewidmet ist, wie Sie diese Fertigkeiten entwickeln können, mit denen Sie mit Wut arbeiten und mitfühlendes Denken kultivieren. Erwähnen möchte ich aber, dass bei der CFT verschiedene Fertigkeiten entwickelt werden, um die vielen Formen zu nutzen, wie unser Gehirn funktioniert. Wir können mit Aufmerksamkeit und mit wachen Sinnen arbeiten, um uns der Dinge bewusst zu werden, die unsere Wut auslösen. Wir können üben, mit Emotionen und Erfahrungen mit Akzeptanz, Selbstvertrauen und Klarheit umzugehen. Wir werden Bilder verwenden, um unsere Systeme zur Regulierung der Emotionen in ein Gleichgewicht zu bringen, indem wir lernen, unser Beruhigungssystem zu stimulieren. Wir werden unsere Fähigkeiten, zu denken und zu argumentieren nutzen, um neue Möglichkeiten zu entdecken, mit schwierigen Situationen zu arbeiten, Qualitäten zu untersuchen, die wir in uns entwickeln möchten, und neue Gewohnheiten anzunehmen, die diesen Werten entsprechen. Schließlich werden wir daran arbeiten, mehr positive Emotionen in unserem Leben herzustellen und zu kultivieren, und unser Gehirn trainieren, effektiver auf Schwierigkeiten zu reagieren.

So wie die verschiedenen Aspekte eines Denkens und Bewusstseins, das unter der Wirkung von Bedrohung oder Gefahr steht, interagieren und uns damit in einem Zustand der Wut halten, so kann man auch nutzen, wie Aufmerksamkeit, Argumentieren, Bilder, Emotionen, Sinne und Verhalten interagieren und die inneren Zustände formen. Wenn wir lernen, mit diesen verschiedenen Aspekten zu arbeiten, werden wir flexibler und haben mehr Optionen. Wir unterscheiden uns alle ein wenig voneinander, und manchen Menschen wird eine bestimmte Methode sehr zusagen, anderen eine andere – es geht darum, dass Sie herausfinden, was bei Ihnen und für Sie funktioniert.

Wärme

Wenn man zur Außenseite des Mitgefühlskreises kommt, sieht man das Wort „Wärme". Dies bedeutet, dass mitfühlendes Denken von einem Kontext der Wärme, Freundlichkeit und Selbstakzeptanz begünstigt werden. Wenn wir lernen, uns der Arbeit mit Wut mit Wärme zuzuwenden, erinnern wir uns damit daran, dass die Erfahrung von Wut nicht unser Fehler ist, und wir versuchen, uns zu ermutigen, effektiver mit ihr zu arbeiten. Mit Wärme können wir erkennen, dass es mutig ist, wenn wir uns bemühen, mit Wut zu arbeiten, und unsere Gutherzigkeit beweist.

Es kann nützlich sein, wenn Sie andere Menschen in Ihre Bemühungen einbeziehen – lassen Sie sie wissen, was Sie tun, und bitten Sie sie um ihre Unterstützung (wenn Sie jemanden haben, der Sie wirklich unterstützen kann). In unseren Gruppen, die wir in Gefängnissen anbieten, ist einer der wirksamsten Teile des Programms die Wärme und Ermutigung, die die Teilnehmer voneinander bekommen – die Freundlichkeit und Bestätigung. Zu Beginn kann es schwierig sein, uns selbst diese Gabe zu geben, besonders wenn wir gewohnt sind, uns selbstentwertend zu kritisieren und zu beschämen. Es ist aber die Mühe wert, freundlich zu sich selbst zu sein.

Zusammenfassung

Vielen von uns ist es nicht gelungen, mit ihrer Aggression umzugehen. Sie haben vielleicht immer wieder beschlossen: „Von jetzt an wird alles anders", aber sie konnten die Veränderungen dann nicht aufrechterhalten, die sie in ihr Leben einführen wollten, und sind bald in ihr gewohntes

Verhalten zurückgefallen. Dafür gibt es gute Gründe. Die Entscheidung für Veränderung ist ein wichtiger Anfang, aber die Entscheidung ist nicht die Veränderung. Man kann sich dafür entscheiden, Arzt zu werden, aber wenn man nicht Medizin studiert, kommt man nicht weit. Wenn unser Auto kaputt ist, würden wir nicht versuchen, es selbst zu reparieren, da wir nicht als Mechaniker ausgebildet sind. Aber genauso gehen wir oft an die Arbeit mit schwierigen Emotionen und Verhaltensweisen heran. Wir gehen davon aus, dass wir uns verändern, einfach weil wir es so sehr wollen. Dies ist der Grund, weshalb wir scheitern. Die Motivation allein ist ein guter Anfang, aber sie reicht nicht aus – wir müssen Strategien üben, die wirklich funktionieren.

Dieser Situation möchte ich mit zwei Dingen abhelfen: Das erste ist ein Verständnis für Ihre Wut und wie sie in Ihrem Denken und Bewusstsein funktioniert. In der zweiten Hälfte des Buches möchte ich Ihnen die Hilfsmittel vermitteln, die Sie brauchen, um etwas zu verändern. In diesem Kapitel haben wir Mitgefühl eingeführt und besprochen, wie man es nutzen kann, um Denken und Bewusstsein ganz anders zu organisieren, als wir es bei Wut beobachtet haben. In den folgenden Kapiteln werden wir erkunden, wie Sie Mitgefühl nutzen können, um Ihre Aggression in den Griff zu bekommen.

5 Erste Schritte

Im ersten Teil dieses Buches haben wir die Macht der Wut betrachtet, die Leichtigkeit, mit der sie ausgelöst wird und wie sie uns erfassen und unsere Gedanken und Handlungen bestimmen kann. Im weiteren Verlauf des Buches werden wir Fähigkeiten üben, die uns ermöglichen, mitfühlendes Denken zu entwickeln, sodass wir mit der Zeit lernen, mit der Welt anders zu interagieren als in den Formen, die von dieser heftigen Aggression diktiert werden. Das Ziel ist dabei, die gewohnten Wutreaktionen zu schwächen und stattdessen mit Mitgefühl und Rücksicht zu reagieren.

Sie können dieses und das nächste Kapitel als eine Art Vorbereitungstraining betrachten. Wir werden besprechen, wie man sich motiviert halten kann, damit wir dabeibleiben können, wenn es schwierig wird. Wir stellen dazu auch eine Technik vor, die uns hilft, Körper und Geist langsamer werden zu lassen – Atmen in einem beruhigenden Rhythmus –, und die uns darauf vorbereitet, in einen mitfühlenden Modus unseres Verhaltens uns selbst und anderen gegenüber überzugehen. In Kapitel 6 werden wir uns mit Achtsamkeit beschäftigen, einer Fähigkeit, die uns hilft zu beobachten, wie Gedanken und Emotionen in uns entstehen, sodass wir schließlich lernen, die Flamme unserer Wut klein zu halten und einzudämmen, bevor sie zu einem Großbrand wird.

Der Mut zur Veränderung: Motivation Mitgefühl

Wenn wir lernen, mit Wut zu arbeiten, wird unsere Motivation dazu mal stärker und mal schwächer sein, je nachdem, was in unserem Leben geschieht und welche Faktoren auf uns wirken. Wir können unsere Motivation aber stimulieren, wenn wir bedenken, was wir zu gewinnen haben. In seinem Buch *Mitgefühl (1)* fordert Paul Gilbert uns auf, uns vorzustellen, zehn Dollar würden uns dafür geboten, wenn wir eine Woche lang unsere Wut regulieren. Würden Sie das tun? Und wie ist es mit 100 Dollar oder mit 1000 Dollar? Vielleicht einer ganzen Million? Die Vorstellung bei diesem Experiment ist, dass der Anreiz ab einem gewissen Punkt so groß wäre, dass Sie sich absolut dem Ziel verpflichten würden, Ihre Wut zu regulieren. Aber wenn Geld nicht die Motivation wäre, wie wäre es, wenn Sie wüssten, die Belohnung für die Kontrolle Ihrer Wut bestünde in weniger Stress, mehr Glück, besseren Beziehungen und vielleicht in der Fähigkeit, mehr in Einklang mit Ihren Werten zu leben? Das Entscheidende ist die Einsicht, dass es möglich ist, mit der Wut umzugehen und Mittel und Wege zu finden, sich ganz dafür einzusetzen – zum Beispiel dadurch, dass Sie überlegen, was Sie gewinnen können, wenn es Ihnen gelingt. Schauen wir ein paar Faktoren an, die Ihnen helfen können, motiviert zu bleiben.

Übung 5.1: Die Motivation untersuchen

Überlegen Sie, welche Rolle Wut in Ihrem Leben gespielt hat.

- Wie hat meine Wut mein Leben negativ beeinflusst? Wie hat sie mich behindert? Was gefällt mir an meiner Wut nicht?
- Wie könnte mein Leben verbessert werden, wenn ich lernen würde, besser mit meiner Wut zu arbeiten?
- Welche spezifischen Veränderungen in meinem Leben würde ich gern erreichen, wenn ich mit meiner Wut arbeite? Was könnte ein Anreiz sein weiterzumachen, auch wenn es schwierig zu sein scheint?

Was Sie motivieren kann, Ihre Ziele zu verfolgen, ist die Orientierung an Ihren Werten: den fest verwurzelten Ideen und Vorstellungen darüber, was für ein Mensch Sie sein und was für ein Leben Sie führen möchten (2). Vielleicht haben Sie darüber nachgedacht, was für ein Mensch Sie sein möchten, und haben beschlossen, damit Sie zu so einem Menschen werden können, Ihre Wut besser in den Griff zu bekommen. Nicht alles, was wir wertschätzen, kann uns in gleicher Weise motivieren. Manche Dinge funktionieren besser als andere im Hinblick darauf, wie sicher sie uns helfen, ein gutes Leben mit guten Beziehungen zu führen, das heißt mit Beziehungen, die uns helfen, unser Beruhigungssystem zu aktivieren und die Systeme zur Regulierung von Emotionen in ein Gleichgewicht zu bringen. Man kann zum Beispiel Geld hoch schätzen und den Rest seines Lebens ganz dem materiellen Gewinn widmen. Der Preis dafür kann aber sein, dass wir uns von denjenigen entfremden, die wir lieben. Nehmen wir uns einen Moment Zeit, um die Dinge anzuschauen, die wir wertschätzen, und um zu sehen, welchen Platz Mitgefühl da haben kann.

Sie können das in Form einer schriftlichen Übung machen, die ich unten beschrieben habe. Ich habe als Beispiel vorangestellt, wie ein Klient namens David die Aufgabe gelöst hat.

Zum Beispiel David

Übung 5.2: Der Mensch, der ich sein möchte

Nehmen Sie sich einen Moment Zeit und überlegen Sie, was für ein Mensch Sie gern wären. Stellen Sie sich vor, dass Sie gestorben sind, und dass die Menschen, die Sie am meisten lieben, bei Ihrer Beerdigung sind. Stellen Sie sich die Grabrede vor, die sie verfasst haben: „Er (oder sie) war so ______________."

Wenn Sie im Einklang mit Ihren Werten gelebt haben – welche Worte würden Sie sich von ihnen wünschen? Vervollständigen Sie diesen Satz mit drei Wörtern.

- Stark
- Freundlich
- Liebevoll - besonders als Vater

Beschreiben Sie in Ihrem Tagebuch zur Praxis von Mitgefühl ausführlicher, was für ein Mensch Sie gern wären. Welche Qualitäten würden Sie gern besitzen? Wie würde sich in Ihrem Leben Mitgefühl manifestieren? Wie würden Sie gern von anderen beschrieben? Wie sollten sich andere sich in Ihrer Gegenwart fühlen? Wie würden Sie gern selbst über sich denken? Was für Gefühle hätten Sie gern überwiegend in Ihrem Leben? Welche Ziele würden Sie gern verfolgen? Versuchen Sie, wirklich mit den Dingen in Kontakt zu kommen, die Sie wertschätzen, und bedenken Sie dabei, dass manche so tief in Ihnen verschüttet sein können, dass Sie nicht oft an sie denken. Nehmen Sie dies als eine Gelegenheit, mit ihnen jetzt wieder in Kontakt zu kommen.

Fragen Sie sich als Nächstes, ob Ihre Wut zu der Art Person passt, die Sie gern wären. Fragen Sie sich dann, ob Mitgefühl dazu passt. Zum Beispiel habe ich angefangen, mit meiner Wut zu arbeiten, weil ich ein besserer Vater und Ehemann sein wollte. Mein Sohn sollte lernen, mit seinen Emotionen umzugehen, damit er sich als Erwachsener nicht so mit Wut würde auseinandersetzen müssen, wie ich das manchmal tun musste. Überlegen Sie die folgenden Fragen:

- Wie hilft mir meine Wut oder wie hindert sie mich daran, im Einklang mit meinen Werten zu leben? Meine Wut macht mir eine Menge Probleme, weil ich dann Menschen gegenüber gereizt bin, an denen mir liegt. Ich behandle sie nicht so gut, wie ich möchte. Wut und Ärger halten mich auf die Dinge fokussiert, die ich für falsch halte, und lenken mich von den Dingen ab, die ich wertschätze – zum Beispiel, dass ich meine Ziele bei der Arbeit erreiche oder eine unbeschwerte Beziehung mit meinem kleinen Sohn habe, der voller Energie ist und immer Fußball mit mir spielen will, wenn ich von der Arbeit nach Hause komme.
- Wie könnte Mitgefühl mit mir und mit anderen Menschen mir helfen, ein Leben zu leben, das meiner Vorstellung von dem Menschen entspricht, der ich gerne sein würde? Wie könnte es mir helfen, meine Beziehungen mit anderen zu verbessern? Ich glaube, dass Selbstmitgefühl mir helfen würde,

weniger defensiv zu werden, wenn etwas nicht so läuft, wie ich will. Und es würde mir helfen, mich auf Dinge zu konzentrieren, die wirklich zählen, und auf all die guten Dinge, die mir begegnen. Mitgefühl mit anderen würde mir helfen, daran zu denken, dass sich mein Handeln auf sie auswirkt und dass sie ihre Gründe dafür haben, was sie tun.

Übung 5.2: Der Mensch, der ich sein möchte

Nehmen Sie sich einen Moment Zeit und überlegen Sie, was für ein Mensch Sie gern wären. Stellen Sie sich vor, dass Sie gestorben sind, und dass die Menschen, die Sie am meisten lieben, bei Ihrer Beerdigung sind. Stellen Sie sich die Grabrede vor, die sie verfasst haben: „Er (oder sie) war so ________________."

Wenn Sie im Einklang mit Ihren Werten gelebt haben – welche Worte würden Sie sich von Ihnen wünschen? Vervollständigen Sie diesen Satz mit drei Wörtern.

1. ____

2. ____

3. ____

Beschreiben Sie in Ihrem Tagebuch zur Praxis von Mitgefühl ausführlicher, was für ein Mensch Sie gern wären. Welche Qualitäten würden Sie gern besitzen? Wie würde sich in Ihrem Leben Mitgefühl manifestieren? Wie würden Sie gern von anderen beschrieben? Wie sollten andere sich in Ihrer Gegenwart fühlen? Wie würden Sie gern selbst über sich denken? Was für Gefühle hätten Sie gern überwiegend in Ihrem Leben? Welche Ziele würden Sie gern verfolgen? Versuchen Sie, wirklich mit den Dingen in Kontakt zu kommen, die Sie wertschätzen, und bedenken Sie dabei, dass manche so tief in Ihnen verschüttet sein können, dass Sie nicht oft an sie denken. Nehmen Sie dies als eine Gelegenheit, mit ihnen jetzt wieder in Kontakt zu kommen.

Fragen Sie sich als Nächstes, ob Ihre Wut zu der Art Person passt, die Sie gern wären. Fragen Sie sich dann, ob Mitgefühl dazu passt. Zum Beispiel habe ich angefangen, mit meiner Wut zu arbeiten, weil ich ein besserer Vater und Ehemann sein wollte. Mein Sohn sollte lernen, mit seinen Emotionen umzugehen, damit er sich als Erwachsener nicht so mit Wut würde auseinandersetzen müssen, wie ich das manchmal tun musste. Überlegen Sie die folgenden Fragen:

- Wie hilft mir meine Wut oder wie hindert sie mich daran, im Einklang mit meinen Werten zu leben?
- Wie könnte Mitgefühl mit mir und mit anderen Menschen mir helfen, ein Leben zu leben, das meiner Vorstellung von dem Menschen entspricht, der ich gern sein würde? Wie könnte es mir helfen, meine Beziehungen mit anderen zu verbessern?

Als Reaktion auf Bedrohung oder Gefahr hält Wut uns in der Erfahrung gefangen, uns bedroht zu fühlen, und auf negative Aspekte des Lebens fokussiert – Dinge, die zur Folge haben, dass wir unglücklich sind. Wie wir in den ersten Kapiteln gesehen haben, sind wir, wenn Wut uns im Griff hat, weniger in der Lage, klar zu denken und gute Beziehungen zu bilden und aufrechtzuerhalten, und es kann sein, dass wir mit der Zeit ernste Probleme mit unserer Gesundheit haben.

Wenn wir anders auf wahrgenommene Gefahren reagieren können und Mitgefühl nutzen, um besser zu verstehen, warum wir und andere Menschen uns so verhalten, können wir anfangen, unbeschwerter und besser zu leben. Mitgefühl ermöglicht uns, die Quellen von Leiden in unserem Leben zu verstehen, und hilft uns dann, den Schmerz zu lindern, den wir aufgrund dieses Leidens empfinden. Wie wir gesehen haben, kann Wut als eine Form von Leiden gesehen werden – diese oft fehlgeleitete Reaktion auf Bedrohung und Gefahr verursacht realen Schmerz und Probleme in unserem Leben. Wie in Kapitel 4 erwähnt, kann Mitgefühl uns helfen, Sympathie mit uns selbst zu entwickeln: „Wie schwer es ist, mit meiner Wut zu leben ..." Wenn wir unser Herz für die Schwierigkeiten öffnen, die unsere Aggression in unser Leben bringt, können wir uns konsequent darum kümmern, die Formen zu verändern, wie wir mit ihr umgehen: „Mein Leben wäre viel besser, wenn ich mich von dieser Wut befreien würde. Es lohnt sich, das zu tun."

Was haben wir letztlich zu verlieren? Wenn wir wollen, können wir immer wieder wütend sein – wir können das nicht verlieren, denn es gehört dazu, wie unser Gehirn funktioniert. Die eigentliche Frage lautet: „Lohnt es sich, zu experimentieren – zu schauen, ob mein Leben besser wird, wenn ich neue Wege lerne, mit meiner Aggression umzugehen? Lohnt es sich, zu schauen, was passiert, wenn ich mich und andere Menschen von einem Standpunkt des Mitgefühls aus betrachte?" Es geht hier darum, Möglichkeiten zu finden, sich selbst wirklich zu motivieren, sich anzustrengen, mit der Wut zu arbeiten, damit man auch dann dabeibleiben kann, wenn es wirklich schwierig wird. Stellen Sie sich vor, wie es wäre, wenn Ihnen das gelänge.

Mitfühlende Aufmerksamkeit bei der Arbeit mit Erregung: Beruhigende Atmung

Wie und wohin wir unsere Aufmerksamkeit lenken, ist entscheidend dafür, wie wir unseren inneren Zustand formen. In diesem Abschnitt werden wir lernen, wie wir unsere Aufmerksamkeit auf eine Weise lenken können, die uns hilft, uns innerlich auf Mitgefühl vorzubereiten und der Erregung entgegenzuwirken, die unsere Wut nährt. Ein mitfühlender Geist ist ein ruhiger Geist – und während unsere inneren Zustände intensiver Aggression von physischer Erregung und Spannung genährt werden, werden innere Zustände des Mitgefühls begünstigt, wenn wir ein wenig langsamer sind. Um das zu erreichen, nutzen wir die Technik *Beruhigende Atmung (3),* die die Grundlagen dafür schafft, Qualitäten von Mitgefühl wie Empathie, die Fähigkeit, nicht zu werten, und die Fähigkeit, Stress zu tolerieren, zu kultivieren. Die Technik der Beruhigenden Atmung nutzt Atmung und Körperhaltung, um auf eine sanfte Weise unseren emotionalen Zustand zu verändern, wenn wir uns bedroht oder in Gefahr fühlen. Im Folgenden ein paar Hinweise zu dieser Technik.

Atmung

Es geht nicht darum, die Atmung zu kontrollieren, sondern sie ein wenig zu verlangsamen und sie in einen Rhythmus zu bringen, der angenehm und beruhigend ist. Wir atmen durch die Nase ein und aus und beobachten den Atem besonders dann, wenn er beim Ausatmen langsam den Körper verlässt.

Körperhaltung

Ziel ist es, Körper und Geist langsam, aber auch wachsam werden zu lassen (nicht einzuschlafen!). Um dies zu erreichen, ist es am besten, wenn Sie aufrecht in einer würdevollen Haltung auf einem bequemen Stuhl mit geradem Rücken sitzen. Die Fußsohlen sind dabei flach auf dem Boden, die Knie sind parallel und in etwa schulterweitem Abstand. Die Arme sind entspannt und die Hände liegen leicht auf den Oberschenkeln oder in Ihrem Schoß, so als hielten Sie eine kleine Reisschale, wobei eine Hand in der anderen liegt. Wenn Sie die Beruhigende Atmung auch irgendwann im Laufe des Tages praktizieren wollen, können Sie sie auch im Stehen machen. Dazu stehen Sie aufrecht und gerade. Wenn Sie sie im Liegen machen, legen Sie sich ausgestreckt auf den Rücken.

Gesichtsausdruck

Es ist nützlich, bei dieser und vielen anderen Übungen ein leichtes Lächeln anzunehmen. Entspannen Sie die Gesichtsmuskeln, lösen Sie Ihre Zunge vom Gaumen und lassen Sie den Unterkiefer los. Dann lächeln Sie so, als hätten Sie gerade einen guten Freund getroffen. Die Forschung zeigt, dass sich die Weise, wie wir unseren Körper halten und unseren Gesichtsausdruck formen, auf unseren inneren Zustand auswirkt.

Keine Sorge darum, abgelenkt zu werden

Sicher werden Sie manchmal abgelenkt sein, wenn Sie die Übungen aus diesem Buch machen. Das ist ganz in Ordnung. Unser Geist funktioniert einfach so, und im nächsten Kapitel, wenn es um Achtsamkeit geht, werden wir das ausführlicher besprechen. Für den Moment können Sie, wenn Sie merken, dass Gedanken oder Empfindungen Sie abgelenkt haben, einfach den Fokus verändern, indem Sie die Aufmerksamkeit einfach zurück zu Ihrem Atem bringen. Sie nutzen den natürlichen Rhythmus der Atmung, um Geist und Körper langsam werden zu lassen – darum geht es, und dies wird nicht passieren, wenn Sie sich sehr anstrengen, weil Sie sich darum sorgen, „es richtig zu machen". Es gibt hier kein „nicht richtig machen". Man erlaubt einfach dem Körper zu atmen – wenn Sie das nicht richtig machen würden, würden Sie nicht mehr leben und sich darum sorgen können!

„Sitz gerade und lächle!" – Spielt die Körperhaltung eine Rolle?

Seit Jahrzehnten sagen Eltern und Lehrer immer wieder: „Sitz gerade und lächle!" Sie haben das in dem Bewusstsein getan, dass eine aufrechte Haltung und ein gefälliger Ausdruck wichtig sind. Warum?

In einer großen Zahl von Studien wurde die Wirkung verschiedener Körperhaltungen und Gesichtsausdrücke auf den inneren Zustand untersucht. Bei einer Studie wurde „power posing" untersucht (4). Die Forscher experimentierten mit verschiedenen Körperhaltungen und ihren möglichen Wirkungen auf Hormonreaktionen, Gefühle von Kraft und Risikotoleranz. In dieser Studie nahmen einige Teilnehmer High-power-Haltungen ein, die expansiver (mehr Raum einnehmend) und offener (zum Beispiel ohne gekreuzte Arme oder Beine) waren. Andere Teilnehmer nahmen Low-power–Haltungen ein, bei denen sie zusammengesunken waren und sich verschlossen (mit gekreuzten Armen und Beinen) zeigten. Die Teilnehmer jeder Gruppe nahmen beide Haltungen jeweils eine Minute lang ein – einmal im Stehen und einmal im

Sitzen. Die Ergebnisse zeigten, dass die Körperhaltung tatsächlich eine Rolle spielt. Die Forscher untersuchten Testosteronspiegel (ein Sexualhormon, das mit Gefühlen der Macht und Dominanz zu tun hat) und den Spiegel des Stresshormons Cortisol, jeweils vor und nach dem Experiment. Beide Arten von Haltungen hatten Einfluss auf den Hormonspiegel der Teilnehmer, wie anhand von Speichelproben ermittelt wurde. High-power-Haltungen führten zu einer Zunahme von Testosteron und einer Abnahme von Cortisol. Die Low-power-Haltungen hatten die entgegengesetzte Wirkung, das heißt, Testosteron nahm ab und Cortisol nahm zu. Diese Veränderungen spiegelten sich in den inneren Zuständen der Teilnehmer: In High-power-Haltungen fühlten sie sich mächtiger und waren risikofreudiger als die, die Low-power-Haltungen eingenommen hatten. Körperhaltung ist also wichtig!

Andere Forschungsergebnisse belegen, dass auch Lächeln hilft. Bei einer meiner Lieblingsstudien (5) wurden die Teilnehmer aufgefordert, einen Cartoon anzuschauen, während sie einen Bleistift entweder zwischen ihren Zähnen (was zu einem Lächeln führte) oder zwischen den Lippen (was es verhinderte) hielten. Diejenigen, die lächeln konnten, bewerteten den Cartoon positiver – fanden ihn witziger – als die, die am Lächeln gehindert wurden.

Üben Sie, wenn es leicht ist

Wie bei den meisten Techniken braucht es Übung, wenn man die Beruhigende Atmung effektiv nutzen möchte. Mithilfe dieser Technik kann man in jeden Teil des Tages eine gewisse Ruhe und Entspannung bringen, aber man kann sie auch besonders dann nutzen, wenn man merkt, dass man wütend wird, und die Erregung reduzieren möchte. Wie zu vermuten ist es keine leichte Sache, sich zu beruhigen, wenn das Bedrohungssystem alles tut, um einen in Fahrt zu bringen. Aus diesem Grund sollte man mit der Beruhigenden Atmung gut vertraut werden, damit man sie als automatisches Verhalten zur Verfügung hat, auf das man einfach „umschalten" kann, wenn man es braucht. So wie Musiker vor ihrem Auftritt ausgiebig üben, sollte man die Beruhigende Atmung üben, wenn man nicht abgelenkt und nicht aufgeregt ist. Wenn Sie einmal einen angenehmen Atemrhythmus gefunden haben und mit der Übung vertraut sind, können Sie sie in vielen Situationen anwenden – auch wenn Sie emotional sehr erregt sind.

Kämpfen Sie nicht dagegen an

Lassen Sie Ihre Atmung in einen natürlichen, beruhigenden Rhythmus übergehen – versuchen Sie nicht, etwas zu erzwingen. Experimentieren Sie mit verschiedenen Atemfrequenzen, bis Sie eine finden, die sich natürlich und entspannend anfühlt. Für den Anfang kann man etwa drei Sekunden einatmen, den Atem etwa drei Sekunden anhalten und ihn dann etwa drei Sekunden lang loslassen. Teilnehmer unserer Wut-Gruppen im Gefängnis haben uns erzählt, das Fokussieren auf das Zählen ihnen hilft, sie von den Gedanken abzulenken, die um Wut kreisen und die ihre Erregung nähren können. Erwähnenswert ist auch, dass andere die Erfahrung machten, dass Fokussieren auf den Körper unangenehm ist, was dann Spannung und Erregung noch steigern kann. Wenn das bei Ihnen so ist, gehen Sie nicht dagegen an – aber es wäre wahrscheinlich nützlich, andere Möglichkeiten auszuprobieren, Geist und Körper langsam werden zu lassen. Sie könnten zum Beispiel einfach still sitzen oder die Aufmerksamkeit auf etwas anderes richten, das Sie entspannend finden. Vielleicht hilft Ihnen die Vorstellung, dass Sie dem rhythmischen Geräusch von Wellen zuhören, die am Strand auflaufen. Letztlich geht es darum, eine Möglichkeit zu finden, Ihre Aufmerksamkeit so zu richten, dass es Ihnen hilft, langsam zu werden und den Körper zu entspannen und einen inneren Zustand der Ruhe herzustellen – etwas zu finden, was bei Ihnen in dem Sinn wirkt.

Übung 5.3: Beruhigende Atmung

Suchen Sie sich für diese Übung einen stillen Platz, wo Sie etwa 10 Minuten ungestört sitzen können.

- Sitzen Sie aufrecht in einer würdevollen Haltung, mit geradem Rücken, mit den Fußsohlen fest auf dem Boden, die Knie in schulterweitem Abstand. Lassen Sie die Handflächen auf den Oberschenkeln ruhen oder legen Sie sie in Ihrem Schoß ineinander. Sie können die Augen schließen oder den Blick in einem Abstand von etwa anderthalb bis zwei Metern vor sich auf den Boden richten und ihn ein wenig weich (unfokussiert) werden lassen.
- Bringen Sie dann Ihre Aufmerksamkeit sanft zur Atmung. Nehmen Sie dabei wahr, wie der Atem in den Körper eintritt, das Zwerchfell ausdehnt und Ihren Unterbauch leicht anhebt.
- Lassen Sie Ihre Atmung in einen natürlichen Rhythmus übergehen, ein wenig langsamer und tiefer, als Sie normalerweise atmen. Ein gutes Maß ist für den Anfang etwa drei Sekunden für die Einatmung, eine kurze Pause und dann etwa drei Sekunden für die Ausatmung. Experimentieren Sie mit verschiedenen Atemfrequenzen, bis Sie eine finden, die sich für Sie natürlich und beruhigend anfühlt – darum geht es.
- Bleiben Sie, während Sie ausatmen, mit Ihrer Aufmerksamkeit bei der Ausatmung. Folgen Sie dem Rhythmus der Atmung, wobei Sie beim Einatmen ruhen und beim Ausatmen wieder zuschauen.
- Manchmal werden Sie abgelenkt sein. Das ist ganz normal und es ist in Ordnung – richten Sie Ihre Aufmerksamkeit nur einfach wieder zurück zur Atmung und auf die ruhigen Empfindungen, die sie begleiten. Fokussieren Sie auf das Gefühl, langsamer zu werden, als gäbe es in Ihnen einen Rhythmus der Atmung, der Ihnen die Empfindung vermittelt, langsam zu werden – wie ein schnell fließender Fluss langsam wird, wenn er in einen großen See mündet.
- Bleiben Sie wenigstens 30 Sekunden dabei – wenn Sie möchten, länger – und fokussieren Sie nur auf den beruhigenden Rhythmus Ihrer Atmung. Die Beruhigung wird sich mit der Empfindung der Verlangsamung in Ihnen einstellen.

- Wenn Sie fertig sind, nehmen Sie sich einen Moment Zeit, um über Ihre Erfahrung nachzudenken. Wie fühlt sich Ihr Körper in diesem Moment an? Was haben Sie während der Übung wahrgenommen?
- Wenn Sie diese Übung ein paarmal im Sitzen gemacht haben, probieren Sie sie in anderen Situationen aus – vielleicht in einer Warteschlange in einem Geschäft, an der Bushaltestelle oder wenn Sie Zug fahren oder wenn Sie bei der Arbeit zwischen zwei Aufgaben ein paar Momente Zeit haben. Lassen Sie Ihre Atmung in den angenehmen Rhythmus übergehen, der Ihnen vertraut geworden ist, und lassen Sie Ihre Aufmerksamkeit etwa 30 Sekunden lang einfach Ihrer Atmung folgen, wenn Sie einatmen und ausatmen.

Das Tagebuch der Mitgefühlspraxis

Ob Ihnen dieses Buch helfen kann oder nicht, hängt unmittelbar davon ab, ob Sie die Übungen wirklich machen oder nicht. Es kann eine Versuchung sein, Bücher wie dieses nur zu lesen und die Übungen zu überfliegen. Meiner Erfahrung nach kann einem das helfen, sich besser zu fühlen, solange man liest, aber es führt kaum zu einer dauerhaften Veränderung.

Es kann nützlich sein, wenn man die Übungen, die man im Laufe des Tages macht, dokumentiert, d. h. aufschreibt, was man dabei wahrgenommen oder erlebt hat. Hier folgt ein Beispiel, wie Sie das machen könnten:

Tag	Art und Dauer der Übung	Bemerkungen – Was war nützlich?
Montag	10.30 Uhr – Beruhigende Atmung (BA) – 2 Min. 14.45 Uhr – BA – 1 Min. 20.37 Uhr – BA – 2 Min.	– es hat mir geholfen, zwischen Terminen langsam zu werden – ich habe entdeckt, dass ich bei der Werbung im Fernsehen üben kann

Ich möchte Sie anregen, dies oder etwas Ähnliches zu verwenden, um Ihre Praxis von Mitgefühl schriftlich zu dokumentieren. Wie Sie an dem Beispiel sehen können, kann Ihnen das helfen, neue Anwendungsmöglichkeiten der Übungen zu entdecken (zwischen Aufgaben bei der Arbeit langsam werden und sich zentrieren) und neue Zeiten für die Übungen zu finden. Sie sehen auch, dass bei diesem Beispiel dreimal an einem Tag die Beruhigende Atmung geübt wurde, dafür aber insgesamt nur fünf Minuten gebraucht wurden (obwohl man sicher länger dabei bleiben könnte). Wir werden eine ganze Reihe von Übungen vorstellen, aber lassen Sie sich davon nicht abschrecken – Sie werden die Erfahrung machen, dass man zum Üben gar nicht so viel Zeit braucht – kurze Übungen ein paarmal am Tag können eine starke Wirkung haben.

Tagebuch der Mitgefühlspraxis *

Tag	Art und Dauer der Übung	Bemerkungen – Was war nützlich?
Montag		
Dienstag		
Mittwoch		
Donnerstag		
Freitag		
Samstag		
Sonntag		

*** Mit Genehmigung der Compassionate Mind Foundation (www.compassionatemind.co.uk)**

Zusammenfassung

Dieses Kapitel hat die Voraussetzungen dafür geschaffen, unsere Arbeit mit Wut zu beginnen, sodass wir besser mit ihr umgehen können. Wir haben damit begonnen, das Thema der Motivation und die Einsicht zu besprechen, dass man sie wieder steigern kann, wenn sie nachzulassen beginnt: Wenn man sich zum Beispiel daran erinnert, was man zu gewinnen hat, wenn es einem gelingt, besser mit Wut umzugehen. Wir haben auch unsere Werte betrachtet und wie sich diese intensive Aggression auf unser Leben und auf das Leben unserer Mitmenschen ausgewirkt hat. Wir können uns dafür entscheiden, wenigstens zu versuchen, uns zu verändern. Das Wesen mitfühlenden Denkens besteht darin, sich für die Vorstellung zu öffnen, dass wir mit Schwierigkeiten konfrontiert sein werden, aber dass wir mit ihnen konstruktiv arbeiten können.

Wir haben zuletzt die Beruhigende Atmung eingeführt, eine Technik, die Sie dabei unterstützen kann, Ihre Erregung und Wut zu reduzieren. Sie können sie immer anwenden, wenn Sie langsamer werden möchten. Dies wird Ihnen helfen, von einem inneren Zustand, der von Reaktionen auf Bedrohung und Gefahr bestimmt ist, zu einem eher mitfühlenden Zustand überzugehen. Auf diese Weise können Sie sich darauf vorbereiten, die Techniken der Anwendung von Mitgefühl zu nutzen, die uns im weitern Verlauf des Buches beschäftigen werden. Im nächsten Kapitel wenden wir uns der Achtsamkeit zu, die uns helfen kann, andere Aspekte mitfühlenden Denkens zu entwickeln.

6 Achtsamkeit kultivieren

Bevor wir weitergehen, schlage ich Ihnen eine kleine Übung vor. Nehmen Sie sich einen Moment Zeit und nehmen Sie wahr, wie sich Ihr Körper in diesem Moment anfühlt. Was für eine Temperatur hat er? Ist Ihnen warm oder kalt? Nehmen Sie wahr, wie sich Ihr Körper anfühlt, wenn er mit verschiedenen Oberflächen in Berührung kommt – mit dem Stuhl oder mit dem Bett, mit dem Boden. Haben Sie ein angenehmes Gefühl in Ihrem Körper?

Wenden Sie Ihre Aufmerksamkeit jetzt Ihren inneren körperlichen Erfahrungen zu. Nehmen Sie irgendwo eine Spannung oder Entspannung der Muskulatur wahr? Haben Sie Hunger? Fallen Ihnen andere Empfindungen auf?

Nehmen Sie wahr, wie Ihr Atem in den Körper ein- und ausströmt, wie sich Ihr Unterbauch dabei hebt und senkt. Wenn Sie unangenehme Empfindungen haben, benennen Sie sie einfach als Schmerz, Spannung oder Jucken. Beobachten Sie ein paar Momente lang Ihren Körper.

Versuchen Sie, sich der Eindrücke bewusst zu sein, die Sie durch andere Sinne bekommen. Was hören Sie? Was sehen Sie? Versuchen Sie, neugierig zu sein und Dinge wahrzunehmen, ohne sie zu bewerten oder zu beurteilen – nehmen Sie einfach alles bewusst wahr, was Sie sehen, hören, fühlen und riechen. Und bleiben Sie jeweils einen Moment bei diesen Empfindungen.

Wenden Sie jetzt Ihre Aufmerksamkeit Ihren Gedanken zu. Was denken Sie gerade? „Noch 10 Seiten und dann esse ich eine Kleinigkeit"? Oder vielleicht: „Wie stellt er sich das vor, wie ich auf all diese anderen Sachen achten soll, wenn ich lese?“? Versuchen Sie, diese Gedanken wahrzunehmen, ohne sich in ihrem Inhalt zu verfangen – sie sind nur das, was Sie in diesem Moment zufällig gerade denken.

Öffnen Sie Ihr Bewusstsein für Ihre Emotionen. Wie fühlen Sie sich? Gereizt? Zufrieden? Verwirrt? Neugierig? Nehmen Sie diese Emotionen als mentale Erfahrungen wahr – als Ereignisse, die in Ihrem Kopf passieren. Beobachten Sie sie, ohne zu beurteilen, so wie Sie die Informationen wahrgenommen haben, die von Ihren Sinnen geliefert werden. Seien Sie sich einfach bewusst: „So ist es in diesem Moment.“

Dies ist es. Dies ist Ihr Leben. So fühlt sich Ihr Leben an. In diesem Moment entfaltet es sich vor Ihnen in Form der körperlichen Empfindungen, sinnlichen Erfahrungen, Gedanken, Gefühle, Motivationen und Bilder. Und unser Leben leben wir genau in diesem Moment – dies ist der einzige Ort, an dem unser Leben geschieht. Man kann an die Vergangenheit denken. Man kann die Zukunft vorwegnehmen und planen. Aber man kann nur in diesem Moment *leben.*

Unsere Lebenserfahrung wird unmittelbar davon geformt, wie wir unsere Aufmerksamkeit im gegenwärtigen Moment lenken. Sie haben vielleicht schon den Satz gehört: „Man ist, was man isst.“ Ich sage eher: „Das Leben ist das, was man beachtet.“ In jedem Augenblick gehen eine Menge Dinge vor sich, in unseren Köpfen wie draußen in der Welt – und die Dinge, die man beachtet, und die Weise, wie man sie beachtet, können eine große Wirkung darauf haben, wie man sich fühlt. Wie wir gesehen haben, tendiert intensive Wut dazu, Aufmerksamkeit auf eine Weise fokussiert zu halten, die uns in diesem Gefühl hält. Aber es gibt andere Möglichkeiten, aufmerksam zu sein, auch wenn man gerade wütend oder ärgerlich ist. Sie geben uns mehr Macht, von dem Gefühl zurückzutreten, die Identifikation mit ihm zu lösen und einen gewissen Einfluss auf es auszuüben. Lenken unserer Aufmerksamkeit auf diesen Moment, wie wir das eben getan haben – mit Neugier und ohne zu werten oder zu beurteilen –, ist die Essenz von Achtsamkeit. Die Weise, wie wir dieses Kapitel begonnen haben, war eine Methode, wie man „einchecken“ kann, und unsere erste Achtsamkeitsübung.

Achtsamkeitsübungen sind in den Praktiken verwurzelt, die von Buddhisten vor über zweitausend Jahren entwickelt wurden. Diese Praktiken verwenden Meditierende, um den Geist zu stabilisieren und zu konzentrieren, wenn sie daran arbeiten, sich von Leiden und von seinen verursachenden Faktoren zu befreien. In jüngerer Zeit hat man Achtsamkeit im Westen übernommen und erfolgreich bei der Behandlung von Schmerz und Stress, die eine Vielzahl von Erkrankungen begleiten, und bei emotionalen Problemen wie Depression und Angst angewendet (1, 2). Die Person, die am meisten mit der Anwendung von Achtsamkeitsübungen im Westen in Verbindung gebracht wird, ist Jon Kabat-Zinn, der in den 1970er Jahren das Programm der Achtsamkeitsbasierten Stressbewältigung (Mindfulness Based Stress Reduction, MBSR) entwickelt hat, um Patienten zu helfen, mit Stress, Schmerz und Krankheit umzugehen. Kabat-Zinn definiert Achtsamkeit als „Aufmerksamkeit besonderer Art: mit Absicht, im gegenwärtigen Moment und ohne zu werten" (3). Wenn man achtsam ist, ist man mit dem verbunden, was in diesem Moment passiert. Man beobachtet Dinge, die in der Welt passieren, Körper und Geist, wie sie sind, ohne zu bewerten, zu verurteilen oder sich in ihnen zu verlieren.

Achtsamkeit ist etwas anderes als die Art, wie die meisten Menschen mit ihrem Leben umgehen. Statt mit unserem Bewusstsein ganz bei dem zu sein, was in diesem Moment passiert, verbringen wir viel Zeit in Gedanken verloren – in Erinnerungen an die Vergangenheit, die wir immer wieder „abspielen", oder Fantasien von der Zukunft. Und dabei vergeht die Gegenwart. Haben Sie schon einmal erlebt, dass Sie irgendwo angekommen sind, den Motor Ihres Autos abgestellt haben und sich dann bewusst wurden, dass Sie keine Erinnerung an die Fahrt dahin hatten? Ist es Ihnen schon einmal passiert, dass Sie mitten in einem Gespräch Ihren Gesprächspartner angeschaut und gemerkt haben, dass Sie nicht mehr wussten, was Sie gerade gesagt hatten? Viele Menschen verbringen einen großen Teil ihres Lebens „verloren in ihrem Kopf" und reisen mit dem „Autopiloten" durch die Welt.

Achtsamkeit hilft uns, mit dem gegenwärtigen Moment in Verbindung zu bleiben. Im Gegensatz zu den erwähnten Beispielen von „Achtlosigkeit" haben Sie wahrscheinlich schon erlebt, dass Sie vollkommen präsent und absolut bei dem waren, was Sie gerade taten. Ich zum Beispiel spiele gern Gitarre, koche gern, habe Spaß daran, mit dem Mountainbike unterwegs zu sein und Statistik zu unterrichten, weil dies Tätigkeiten sind, bei denen ich leicht bei der Sache bleibe. Wenn ich diese Dinge tue, ist meine Aufmerksamkeit manchmal so konzentriert, dass es scheint, als hätte ich keine anderen Gedanken. Wenn ich auf diese Weise dabei bin, lasse ich mich auch nicht leicht ablenken. Achtsamkeit kann diese Qualität haben, kombiniert mit dem Bewusstsein, dass man selbst entscheidet, den Scheinwerfer der Aufmerksamkeit auf diese Erfahrungen oder Aktivitäten zu richten. Diese Art, aufmerksam zu sein, steht im Gegensatz dazu, wie starke Emotionen wie Wut die Aufmerksamkeit fesseln und richten können, aber auf eine Weise, die man selbst nicht wählt. Die folgende Übung zeigt Ihnen, was achtsame Aufmerksamkeit ist.

Übung 6.1: Achtsamkeit erforschen – Achtsam essen

Suchen Sie sich einen stillen Platz, an dem Sie nicht gestört werden, und etwas von einer Speise, die Sie mögen. Etwas Gesundes wäre gut, wie ein Stück einer Frucht oder etwas Gemüse – vielleicht eine Traube, eine Beere, Rosine, Olive, Mohrrübe oder ein Stück Apfelsine.

- Halten Sie die Frucht in der Hand und nehmen Sie sich einen Moment Zeit, sie zu untersuchen. Stellen Sie sich vor, dass Sie bisher noch nie so etwas gesehen haben und es zum ersten Mal entdecken.
- Halten Sie sie mit den Fingern und spüren Sie, wie sie sich anfühlt.
- Schauen Sie sich die Frucht genau an. Nehmen Sie ihre verschiedenen Qualitäten wahr (glatt, glänzend usw.).
- Riechen Sie daran. Nehmen Sie das Geräusch wahr, das vielleicht hörbar ist, wenn Sie sie zwischen den Fingern bewegen.
- Nehmen Sie Gedanken wahr, die Ihnen vielleicht zu der Frucht kommen. Was denken Sie?

- Nehmen Sie Gefühle wahr, die vielleicht da sind, Wünsche oder Begierden. Möchten Sie sie essen?
- Wenn Sie sie gründlich untersucht haben, schieben Sie die Frucht langsam in den Mund.
- Nehmen Sie wahr, wie sie sich in Ihrem Mund anfühlt. Spüren Sie, wie sich die Oberfläche anfühlt.
- Wenn Sie zu kauen beginnen, nehmen Sie wahr, wie sie schmeckt. Nehmen Sie an verschiedenen Stellen im Mund oder auf der Zunge unterschiedliche Aromen wahr?
- Beobachten Sie Ihr Verhalten. Kauen Sie schnell oder langsam?
- Beobachten Sie noch einmal Ihre Gedanken und Gefühle. Gibt es Wertungen, Beurteilungen oder Vorlieben („Ich mag diese!" „Ich mag sie nicht!")?
- Erlauben Sie sich, wenn Sie die Übung beenden, Ihre Gedanken und Gefühle über die Übung wahrzunehmen. Hat sie Ihnen Spaß gemacht? Oder nicht? Wie war diese Erfahrung für Sie?
- Sie können überlegen, ob Sie die Übung mit einem Nahrungsmittel wiederholen möchten, dem gegenüber Sie neutral empfinden oder das Sie nicht besonders mögen.

Ich hoffe, Sie haben bei der Übung einen Vorgeschmack darauf bekommen, wie es ist, beim Essen ganz achtsam zu sein. Ich möchte Sie ermutigen, einmal auszuprobieren, eine ganze Mahlzeit achtsam zu sich zu nehmen und zu schauen, wie das ist. Leute berichten oft davon, dass sie das Essen mehr genießen und dass sie weniger essen, wenn sie es achtsam tun. Wenn Sie wie die meisten Menschen sind, kann sich Ihre Erfahrung sehr davon unterscheiden, wie Sie normalerweise essen – geistesabwesend Nahrung in den Mund schieben, während Sie darüber nachdenken, was Sie als Nächstes tun müssen, oder auf den Bildschirm des Fernsehers starren.

Essen ist nur ein Beispiel, Sie können mit achtsamer Bewusstheit bei fast jeder Alltagsaktivität sein – wenn Sie abwaschen, im Garten arbeiten oder die Garage aufräumen. Das Entscheidende ist, ein wenig langsamer zu werden und die Aufmerksamkeit direkt auf das zu richten, was man gerade tut, und das Bewusstsein dabei für alle Aspekte einer Erfahrung zu öffnen. Man kann achtsam gehen, das Gefühl, wie die Füße den Boden berühren und ihn wieder verlassen, oder die Empfindung in den Muskeln wahrnehmen, wenn man für Gleichgewicht sorgt und sich vorwärts bewegt. Man kann achtsam bei den Wahrnehmungen eines bestimmtes Sinnes, wie beim Hören, sein, während man, ohne sie zu werten oder zu beurteilen, alle Geräusche beobachtet, die man mit den Ohren aufnimmt. Praktizieren von Achtsamkeit kann besonders Spaß machen, wenn man Aufmerksamkeit direkt auf etwas richtet, was angenehm oder lustvoll ist, wie das Wasser einer warmen oder heißen Dusche oder eines Bades, der Geschmack einer Speise, die man genießt, oder der Klang von Musik, die man besonders mag.

Wie wir gesehen haben, gehen wir oft in einem Zustand der Achtlosigkeit durch die Welt, indem wir uns innerlich sozusagen einem Autopiloten überlassen. Wenn intensive Gefühle wie Wut uns im Griff haben, ist der Autopilot, der unsere Aufmerksamkeit lenkt, nichts anderes als das Bedrohungssystem – es hält das Bewusstsein auf Erfahrungen und Gedanken fixiert, die die Wut und das Gefühl nähren, bedroht zu sein. Unser mächtiges Bedrohungs- und das Antriebssystem bestimmen den Fokus und Inhalt der Aufmerksamkeit, Gedanken, Bilder, Motivationen, Emotionen und körperlichen Erfahrungen, sodass wir uns in Erfahrungen wie Wut verlieren können und den Kontakt mit der Gegenwart vollkommen verlieren.

Achtsamkeit kann uns helfen, diesen Prozess zu erkennen, während er geschieht, und aus ihm auszusteigen. Im Gegensatz zu dem Bedrohungssystem, das unsere Aufmerksamkeit besetzt und sie (sowie Gedanken, Emotionen usw.) auf den Gegenstand der Wut fokussiert, kann unser mitfühlendes Denken wählen, worauf wir unsere Aufmerksamkeit richten. Achtsamkeit bedeutet natürlich nicht, dass man keine Emotionen erlebt. Vielmehr erkennt Achtsamkeit die Emotionen und Gedanken als das an, was sie sind: lediglich Ereignisse im Geist. Aus der Sicht der Achtsamkeit können wir sowohl äußere als auch innere Erfahrungen beobachten, ohne in sie verwickelt zu werden. Wir können erkennen, dass mentale Erfahrungen wie Gedanken und Emotionen nicht notwendigerweise Realität sind. Nur weil ich den Gedanken „Ich kann dies nicht tun" habe, entspricht er noch nicht der Wahrheit. Im Hinblick auf emotionale Wirkung gibt es einen großen Unterschied zwischen der Überzeugung „Ich kann es nicht tun" und dem achtsamen Bewusstsein: „Ich habe nur gedacht: ‚Ich kann dies nicht.' Anscheinend zweifle ich an mir." Wenn wir Gedanken und Emotionen als innere Erfahrungen erkennen, gewinnen wir ein wenig Abstand und können sie relativieren – wir haben eine gewisse Bewegungsfreiheit. Ein Lieblingssatz von mir ist: „Glaub nicht alles, was du denkst."

Wenn man achtsam ist, kann man Aufmerksamkeit auf eine Weise auf den gegenwärtigen Moment richten, die neugierig ist und das, was man entdeckt, nicht bewertet. Man kann die Qualität der Erfahrung (zum Beispiel wie sich Wut im Körper anfühlt) wahrnehmen und untersuchen, als würde man sie aus Neugier studieren: „Ah, so ist sie (4) … so fühlt sich meine Wut an. Kein Wunder, dass es mir so schwerfällt, mich zu beruhigen – die Dinge bewegen sich wirklich hier drin!" Wenn man achtsam ist, öffnet man sich für die Vielfalt menschlicher Erfahrung und akzeptiert alles (nicht nur das Angenehme), ohne sich an etwas zu klammern oder etwas wegzuschieben. In Kapitel 3 haben wir darüber gesprochen, dass Wut oft in Vermeidung, Klammern oder Festhalten wurzelt, und darüber, wie leicht man sich aufregen kann, weil man möchte, dass etwas anders ist, als es in diesem Moment ist. Unser achtsames, mitfühlendes Selbst ist in der Lage, schwierige Situationen zu akzeptieren und zu ertragen und mit Dingen zu arbeiten, so wie sie sind, und nicht nur dann, wenn sie so sind, wie wir sie gern haben.

Das bedeutet nicht, dass wir nicht daran arbeiten, Dinge zu verändern – in diesem Buch arbeiten wir zum Beispiel speziell daran, wie wir auf Bedrohungen und Gefahren reagieren, und an der Neigung, wütend zu werden und Wut auf eine wenig nützliche oder schädliche Weise auszudrücken. Wir nutzen unsere mitfühlende Motivation, Dinge besser zu machen. Achtsame Akzeptanz hilft sogar dabei, damit aufzuhören, Wut und Unzufriedenheit mit Gedanken zu nähren wie diesen: „Es geht alles schief“, „Dies ist schrecklich“ oder „Ich hasse das“. Wenn man dennoch aufhört, bewusst zu sein und in diese Denkweisen zurückfällt (und das passiert mit Sicherheit), kann man immer zurückfinden, wenn man diese Gedanken als das wahrnimmt, was sie sind: „Ah, das sind Gedanken, die mir die Wut eingibt! Ich kenne euch! Ihr versucht, mich in meiner Wut gefangen zu halten. Was für ein wunderbar raffiniertes Gehirn ich doch habe!“

Übung 6.2: Achtsamkeit erforschen – Achtsamkeit auf den Körper

Nehmen wir uns einen Moment Zeit und richten unser Bewusstsein auf unseren Körper – um wahrzunehmen, wie er sich anfühlt. Hier sind ein paar Übungen, wie man das tun kann. Suchen Sie sich einen stillen Raum, in dem Sie bei den Übungen ungestört sind.

1. Reise durch den Körper – Richten Sie Ihre Aufmerksamkeit auf den höchsten Punkt Ihres Kopfes, die Schädelkrone. Nehmen Sie wahr, wie sich diese Stelle anfühlt. Lassen Sie Ihre Aufmerksamkeit allmählich nach unten zu Ihrer Stirn, der Nase, den Wangen, dem Unterkiefer, dem Mund wandern … zu Ihrem Hinterkopf, zu Nacken und Hals und zu den Schultern. Lassen Sie sie dann weiter nach unten wandern – die Arme hinunter bis zu den Händen, die Brust hinunter zu Ihrem Bauch, der Taille, zum Gesäß, zu Ihrem Geschlecht, zu den Beinen … bis ganz nach unten zu Ihren Zehen. Während Sie langsam weitergehen, bleiben Sie an jeder Stelle Ihres Körpers und halten Sie bei jedem Körperteil ein paar Sekunden an – bringen Sie Ihre Aufmerksamkeit ganz nah zu dem jeweiligen Teil des Körpers und spüren Sie genau, wie er sich anfühlt.
2. Offenes Körperbewusstsein – Nehmen Sie sich einen Moment Zeit, um mit Ihrem Körpergefühl im Ganzen Kontakt aufzunehmen. Öffnen Sie Ihr Bewusstsein für Ihren ganzen Körper. Gibt es Empfindungen, die in den Vordergrund kommen? Zieht ein bestimmter Körperteil Ihre Aufmerksamkeit mehr auf sich als andere? (Zum Beispiel werde ich mir jetzt bewusst,

dass meine Füße kalt sind und dass ich Hunger habe.) Lassen Sie Ihre Aufmerksamkeit zu diesen Stellen gehen, wo immer sie sind. Untersuchen Sie sie genau – als ob Sie diese Empfindungen jemandem sehr genau beschreiben sollten, der sie noch nie selbst gehabt hat. Versuchen Sie, diese Empfindungen nicht als „gut" oder „schlecht" zu beschreiben – auch wenn sie schmerzhaft sind. Seien Sie einfach neugierig. Wie sind sie? Welche Eigenschaften haben sie? Bleiben Sie bei einer Empfindung und lassen Sie Ihre Aufmerksamkeit weitergehen, wenn andere Empfindungen auftauchen.

3. Unangenehme Empfindungen – Bei dieser Übung bringen wir unser Bewusstsein zu einer Empfindung, die unangenehm ist, wie ein Jucken oder vielleicht kalte Füßen oder zu dem Hunger, den Sie vor ein paar Momenten gespürt haben. Suchen Sie sich einen Bereich aus, der sich leicht unangenehm anfühlt, keine Stelle, an der es einen deutlichen Schmerz gibt. Öffnen Sie sich für diese Empfindung und nehmen Sie sie an. Diese Empfindung ist weder schlecht noch gut – es ist nur eine körperliche Empfindung. Richten Sie Ihre Aufmerksamkeit auf das, was unangenehm ist, und untersuchen Sie es genau. Was sind seine Eigenschaften? Kitzelt oder schmerzt es, sticht oder brennt es? Gibt es eine Assoziation mit einer Temperatur oder mit einer Farbe? Versuchen Sie auch, Gedanken oder Gefühle wahrzunehmen, die sich vielleicht einstellen. Wenn Sie wahrnehmen, dass Sie sich an der Stelle kratzen oder reiben möchten, können Sie das tun, aber beobachten Sie auch dabei genau, wie es sich anfühlt. Sie können sich auch dafür entscheiden, sich im Moment nicht zu kratzen oder die Stelle zu reiben, und lediglich beobachten, wie es sich anfühlt, es nicht zu tun. Dies ist eine Möglichkeit, die mitfühlende Qualität der Stresstoleranz zu lernen. Wenn man davon Abstand nimmt, Wut auszuagieren, kann das ganz ähnlich wie die Entscheidung sein, sich nicht zu kratzen. Es ist möglich, eine Erfahrung zu beobachten, ohne auf sie zu reagieren. Schauen Sie, ob Sie Freundlichkeit auf die Stelle richten können, indem Sie sich zum Beispiel vorstellen, dass sie von warmer Akzeptanz umgeben ist – wie wenn Sie sich entspannen und sich für die Erfahrung öffnen, statt sich anzuspannen und zu versuchen, sie wegzuschieben.

In seinem Buch *Das weise Herz (5)* beschreibt Jack Kornfield in vier Begriffen, die im Englischen das Akronym RAIN bilden, eine Praxis, mit der man achtsame Bewusstheit üben kann: Anerkennen *(recognition)*, Annehmen *(acceptance)*, Untersuchen *(investigation)* und Nichtidentifikation *(nonidentification)*. Man kann sie auch anwenden, um sich der eigenen Wut bewusst zu werden. Wir können unsere Wut anerkennen – wahrnehmen, dass sie da ist: „Dies ist genau die Situation, in der mir der Kragen platzt. Ich bekomme eine Mordswut. Ich spüre, wie die Wut in meinem Körper aufsteigt." Wir können unsere Erfahrung akzeptieren, ohne sie wegzuschieben und ohne zu bewerten, was passiert: „Ich komme jetzt richtig in Fahrt." Wir können unsere Erfahrung achtsam untersuchen und genau betrachten, was geschieht. Und wir können darauf achten, dass wir uns nicht identifizieren – das bedeutet, dass wir erkennen, dass wir nicht unsere Wut sind, sondern dass sie lediglich eine Erfahrung ist, die wir gerade machen.

Wenn wir unsere Erfahrung achtsam anschauen, können wir die Diagramme verwenden, die in den vorigen Kapiteln als Leitfaden für unsere Untersuchung eingeführt wurden. Dort haben wir uns die Erfahrungen in unserem Körper bewusst gemacht, wahrgenommen, wohin unsere Aufmerksamkeit geht, und Wünsche und Impulse beobachtet – wozu wir motiviert sind und was wir fühlen, denken und tun. Wir können diese Erfahrungen untersuchen und beschreiben: „Mein Herz klopft schnell und mein Bauch ist verkrampft. Ich bin wütend, und meine Gedanken kreisen darum, was ich ihr sagen könnte. Ich möchte zuschlagen, sie so verletzen, wie sie mich verletzt hat." Allein dadurch, dass man diese Erfahrungen und Wahrnehmungen beobachtet, kann man Distanz zu ihnen bekommen. Die Einsicht, dass man selbst nicht die Wut ist, kann helfen, einen Schritt zurückzutreten und sich nicht mit ihr zu identifizieren. Ein Vergleich, den wir bei der Compassion Focused Therapy verwenden und den wir aus der buddhistischen Tradition übernommen haben, besagt, dass man Schlamm (oder Gift) in Wasser tun kann und dass das Wasser dann trübe wird, aber dass Wasser und Schlamm nicht dasselbe sind. Der Schlamm kann entfernt werden, oder man kann ihn sich setzen lassen, und dann ist das Wasser wieder klar. Unser Geist ist genauso: Er kann mit

Wut kontaminiert sein, aber die Wut ist nur eine Erfahrung, die unseren Geist färbt. Unser Geist kann wieder klar werden, wenn wir ihm helfen, sich zu beruhigen.

Achtsamkeit: „Fitnesstraining“ für das Gehirn

Immer mehr Forschungsergebnisse belegen, dass Achtsamkeitspraxis Veränderungen der Funktion und der Struktur des Gehirns bewirken kann. Im Jahr 2011 veröffentlichten Britta Hölzel und ihre Kollegen eine Studie, bei der mithilfe der Magnetresonanztomografie Veränderungen im Gehirn von Menschen untersucht worden waren, die an einem achtwöchigen Kurs in Achtsamkeitsbasierter Stressbewältigung teilgenommen hatten (MBSR) (6, 7). In der Studie wurden 16 Teilnehmer des Programms mit einer Kontrollgruppe von 17 anderen Probanden verglichen, die nicht Achtsamkeit praktiziert hatten. Die Probanden des MBSR–Programms hatten an wöchentlichen Gruppentreffen teilgenommen, die zweieinhalb Stunden dauerten und bei denen sie mit einer Reihe von Übungen Achtsamkeit geübt hatten. Dazu gehörten die Reise durch den Körper (Body Scan), Achtsamkeitsyoga und Sitzmeditation, bei denen auf die Atmung und andere Sinnesempfindungen fokussiert wird. Außerdem verbrachten die Teilnehmer der Achtsamkeitsgruppe während der Dauer der Studie im Durchschnitt 27 Minuten pro Tag mit Achtsamkeitsübungen.

Die Ergebnisse der Studie belegten, dass die Probanden im Zustand der Achtsamkeit signifikante Zuwächse der Konzentration grauer Substanz im linken Hippocampus zeigten. Das ist der Bereich des Gehirns, der mit kortikaler Erregung und Regulierung der Emotionen zu tun hat. Zuwächse an grauer Substanz wurden auch in anderen Teilen des Gehirns beobachtet: im posterioren cingulären Kortex und im linken temporoparietalen Übergang (zwei Strukturen, die an Prozessen beteiligt sind, die mit Selbst-Bewusstheit zu tun haben) und an Clustern im Cerebellum, das ebenfalls an der Regulierung der Emotionen beteiligt ist. Diese Veränderungen wurden bei der Kontrollgruppe nicht beobachtet. Was bedeutet das? Wenn wir uns für mentale Aktivitäten wie Übungen in Achtsamkeit und Mitgefühl entscheiden, können wir potentiell unser Gehirn verändern. Die Funktionsweise unseres Gehirns kann uns Probleme bereiten, aber das bedeutet nicht, dass wir hilflos wären und die Dinge nicht beeinflussen könnten. Immer mehr lernen wir, dass Üben von Achtsamkeit ein „Fitnesstraining" für das Gehirn ist, bei dem wir die Fähigkeiten (und die Teile des Gehirns) entwickeln, die uns erlauben, unsere Emotionen zu regulieren und in der sozialen Welt besser zu funktionieren.

Achtsamkeit auf die Atmung

Bei der achtsamen Atmung bringen wir die Aufmerksamkeit zur Atmung und lassen sie da. Wir beobachten den Atem, wie er in den Körper eintritt und wie er ihn wieder verlässt. Wir können unsere Aufmerksamkeit da verankern, wo wir ihn am deutlichsten empfinden, vielleicht an den Nasenlöchern oder bei dem Heben und Senken des Unterbauchs, knapp unter dem Brustkorb. Es gibt eine Reihe von Gründen dafür, den Atem für die Praxis wachsamer Aufmerksamkeit zu wählen. Wie wir im letzten Kapitel sehen werden, kann der Rhythmus der Atmung beruhigend sein, wenn wir versuchen, die Aufmerksamkeit zu fokussieren. Außerdem ist die Empfindung des Atems deutlich wahrzunehmen, auch wenn es oft eine gewisse Anstrengung braucht, die Aufmerksamkeit dort zu halten. Zudem ist der Atem immer da, solange man lebt, kann man sich ihm zuwenden.

Achtsamkeit auf die Atmung kann sowohl einfach als auch schwierig sein, in ihrer Wirkung grundlegend, aber auch tief. Die Essenz der Übung ist ganz direkt: Wir richten Aufmerksamkeit auf die Atmung und versuchen, sie da zu halten. Wenn die Aufmerksamkeit unvermeidlich abschweift, weil wir von Gedanken, Gefühlen oder anderen Empfindungen abgelenkt werden, fokussieren wir unsere achtsame Aufmerksamkeit erneut, indem wir wahrnehmen, dass wir abgelenkt wurden, und unsere Aufmerksamkeit wieder sanft zur Atmung zurückbringen. Wir nehmen wahr und kommen zurück, immer wieder. Das ist ganz einfach. Es ist einfach, aber nicht leicht. Die Aufmerksamkeit bei der Atmung zu halten, ist eigentlich viel schwieriger, als man vielleicht vermuten würde. Unser Geist ist gewohnt, sehr aktiv zu sein – er denkt und tut und erinnert und produziert unablässig Vorstellungen. Es kann sein, dass er Mühe mit der Erfahrung der Stille und mit dem Versuch hat, länger an einer Stelle zu bleiben. Wenn wir also anfangen, die Atmung zu beobachten, beginnt der Geist sofort, uns irgendwo anders hin zu bringen. Wir werden von Gedanken, Erinnerungen, Geräuschen, körperlichen Empfindungen abgelenkt – die Liste ist lang. Dies geschieht ganz häufig, wenn man Achtsamkeit einübt. Manchmal nehmen wir die Ablenkung sofort wahr und können uns gleich wieder zur Atmung zurückbringen. Ein andermal verlieren wir uns vollkommen in Gedanken, und es kann passieren, dass wir fast die ganze Sitzung über dort bleiben.

Die Tatsache, dass wir abgelenkt werden, kann sehr frustrierend sein – wir meinen vielleicht, wir müssten in der Lage sein, mit der Aufmerksamkeit vollkommen zentriert bei der Atmung zu bleiben, und werden vielleicht ärgerlich oder frustriert, wenn uns das nicht gelingt. Wir denken vielleicht sogar, dass etwas mit uns nicht stimmt. Vielleicht haben wir nicht den richtigen Kopf dafür? Sehen Sie, was hier passiert? Unser Bedrohungssystem wird durch das Gefühl aktiviert, dass wir bei etwas versagen, was uns leicht fallen sollte, und was dann Frustration, Erregung und eine Reihe anderer Gedanken verursacht, die es noch schwieriger machen, achtsam zu sein.

Glücklicherweise können wir dafür sorgen, dass wir uns nicht in solchen Schwierigkeiten verfangen, wenn wir ein paar Dinge nicht vergessen. Erstens sollte man an den Prozess des Lernens von Achtsamkeit achtsam herangehen. Denken Sie daran – achtsam sein bedeutet, neugierig, akzeptierend und nicht wertend in Bezug auf alles zu sein, was im gegenwärtigen Moment geschieht. Wir beobachten alles, was gerade passiert: auch Gefühle von Ablenkung, Frustration und Selbstzweifel. Man kann sich sogar entscheiden, mitfühlendes Verständnis dafür aufzubringen und sich bei dieser überraschend schwierigen Aufgabe freundlich Mut machen. Im nächsten Kapitel wenden wir uns der Aufgabe zu, mitfühlendes Denken zu entwickeln, was bei dieser Aufgabe von Nutzen sein wird. Wenn man Achtsamkeit mit dieser Einstellung lernt, wird aus einem frustrierten „Ich kann das nicht" ein Staunen: „Meine Güte, schwirrt mir heute der Kopf!" Mitfühlendes Denken hilft einem, daran zu denken, dass jeder bei Übungen achtsamer Atmung abgelenkt wird, besonders wenn man Anfänger ist. Es ist nicht unser Fehler! (Wenn Sie die erste Hälfte des Buches gelesen haben, wette ich, Sie wussten, dass das kommt.) Wir haben über Jahrzehnte gelernt, innerlich beschäftigt und im Kopf zu sein. Die Tatsache, dass es eine gewisse Übung braucht, um ruhig zu werden, ist kein Zeichen dafür, dass mit uns etwas nicht stimmt. Es ist ganz normal.

Ein anderer Punkt, den es zu verstehen gilt, ist, dass man nichts zu verlieren hat, wenn man Achtsamkeit praktiziert. Unser Geist muss sogar während unserer Praxis abgelenkt werden, damit wir lernen können, wahrzunehmen, wenn es passiert. Jeder Gedanke, jede Emotion oder Erfahrung, die uns von der Atmung ablenkt, ist eine Gelegenheit, zu üben, Bewegung in unserem Geist wahrzunehmen und zu üben, die Achtsamkeit dahin zurückzubringen, wo wir sie haben wollen. Nehmen Sie wahr, was passiert, wenn wir dies machen. Wenn wir beobachten, dass wir von Gedanken oder Emotionen abgelenkt wurden, gibt es eine Verschiebung in unserem Bewusstsein, die uns aus dem Tagtraum heraus und in den gegenwärtigen Moment zurückbringt. Diese Bewusstheit ist die Essenz von Achtsamkeit. Beim Lernen, die Wut früh abzufangen, kann es wirklich von Vorteil sein, wenn man diese Bewegungen in Geist und Körper wahrnimmt. Diese Fähigkeit kann helfen, uns aus unserem inneren Zustand der Wut herauszuholen, indem sie uns ermöglicht, unsere Gedanken und Emotionen der Wut als innere Ereignisse zu beobachten. Wie sollte man lernen, entstehende Gedanken und Emotionen wahrzunehmen, wenn man nie die Erfahrung gemacht hätte, abgelenkt zu sein?

Trotz alldem werden wir bei der Achtsamkeitspraxis mit Sicherheit manchmal frustriert. Vor dem Hintergrund des Zusammenhanges, um den es hier geht, ist dies auch eine gute Sache. Tibetische buddhistische Lehrer sprechen oft davon, „Schwierigkeiten als den Weg zu verstehen", was bedeutet, dass man nicht lernen kann, mit einem Problem umzugehen, wenn man dieses Problem nicht von Zeit zu Zeit hat. Dies ist einer der Gründe, weshalb Toleranz für unangenehme Empfindungen und Stress ein wichtiger Bestandteil mitfühlenden Denkens ist und warum sie auch von so wesentlicher Bedeutung ist, wenn man lernt, auf eine effektivere Weise mit heftiger Aggression umzugehen. Diese Toleranz verleiht uns die Fähigkeit, vorübergehend unangenehme Empfindungen und Gefühle als Teil des Lebens zu akzeptieren und die unangenehmen Empfindungen auszuhalten, die damit verbunden sind, wenn man wütend ist, aber darauf verzichtet, diese Wut auszuagieren. Frustration bei der Achtsamkeitspraxis gibt uns Gelegenheit, bei einer milden Form von Ärger zu bleiben, ihn zu tolerieren und mit ihm zu arbeiten. Man kann die Frustration als eine innere Erfahrung beobachten und mit der Aufmerksamkeit einfach wieder zur Atmung zurückkommen. Man kann sogar den Fokus der achtsamen Aufmerksamkeit von der Atmung zu der Frustration selbst verschieben – akzeptieren, dass man „so in diesem Moment empfindet" und die Neugier nutzt, um die Frustration sowie die Gedanken, Motivationen und körperlichen Erfahrungen zu untersuchen, die sie begleiten. Die meisten Menschen, die bei der Achtsamkeitspraxis durchhalten und dabeibleiben, lernen früh, wie man den Gedanken „Ich will dies nicht tun, ich werde jetzt aufstehen" einfach nur beobachtet. Sie wissen, dass dies nur ein weiterer Gedanke ist, und sie üben weiter.

Übung 6.3: Achtsamkeit auf die Atmung

Suchen Sie sich wie bei den vorangegangenen Übungen einen stillen Platz, an dem Sie nicht gestört werden. Benutzen Sie einen Timer oder stellen Sie einen Wecker (am besten mit einem angenehmen Ton), damit Sie wissen, wann Ihre Sitzung zu Ende ist.

- Sitzen Sie in einer aufrechten Haltung, mit geradem Rücken und den Fußsohlen flach auf dem Boden. Wenn nötig, können Sie auch auf dem Boden liegen, aber manchmal wird man dabei schläfrig.

- Wenn Sie möchten, können Sie die Augen schließen. Aber Sie können sie auch offen lassen und den Blick zum Boden senken – vielleicht auf einen Punkt richten – und ihn dann „weich werden" lassen und den Augen erlauben, nicht zu fokussieren.
- Werden Sie sich Ihrer Atmung bewusst. Nehmen Sie einfach die Empfindung wahr, wenn der Atem in Ihren Körper eintritt und ihn wieder verlässt.
- Versuchen Sie nicht, die Atmung zu kontrollieren – lassen Sie sie einfach einen Rhythmus annehmen, der angenehm für Sie ist. Von Atemzug zu Atemzug wird es Unterschiede geben. Nehmen Sie sie einfach wahr.
- Folgen Sie dem Weg Ihres Atems – durch die Nase einatmen, die Lungen füllen, Unterbauch anheben lassen und wieder ausatmen.
- Richten Sie Ihre Aufmerksamkeit auf den Punkt, an dem der Atem für Sie am deutlichsten wahrnehmbar ist. Oft spürt man das Heben und Senken des Unterbauchs, dicht unter dem Brustkorb, oder man nimmt an der Nasenspitze wahr, wie der Atem eintritt und austritt. Das Entscheidende ist, den Punkt zu finden, der für Sie am besten zu beobachten ist.
- Wenn Sie einen Punkt gefunden haben, lassen Sie Ihre Aufmerksamkeit da bleiben und beobachten Sie die Atmung. Sie lassen den Atem einfach, ohne etwas mit ihm zu machen. Beobachten Sie ihn lediglich.
- Gedanken, Gefühle und Empfindungen werden Sie wahrscheinlich ablenken und Sie von der Atmung abbringen. Wenn das passiert, nehmen Sie nur wahr, dass es passiert ist, und bringen Sie die Aufmerksamkeit sanft zur Atmung zurück. Wahrnehmen und zurückkommen. Wahrnehmen und zurückkommen. Dies ist die Ihre Übung.
- (Optional:) Wenn Sie wahrnehmen, dass ein Gedanke, ein Gefühl oder eine Empfindung Sie abgelenkt hat, können Sie sich entscheiden, kurz zu benennen, was Sie wahrgenommen haben. Wenn Sie zum Beispiel an etwas denken, benennen Sie es für sich einfach mit „Denken" und kommen Sie zur Atmung zurück (eine andere Bezeichnung wäre zum Beispiel „Hören"). Sie können sich auch kurz gratulieren, wenn Sie die Ablenkung wahrnehmen, denn Sie lernen, die Bewegung Ihres Geistes zu beobachten.

Achtsamkeit ist eine Technik, und so wie jede Technik muss man sie üben. Wir können etwas tun, um die Wahrscheinlichkeit zu steigern, dass wir bei der Praxis bleiben und von ihr profitieren. Zum einen ist es gut, mit kurzen Zeitabschnitten anzufangen. In unseren Gruppen zu Wutmanagement besteht die erste Aufgabe darin, in der ersten Woche mindestens zwei Minuten pro Tag zu üben. In der zweiten Woche steigern wir das Pensum auf fünf Minuten und fordern die Teilnehmer dann auf, täglich 5 bis 10 Minuten lang Achtsamkeit (und halten sie an, länger dabei zu bleiben, wenn sie wollen) zu üben, wenn wir im weitern Verlauf anfangen, andere, mitgefühlsbasierte Übungen in die Routine aufzunehmen. In anderen Programmen werden die Teilnehmer aufgefordert, länger zu üben – etwa 20 bis 30 Minuten pro Tag, und das ist wunderbar – tun Sie das auch, wenn Sie möchten. Wir neigen dazu, die Übungen ein bisschen kürzer zu halten, und regen dazu an, sie häufiger zu machen ... wenn möglich mehrmals am Tag.

Die Idee ist dabei, uns motiviert zu halten und weiter zu üben. Auch wenn Sie zu Beginn sehr motiviert sind, empfehle ich kürzere Sitzungen und dafür mehrmals am Tag ... auch wenn Sie nur für ein paar Sekunden mit dem gegenwärtigen Moment Kontakt aufnehmen. Ich kenne sehr viele Menschen, die ganz begeistert mit langen Sitzungen von Achtsamkeitsmeditation angefangen haben und dann nach ein paar Wochen in eine Art Burn-out geraten sind und ganz aufgehört haben. Wir wollen Ihre Praxis strukturieren, damit Sie sie weitermachen. Wir wollen Ihnen zwar keine „Regeln" für Ihre Praxis geben, aber auch der buddhistische Meister Yongey Mingyur Rinpoche hat für unsere Gruppen angeregt: „Kurze Abschnitte, viele Male" (8). Ich glaube, dies ist für unsere Zwecke ein guter Rat, denn es hilft uns, Achtsamkeit als eine offene Bewusstheit des sich entfaltenden Prozesses unseres Lebens in viele Aspekte unseres Alltags mitzunehmen – sodass wir mehr Zeit im gegenwärtigen Moment und weniger Zeit in Gedanken und Emotionen verloren verbringen, die wenig zu unserem Glück beitragen.

Ich finde es nützlich, sich jeden Tag Zeit für eine Sitzung mit bewusster Atmung zu nehmen und in immer gleicher Länge zu üben (ich selbst mache sie morgens 20 oder 30 Minuten lang, kurz vor oder nach einem kleinen Frühstück – je nachdem, wie hungrig ich bin). Zusätzlich sollten Sie zu verschiedenen Zeiten während des Tages mehrere sehr kurze Achtsamkeitsübungen einbauen. Es ist nützlich, Tageszeiten zu wählen, wenn man innerlich wach ist – es ist viel schwerer, achtsam zu sein, wenn man kämpfen muss, um wach zu bleiben. Es gibt viele Möglichkeiten, wie man Achtsamkeit kurz in den Tag einführen kann, damit man die Gewohnheit entwickelt, mit dem gegenwärtigen Moment in Kontakt zu kommen. Zum Beispiel kann man sich vornehmen, mindestens einen Bissen bei jeder Mahlzeit achtsam zu sich zu nehmen. Wenn man zu Fuß unterwegs ist, kann man das achtsam tun – und wenn es nur ein paar Schritte sind. Wenn man ein paar Minuten Zeit hat, kann man schnell einmal eine Reise durch den Körper machen und bei jedem Körperteil ein paar Sekunden bleiben. Oder wir können unsere Bewusstheit einfach auf einen bestimmten Körperteil richten, während wir Dinge tun wie Abwaschen, Baden oder die Toilette benutzen (wenn das merkwürdig klingt, denken Sie daran, dass wir lernen, alle unsere Erfahrungen zu beobachten, ohne zu werten). Wir können unsere Achtsamkeitspraxis mit der Beruhigenden Atmung kombinieren und immer, wenn sich die Gelegenheit bietet, für etwa 30 Sekunden mit dem beruhigenden Rhythmus der Atmung Kontakt aufnehmen. Wieder ist das Ziel, dass wir versuchen, achtsame Bewusstheit als Gewohnheit zu etablieren, sodass wir auf diese Weise schließlich einfach ganz natürlich mit dem gegenwärtigen Moment in Kontakt sind und früher merken, wenn Gedanken oder Emotionen, die von Wut bestimmt sind, uns wegzutragen beginnen.

Übung 6.4: Achtsames Spüren

- Richten Sie Ihre Aufmerksamkeit auf Ihren Körper. Nehmen Sie wahr, wie er sich anfühlt.
  - Was für eine Temperatur hat er?

- Nehmen Sie die Berührungspunkte zwischen Ihrem Körper und anderen Gegenständen wahr.
  - Ist Ihr Körper angespannt oder entspannt?
  - Lassen Sie zu, dass Ihre Aufmerksamkeit zu anderen körperlichen Empfindungen wandert, die sich bei Ihnen einstellen.
- Richten Sie Ihre Aufmerksamkeit auf Ihre Gedanken.
  - Beobachten Sie Ihre Gedanken als mentale Ereignisse.
  - Nehmen Sie den Inhalt der Gedanken wahr – worum drehen sie sich?
  - Nehmen Sie das Tempo der Gedanken wahr – kommen sie schnell oder langsam?
- Richten Sie Ihre Aufmerksamkeit auf Ihre Emotionen und Ihre Motivation.
  - Welche Emotionen fühlen Sie?
  - Nehmen Sie die verschiedenen Emotionen wahr, die einzeln da sind, und wie sie miteinander zusammenhängen.
  - Nehmen Sie Ihre Wünsche wahr – wozu fühlen Sie sich motiviert?
- Versuchen Sie, die Beziehungen zwischen Ihren körperlichen Erfahrungen, Gedanken und Emotionen zu beobachten. Welche gehen zusammen?

Hier eine Zusammenfassung einiger Tipps, wie man Achtsamkeitspraxis lernen und aufrechterhalten kann:

- Fangen Sie mit kurzen Zeitabschnitten an, und steigern Sie allmählich die Länge der Zeit, die Sie praktizieren.
- Entwickeln Sie für sich eine Routine und praktizieren Sie achtsame Atmung immer zur gleichen Tageszeit, und zwar dann, wenn Sie geistig wach sind.
- Haben Sie Spaß an der Sache! Begleiten Sie mit achtsamem Bewusstsein Ihre vielen verschiedenen Aktivitäten im Laufe des Tages. Achten Sie darauf, dass es nicht langweilig wird.

- Gewöhnen Sie sich daran, achtsam Ihren Körper zu beobachten. Wenn man lernt, bewusst bei Empfindungen im Körper zu sein, hilft das, die Trägheit und Schwerkraft einer Emotion zu verlassen und sie einfach zu beobachten, sodass man ein Gefühl des Abstandes zu ihr bekommen und vermeiden kann, in Gedanken gefangen zu sein, die Ärger oder Wut weiter nähren.
- Seien Sie mit achtsamer Bewusstheit bei Aktivitäten, die angenehm oder lustvoll sein können.
- Nehmen Sie mit sich und Ihrer Erfahrung mehrmals am Tag Kontakt auf.
- Denken Sie daran, dass es nicht möglich ist, zu versagen. Ihr Geist wird mit Sicherheit abgelenkt werden, aber deshalb üben wir ja. Kommen Sie einfach immer wieder zu achtsamer Aufmerksamkeit zurück. Merken Sie sich: wahrnehmen und zurückkommen.

Achtsamkeit und Arbeit mit Ärger und Wut

Achtsamkeit bereitet uns in dem Maß darauf vor, Zugang zu unserem Mitgefühl zu bekommen, indem wir den Erfahrungen unseres Lebens mit Ruhe, Neugier, Offenheit und Akzeptanz begegnen. Dies steht ganz im Gegensatz dazu, wie Ärger oder Wut Denken und Bewusstsein organisieren. Wo ein Geist, der zum Beispiel von Wut bestimmt ist, ablehnt und Schaden anrichtet, akzeptiert Achtsamkeit und nimmt an. Wo Wut wertet und verurteilt, beobachtet Achtsamkeit. Wenn man mit Problemen konfrontiert ist, verengt Wut die Aufmerksamkeit und blockiert unseren Geist in einem Wirbel von Gedanken, Emotionen und körperlichen Empfindungen, die von wahrgenommener Gefahr und Bedrohung bestimmt sind. Mit Achtsamkeit beobachtet man all diese Aktivitäten als das, was sie ist. Sie ermöglicht, aus einem von Gefahr und Bedrohung getriebenen Denken auszusteigen, den Horizont unserer Aufmerksamkeit zu erweitern und alle Aspekte einer Situation zu sehen.

Wir sehen, dass Achtsamkeit viele Hilfsmittel bereithält, die man verwenden kann, wenn man mit Mitgefühl mit bestimmten Situationen arbeitet, die Wut auslösen. Außerdem passt sie zu vielen Fertigkeiten und Techniken, die wir im weiteren Verlauf dieses Buches noch entwickeln werden. Wenn wir lernen, in Körper und Geist Bewegung wahrzunehmen, können wir die Anzeichen von Wut erkennen, bevor wir von ihr erfasst werden. Die Wut motiviert dazu, impulsiv und destruktiv zu handeln, aber wenn man sich ihr gegenüber einfach wie bei anderen inneren Ereignissen verhält, kann man die Identifikation mit ihr lösen und darauf verzichten, in gewohnte und destruktive Verhaltensweisen zu verfallen. Die Fähigkeit, körperliche Erfahrungen achtsam zu beobachten, hilft, die unangenehmen Empfindungen, die mit Wut verbunden sind, zu akzeptieren und auszuhalten und den Drang zu vermeiden, die sie hervorruft. Wenn wir Achtsamkeit praktizieren, bekommen wir mehr Kontrolle über unsere Aufmerksamkeit, und das hilft uns, sie auf eine nützlichere Weise zu lenken – sie zum Beispiel auf die Aktivierung unseres Beruhigungssystems und darauf zu richten, mitfühlende Gedanken und Verhaltensweisen zu entwickeln. Schließlich werden wir durch Üben mit dem gegenwärtigen Moment in Kontakt sein und allmählich neue Muster in unserem Gehirn etablieren – Muster, die mit einer mitfühlenden Bereitschaft verbunden sind, sich auf alles einzulassen, womit uns das Leben konfrontiert, statt jedes Mal in Wut zu geraten, wenn etwas nicht so läuft, wie wir wollen.

Zusammenfassung

Achtsamkeit vermittelt uns eine Möglichkeit, mit unseren Erfahrungen offen, annehmend und nicht wertend in Kontakt zu sein. Sie hilft uns, unsere Aufmerksamkeit zu kontrollieren und unmittelbar an unserem Leben teilzuhaben, statt von Gedanken und Emotionen besetzt zu sein oder unser Leben automatisch, sozusagen mit dem Autopiloten, zu leben. Die Forschung zeigt, dass Achtsamkeit auf vielen Ebenen eine positive

Wirkung hat. Sie kann unsere körperliche Gesundheit verbessern, uns helfen, mit schwierigen Emotionen umzugehen und sogar Wachstum in unserem Gehirn stimulieren.

Achtsamkeit ist ein besonders wertvolles Hilfsmittel, auf effektive Weisen mit Wut zu arbeiten. Wie bei jeder wertvollen Technik braucht es aber Zeit, sie zu erlernen und sich zu eigen zu machen. Das Entscheidende ist, dass man achtsame Bewusstheit als eine neue Gewohnheit etabliert. Ich empfehle Ihnen, vor und nach jeder der Übungen, die wir im Folgenden vorstellen, achtsam mit sich Kontakt aufzunehmen, um Ihre Bewusstheit zu erhöhen, wie die Übungen Ihre Gedanken, Emotionen, Motivationen und Verhaltensweisen beeinflussen. Die Gewohnheit, den inneren Zustand zu beobachten, verschafft uns zahllose Gelegenheiten, unsere innere Perspektive zu verändern. Im nächsten Kapitel werden wir genau das tun, wenn wir uns direkt damit befassen, die Perspektive des mitfühlenden Selbst zu entwickeln, die für einen Rahmen sorgen wird, wie wir unsere künftige Arbeit organisieren.

7 Bilder, die Mitgefühl verkörpern: Entwickeln des mitfühlenden Selbst

In diesem Kapitel werden wir Bilder verwenden, um das zu entwickeln, was wir unser „mitfühlendes Selbst" nennen. Wie wir gesehen haben, können Gehirn und Körper auf innere Erfahrungen (Gedanken, Fantasien und Imagination) auf ähnliche Weise reagieren, wie sie auf reale äußere Situationen reagieren. Wir haben gesehen, wie sich Bilder auf unsere Stimmung und auf unseren inneren Gesamtzustand auswirken können. Wenn wir uns Situationen ausmalen, in denen wir uns bedroht fühlen oder die bei uns Ärger oder Wut auslösen, kann uns das stundenlang in einem Zustand der Wut halten. Auf dieselbe Weise können Bilder, die Mitgefühl verkörpern, ganz andere Muster in unserem Gehirn hervorrufen, indem sie Denken und Bewusstsein auf eine Weise organisieren, die nützlich für uns und nicht schädlich ist. Viele dieser Übungen, die wir hier vorstellen, erinnern an Übungen zum Geistestraining, die schon vor Tausenden von Jahren benutzt wurden.

Verwenden von Bildern

Bevor wir uns den Übungen zuwenden, wollen wir untersuchen, wie man mit den drei potentiellen Hindernissen arbeiten kann, die sich oft einstellen, wenn man mit Bildern arbeitet: ein umherstreifender Geist, das Gefühl, man könnte nicht mit Bildern umgehen und der Mangel an Zeit zum Üben (1).

Der umherstreifende Geist

Während dieser Übungen mit Bildern wird unser Geist oft genauso abschweifen, wie bei der Übung von Achtsamkeit. Manchmal ist diese Tendenz sehr stark. Der Schlüssel zum Umgang mit diesem Problem besteht darin, einfach zu akzeptieren, dass unser Geist manchmal umherschweift und dass das in Ordnung ist. Es wird zur Routine, unsere Aufmerksamkeit zur Übung mit den Bildern zurückzubringen, wenn wir abgeschweift sind. Wie gesagt, wenn wir uns bewusst werden, dass sich unsere Aufmerksamkeit von dem gewählten Fokus wegbewegt hat, hilft uns das zu lernen, Bewegung in unserem Geist wahrzunehmen. Wenn wir mit Wut arbeiten, ist das eine wertvolle Fähigkeit.

„Ich kann einfach nicht mit Bildern umgehen“

Manche meinen, dass innere Bilder so etwas wie Polaroidbilder im Geist sind, aber für die meisten Menschen bestehen sie aus flüchtigen, fragmentierten Bildern oder einfach aus einem „Gefühl“ von etwas. Um das besser zu verstehen, nehmen Sie sich einen Moment Zeit, und machen Sie eine kurze Übung.

- Denken Sie an Ihre Lieblingsspeise.
- Erinnern Sie sich jetzt an eine Fahrt mit dem Auto, die Sie vor Kurzem gemacht haben, vielleicht zu Ihrer Arbeitsstelle.
- Denken Sie an den Sommerurlaub, den Sie in diesem Jahr gern machen würden.

Beeilen Sie sich nicht – nehmen Sie sich ein wenig Zeit, um über diese Dinge nachzudenken, und nehmen Sie wahr, was in Ihnen passiert. Diese flüchtigen Eindrücke von einem Leibgericht, von Ihren Reisen und von den Häusern, an denen Sie auf dem Weg zur Arbeit vorbeigefahren sind, und von dem Strand oder von den Bergen Ihres Urlaubsorts – alle diese Eindrücke wurden durch innere Bilder erzeugt. Wir alle können innere Bilder herstellen – zum Beispiel eine Speise so ausmalen, dass uns das Wasser im Mund zusammenläuft.

Bei diesen Übungen geht es nicht darum, lebendige oder gestochen scharfe innere Bilder zu erzeugen – es geht um eine Vorstellung, die unseren inneren Zustand beeinflussen kann. Auch wenn Sie die Erfahrung machen, dass es Ihnen schwerfällt, lebendige Bilder in Ihrer Vorstellung herzustellen und festzuhalten, ist das kein Problem. Entscheidend ist, dass Sie sich auf die Erfahrung konzentrieren und alle Gefühle wahrnehmen, die sie vielleicht begleiten. Wie schon erwähnt tendiere ich eher zu auditorischen Vorstellungen – ich kann in meinem Kopf Lieder abspielen wie eine Jukebox, aber wenn ich mir etwas bildlich vorstellen möchte, muss ich mich anstrengen. Eine Technik, die ich manchmal verwende, besteht darin, dass ich mir vorstelle, wie es wäre, wenn ich alles, was ich will, als Bild vor meinem inneren Auge erscheinen lassen könnte (2). Wir sollten vermeiden, unsere Fähigkeit, zu visualisieren, zu bewerten. Besser ist es, einfach wahrzunehmen, dass der Gedanke „Ich kann mir dies nicht besonders gut vorstellen“ wieder etwas ist, womit man sich ablenkt.

Keine Zeit zum Üben

Viele Menschen leben ein sehr volles Leben und haben vielleicht das Gefühl, sie hätten keine Zeit für solche Übungen. Aber zum Üben braucht man nicht wirklich so viel Zeit – schon 30 Sekunden können reichen. Außerdem gibt es, wenn wir uns genau anschauen, wie wir unsere Tage verbringen, eine Menge kleiner Zwischenräume, die wir nutzen könnten – wenn wir auf dem Weg von der Arbeit nach Hause in der U-Bahn sitzen, während der Werbung im Fernsehen und dergleichen mehr. Es ist auch nützlich, konventionelle Möglichkeiten zu verwenden, um sich an das Üben zu erinnern – vielleicht mit einem Zettel auf dem Nachttisch oder in der Lunchbox oder mit dem Wecker auf dem Handy. Es kann hilfreich sein, einen kleinen Stein oder einen anderen kleinen Gegenstand in der Tasche zu haben, sodass man jedes Mal, wenn man in die Tasche greift, daran erinnert wird. Wenn Sie ihn berühren und daran denken, können Sie 30 Sekunden Beruhigende Atmung üben und danach vielleicht ein paar Minuten eine der Übungen mit Bildern. Statt eines kleinen Steins habe ich eine Ein-Pfund-Münze, denn sie hat genau die richtige Größe und erinnert mich an England, wo ich die Compassion Focused Therapy (CFT) kennengelernt habe (wenn man in England lebt, nimmt man vielleicht besser etwas anderes, damit man seine Gedächtnishilfe nicht zufällig ausgibt).

Um die Freiräume aufzuspüren, die ich oben erwähnt habe, sollten Sie einmal eine Woche lang aufzeichnen, wie Sie Ihre Zeit verbringen, und dann schauen, wo Sie sich Raum zum Üben nehmen könnten. Sie entdecken vielleicht freie Zeit, der Sie sich bisher nicht bewusst waren. Oft hat man das Gefühl, man hätte keine Zeit, man verbringt aber mehrere Stunden täglich vor dem Fernseher oder man surft endlos im Internet. Wenn das der Fall ist, ist es natürlich möglich, 10 oder 20 Minuten pro Tag für die Übungen mit Bildern zu verwenden. Wir können kreativ sein, wenn wir Zeit und Orte suchen, die sich für die Übung eignen, zum Beispiel das Bad, das Bett vor dem Aufstehen (was wir in Kreisen der CFT manchmal „Mitgefühl unter der Bettdecke“ nennen) oder ein paar Minuten während der Mittagspause. Wie gesagt: „Kurze Zeitabschnitte, viele Male am Tag.“

Wenn man wirklich überhaupt keine Zeit für sich hat, ist es die Mühe wert, dies zu ändern, da der Mangel an Zeit zu Problemen mit Aggression beitragen kann. Stress kann die Intensität schwieriger Emotionen stark verstärken. Manchmal kann die Mühe, die wir uns machen, um ein wenig Raum in unserem Leben zu schaffen, große Auswirkungen haben.

Das mitfühlende Selbst

Wir wollen im Folgenden die Qualitäten des mitfühlenden Selbst genau betrachten, aber ich möchte Sie zu Anfang bitten, dass Sie sich einen Moment lang kurz vorstellen, dass Sie sie schon besitzen. Wie wäre es, ein aufrichtiges Verlangen zu haben, helfen zu können? Ein Bewusstsein einer ruhigen, selbstbewussten Autorität und den Mut, Schwierigkeiten zu begegnen? Weisheit zu besitzen, die auf Lebenserfahrung und auf der Fähigkeit beruht, sich innerlich unter Kontrolle zu haben und nicht Wut oder anderen Emotionen ausgeliefert zu sein? Wir können eine Vision entwickeln, wie wir gern sein würden – die Vision eines „mitfühlenden Selbst". Unser Selbstgefühl kann auf dieselbe Weise geübt und entwickelt werden, so wie man andere Qualitäten übt und entwickelt, die man haben möchte. Wenn man zum Beispiel ein guter Tennisspieler oder Gitarrist sein möchte, verbringt man viel Zeit auf dem Tennisplatz oder man übt immer wieder den Wechsel von Akkorden. Allmählich werden Körper und Geist mit den Dingen vertraut, die man machen muss, um ein guter Tennisspieler oder ein guter Musiker zu sein. Wenn das Ziel ist, mathematische Probleme zu lösen, braucht man viel Übung, um den Geist zu trainieren, auf diese spezifische analytische Weise zu funktionieren.

Wenn man einmal mit einer mitfühlenden Motivation in Kontakt ist – zum Beispiel, jemandem nützen zu können und sich fürsorglich um ihn zu kümmern –, kann man weitergehen und diese Qualitäten üben und entwickeln, damit sie noch mehr zu einem Teil von uns werden. Noch einmal: Es geht darum, die Gewohnheit zu etablieren, diese Qualitäten in uns zur Wirkung zu bringen, sodass wir mehr Wohlbefinden und Sinn erleben und das Gefühl haben, mehr Kontrolle über unser Leben zu haben und zum Glück der Menschen um uns herum beizutragen. Das mitfühlende Selbst ist fähig, sich der Wut zu stellen und sie in respektvolles, selbstbewusstes Auftreten zu verwandeln, das von Weisheit und Stärke bestimmt ist. Nelson Mandela ist ein gutes Beispiel für jemanden, der sich für einen mitfühlenden Fokus entschieden hat und als Folge zu einem großartigen Führer wurde.

Bei den Übungen zum mitfühlenden Selbst geht es darum, eine neue Identität für sich zu entwickeln, die auf den Qualitäten von Mitgefühl beruht. Warum ist es wichtig, das zu tun? Nun, sehr viel von dem, wie wir denken und fühlen und wie wir uns verhalten, hat damit zu tun, wie wir uns selbst sehen. Wenn man sich einfach als einen „wütenden" Menschen sieht, ist es wahrscheinlicher, dass man weiter aus Wut heraus handelt, ein entsprechendes Verhalten einfach als Teil des eigenen Wesens akzeptiert und das als eine Entschuldigung oder Ausrede benutzt, es nicht zu verändern. Wenn man auf der anderen Seite das Selbstbild eines mitfühlenden Menschen entwickelt, führt dies dazu, dass man auch wie jemand denkt und sich verhält, der mitfühlend ist und der weder anderen noch sich selbst Schaden zufügen möchte. Das ist dann hilfreich dabei, Verantwortung zu übernehmen und Verhaltensweisen zu verändern, die von Wut bestimmt sind und die nicht zu dem Selbstbild passen.

Die Übungen mit Bildern beginnen alle auf dieselbe Weise: Man beginnt in einer aufrechten, würdevollen Haltung im Sitzen und entspannt die Gesichtsmuskeln. Man wird ein wenig langsamer und übt etwa 30 Sekunden lang die Beruhigende Atmung. Sie hilft uns, uns innerlich auf die ruhige, besonnene Perspektive von Mitgefühl vorzubereiten, und lehrt unser Gehirn, Beruhigende Atmung mit den Qualitäten mitfühlenden Denkens zu assoziieren. Erinnern Sie sich an die klassische Konditionierung, die wir in Kapitel 3 beschrieben haben? Wenn man unmittelbar vor jeder Übung mit Bildern von Mitgefühl zur Beruhigenden Atmung übergeht, vermittelt man dem Gehirn, dass diese Form der Atmung und eine mitfühlende Weise, zu denken und zu fühlen, zusammengehören. Dann kann in Zukunft die Kombination dieser gespeicherten Information und der beruhigenden Wirkung der Atmung zusammenwirken und uns helfen, in einen mitfühlenden Zustand überzugehen.

Um die Gesichtsmuskeln zu entspannen, beginnt man mit der Stirn und geht dann weiter nach unten und lässt den Unterkiefer ein wenig sinken. Lächeln Sie auf eine sanfte, warme und freundliche Art. Es sollte ein natürlicher Ausdruck sein – so als wäre man mit sich vollkommen im Reinen. Kein übertriebenes, gezwungenes Lächeln und auch kein überfreundliches Lächeln. Wir nutzen nur die subtile Möglichkeit, wie die Gesichtsmuskeln Botschaften an das Gehirn senden können, die dazu beitragen, unsere Stimmung zu verbessern.

Es ist hilfreich, an die Übungen wie ein Schauspieler heranzugehen, der einen Charakter studiert, indem er seine Haltung, seine Redeweise und seinen Gesichtsausdruck annimmt und sich außerdem vorstellt, wie dieser Charakter empfindet, denkt und zu handeln motiviert ist. Es spielt keine Rolle, ob der Schauspieler dem Charakter ähnelt, den er darstellt – er stellt sich vor, er imaginiert, wie es wäre, wenn er diese Person wäre.

Auch wir werden diesem Ansatz folgen. Er hilft uns, hinderliche Gedanken zu vermeiden, wie zum Beispiel: „Ich kann das nicht. Wie kann ich mir einbilden, dass ich ein mitfühlender Mensch bin? Ich bin überhaupt keiner!" Es spielt keine Rolle, ob Sie das Gefühl haben, dass Sie diese Qualitäten besitzen oder nicht. Stellen Sie sich einfach vor, Sie hätten sie. Untersuchen Sie einfach, wie es ist, wenn Sie Ihre Bemühungen nicht beurteilen oder hinterfragen. Das Entscheidende ist, an diese Übung einfach mit der Motivation heranzugehen, unseren angeborenen mitfühlenden Aspekt zu entwickeln. Diese Motivation sollte dabei immer stärker werden, sodass es allmählich mehr ist als ein Rollenspiel. Ziel ist es, dass das mitfühlende Selbst zu einem Teil Ihrer Identität wird.

Wenn das weit hergeholt zu sein scheint: Ich habe diese Übungen in einem Gefängnis verwendet und die Erfahrung gemacht, dass es eine starke Wirkung hat, wenn man lernt, sein mitfühlendes Selbst zu nähren und mit ihm in Kontakt zu sein. Weiter oben in diesem Buch sind Sie Wade begegnet, der als Kind regelmäßig missbraucht worden war, für Gewaltverbrechen eine Gefängnisstrafe erhalten und eine so bedrohliche Persona entwickelt hatte, dass sogar Mitgefangene ihm aus dem Weg gingen. Eines Tages berichtete Wade in unserer Wut-Gruppe, in der wir mit CFT arbeiten, dass er einen Brief von seiner Exfrau bekommen hatte, die ihn darin bat, sein Sorgerecht für seine Kinder aufzugeben, damit ihr neuer Ehemann (der der Anlass gewesen war, weshalb sie Wade verlassen hatte, und den er körperlich angegriffen hatte, bevor er ins Gefängnis gekommen war) sie adoptieren konnte. Eine Stille breitete sich im Raum aus, als der Gruppe, die nur aus Männern bestand, der Ernst und die Schwere der Situation dämmerte. Als Vater kann ich mir kaum etwas Schlimmeres vorstellen, als schriftlich auf das Sorgerecht auf meinen Sohn zu verzichten. Wade hatte in der Gruppe häufig seine Liebe und Sorge um seine Kinder zum Ausdruck gebracht. Bei ihm löste der Brief heftigen Schmerz aus und wühlte ihn sehr auf – die Wunden seiner Scheidung und seiner eigenen Kindheit wurden wieder aufgerissen. Dadurch wurde sein Schmerz verstärkt, im Gefängnis zu sitzen und unfähig zu sein, für seine Kinder zu sorgen, und wurden Gefühle geweckt, als Vater unzulänglich zu sein.

Als er den Brief zum ersten Mal las, wurde er von Wut überwältigt. Nach ein paar Minuten aber passierte etwas. Er erzählte uns: „Ich setzte mich einfach hin, war niedergeschlagen und schaute auf den Boden. Ich saß einfach da und atmete, etwa 45 Minuten lang. Und dann schaltete sich mein mitfühlendes Selbst ein, und ich wusste, ich musste diesen Brief unterschreiben." Er brauchte über einen Monat, um ihn dann wirklich zu unterschreiben – er verbrachte die Zeit mit Nachdenken, ging innerlich immer wieder die Situation durch, versuchte herauszufinden, was für seine Kinder das Beste wäre. Als er einmal Raum dafür geschaffen hatte, dass sein mitfühlendes Selbst auftauchen konnte und nicht von seinem wütenden Selbst unterdrückt wurde, konnte er mit seiner inneren Weisheit in Kontakt kommen. Diese Weisheit erlaubte ihm, aus seiner Erfahrung von Bedrohung herauszutreten und die Situation mit den Augen seiner Kinder zu sehen und zu berücksichtigen, was sie brauchten. So schmerzhaft es war, am Ende unterschrieb Wade den Brief. „Meine Kinder brauchen einen Vater, und ich habe mich in eine Lage gebracht, in der ich es nicht sein kann. Ich hasse den Kerl, und ich weiß nicht, was für Motive meine Exfrau hat – aber er scheint für sie zu sorgen, und sie brauchen einen Vater." Wade konnte seinem Mitgefühl und seiner Liebe zu seinen Kindern Vorrang geben. Er unterschrieb den Brief und tat dann etwas, was ebenso mutig war: Er schob seine Wut auf seine Exfrau und ihren neuen Mann beiseite und stellte sich seiner tiefen Traurigkeit darüber, nicht für seine Kinder sorgen zu können. Er stellte sich auch seinem Bedauern, das mit seinem Gefühl verbunden war, dass er sie verloren hatte, und dass das sein eigener Fehler war. Wade, der als einer der härtesten Männer im Gefängnis galt, entschied sich dafür, eine Einzeltherapie zu beginnen, um mit diesen Emotionen zu arbeiten. Jetzt, ein paar Monate später, ist Wade weiter in Therapie und hat große Veränderungen in seinem Leben bewirkt. Er ist freundlicher, hat viel bessere Beziehungen und ist viel glücklicher. Er hat Freundschaften mit ein paar Mitgefangenen aufgebaut und berichtet, dass es zwar Angst gemacht hat, sich anderen zu öffnen, dass es sein Leben aber auch viel glücklicher und lohnender gemacht hat. Wenn man lernt, mit dem mitfühlenden Selbst in Kontakt zu kommen, hat das eine mächtige Wirkung. Jeder von uns hat das Potential in sich, Mitgefühl zu entwickeln, und es beginnt mit der Entscheidung, einen Versuch zu machen und zu üben.

Wades Erfahrung veranschaulicht viele der Charakteristika des mitfühlenden Selbst, das wir entwickeln wollen: Sensibilität, Selbstfürsorge und Sorgen für das Wohl anderer, Toleranz von Leiden, Sympathie, Empathie und nichtwertende Weisheit. Bei der folgenden Übung versuchen wir uns vorzustellen, wie es wäre, diese Qualitäten zu besitzen. Schritt für Schritt verwenden wir unsere Fantasie, um ein Gefühl für unser mitfühlendes Selbst zu bekommen.

Übung 7.1: Kultivieren des mitfühlenden Selbst

Nehmen Sie eine aufrechte, würdevolle Sitzhaltung ein. Entspannen Sie Ihre Gesichtsmuskeln und Ihren Mund und lächeln Sie sanft. Richten Sie Ihre Aufmerksamkeit auf die Atmung und lassen Sie sie in einen beruhigenden Rhythmus übergehen. Beobachten Sie die Atmung etwa 30 Sekunden lang.

- Wir fokussieren auf einige mitfühlende Qualitäten, angefangen mit Freundlichkeit und mit dem Wunsch, zu helfen und zu unterstützen. Konzentrieren Sie sich auf Ihre Motivation und Ihren Wunsch, mitfühlend zu sein und dazu beizutragen, anderen zu helfen, sich von Leiden zu befreien und glücklich zu sein und ein gutes Leben zu leben. Während Sie mit dieser mitfühlenden Motivation in Berührung sind, halten Sie Ihren freundlichen Gesichtsausdruck und achten Sie auf den Ton Ihrer Stimme – wie Sie mit Ihrer Stimme Mitgefühl zum Ausdruck bringen würden. Stellen Sie sich etwa 30 Sekunden lang leicht und spielerisch vor, sie besäßen schon große

Freundlichkeit und den Wunsch, nützlich zu sein. Nehmen Sie wahr, wie Sie sich fühlen, wenn Sie sich mit diesen Qualitäten vorstellen. Machen Sie dies 30 Sekunden lang oder länger.

- Es gibt andere Qualitäten von Mitgefühl, die es möglich machen, freundlich zu handeln – darunter Selbstvertrauen, Reife und Stärke. Stellen Sie sich vor, dass Sie eine Empfindung von Selbstvertrauen und Autorität haben. Spüren Sie sie in Ihrer aufrechten Körperhaltung. Stellen Sie sich weiter vor, dass Sie sich dem Leiden und den Schwierigkeiten des Lebens mit dem ruhigen Verständnis stellen können: „Ich kann auch mit diesen Dingen arbeiten, gleich, was passiert." Behalten Sie den mitfühlenden Gesichtsausdruck und warmen Ton der Stimme bei und stellen Sie sich vor, wie Sie mit einer mitfühlenden Stimme sprechen würden und wie Sie sich in der Welt bewegen würden, wenn Sie Ihr ruhiges Selbstbewusstsein und Ihre Reife ausdrücken. Dann stellen Sie sich 30 Sekunden (oder länger) einfach vor, dass Sie diese selbstbewusste, ruhige, starke und mitfühlende Autorität sind. Nehmen Sie wahr, wie es sich anfühlt, wenn Sie sich selbst so vorstellen.
- Mitfühlendes Denken ist auch weise und kann die Dinge aus einer breiten Perspektive sehen und verstehen, dass Leiden und Schwierigkeiten zum Leben gehören. Ein weiser Geist versteht, dass man mit diesen Problemen so arbeiten kann, wie sie kommen, ohne sie wegzuschieben oder von ihnen heruntergezogen zu werden. Stellen Sie sich als offen, besonnen und nachdenklich vor, und dass Sie bereits in der Lage sind, diese Weisheit anzuwenden. Bleiben Sie bei Ihrem mitfühlenden Gesichtsausdruck und warmen Ton der Stimme und stellen Sie sich vor, dass Sie sich und anderen Besonnenheit und Verständigkeit entgegenbringen. Dann stellen Sie sich 30 Sekunden lang als jemanden vor, der schon weise, besonnen und auf eine verständige Weise mitfühlend ist. Nehmen Sie wahr, wie es Ihnen dabei geht.

Aus diesen Qualitäten entstehen andere, die man eine nach der anderen entwickeln kann. Wenn Sie merken, dass Sie Schmerz oder ein anderes schwieriges oder unangenehmes Gefühl empfinden, kommen Sie einfach zur Imagination eines der vorangehenden Schritte zurück – wenn nötig, verwenden Sie die Beruhigende Atmung, um sich zu zentrieren.

Wählen Sie die Qualitäten, die Sie entwickeln möchten, und nehmen Sie sich etwas Zeit (etwa 30 Sekunden für jede einzelne Qualität) und stellen Sie sich vor, dass Sie diese Qualität schon besitzen und wie Sie dann fühlen und denken und wie Sie sich verhalten würden. Wählen Sie für jede Übungssitzung eine andere Qualität.

- Sensibilität für Leiden, ohne von ihm überwältigt zu werden.
- Sympathie – zulassen, dass Ihr ruhiges und zuversichtliches mitfühlendes Selbst von Ihrem Leiden und vom Leiden anderer berührt wird.
- Empathie – sich in andere (und in sich selbst) hineinversetzen und verstehen können, warum sie fühlen, wie sie fühlen – inwiefern es Sinn macht, dass sie so fühlen.
- Großzügigkeit – die mitfühlende Motivation geben.
- Versöhnlichkeit – Groll und Kränkungen, die von anderen (und von Ihnen selbst) verursacht wurden, loslassen können.
- Freude am Spielen – unbeschwert sein können, auch angesichts von Schwierigkeiten.
- Überlegen Sie, welche anderen mitfühlenden Qualitäten Sie gern besäßen.

Um diese Praxis zu entwickeln, stellen Sie sich vor, dass Sie sich von außen anschauen. Sehen Sie Ihren Gesichtsausdruck und wie Sie sich in der Welt bewegen. Nehmen Sie Ihre Motivation wahr, besonnen, freundlich, hilfsbereit und weise zu sein. Hören Sie sich mit anderen sprechen, nehmen Sie den mitfühlenden Ton Ihrer Stimme wahr. Schauen Sie, wie andere Sie als mitfühlende Person wahrnehmen. Schauen Sie, wie Sie selbst mit anderen auf diese mitfühlende Weise umgehen. Dann genießen Sie auf eine spielerische und sanfte Weise etwa 30 Sekunden lang, sich dabei zuzuschauen, wie Sie eine mitfühlende Person in der Welt sind und wie andere sich Ihnen gegenüber als diese Person verhalten.

Wenn Sie soweit sind, kommen Sie mit Ihrer Aufmerksamkeit zum gegenwärtigen Moment zurück und bringen Sie Ihre mitfühlende Präsenz in die Welt. Wenn Sie Ihre Praxis entwickeln, können Sie sich vorstellen, dass Sie alle diese Qualitäten haben. Wenn Sie sich also darauf konzentrieren, Ihr mitfühlendes Denken mithilfe der Techniken zu aktivieren, die im weiteren Verlauf des Buches beschrieben werden, werden Sie ein Gefühl für die Art Person bekommen, die Sie werden möchten. Je mehr Sie üben, langsam zu werden und zu imaginieren, diese Person zu sein, um so leichter kann es Ihnen fallen, Zugang zu diesen Qualitäten zu bekommen. – und um so leichter werden sie sich durch Sie ausdrücken können. Mit der Zeit kann Ihr „mitfühlendes Selbst" einfach zu Ihrem Selbst werden.

Selbstmitgefühl

Der CFT geht es darum, Mitgefühl in unsere Beziehungen mit allen Lebewesen zu bringen, auch mit uns selbst, und Selbstmitgefühl als Weg zu guter psychischer Gesundheit zu üben (3, 4, 5). In Kapitel 4 haben wir gesehen, wie zu Mitgefühl gehört, dass man sensibel für Leiden und freundlich motiviert ist zu helfen. Mitgefühl besteht darin, dass man mit diesen Qualitäten anderen begegnet, zu Selbstmitgefühl gehört, dass man Sensibilität, Verständnis und die Motivation, zu helfen, sich selbst und dem eigenen Leiden entgegenbringt. Oft tendieren wir dazu, uns selbst viel strenger als andere zu behandeln und enthalten uns selbst vielleicht die Freundlichkeit vor, die wir ganz selbstverständlich anderen zukommen lassen. Mit Selbstmitgefühl erkennen wir an, dass auch wir diese Freundlichkeit wert sind, die wir dann uns selbst zukommen lassen.

Nach der Definition der Psychologin Kristen Neff hat Selbstmitgefühl drei Bestandteile:

1. Man hat Freundlichkeit und Verständnis für sich selbst, statt sich streng und entwertend zu kritisieren und zu verurteilen.
2. Man sieht die eigenen Erfahrungen als Teil der Erfahrung aller Menschen und nicht als trennend und isolierend.
3. Man hält schmerzhafte Gedanken und Gefühle in einem Bewusstsein, das ausgeglichen ist und nicht wertet, statt sich übermäßig mit ihnen zu identifizieren.

Diese Definition kann uns helfen, unsere Kämpfe und Mühen in einem weiteren Kontext zu verstehen – in dem der allgemeinen menschlichen Erfahrung –, und sie leitet uns an, wie wir mit diesen Herausforderungen besser umgehen können.

Bei der CFT führen wir Selbstmitgefühl ein, indem wir besonders die Natur der menschlichen Erfahrung betonen. Mittlerweile sind Sie mit diesem Verständnis von Selbstmitgefühl vertraut – mit der Vorstellung, dass wir ein kompliziertes hoch entwickeltes Gehirn haben, das in unserem Leben Schwierigkeiten und Probleme erzeugt, und dass wir uns alle einfach hier vorfinden und angesichts eines oft schwierigen Lebens unser Bestes tun. Wenn wir diese Schwierigkeiten und das Leiden anerkennen, mit dem wir und andere unvermeidlich konfrontiert sind, einfach weil wir als Menschen auf die Welt kamen, sehen wir, dass Freundlichkeit und Geduld gegenüber uns selbst nicht nur nützlich sind: Es ist wirklich der einzige sinnvolle Ansatz. Wie auch immer man Selbstmitgefühl verstehen möchte, die Vorstellung, die ihm zugrunde liegt, ist, dass wir uns selbst die gleiche mitfühlende Freundlichkeit und Geduld zukommen lassen, die wir für andere haben, die uns von Herzen lieb sind, statt uns selbst mit harten Urteilen, entwertender Selbstkritik und Beschämung zu begegnen. Dies hilft uns, die Muster von Scham und Selbstvorwurf abzulegen, die unser Bedrohungssystem in Alarmbereitschaft halten und die für den Treibstoff und für die Nahrung für unsere Wut sorgen.

Das mitfühlende Selbst in Aktion

Wenn wir mit der Praxis des mitfühlenden Selbst und mit der Vorstellung vertraut werden, diese Qualitäten zu besitzen, können wir Gedanken und Aufmerksamkeit anderen Übungen zuwenden, die die Erfahrung vertiefen und die unser Beruhigungssystem stimulieren. Nehmen Sie für die folgenden Übungen die Perspektive des mitfühlenden Selbst ein – bleiben Sie in einer aufrechten, würdevollen Haltung und etwa 30 Sekunden lang in der Beruhigenden Atmung. Stellen Sie sich vor, dass Sie die Qualitäten besitzen, die bei der Übung mit dem mitfühlenden Selbst im Vordergrund standen. Stellen Sie sich weiter vor, dass Sie jemand sind, der freundlich und motiviert ist zu helfen. Sie sind jemand, der ruhiges Selbstvertrauen und Autorität, eine sensible emotionale Sichtweise und die Weisheit besitzt, die die Frucht reicher Lebenserfahrung ist.

Die erste Übung heißt „Mitgefühl vertiefen", und es geht bei ihr darum, den mitfühlenden Wunsch, aufzublühen und frei von Leiden zu sein, und die emotionale Erfahrung, die ihn begleitet, zu wecken und uns wirklich damit vertraut zu machen. Wir denken bei unseren mitfühlenden Wünschen an jemanden, der uns am Herzen liegt und für den wir natürlich und leicht ein starkes Gefühl der Wärme und Zuneigung empfinden, zum Beispiel für einen Freund, eine Partnerin, ein Kind oder auch ein Tier. Es sollte nicht jemand sein, für den wir gemischte oder negative Gefühle haben (zum Beispiel ein Partner, den man sehr liebt, mit dem wir aber in jüngster Zeit viele Konflikte haben). Wenn Sie jemanden wählen, aber spüren, dass Sie viel Widerstand empfinden, dann nehmen Sie eine andere Person, für die das Gefühl der Freundlichkeit und des Mitgefühls natürlicher fließt.

Übung 7.2: Mitgefühl vertiefen

Beginnen Sie damit, dass Sie Kontakt mit Ihrem mitfühlenden Selbst aufnehmen: Nehmen Sie eine aufrechte und würdevolle Haltung ein, wobei Ihr Gesicht entspannt ist und ein leichtes Lächeln zeigt. Beginnen Sie mit 30 Sekunden Beruhigender Atmung. Stellen Sie sich vor, dass Sie jemand sind, der freundlich und motiviert ist zu helfen (30 Sekunden). Stellen Sie sich weiter vor, dass Sie Stärke und ein Bewusstsein von Autorität besitzen – das ruhige Selbstvertrauen, mit Schwierigkeiten arbeiten zu können (30 Sekunden). Stellen Sie sich schließlich vor, dass Sie Weisheit und Einsichtsfähigkeit besitzen (30 Sekunden).

Denken Sie jetzt an jemanden, der Ihnen am Herzen liegt. Dies sollte jemand sein, für den Sie eine natürliche Zuneigung empfinden, eine Person, für die in Ihnen ganz natürlich ein Gefühl der Anteilnahme und Liebe entsteht. Das kann wieder ein Freund oder eine Freundin, ein Partner, ein Kind oder auch ein Tier sein – ein Wesen, für das Sie leicht freundliche, fürsorgliche Gefühle haben können.

Halten Sie diese Person vor Ihrem inneren Auge. Richten Sie Ihr Mitgefühl auf sie und wenden Sie sich bewusst dem freundlichen Wunsch zu, sie möge gedeihen – sie möge glücklich und frei von Leiden sein. Versuchen Sie dabei, es wirklich zu fühlen. Benennen Sie die Person beim Einatmen und sagen Sie bei Ausatmen:

„Mögest du frei von Leiden sein." (Dann halten Sie für 10 bis 30 Sekunden inne.)

„Mögest du glücklich sein." (Dann halten Sie wieder inne.)

„Mögest du aufblühen." (Innehalten.)

„Mögest du Frieden finden." (Innehalten.)

Die nächste Minute (oder, wenn Sie können, auch länger) wiederholen Sie diese Sätze (laut oder still für sich), während Sie sich diese Person vorstellen, die Ihnen am Herzen liegt. Fokussieren Sie bei jedem Satz auf den Wunsch, den Sie für diesen Menschen haben – versuchen Sie den Wunsch zu fühlen, dass er frei von Leiden, glücklich und fähig sein möge, aufzublühen und Frieden zu finden. Warten Sie nach jedem Satz ein paar Sekunden – lassen Sie den Wunsch wirklich in sich einsinken, während Sie ihn aufrichtig mit dem Menschen verbinden. Wenn Sie sich nicht an diese bestimmten Sätze erinnern können (oder andere mitfühlende Wünsche haben, die Sie vorziehen), nehmen Sie einfach die, an die Sie sich erinnern.

Nach einer gewissen Zeit lassen Sie das Bild verblassen. Reflektieren Sie ein paar Momente über die Gefühle, die in Ihnen entstanden sind, als Sie mit Ihrem Mitgefühl bei diesem Menschen waren. Nehmen Sie wahr, wie es sich in Ihrem Körper anfühlt. Dies ist eine Übung, die dazu bestimmt ist, Gefühle zu wecken, mit denen wir vielleicht nicht allzu oft in Berührung sind. Deshalb kann es Zeit brauchen, sie wirklich zu spüren.

Wenn Sie die Übung für Vertiefung von Mitgefühl ein paarmal gemacht haben, werden Sie mit dem Gefühl vertraut, bewusst für jemanden mitfühlende Wünsche zu haben, der Ihnen am Herzen liegt. Bei denjenigen unter uns, die mit Wut zu kämpfen hatten, kann diese Übung manchmal schwierige Emotionen aufkommen lassen. Wenn man zum Beispiel der Person, die man visualisiert, Schmerz zugefügt hat, kann es sein, dass Schuldgefühl oder Scham entstehen. Dies ist normal, und es ist ein Zeichen, dass man anfängt, wirklich Mitgefühl mit dieser Person zu empfinden (wenn man kein Mitgefühl empfinden würde, wäre es einem sicher egal, ob man Schmerz zugefügt hat oder nicht). Wenn Sie wahrnehmen, dass dies passiert, versuchen Sie, diese Gedanken und Emotionen achtsam als innere Ereignisse zu beobachten, zu denen es kommt, weil Sie mit dem mitfühlenden Wunsch in Berührung kommen, dieser Mensch möge glücklich sein. Bringen Sie dann Ihre Aufmerksamkeit einfach zu dem Satz zurück. Wenn Sie weiter Mühe haben und sich anstrengen müssen, empfehle ich Ihnen nachdrücklich, dass Sie sich ein anderes Objekt für Ihr Mitgefühl wählen – es geht darum, dass man jemanden wählt (vielleicht sogar ein Haustier), mit dem man leicht Mitgefühl hat, sodass man es gut üben kann. Wenn Sie das tun, entziehen Sie sich nicht der Verantwortung für den Schmerz, den Sie zugefügt haben, sondern arbeiten Sie daran, innere Zustände zu entwickeln, die Ihnen helfen, andere in Zukunft besser zu behandeln. Menschen, die Sie verletzt haben, haben nichts davon, wenn Sie sich dazu hinreißen lassen, sich zu bestrafen, aber sie profitieren davon, wenn Sie Freundlichkeit und Mitgefühl entwickeln. Wenn Ihnen diese Übung leichter fällt, können Sie dazu übergehen, Mitgefühl für ein wenig schwierigere Personen zu empfinden.

Sie haben vielleicht bemerkt, dass diese Übungen aufeinander aufbauen. Wir beginnen jede damit, dass wir kurz mit den mitfühlenden inneren Qualitäten Kontakt aufnehmen, indem wir die Übung zum mitfühlenden Selbst machen. In der folgenden Übung nehmen Sie erst Kontakt mit Ihren mitfühlenden Gefühlen auf, indem Sie sie mit jemandem verbinden, der Ihnen am Herzen liegt, wie bei der vorigen Übung. Dann verbinden Sie die mitfühlenden Wünsche mit einem neuen Ziel: mit sich selbst. Das kann Ihnen für eine einzelne Übung als sehr viel vorkommen, aber man braucht nur ein paar Minuten, um die vorangegangenen Übungen zu machen, und für die ganze Übung etwa zehn Minuten, besonders wenn man sie gut kennt.

Übung 7.3: Mitfühlendes Fokussieren beim Selbst

Beginnen Sie mit den Übungen zum mitfühlenden Selbst und zur Vertiefung von Mitgefühl, nehmen Sie sich ein paar Minuten Zeit, um die Haltung und die Qualitäten des mitfühlenden Selbst anzunehmen, und visualisieren Sie dann jemanden, der Ihnen nahesteht, und verbinden Sie mitfühlende Wünsche mit ihm. Richten Sie Ihre Aufmerksamkeit auf Ihr Mitgefühl und Ihre Freundlichkeit, Ihr ruhiges Selbstvertrauen und Ihre Weisheit. Machen Sie in sich Raum für den tiefen Wunsch, diese Person möge glücklich und frei von Leiden sein, und nehmen Sie wahr, wie sich das anfühlt.

Stellen Sie jetzt vor Ihrem inneren Auge ein Bild von sich selbst her, als würden Sie sich von außen anschauen. Fokussieren Sie auf Ihr Mitgefühl mit sich selbst als einem Menschen, der auf diese Welt gekommen ist und der nur glücklich sein und Leiden vermeiden möchte und der sein Bestes tut, wenn er mit schwierigen Gefühlen und Lebensumständen konfrontiert ist. Bleiben Sie bei Ihrem mitfühlenden, freundlichen Ausdruck und einer Wärme in Ihrer Stimme und richten Sie die folgenden Sätze auf sich selbst:

„Möge ich frei von Leiden sein." (Dann halten Sie für 10 bis 30 Sekunden inne.)

„Möge ich glücklich sein." (Dann halten Sie wieder inne.)

„Möge ich aufblühen." (Innehalten.)

„Möge ich Frieden finden." (Innehalten.)

Sagen Sie diese Sätze ein paar Minuten lang (laut oder still für sich), während Sie sich selbst visualisieren. Seien Sie bei jedem Satz mit der Aufmerksamkeit bei dem Wunsch für sich selbst – versuchen Sie, den Wunsch zu fühlen, dass Sie frei von Leiden, glücklich, in der Lage, aufzublühen, und in Frieden sein mögen. Warten Sie nach jedem Satz ein paar Sekunden und lassen Sie den Wunsch wirklich einsinken, während Sie ihn aufrichtig für sich selbst empfinden. Und wieder: Wenn Sie sich an diese bestimmten Sätze nicht erinnern können (oder mitfühlende Wünsche haben, die Sie vorziehen), nehmen Sie die, an die Sie sich erinnern.

Wenn Sie Widerstand wahrnehmen – wenn Sie zum Beispiel das Gefühl haben, Sie hätten nicht verdient, glücklich oder frei von Leiden zu sein, dann denken Sie daran, dass wir auf eine Weise mit uns arbeiten, die uns hilft, uns und unsere Fähigkeit zu verbessern, mit Wut umzugehen. Dieses Ziel hat wenig damit zu tun, was wir zu verdienen oder nicht zu verdienen glauben. Unsere Scham hält uns in einem bedrohten, wütenden inneren Zustand eingeschlossen, deshalb ist es an der Zeit, sie loszulassen. Sie können diese Gedanken wahrnehmen und mit Mitgefühl anerkennen, sie sanft loslassen und Ihre Aufmerksamkeit zurück zu Ihrem freundlichen, selbstbewussten und weisen mitfühlenden Selbst bringen. Nehmen Sie wahr, was für Gefühle in Ihnen aufsteigen, wenn Sie diese freundlichen Wünsche für sich selbst formulieren und wie es sich in Ihrem Körper anfühlt.

Es kann sich anfangs ein wenig seltsam oder unangenehm anfühlen, mitfühlende Wünsche für sich selbst zu formulieren, besonders wenn man sonst nur Wut oder Ärger oder Scham für sich empfindet und sich mit entwertender Selbstkritik begegnet. Ein gewisser Widerstand und Unbehagen sind ganz normal, wenn wir anfangen, anders über uns zu denken und zu empfinden. Man fürchtet vielleicht, dass man keine Freundlichkeit verdient oder dass es einen schwächen könnte, wenn man Mitgefühl mit sich hat, oder man könnte sich der Verantwortung für das entziehen, was man getan hat. Solche freundlichen Gedanken für sich selbst können auch Gefühle eines gebrochenen Herzens wachrufen, wenn die Übung an Zuneigung und Unterstützung erinnert, die man vielleicht noch nie bekommen hat. Wenn das passiert, können wir die Techniken nutzen, die wir entwickelt haben: Wir können die Gefühle achtsam beobachten und dabei darauf verzichten, sie zu bewerten oder zu beurteilen; wir können Zugang zu unserem freundlichen, weisen, mitfühlenden Selbst suchen, und wir können die Scham und die schwierigen Gefühle als das, was sie sind – nämlich Leiden –, und als ein Zeichen anerkennen, dass wir tatsächlich Mitgefühl brauchen. Wir können auf Urteile und Wertungen verzichten und uns Sympathie und Freundlichkeit entgegenbringen, wenn wir mit diesen Gefühlen hadern oder kämpfen. Wir können auch versuchen, Empathie mit uns zu entwickeln und daran arbeiten, zu verstehen, welchen Sinn es hat, dass wir so empfinden. Wenn also diese Emotionen auftauchen, bringen Sie Ihre Aufmerksamkeit sanft zu Ihrem mitfühlenden Selbst zurück und nehmen Sie wieder Kontakt mit den Attributen oder Qualitäten auf, die Sie entwickeln wollen: freundliche Selbstfürsorge, Selbstvertrauen und Weisheit. Kommen Sie dann zu den Sätzen zurück. So wie bei den früheren Übungen ist auch hier das Entscheidende, immer wieder „wahrzunehmen und zurückzukommen".

Manchmal können die Emotionen, die auftauchen, so überwältigend und lähmend sein, dass sie uns ganz davon abhalten, die Übungen fortzusetzen. Dies ist ein Zeichen, dass Sie vielleicht von einem Therapeuten profitieren könnten, der Sie unterstützen und begleiten kann, wenn Sie diesen Prozess durchmachen. Ein Teil der Weisheit von Mitgefühl besteht darin, dass man erkennt, wann man Hilfe braucht, und sie sich dann verschafft.

Mithilfe von Bildern unser Beruhigungssystem einschalten

Bisher haben wir in diesem Kapitel daran gearbeitet, mithilfe von Bildern mit unserem mitfühlenden Selbst in Berührung zu kommen. In den kommenden Kapiteln werden wir sehen, wie wir die Perspektive unseres mitfühlenden Denkens nutzen können, Situationen, die bei uns Ärger oder Wut auslösen, neu zu sehen und neue Möglichkeiten zu finden, auf diese Situationen zu reagieren. Wenn man aber von Ärger oder Wut besetzt ist, können die Erregung und die emotionale Trägheit unserer Reaktion auf Bedrohung oder Gefahr es sehr schwierig machen, unsere innere Orientierung auf diese Weise zu verändern. Es ist schwer, flexibel und mitfühlend zu denken, wenn man von seinem Bedrohungssystem getrieben ist. Wir werden dies ansprechen, indem wir ein paar Übungen mit Bildern verwenden, die uns helfen können, unser Beruhigungssystem zu aktivieren und eine gewisse emotionale Ausgeglichenheit zu erreichen.

Den ersten Schritt in diese Richtung haben wir gemacht, als wir die Beruhigende Atmung vorgestellt haben, die uns hilft, Körper und Geist langsamer werden zu lassen. Damit kann man der körperlichen Erregung und den jagenden Gedanken, die die Wut nähren (und die von ihr genährt werden), besser begegnen. Jetzt werden wir ein paar Übungen mit Bildern vorstellen, mit denen man die Aufmerksamkeit von den Gedanken und Fantasien weglenken kann, die Ärger und Wut in Gang halten.

Psychologen haben beobachtet, dass es unmöglich ist, an etwas einfach „nicht zu denken" – allein der Versuch, zu vermeiden, an etwas Bestimmtes zu denken (zum Beispiel an jemanden, der einen beleidigt oder gekränkt hat), kann Anlass sein, verstärkt daran zu denken. Man braucht etwas anderes, auf das man die Aufmerksamkeit richten kann, und man muss entscheiden, die Aufmerksamkeit auf eine Weise zu lenken, die beruhigen und helfen kann, ein Gefühl von Sicherheit zu aktivieren.

„Denken Sie nicht an einen weißen Bären!"

Eine Strategie, die Sie vielleicht kennen, weil Sie versucht haben, mit ihr Ihre Wut zu bewältigen, besteht darin, „einfach aufzuhören, an sie zu denken". Funktioniert das?

Es stellt sich heraus, dass die Antwort zu sein scheint: „Nicht wirklich." Im Jahr 1987 haben der Gedächtnisforscher Daniel Wegner und seine Kollegen die Wirkungen dessen untersucht, was man „Unterdrücken von Gedanken" nennt – des Versuchs, zu vermeiden, über bestimmte Themen nachzudenken (6). Sie teilten die Teilnehmer an ihrer Studie in zwei Gruppen – eine Gruppe (die erst den Gedanken unterdrücken sollte) wurde angewiesen, zu „versuchen, fünf Minuten lang nicht an einen weißen Bären zu denken". Der anderen Gruppe (die erst den Gedanken ausdrücken sollte) wurde die entgegengesetzte Anweisung gegeben; sie sollten

„versuchen, an einen weißen Bären zu denken". Beide Gruppen wurden aufgefordert, jedes Mal eine Glocke zu läuten, wenn sie während der fünf Minuten an einen weißen Bären dachten. Danach wurden die Anweisungen umgekehrt – die erste Gruppe, die den Gedanken unterdrücken sollte, wurde auffordert, fünf Minuten lang an einen weißen Bären zu denken, und die andere Gruppe wurde aufgefordert, das nicht zu tun.

Das Ergebnis war, dass Mitglieder beider Gruppen weiter an weiße Bären dachten, und zwar mehr als einmal pro Minute, auch wenn sie angewiesen worden waren, dies nicht zu tun. Aber die Gruppe, die mit hoher Wahrscheinlichkeit an weiße Bären denken würde, war die Gruppe, die zu Beginn aufgefordert worden war, nicht daran zu denken. Tatsächlich dachten sie häufiger an weiße Bären als die Teilnehmer, denen von Anfang an aufgegeben worden war, an weiße Bären zu denken.

Ferner nahm bei den Teilnehmern, die aufgefordert worden waren, nicht an weiße Bären zu denken, die Häufigkeit der Gedanken an Bären mit der Zeit zu, als sie nicht mehr versuchten, sie zu unterdrücken. Unter jeder anderen Bedingung nahm die Häufigkeit von Gedanken an weiße Bären während der 45-Minuten-Abschnitte graduell ab. Es sah so aus, als würde der anfängliche Versuch, nicht an weiße Bären zu denken, die Teilnehmer dazu disponieren, später mit ihnen beschäftigt zu sein, und zwar auf eine Weise, die sich später verstärkte. Die Forscher nannten das die „Rückschlagwirkung".

In einer zweiten Studie wurde eine weitere Bedingung hinzugefügt. Eine dritte Gruppe von Teilnehmern wurde angewiesen, nicht an einen weißen Bären zu denken, aber ihnen wurde gesagt, sie sollten, „wenn sie zufällig an einen weißen Bären dachten, stattdessen doch versuchen, an einen roten Volkswagen zu denken". Diese Strategie funktionierte – wenn man den Probanden etwas anderes gab, woran sie denken sollten, schien das die „Rückschlagwirkung" zu blockieren. Die Teilnehmer zeigten die Tendenz, an weiße Bären zu denken, mit der Zeit nicht häufiger, so wie das bei den anderen der Fall gewesen war.

Dies bedeutet für uns, dass es nicht funktioniert, einfach „nicht an etwas zu denken", was einen wütend gemacht hat, weil dies sogar wahrscheinlicher macht, dass wir später daran denken. Wenn wir weitergehen möchten, müssen wir unsere Aufmerksamkeit auf etwas anderes richten.

Wir müssen sie besonders auf Bilder und Gedanken richten, die zum Ziel haben, unsere Emotionen zu beruhigen und in ein Gleichgewicht zu bringen, damit wir zurückkommen und die Situation aus einer mitfühlenden Sicht angehen können (und nicht aus einer Perspektive, die von unserem Bedrohungssystem kontrolliert ist) (7).

Bei diesen Übungen geht es nicht darum, Ärger oder Wut durch Beruhigung wegzutrösten oder zu versuchen, sie durch Ablenkung zu unterdrücken und die Situation in Zukunft zu vermeiden, die zu diesen Gefühlen geführt hat. Die Hinweise der Forschung häufen sich, dass Vermeiden schwieriger Emotionen nicht funktioniert. Vielmehr ist unser Ziel, die Identifikation mit Ärger oder Wut zu lösen und in unsere Emotionen ein wenig Ausgeglichenheit zu bringen, sodass wir zu der Situation, die uns aktiviert hat, zurückkommen und sie aus der Perspektive des mitfühlenden Selbst angehen können. Dies ist kein Vermeiden – es ist Arbeit mit dem Spotlight unserer Aufmerksamkeit, um uns zu helfen, schwierige Situationen aus einer Perspektive anzugehen, die von Mitgefühl motiviert ist, und nicht automatisch auf eine wahrgenommene Bedrohung zu reagieren. Wir entfernen uns für einen Moment, zentrieren uns und kommen zurück, wenn wir soweit sind.

Ihr Bild, das in idealer Weise Mitgefühl verkörpert

Bei unserer nächsten Übung geht es darum, dass Sie für sich „ein Bild“ finden oder herstellen, „das für Sie in idealer Weise Mitgefühl verkörpert“(8). Wie andere Übungen, die uns helfen, Selbstmitgefühl zu empfinden, soll diese Übung uns dabei unterstützen, Gefühlen von Scham und Selbstzweifel und der Gewohnheit zu begegnen, beurteilt, sich nicht gemocht und entwertend kritisiert zu fühlen. Wir tun dies, indem wir einen vollkommenen (oder idealen) mitfühlenden Ernährer imaginieren, der uns akzeptiert, versteht und wertschätzt.

Es kann ein wenig seltsam erscheinen, wenn wir uns jemanden vorstellen, der sich uns gegenüber so verhält. Man kann sogar ängstlich oder traurig werden, wenn einem bewusst wird: „Ich habe in meinem Leben niemanden, der so eine Beziehung zu mir hat." Die Wahrheit ist, dass abgesehen von religiösen Vorstellungen, niemand wirklich einen vollkommenen Ernährer hat – jemanden, der einen bedingungslos akzeptiert, die intimen Gedanken, Gefühle und Motivationen versteht, jemanden, der einen niemals, unter keinen Umständen, verurteilen wird. Reale Menschen können das nicht. Das Entscheidende ist, hier daran zu denken, dass unsere Psyche auf unsere Fantasie reagiert und dass wir diese Tatsache nutzen, um zu verändern, wie wir über uns denken und fühlen. Wie gesagt, unser Beruhigungssystem ist mit Erfahrungen der Zugehörigkeit verknüpft – es reagiert auf Signale und Hinweise auf Sicherheit, Akzeptanz und Freundlichkeit, die uns von anderen entgegengebracht werden. Das Ziel dieser Übung besteht darin, solche Erfahrungen zu stimulieren … und je weniger reale Menschen wir in unserem Leben haben, die uns diese Freundlichkeit und Akzeptanz entgegenbringen, um so wichtiger ist es, dass wir lernen, das selbst für uns zu tun.

Überlegen Sie als Erstes, welche Qualitäten das Bild, das für Sie Mitgefühl verkörpert, für Sie haben sollte – vielleicht vollkommene Akzeptanz, gleich was Sie tun oder wie Sie sind, eine tiefe Anteilnahme und Zuneigung für Sie oder ein Gefühl von Verwandtschaft und Zugehörigkeit. Wenn Sie zum Beispiel das Gefühl haben, dass Sie kein Mitgefühl verdienen, stellen Sie sich vor, dass das Bild, das für Sie Mitgefühl verkörpert, diese Sorge versteht und Ihnen bei diesen Gefühlen hilft. Wenn Sie sich nicht verstanden fühlen, können Sie sich vorstellen, dass Ihr Bild die Eigenschaft vollkommenen Verständnisses besitzt. Es geht darum, dass Ihr Bild Ihnen entspricht – dass es Qualitäten besitzt, die vollkommen darauf abgestimmt sind, Ihren Bedürfnissen zu entsprechen und Ihnen bei Ihren persönlichen Schwierigkeiten zu helfen. Dieses Wesen versteht die Situation von uns Menschen, die Conditio humana, sehr gut, vielleicht weil es selbst Schwierigkeiten durchgemacht hat. Es versteht, dass wir alle einfach hier sind – wir werden geboren, wachsen auf und werden irgendwie zu den Menschen, die wir sind –, mit einem komplizierten Gehirn und mit Gefühlen und Problemen, die wir uns nicht ausgesucht haben und auf die wir vielleicht nicht vorbereitet sind. Manchmal erleben wir, wie wir unsere Probleme vermeiden, oder aus Ärger oder Wut auch Dinge tun, die sie verschlimmern. Unser Bild, das Mitgefühl in idealer Weise verkörpert, versteht, dass dies ein Teil der Tatsache ist, ein Mensch zu sein. Ihr Bild, das Mitgefühl so verkörpert, wird immer versuchen, Ihnen zu helfen, mitfühlender mit sich selbst und mit anderen zu werden, und wird Sie nie hart oder unfair kritisieren.

Wenn Sie merken, dass Sie sich mit dieser Übung schwertun, beginnen Sie damit, dass Sie sich nur eine mitfühlende Stimme vorstellen, die Ihnen solche Dinge sagt, die Sie z. B. einem Freund sagen würden, der Ihnen sehr am Herzen liegt, wenn Sie ihn beruhigen oder trösten wollten. Es geht bei all diesen Übungen darum, eine Möglichkeit zu finden, sich selbst Mitgefühl entgegenzubringen und sich zu erlauben, es anzunehmen und sich beachtet und umsorgt, respektiert und wertgeschätzt zu fühlen

Übung 7.4: Ihr Bild, das in idealer Weise Mitgefühl verkörpert

Beginnen Sie diese Übung wie die anderen damit, dass Sie eine aufrechte, würdevolle Haltung einnehmen, Ihr Gesicht entspannen und lächeln. Atmen Sie etwa 30 Sekunden im langsameren Rhythmus der Beruhigenden Atmung.

- Denken Sie an die Qualitäten, die wir besprochen haben, und beginnen Sie, Ihr ideales Bild von Mitgefühl zu visualisieren. Überlegen Sie, wie es aussehen würde. Sollte es alt oder jung sein? Männlich oder weiblich? Vielleicht nicht wie ein Mensch, sondern eher wie ein Tier oder wie ein Teil der Natur? Nehmen Sie wahr, was Ihnen einfällt, wenn Sie an ein Bild denken – mit der Zeit werden Sie vielleicht sehen, dass verschiedene Bilder kommen und gehen. Versuchen Sie nicht, sie festzuhalten. Schauen Sie nur, was passiert, und gehen Sie mit dem, was nützlich für Sie ist. Wie würde die Stimme dieses Bildes von Mitgefühl klingen, wenn es mit Ihnen kommunizieren würde? Stellen Sie sich seinen Gesichtsausdruck vor – wie es Sie anlächelt oder sich für Sie interessiert. Bleiben Sie die nächsten 30 Sekunden dabei, sich Ihr Bild auszumalen, das in idealer Weise Mitgefühl verkörpert, ein Bild, das in jeder Hinsicht für Sie vollkommen ist.

- Wenn Sie möchten, können Sie sich vorstellen, wie dieses Bild zu Ihnen an den sicheren Ort kommt, den wir weiter unten in diesem Kapitel in Übung 7.7 entwickeln werden. Wenn Sie mit dieser Übung vertraut geworden sind, können Sie an diesen Ort denken. Stellen Sie sich vor, dass Ihr Bild auf Sie zukommt, um Sie zu treffen, und dass Sie auf das Bild zugehen. Spüren Sie seine Freude, wenn es Sie anlächelt. Stellen Sie sich vor, dass es bei Ihnen ist, entweder vor Ihnen steht oder vielleicht neben Ihnen sitzt oder steht. Bleiben Sie etwa 30 Sekunden bei der Vorstellung dieser Szene.
- Nehmen Sie sich ein paar Minuten Zeit und wenden Sie sich anderen sinnlichen Qualitäten zu, die mit Ihrem Bild idealen Mitgefühls verbunden sind. Fokussieren Sie auf die Empfindung ihrer Anwesenheit und auf das Gefühl, dass Sie dieses mitfühlende Wesen bei sich haben und dass es Sie unterstützt. Bleiben Sie etwa 30 Sekunden dabei.
- Stellen Sie sich vor, wie Ihr mitfühlendes Ideal mitfühlend wurde. Vielleicht hat es viel Schmerz und Leiden erlebt, hat viele gute und schlechte Dinge getan, aber gelernt, sich dem Weg des Mitgefühls zu widmen. Es geht darum, dass dieses ideale mitfühlende Wesen das Leiden und den Schmerz der Menschheit tief versteht und auch Ihre persönlichen Schwierigkeiten und Mühen vollkommen verstehen kann. Seine Weisheit geht auf das innere Wissen des Schmerzes und des Leidens zurück, die Teil des Lebens sind. Sein tiefster Wunsch ist, Ihnen vollkommenes Mitgefühl und Verständnis entgegenzubringen. Schauen Sie die nächsten 30 Sekunden diesen Aspekt Ihres mitfühlenden idealen Gegenübers an und lassen Sie es auf sich wirken.
- Stellen sie sich jetzt vor, dass Ihr mitfühlendes Bild bestimmte Qualitäten hat. Beginnen Sie damit, dass Sie sich dem Gefühl von Sicherheit, Freundlichkeit und Wärme zuwenden, das Sie empfinden, wenn Sie bei Ihrem mitfühlenden Bild sind. Stellen Sie sich vor, wie es wäre, wenn Sie bei ihm vollkommen sicher wären (es spielt keine Rolle, ob Sie sich tatsächlich sicher fühlen oder nicht – das Entscheidende ist, dass Sie sich vorstellen, wie es wäre, wenn). Nehmen Sie die Gefühle wahr, die Sie dabei haben. Bleiben Sie so etwa 30 Sekunden.
- Wir fokussieren jetzt auf das Empfinden seiner Reife, Autorität und seines Selbstvertrauens. Es wird nicht von Ihrer Wut, Ihrem Schmerz oder Ihrer

Not überwältigt, es wird nicht von den seltsamen Dingen abgestoßen, die in Ihnen vor sich gehen. Es bleibt präsent, hält bei Ihnen aus. Stellen Sie sich vor, wie es wäre, bei so einem mitfühlenden Wesen zu sein, das nur für Sie da ist und ein Bewusstsein von ruhiger Stärke und Selbstvertrauen vermittelt und Ihnen hilft, diese Qualitäten auch zu erleben. Bleiben Sie etwa 30 Sekunden bei dieser Imagination.

- Stellen Sie sich weiter vor, dass Ihr mitfühlendes Bild auch große Weisheit besitzt, die auf seine Erfahrung und Hingabe zurückgeht. Ein Teil dieser Weisheit kommt in seiner Freundlichkeit, dem ruhigen Selbstvertrauen und dem tiefen Wunsch zum Ausdruck, zu helfen und zu unterstützen. Stellen Sie sich vor, dass seine Weisheit es befähigt, Ihre Kämpfe, Hoffnungen und Ängste wirklich zu verstehen. Stellen Sie sich vor, dass es diese Weisheit an Sie weitergibt. Bleiben Sie so etwa 30 Sekunden lang.
- Fokussieren Sie jetzt darauf, dass Ihr mitfühlendes Gegenüber sich Ihnen sehr verpflichtet fühlt, dass es sehr loyal ist. Stellen Sie sich vor, dass es Sie unter allen Umständen vollkommen annimmt, gleich, was Sie tun oder was Sie sind, und dass es dazu steht, Sie zu unterstützen, mitfühlender mit sich selbst und mit anderen zu werden und das Leben besser zu bewältigen. Seine Freundlichkeit, Akzeptanz und Loyalität werden Ihnen einfach geschenkt, und es gibt nichts, was es veranlassen könnte, Sie abzulehnen. Bleiben Sie etwa 30 Sekunden bei dieser Vorstellung.
- Behalten Sie Ihren freundlichen Gesichtsausdruck, atmen Sie in einem beruhigenden Rhythmus und stellen Sie sich vor, wie Ihr ideales mitfühlendes Gegenüber mit warmer Stimme mit Ihnen spricht und seine tief empfundenen Wünsche und seine Entschlossenheit, zu Ihnen zu stehen, ausdrückt.
  - (Ihr Name) Mögest du frei von Leiden sein.
  - (Ihr Name) Mögest du glücklich sein.
  - (Ihr Name) Mögest du aufblühen.
  - (Ihr Name) Mögest du Frieden finden.
- Bleiben Sie eine Minute bei dieser Imagination.
- Wenn Sie soweit sind, lassen Sie das Bild Ihres mitfühlenden Gegenübers verblassen und kommen Sie mit Ihrem Bewusstsein wieder zum gegenwärtigen Moment zurück.

Mitgefühl strömt in uns ein

Bei dieser Übung visualisieren wir Mitgefühl und Freude als heilendes Licht, das von einer Quelle außerhalb von uns in uns einströmt. Sie können sich vorstellen, dass diese mitfühlenden Wünsche von Ihrem idealen mitfühlenden Bild, von einem Aspekt der Natur, von freundlichen Wesen im Universum oder von einer spirituellen Quelle kommen, zu der Sie im Rahmen Ihres persönlichen Glaubens oder Ihrer Tradition Zugang haben. Es spielt keine Rolle, welcher Art diese Quelle ist; wichtig ist, dass Sie in Ihrer Imagination akzeptieren können, dass diese Wünsche in Sie einströmen.

Übung 7.5: Mitgefühl strömt ein

Bleiben Sie wieder etwa 30 Sekunden bei der Beruhigenden Atmung und suchen Sie Zugang zu der Freundlichkeit, Weisheit und selbstbewussten Autorität Ihrer mitfühlenden Orientierung.

- Stellen Sie sich vor, dass außerhalb von Ihnen eine Quelle großer Freundlichkeit und großen Mitgefühls sieht, dass Sie es schwer haben und dass es seine Kraft darauf richtet, Ihnen zu helfen. Stellen Sie sich vor, dass Ihnen diese Quelle großes Mitgefühl, Frieden und Freundlichkeit schickt.
- Stellen Sie sich weiter vor, dass dieser große Wunsch, Sie mögen glücklich sein, die Form von Licht annimmt – in jeder Farbe, die Sie mögen –, und dass dieses Licht in Sie einströmt, durch die Krone Ihres Schädels (oder, wenn Sie möchten, auf der Höhe Ihres Herzens).
- Dann sammelt sich dieses Licht auf der Höhe Ihres Herzens und erfüllt Sie. Während es in Sie einströmt, erleben Sie, wie sich in Ihnen eine Empfindung von großem Mitgefühl, Frieden und Freundlichkeit ausbreitet. Wenn dieses Licht in Ihnen auf einen Schmerz stößt und ihn berührt – körperlichen oder emotionalen Schmerz –, hüllt es diesen Schmerz einfach ein und hält ihn sanft in Wärme und Mitgefühl.

- Stellen Sie sich abschließend vor, dass Sie ganz von diesem Licht erfüllt und ganz von dieser Empfindung von Mitgefühl, Frieden und Freundlichkeit erfüllt sind, dass Sie sich vollkommen sicher und wohl fühlen.

Mit Mitgefühl bei Schmerz

Bei dieser Übung nutzen wir unsere Fantasie, um unserem eigenen Schmerz Mitgefühl entgegenzubringen. Das kann der Schmerz einer Verlegenheit, der Schmerz eines Bedauerns, dass man herzlos mit jemandem gesprochen hat, den man liebt, oder auch der physische Schmerz eines eingewachsenen Fußnagels sein. Man kann dieses Mitgefühl auch für Gefühle des Grolls oder der Kränkung wecken, die wir vielleicht zu ignorieren versucht haben. Wir stellen uns vor, Mitgefühl für diesen Schmerz zu haben und umhüllen und halten ihn mit Akzeptanz und Freundlichkeit. Wir decken den Schmerz nicht zu und drängen ihn nicht weg. Die Visualisierung von Licht ist optional – manchen liegt es, Licht zu visualisieren, und anderen nicht. Suchen Sie einfach die Form, die bei Ihnen am besten wirkt. Das Entscheidende ist, dass Sie sich einem Teil von sich, der schmerzt oder leidet, mit Mitgefühl zuwenden.

Übung 7.6: Dem Schmerz Mitgefühl entgegenbringen

Bleiben Sie wieder etwa 30 Sekunden bei der Beruhigenden Atmung und suchen Sie Zugang zu der Freundlichkeit, Weisheit und selbstbewussten Autorität Ihres Mitgefühls.

- Nehmen Sie sich einen Moment Zeit, um über eine Erfahrung von körperlichem oder emotionalem Schmerz in Ihrem Leben nachzudenken – es kann eine körperliche Verletzung oder der emotionale Schmerz einer Wut, von Bedauern, Traurigkeit, Enttäuschung, Verlegenheit oder ein anderer Schmerz sein.

- Stellen Sie sich vor, dass Sie sich mit Mitgefühl und Freundlichkeit diesem Schmerz zuwenden, ihn annehmen, weil er Teil Ihrer Lebenserfahrung ist, und ihn in Wärme, Sicherheit und Freundlichkeit halten und beruhigen.
- Sie können sich auch vorstellen, dass diese freundliche Hinwendung als ein Punkt von Licht auf der Höhe Ihres Herzens entsteht (überlegen Sie, welche Farbe das Licht haben könnte). Stellen Sie sich vor, dass dies das Licht von Mitgefühl, Frieden und Glück ist und dass es mit dem Rhythmus Ihrer Atmung pulsiert. Stellen Sie sich vor, dass sich dieses Licht zu Ihrem Schmerz erstreckt, ihn sanft umhüllt und ihn mit Wärme hält und als Teil Ihrer gegenwärtigen Erfahrung annimmt.
- Beobachten Sie, was mit der Erfahrung Ihres Schmerzes passiert, wenn er in Ihrem freundlichen Mitgefühl gehalten wird. Wie gesagt, versuchen Sie nicht, ihn loszuwerden – er ist nicht schlecht, er ist nur eine Erfahrung, die Sie in diesem manchmal schwierigen Leben machen.

Die Übung des sicheren Ortes

Wie wir gesehen haben, werden Ärger und Wut aktiviert, wenn wir uns bedroht oder in Gefahr fühlen – unser Gehirn nimmt eine Gefahr wahr und löst eine Reaktion aus. Solange unsere Aufmerksamkeit auf die Wahrnehmung der Gefahr gerichtet ist, werden Ärger oder Wut wahrscheinlich anhalten. Das Ziel dieser Übung mit Bildern ist es, eine innere Erfahrung herzustellen, die vollkommen frei von allen Gefühlen der Bedrohung und Gefahr ist. Wir stellen innerlich einen „Ort" her, der sicher, angenehm und beruhigend ist – einen Ort, an dem man sich willkommen und wertgeschätzt fühlt. Diese Übung hat besonders zum Ziel, Ihr Beruhigungssystem zu stimulieren, und ist ganz auf Sie persönlich abgestimmt, und insofern einzigartig. Manche stellen sich vor, dass sie an einem Strand sind, sie riechen das Wasser und spüren den Wind in ihrem Haar. Oder sie sind in einem schönen Wald und beobachten, wie die Sonne durch die Bäume scheint. Andere ziehen andere Plätze vor, an die sie sich gern erinnern. Es gibt keine Regeln dafür, wie ein sicherer Ort aussehen sollte, außer dass es ein Ort ist, an dem man sich wirklich sicher, wohl und willkommen fühlt. Es können Menschen oder Tiere dort sein, oder man ist ganz allein. Ich selbst habe mehrere sichere „Orte“: Einer ist ein Strand, an dem ich spazieren gehe, und die Sonne scheint mir ins Gesicht und der salzige Geruch des Meeres dringt in meine Nase. Ein anderer ist mein Lieblingspub in Birmingham in England. Es gibt dort alte Balken und Möbel aus Eiche, freundliche Gesichter und das leckere Aroma von Steak Pie an meinem Tisch. Experimentieren Sie damit, was für ein innerer Raum bei Ihnen am besten wirkt. Ihr sicherer Ort heißt Sie willkommen und freut sich, dass Sie da sind. Er freut sich an Ihrer Gegenwart. Wenn Sie da sind, können Sie sich vorstellen, dass Ihre Sorgen, Ihre Wut und Ihr Gefühl, bedroht zu sein, wegschmelzen und von dem beruhigenden Gefühl, wertgeschätzt und akzeptiert zu sein, ersetzt werden.

Übung 7.7: Einen sicheren Ort herstellen

Beginnen Sie damit, dass Sie wieder eine aufrechte, würdevolle Haltung einnehmen, die Gesichtsmuskeln entspannen und lächeln. Lassen Sie Ihre Atmung langsam werden und nehmen Sie für etwa 30 Sekunden den Rhythmus der Beruhigenden Atmung an.

Wenn Sie so weit sind, überlassen Sie sich der Vorstellung, dass Sie an einem angenehmen und beruhigenden Ort sind, wo Sie von einem Gefühl von Sicherheit und ruhiger Bequemlichkeit erfüllt sind. Dies ist Ihr Platz, dessen Anblick und dessen Gerüche Sie beruhigen.

- Imaginieren Sie die Einzelheiten dieses Ortes. Was sehen Sie? Was hören und was riechen Sie? Was fühlen Sie? Versuchen Sie, eine innere Erfahrung davon zu formen, wie es hier ist. Nehmen Sie sich ein paar Momente Zeit (zwischen 30 Sekunden und einer Minute, oder länger, wenn Sie möchten) und stellen Sie sich genau vor, wie dieser Ort ist.

- Gibt es hier noch andere Wesen (Menschen, Tiere)? Wenn ja, stellen Sie sich vor, dass sie Sie willkommen heißen, wertschätzen und sich freuen, dass Sie da sind.
- Stellen Sie sich auch vor, dass dieser Platz selbst sich über die Tatsache freut, dass Sie da sind, dass dieser Platz Sie willkommen heißt und Sie akzeptiert.
- Bleiben Sie so lange Sie möchten dabei und malen Sie sich diesen sicheren beruhigenden Ort aus und untersuchen Sie ihn. Wenn sich Gedanken aufdrängen oder Sie ablenken, nehmen Sie sie achtsam als Ablenkungen wahr (versuchen Sie darauf zu verzichten, sie zu beurteilen oder sich in sie zu verwickeln) und kommen Sie mit Ihrer Aufmerksamkeit zu Ihrem sicheren Ort zurück. Es ist in Ordnung, dem Drang wütender Gedanken zu widerstehen, gleich, wie dringend sie sich anfühlen. Diese Dringlichkeit ist nur eine Qualität von Emotionen, die auf Bedrohung oder Gefahr zurückgehen. Keine Sorge – Sie können später darauf zurückkommen und sich diesen Dingen zuwenden, wenn sich alles ein wenig ausgeglichener anfühlt. Im Moment ist es wichtig, ein wenig an diesem beruhigenden Ort zu bleiben und sich zu erlauben, sich sicher, wohl, wertgeschätzt und ruhig zu fühlen.

Zusammenfassung

In diesem Kapitel haben wir eine Reihe von Übungen mit Bildern beschrieben, die Ihnen helfen können, Ihr Beruhigungssystem zu aktivieren und die Qualitäten Ihres mitfühlenden Selbst zu entwickeln. Weil wir auf imaginierte Erfahrungen ähnlich emotional wie auf Erfahrungen in der äußeren Welt reagieren können, sind Bilder starke Hilfsmittel, um bevorzugte innere Zustände zu kultivieren. Statt unsere Fähigkeit, zu imaginieren und zu fantasieren, dazu zu benutzen, Ärger oder Wut zu nähren, wie wir das in der Vergangenheit wahrscheinlich getan haben, lernen wir, sie als Hilfe zu nutzen, uns zu beruhigen und mitfühlende Qualitäten zu entwickeln.

Wie bei jeder Technik, ist es auch hier wichtig, sie so oft zu üben, wie man kann – auch kurze Übungsabschnitte sind sehr wirksam. Wir können die Übungen abkürzen, um sie an die Zeitspanne anzupassen, die uns zur Verfügung steht. Zum Beispiel muss man bei den Übungen zum mitfühlenden Selbst oder zum idealen mitfühlenden Bild nicht jedes Mal alle Attribute berücksichtigen. Vielmehr kann man sich auf die Attribute fokussieren, die einem im jeweiligen Moment am nützlichsten erscheinen, oder auf das allgemeine Gefühl von einem selbst als mitfühlendes Wesen oder auf die Vorstellung eines mitfühlenden Wesens, das uns akzeptiert und unterstützt. Wie gesagt, Sie können auf die verschiedenen Teile der Übungen mehr Zeit verwenden, wenn Sie möchten. Sie müssen auch keine scharfen Bilder vor Ihrem inneren Auge erzeugen – flüchtige Bilder reichen aus. Wahrscheinlich werden Sie die Erfahrung machen, dass Ihnen manche Übungen besser gefallen als andere. Es ist in Ordnung, wenn Sie mit den Übungen, die am besten bei Ihnen wirken, mehr Zeit verbringen und seltener zu den anderen zurückkommen, um auch sie zu entwickeln. Es kann nützlich sein, das Tagebuch zur Mitgefühlspraxis zu verwenden, um Ihre Fortschritte zu dokumentieren (Kapitel 5).

Eine Vorlage für so ein Tagebuch oder Protokoll und angeleitete Audioversionen (MP3) mehrerer dieser Übungen finden Sie im Abschnitt „Arbeit mit Ärger und Wut“ bei www.compassionatemind.net (auf Englisch).

8 Mitfühlende Arbeit mit Ärger und Wut: Anerkennen und Tolerieren des Leidens und unserer Emotionen

Wir haben gesehen, wie Ärger und Wut in uns wirken und wie Mitgefühl als ein Gegenmittel dienen kann. Jetzt schauen wir uns an, wie wir unserer eigenen Erfahrung von Wut mit Mitgefühl begegnen können. Dabei ist es von Nutzen, wenn wir ein Bespiel haben, das die verschiedenen Aspekte veranschaulicht, die wir besprechen wollen.

Ein Fallbeispiel: Sheila und Joshua

Im Verlaufe der vergangenen Jahre hatte Sheila einen beträchtlichen Ärger in ihrer Beziehung mit ihrem 25 Jahre alten Sohn angesammelt. Joshua studierte an der Universität und hatte sein Studium immer wieder unterbrochen und während der letzten sechs Jahre verschiedene Jobs und akademische Programme begonnen und wieder abgebrochen und wenig Fortschritte in Richtung eines Berufs gemacht. Sheila war 51 Jahre alt und hatte Josh allein aufgezogen. Zugleich hatte sie einen sehr anspruchsvollen

Beruf in der Werbebranche. Sie hatte sehr schwer gearbeitet, um ihrem Sohn ein gutes Leben zu ermöglichen und seine Ausbildung zu finanzieren. Sie liebte ihren Sohn sehr, aber sie empfand oft Ärger und Frustration über die Entscheidungen, die er für sein Leben traf oder nicht traf. „Ich bin richtig wütend auf ihn. Er verbringt seine Zeit damit, dass er herumliegt, Videospiele spielt und mit seinen Freunden herumhängt. Er bleibt bei keinem Job, und weil er sich nicht entscheiden kann, was er mit seinem Leben machen will, macht er keinen Abschluss. Er macht nichts, was ihm helfen könnte. Ich habe mich in den vergangenen 25 Jahren fast zu Tode gearbeitet, um ihm diese Möglichkeiten zu verschaffen, und er wirft sie mir einfach ins Gesicht!" Sheila pendelte hin und her zwischen Wut auf Josh und Ärger auf sich selbst, weil sie sich seine Situation als ihren eigenen Fehler anrechnete: „Es war meine Aufgabe, ihn aufzuziehen und ihm die Mittel zu verschaffen, Erfolg zu haben – ich habe ganz klar versagt!" Ihre Interaktionen mit Josh wurden immer angespannter und bissiger, was ihr in gewissem Maß auch bewusst war: „Ich werde jetzt allein schon wütend, wenn ich nur an ihn denke. Wenn ich die Nummer auf dem Display meines Telefons sehe, wenn es klingelt, und ich weiß, dass er es ist, bin ich schon wütend, bevor ich abnehme! Ich weiß einfach, dass er mir von seiner neuesten Pleite erzählt und erwartet, dass ich ihn da raushole, indem ich bezahle."

Sheila war überzeugt, dass sich die Dinge für ihn anders entwickelt hätten, wenn sie in der Lage gewesen wäre, Joshua mit einem männlichen Rollenmodell zu versorgen. Manchmal, wenn ihre Scham sie überwältigte, versuchte sie, „ihm zu helfen", indem sie ihm Geld schickte, auch wenn er nicht darum gebeten hatte (und mehrmals auch dann, als er ihr gesagt hatte, sie solle es lassen). Sheila fühlte sich in einem Teufelskreis von Wut, Enttäuschung, Angst um die Zukunft ihres Sohnes, dem Wunsch, sein Verhalten zu kontrollieren, und Scham gefangen.

Was Sheila durchmacht, zeigt, wie sich Ärger und Wut in unserem Denken selbst nähren und verstärken können. Sie versteht das Verhalten ihres Sohnes als Zeichen negativer Persönlichkeitsmerkmale auf seiner Seite – Faulheit, Undankbarkeit – und ihres Versagens als Mutter. Sie verbringt viel Zeit damit, darüber zu grübeln, was sie so wütend auf ihren Sohn und sich selbst macht. Dabei steht sowohl sein „Versagen" als auch ihr eigenes im Mittelpunkt, und als Folge übersieht sie die Anzeichen von Erfolg in seinem Leben (oder ihre eigenen Erfolge im Hinblick auf ihn). In Gesprächen mit Kollegen, deren Kinder zum Teil Medizin studieren oder schon in einem Beruf erfolgreich sind, empfindet sie Verlegenheit. Sie überlässt sich düsteren Fantasien über seine Zukunft – dass er auf Dauer arbeitslos und allein bleiben und dass er wieder bei ihr einziehen würde und dass andere sie an seinem Versagen messen und entsprechend bewerten würden. Sheila empfand ein starkes Verlangen, Joshua zu kontrollieren und ihn zu zwingen, sein Leben auf eine Weise zu leben, die ihren Standards entsprach. Im Folgenden werden wir in diesem Kapitel Sheilas Fall als Beispiel verwenden, das uns zeigen wird, wie wir die Techniken des Mitgefühls verwenden können, um entgegenzuwirken, wie sich Ärger und Wut in uns auswirken.

Unsere Reaktion mit Ärger oder Wut

Der Fragebogen zur Beobachtung von Ärger oder Wut (Anger Monitoring Form)

Ich habe Sie mehrmals aufgefordert, Ihre Wut, die Faktoren, die dazu tendieren, sie auszulösen, und was Sie in der Regel empfinden und denken und wie Sie sich verhalten, wenn Sie Ärger oder Wut empfinden, anzuschauen. Wenn man auf diese Weise mit Ärger und Wut vertraut wird, ebnet man damit den Weg für achtsame innere Arbeit daran, denn dann hat man ein Gefühl für das, womit es zu arbeiten gilt. Es erlaubt auch, Situationen im Voraus zu erkennen, die wahrscheinlich Wut auslösen, und zu planen, wie man mit ihnen umgehen will. Der Fragebogen zur Beobachtung von Ärger oder Wut kann uns helfen, unseren Ärger und unsere Wut achtsam zu beobachten und dann mitfühlende Alternativen zu finden, wie wir mit diesen Gefühlen und mit der Situation, die sie auslöst, umgehen könnten.

Situation/Auslöser
Beschreiben Sie kurz, was passiert ist – die Situation, die Wut oder Ärger provoziert hat. Um was für eine Bedrohung oder Gefahr ging es? Beschreiben Sie auch den Kontext („Ich war spät dran, und die Leute vor mir haben gebummelt").

Meine Reaktion

Emotionen
Welche Gefühle hatten Sie in der Situation? Wenn man Ärger oder Wut empfindet, sind da oft auch andere Emotionen. Benennen Sie sie genau (Wut, Ärger, Zorn, Verlegenheit, Scham, Angst, Traurigkeit, Erregung usw.).

Gedanken
Was sagen Sie zu sich und wie reden Sie mit sich? (Zum Beispiel: „Ich kann nicht zulassen, dass er mich so respektlos behandelt", „Sie war wahrscheinlich bloß sehr in Eile".) Wie passen Ihre Gedanken zu Ihrer Wut? Haben Sie sie verstärkt oder beruhigt?

Verhalten
Was haben Sie gemacht? Wie haben Sie gehandelt?

Was sagt mein mitfühlendes Selbst?
Denken Sie an Ihren weisen, freundlichen, selbstbewussten und mitfühlenden Teil, mit dem Sie bei der Übung zum mitfühlenden Selbst in Kontakt waren. Was würde er denken oder sagen? Wie würde Ihr mitfühlendes Selbst mit dieser Situation umgehen?

Was hätte mein mitfühlendes Selbst getan?
Wie würde sich Ihr mitfühlendes Selbst in dieser Situation verhalten, wenn es das Sagen hätte?

Ergebnis

Wie ist es ausgegangen? Was hat in der Situation geholfen? Was von dem, was Sie getan haben, hat geholfen? Was hat Sie daran gehindert, in der Situation das Bestmögliche zu tun?

Der Sinn des Fragebogens zur Beobachtung von Ärger oder Wut besteht darin, dass man mit ihm eine strukturierte Weise hat, um zu untersuchen, wie Ärger oder Wut in unserem Leben in Erscheinung treten und gelebt werden. Wenn wir diesen Fragebogen verwenden, können wir bestimmte Muster in den Situationen, die Ärger oder Wut auslösen, und darin erkennen, wie wir reagieren. Dies kann uns helfen, uns darauf einzustellen und zu planen, wie wir in Zukunft mit ähnlichen Situationen umgehen wollen. Der Fragebogen regt uns auch an, mitfühlendes Denken anzuwenden, um Alternativen zu unseren gewohnten Reaktionen auf Ärger oder Wut zu suchen. Das wird uns im Rest dieses Kapitel beschäftigen. Es folgt ein Beispiel aus Sheilas Arbeit mit Ihrem Ärger sowie ein leerer Fragebogen.

Fragebogen zur Beobachtung von Ärger oder Wut

Dieser Fragebogen soll Ihnen helfen, mit den Situationen, die tendenziell Ärger oder Wut bei Ihnen auslösen, und damit, wie Sie in der Regel reagieren, vertraut zu werden. Es kann Ihnen dabei helfen, mitfühlende Alternativen zu finden. Wählen Sie eine Situation in dieser Woche, in der Sie Wut, Zorn oder Ärger erlebt haben.

Situation/Auslöser: *Anruf von Joshua. Er erzählte mir, dass er sein Hauptfach doch wieder wechselt, diesmal zu Kunst.*

Emotionen: *Ärger und Sorge. Ich war auch hoffnungslos und fühlte mich unzulänglich als Mutter, als wäre es mein Fehler, dass er seine Sachen nicht auf die Reihe bekommt.*

Gedanken: *Das bedeutet ein Jahr länger auf dem College. Er wird nie einen guten Job finden. Warum kann er nicht einfach aufhören rumzumachen und anfangen zu arbeiten? Das ist mein Fehler. Meine Eltern hätten das nie mitgemacht.*

Verhalten (Was habe ich gemacht?): *Ich habe ihn angefahren und ihm gesagt, dass es mir reicht und dass er seine Sachen endlich auf die Reihe kriegen muss. Ich habe ihm auch gesagt, dass es für Künstler keine guten Jobs gibt.*

Was sagt mein mitfühlendes Selbst? *Er macht das nicht nur, um mich zu frustrieren. Er versucht herauszufinden, wie er leben will. Josh ist ein erwachsener Mann, der seine eigenen Entscheidungen treffen kann. Ich muss mit ihm nicht einer Meinung sein, um ihn zu lieben und zu unterstützen.*

Was würde mein mitfühlendes Selbst tun? *Ihn zurückrufen und mich entschuldigen. Deutlich meine Sorgen ausdrücken, und zwar auf eine Weise, mit der ich ihn nicht angreife. Mit meinen eigenen Gefühlen arbeiten, damit ich seine Entscheidungen akzeptieren kann.*

Ergebnis? *Ich habe ihn schließlich noch einmal angerufen und mich entschuldigt. Ich hadere immer noch mit seiner Entscheidung, aber ich bin nicht mehr so ärgerlich.*

Fragebogen zur Beobachtung von Ärger oder Wut

Dieser Fragebogen soll Ihnen helfen, mit den Situationen, die tendenziell Ärger oder Wut bei Ihnen auslösen, und damit, wie Sie in der Regel reagieren, vertraut zu werden. Es kann Ihnen dabei helfen, mitfühlende Alternativen zu finden. Wählen Sie eine Situation in dieser Woche, in der Sie Wut, Zorn oder Ärger erlebt haben.

Situation/Auslöser: ______________________________

____

Emotionen: ______________________________

____

Gedanken: ______________________________

____

Verhalten (Was habe ich gemacht?): ______________________________

____

Was sagt mein mitfühlendes Selbst? ______________________________

____

Was würde mein mitfühlendes Selbst tun? ______________________________

____

Ergebnis? ______________________________

____

Mitfühlende Anerkennung von Ärger und Wut als eine Reaktion auf Bedrohung oder Gefahr

Die erste Übung dieses Kapitels soll uns helfen, die entwertende Selbstkritik und die Scham zu überwinden, die uns davon abhalten, bewusst mit Ärger und Wut umzugehen. Scham und entwertende Selbstkritik aufgrund von Ärger oder Wut und ihrer Folgen können großen Schmerz verursachen und dazu führen, dass wir diese Gefühle entweder ganz ignorieren oder entsprechendes Verhalten „rechtfertigen" und versuchen, zu vermeiden, uns dem Schaden und den Schwierigkeiten, die sie verursacht haben, zu stellen. Als Folge empfinden wir Feindseligkeit gegenüber uns selbst, gegenüber anderen Menschen oder gegenüber den Situationen, die sie auslösen, statt die Aggression selbst als das Thema zu sehen. Diese Tendenz verstärkt lediglich den gewohnten Prozess von Ärger oder Wut. Wir werden noch darauf eingehen, wie man mit solchen auslösenden Situationen umgehen kann, aber als Erstes wenden wir uns diesen Emotionen selbst zu. Wir verschieben bewusst den Fokus von der Situation (der Schlacht) dahin, wie Ärger oder Wut in unserem Leben (dem Krieg) immer wieder in Erscheinung treten. Schwierige Situationen kommen und gehen vorüber, aber unkontrollierte Wut kann in vielen Aspekten in unserem Leben Probleme schaffen. Wenn man einmal in der Lage ist, zu bestimmen, wie man reagiert, wenn man sich bedroht fühlt, ist man viel besser gerüstet, mit der Situation besonnen und mit Mitgefühl umzugehen. Wenn etwas in unserem Leben schlecht läuft (wie das manchmal so ist, auch wenn wir unser Bestes tun), können wir aufhören oder vermeiden, es noch zu verschlimmern.

Wir müssen eine Form finden, wie wir für unsere Wut Verantwortung übernehmen können, ohne dass wir uns als Folge beschämt, „schlecht", angegriffen, selbstgerecht oder verächtlich fühlen. Wenn wir dies tun, müssen wir achtsam erkennen, wenn wir anfangen, Ärger oder Wut zu rechtfertigen, zu verleugnen oder anderen anzulasten, und diese Beobachtungen zum Anlass nehmen, uns wieder dem mitfühlenden Denken zuzuwenden. Vergessen Sie nicht, dass wir uns zwar nicht ausgesucht haben, dass wir ein Bedrohungssystem haben, welches Ärger oder Wut erzeugt, dass wir aber das Leiden anerkennen können, das sie uns und anderen Menschen bereiten. Wir können uns dafür entscheiden, mit diesen Gefühlen besser umzugehen. In dieser Übung erinnern wir uns wieder daran, dass Ärger und Wut Versuche unseres Gehirns sind, uns zu schützen, und wir sie uns nicht vorwerfen müssen, und wir nehmen uns vor, effektiver damit zu arbeiten.

Man kann diese Übung jederzeit machen. Wie bei allen Übungen ist es nützlich, sie dann zu machen, wenn sie leichtfällt – deshalb ist es sinnvoll, mit Ärger aus geringem Anlass anzufangen.

Übung 8.1: Mitfühlendes Verständnis von Ärger und Wut als Reaktion auf Bedrohung oder Gefahr

Nehmen Sie eine würdevolle Haltung ein, verlangsamen Sie Ihre Atmung und vergegenwärtigen Sie sich die Charakteristika Ihres mitfühlenden Selbst: Stellen Sie sich vor, dass Sie die Qualitäten einer selbstbewussten, ruhigen und weisen Autorität annehmen, die Sie unterstützen und verständnisvoll und hilfsbereit für Sie da sein möchte. Spüren Sie diese Qualitäten in sich, während Sie atmen. Lassen Sie Ihr Gesicht einen freundlichen Ausdruck annehmen und stellen Sie sich vor, dass Ihre Stimme fest, freundlich und verständnisvoll klingt. Stellen Sie sich vor, dass Sie mit Mitgefühl sprechen. Stellen Sie sich ein paar Momente lang vor, dass Sie sich von außen betrachten und Ihr mitfühlendes Selbst beobachten. Versuchen Sie nun, sich vorzustellen, wie es wäre, wenn Sie mit diesen Qualitäten in der Situation wären, mit der Sie Schwierigkeiten haben.

- Nutzen Sie Ihr waches Bewusstsein und beobachten Sie die Erfahrung Ihres Ärgers oder Ihrer Wut. Beobachten Sie die Gedanken und Fantasien, die Ihre emotionale Erfahrung nähren und stärken. Nehmen Sie wahr, wie sich Ihr Ärger oder Ihre Wut in Ihrem Körper anfühlen und welche Empfindungen damit verbunden sind.
- Beobachten Sie Ihre Gefühle und Ihre Motivationen, auf eine bestimmte Weise zu handeln.

- Überlegen Sie, welche anderen Emotionen neben Ärger oder Wut da sein könnten (zum Beispiel Traurigkeit, Verlegenheit, Enttäuschung etc.).
- Beobachten Sie die Qualität dieser Emotionen – wie sie Ihre Aufmerksamkeit, Ihre Wahrnehmungen und Ihre Motivation lenken. Nehmen Sie Ihre Gedanken und Fantasien wahr, die mit Ärger oder Wut verbunden sind, und wie sie Ihre emotionale Reaktion auf Bedrohung und Gefahr nähren und stärken.
- Vergegenwärtigen Sie sich, dass alle diese Erfahrungen Produkte Ihres Bedrohungssystems sind. Sie sind Versuche des Gehirns, Sie zu schützen, weil es eine Gefahr wahrgenommen hat. Sie haben sich nicht ausgesucht, dass Ihr Gehirn so reagiert, und es ist nicht Ihr Fehler. Ärger oder Wut sind kein Hinweis darauf, dass Sie ein schlechter Mensch sind oder dass jemand anderes schlecht ist. Es bedeutet nur, dass Ihr empfindliches Bedrohungssystem aktiviert wurde. Dies kann aus vielen verschiedenen Gründen passieren.
- Wenden Sie sich selbst mitfühlende Gedanken zu: Bleiben Sie bei jedem mindestens 20 Sekunden, während Sie langsam atmen und das Bild Ihres mitfühlenden Selbst festhalten.
  - Empathie – Überlegen Sie, was der Grund dafür ist, dass Sie in dieser Situation Ärger oder Wut empfinden und warum sie unangenehm für Sie sind.
  - Ermutigung – „Diese Gefühle sind schwer auszuhalten, aber ich habe früher schon mit schwierigen Situationen zu tun gehabt. Ich kann hiermit arbeiten."
  - Entschluss – „Jetzt, da ich meinen Ärger oder meine Wut wahrgenommen habe, muss ich mich von ihnen nicht kontrollieren lassen. Was für Techniken und Fähigkeiten kann ich nutzen, um mit diesen Gefühlen zu arbeiten?"
- Machen Sie sich die Gründe dafür bewusst, warum Sie mitfühlend mit Ärger oder Wut arbeiten wollen. Nehmen Sie sich bewusst vor, dies zu tun.
- Erlauben Sie sich, dass es Ihnen mit Ihren Bemühungen gut geht – „Ich übernehme für meine Wut (oder meinen Ärger) Verantwortung, statt mich von ihr (oder ihm) kontrollieren zu lassen."

Schauen wir, wie dieser mitfühlende Ansatz in Sheilas Fall zur Wirkung kam. Als sie mit ihrem freundlichen, weisen mitfühlenden Denken in Kontakt war, sah sie, dass ihre Reaktion Sinn machte – natürlich war sie frustriert und wütend, wenn sie eine Gefahr für die Zukunft ihres Sohnes und für sich selbst als Mutter empfand. Zugleich sah sie, dass ihr Ärger nur als Nahrung für ihre dunkelsten Wahrnehmungen ihres Sohns als „Versager" diente, wobei sie die negativen Aspekte seiner Situation übertrieb und seine positiven Qualitäten ignorierte. Zum Beispiel verbrachte Josh tatsächlich einen großen Teil seiner „faulen" Zeit zu Hause und arbeitete an Kunstprojekten, von denen kürzlich mehrere in einer Ausstellung in der Universitäts-Galerie zu sehen gewesen waren. Sie fing an, ihren Ärger, ihre Angst und ihre Wünsche, Joshs Leben zu kontrollieren, als Hinweis darauf zu verstehen, wie sehr ihr an ihm lag, auch wenn dies einen Abstand zwischen ihnen schuf. Sie fing an zu verstehen, dass ein großer Teil ihrer Frustration, trotz begründeter realer Sorgen um die Zukunft ihres Sohnes, mit den Wertvorstellungen, die sie von ihren eigenen Eltern übernommen hatte, und mit ihrer Neigung zusammenhing, sich mit ihren Kolleg(inn)en zu vergleichen und den Erfolg ihrer Kinder als Maß für ihre Kompetenz als Mutter zu nehmen.

So sind Ärger oder Wut oft – unser Bedrohungssystem personalisiert die Dinge und bezieht sie auf uns, auch wenn es tatsächlich manchmal so ist, dass wir eine relativ unbedeutende Rolle in einer Situation spielen, die sich im Leben eines anderen Menschen abspielt. Sheila nahm auch wahr, dass ihr Ärger ihre Beziehung mit Josh in gewisser Hinsicht vergiftet hatte, was es ihm erschwerte, seine Gefühle und Sorgen aufrichtig mitzuteilen, weil er ihre Missbilligung fürchtete. Dies brachte ihn dann dazu, Widerstand gegenüber ihren Anstrengungen zu entwickeln, ihn zu kontrollieren.

Tolerieren von Stress und unangenehmen Empfindungen

Wenn wir den Mitgefühlskreis in Kapitel 4 anschauen, sehen wir, dass Toleranz von Leiden ein primäres Attribut mitfühlenden Denkens ist. Zu Mitgefühl gehört, dass man sich mit Leiden in Kontakt bringt und eine freundliche Motivation, zu helfen, empfindet. Wenn man sich bewusst mit schwierigen Emotionen und Lebenssituationen konfrontiert, ist das natürlich unangenehm. Das ist einfach so. Aber wir verwenden so viel Zeit und Mühe darauf, zu versuchen, Unangenehmes zu vermeiden, dass wir vergessen, dass wir eine ganze Menge davon tolerieren können, wenn wir müssen (1). Und wieder, viele von uns haben an einem bestimmten Punkt in ihrem Leben Unangenehmes oder Leiden ausgehalten, weil sie ein bestimmtes Ziel verfolgten – den Schmerz eines körperlichen Trainings, die Frustration beim unendlich oft wiederholten Üben einer Fertigkeit oder Technik, um es endlich richtig zu machen, oder die Spannung bei der Vorbereitung auf ein Examen.

Lernen, Unangenehmes und Leiden zu tolerieren, kann uns helfen, mit Ärger oder Wut zu arbeiten, besonders, wenn man dazu neigt, auszuagieren oder sich passiv aggressiv zu verhalten. Da Ärger und Wut Emotionen sind, rufen sie natürlich ein starkes Verlangen hervor, (aggressiv) zu handeln. Dieses Verlangen kann als eine Spannung oder als ein unangenehmes Gefühl erlebt werden. Es kann wie ein Jucken sein, es ist eigentlich kein Schmerz, aber es ist eine intensive Erfahrung von etwas Unangenehmem, verbunden mit der Empfindung, dass sie sich auflöst, wenn man dem Drang des Ärgers oder der Wut nachgibt. Da die Arbeit damit häufig bedeutet, dass man darauf verzichtet, dem Drang nachzugeben, aus Wut oder feindselig, aggressiv oder passiv aggressiv zu handeln, muss man diese unangenehmen Empfindungen aushalten lernen. Der Sinn dabei ist, Strategien zu finden, die helfen, Unangenehmes zu akzeptieren und zu tolerieren, weil es einfach zur Arbeit mit Ärger und Wut gehört. Es geht darum, sich daran zu erinnern, dass man es kann, und sich ein wenig zu beruhigen, bis die „Welle" der Wut vorüber ist. Fühlen Sie sich frei, auch andere Strategien zu verwenden, die Sie nützlich gefunden haben.

Schauen wir uns ein paar der zahlreichen Strategien an, die wir verwenden können, um uns zu erleichtern, Leiden zu ertragen. In Kapitel 6 haben wir zum Beispiel Achtsamkeit, eine sehr wirksame Technik für die Entwicklung von Toleranz von Leiden, beschrieben, die uns verstehen helfen kann, dass wir fähig sind, Ärger und Wut und andere unangenehmen

Gefühle zu beobachten, ohne die sie begleitenden Impulse ausagieren zu müssen. Es gibt eine ganze Reihe von Techniken, die helfen können, diese unangenehmen Gefühle zu tolerieren:

- Achtsam unangenehme Gefühle beobachten, die mit Wut zu tun haben, ohne sie auszuagieren, und sie als das akzeptieren, was sie sind: eine Aktivierung unserer Reaktion auf Gefahr und Bedrohung. Wenn man achtsames Beobachten nutzt, um mit Unangenehmem umzugehen, kann es manchmal nützlich sein, wenn wir unsere Aufmerksamkeit zu körperlicher Erfahrung zurückbringen – sie nur auf eine akzeptierende, neugierige Weise beobachten.
- Wir können die Beruhigende Atmung nutzen, um der aggressiven Erregung in unserem Körper entgegenzuwirken und um uns ein wenig langsamer werden zu lassen.
- Wir können unser an Mitgefühl orientiertes Denken benutzen, damit es uns wie ein Coach durch das Unangenehme hindurch begleitet und leitet.
- Man kann Ablenkung verwenden, um die Empfindung von Unangenehmem zu reduzieren, wenn man die Aufmerksamkeit vorübergehend auf etwas richtet, was uns langsam werden lässt oder beruhigt (die Übung des sicheren Ortes oder andere Übungen mit Bildern, die wir beschrieben haben).
- Man kann die Episode mit der Wut durch die Augen des mitfühlenden Selbst betrachten, statt in einem von Ärger oder Wut gefärbten Modus der Beobachtung zu verharren. Die Bedeutung des Ereignisses (oder unserer Reaktion darauf) kann sich verändern, wenn wir es aus einer mitfühlenden Perspektive betrachten.
- Man kann sich die Situation, die Ärger oder Wut auslöst, auch aus einer dritten Perspektive anschauen: Wie könnte jemand, dem wir am Herzen liegen (z. B. unser ideales mitfühlendes Gegenüber), die Situation sehen und allen in der Situation Beteiligten helfen? Wie würde sich die Sicht dieser Person von unserer unterscheiden? Forschungsergebnisse zeigen, dass man ärgerlich oder wütend bleibt, wenn man nur über die Situation nachgrübelt, aber dass man diese Gefühle beruhigen kann, wenn man sie aus einer anderen Perspektive neu betrachtet.

Kommen wir zu unserem Fallbeispiel zurück. Sheila sah, dass es ihr immer sehr unangenehm war, wenn sie an die Situation ihres Sohnes Joshua erinnert wurde. Es war für sie besonders schwierig, wenn Josh ihr von seiner Entscheidung erzählte, Kunst zu studieren. Das löste bei Sheila einen Strom verzweifelter Gedanken aus – dass er ewig arm und arbeitslos sein würde und dass sie damit gescheitert war, ihm den Wert ernster Arbeit zu vermitteln. Diese Gedanken riefen eine Menge unangenehmer Gefühle (Ärger, Wut, Angst) sowie den Impuls in ihr hervor, ihn anzuschreien. Sie wollte ihm „den Kopf zurechtsetzen", etwas, was in der Vergangenheit nicht funktioniert hatte – was aber zu einer unangenehmen Distanz in ihrer Beziehung geführt hatte.

Mit einiger Mühe entdeckte sie, dass sie diese Gedanken und das damit verbundene Leiden achtsam wahrnehmen und dann eine Reihe von Strategien anwenden und mit ihnen arbeiten konnte. Sie machte auch die Erfahrung, dass es ihr dann ein gutes Stück half, wenn sie mit einer unterstützenden Freundin zusammen war. Wenn diese Freundin nicht erreichbar war, so fand sie heraus, konnte sie sich allein mit Mitgefühl an die Hand nehmen und begleiten, bis sie hindurch war: „Es macht Sinn, dass ich diese Gefühle habe, aber ich kann es schaffen, hier jetzt durchzukommen, und ich werde besser damit umgehen können, wenn ich mich ein wenig beruhigt habe." Sie schrieb auch einen mitfühlenden Brief (Kapitel 12) an sich selbst, um ihn in solchen Situationen lesen zu können, und sie fand in Momenten wie diesen auch die Übung zum sicheren Ort nützlich.

Strategien, wie man Leiden ertragen kann

Es gibt eine Reihe von Strategien, die nützlich sein können, um das Leiden zu tolerieren, von dem Ärger und Wut und die unangenehme Erfahrung begleitet sind, wenn man es schafft, sich nicht so zu verhalten, wie man das normalerweise tut, wenn man wütend ist. Experimentieren Sie mit verschiedenen Strategien und schauen Sie, welche bei Ihnen am besten funktioniert.

- Beruhigende Atmung (Kapitel 9)
- Waches Bewusstsein, besonders der Atmung und des Körpers (Kapitel 6)
- Selbst-Coaching. Nehmen Sie die Perspektive Ihres mitfühlenden Selbst ein oder stellen Sie sich das Bild vor, das Mitgefühl für Sie am besten verkörpert (Kapitel 7). Stellen Sie sich vor, was sie Ihnen sagen könnten, um Ihnen zu helfen. Denken Sie daran, dass das Entscheidende hier der emotionale Ton dieser Gedanken ist – Sie behalten Ihr Wohlsein im Sinn, sind freundlich und haben den tiefen und aufrichtigen Wunsch, sich selbst zu helfen. Hier ein paar Beispiele:
  - „Dies ist unangenehm, aber ich habe eine Menge Dinge durchgemacht, die unangenehm waren. Ich kann dies schaffen."
  - „Denk daran, warum du dies tust."
  - „Reite auf der Welle (1). Sie wird nicht ewig dauern."
  - „Diese unangenehmen Gefühle sind ein Zeichen dafür, dass du Erfolg hast. Sie sind wie der Schmerz nach großer körperlicher Anstrengung oder nach einem harten Training. Jetzt entwickelst du deine mentale Muskulatur, damit du mit Ärger und Wut arbeiten kannst. Die Frucht dieser Anstrengung wird sein, dass es in Zukunft leichter ist."
  - „Mach weiter, einen Moment nach dem anderen."
- Sich die mitfühlende Motivation bewusst machen (Kapitel 5)
- Übungen mit Bildern, die Mitgefühl verkörpern (Kapitel 7)
  - Bild eines sicheren Ortes
  - Bild eines idealen mitfühlenden Gegenübers
- Übungen mit mitfühlendem Denken (Kapitel 9)
- Ein mitfühlender Brief an sich selbst (Kapitel 12)
- Erweitern der Perspektive – Verbundenheit mit anderen Menschen und unabsichtliche freundliche Gesten anderer (Kapitel 12)
- Mitfühlendes Verhalten
  - Ablenkung durch positive Erfahrungen
    - Schöne Lieder, Filme, Zitate

- Spaziergänge und Übungen, die Spaß machen und guttun
- Gespräche mit Menschen, die Sie unterstützen
- Witzige Clips im Internet (mein Lieblingsclip hat den Titel „Baby monkey“ (da reitet ein kleiner Affe rückwärts auf einem Frischling)
- Seien Sie kreativ!

Es geht darum, Strategien zu finden, die Ihnen helfen, zu akzeptieren und zu tolerieren, dass unangenehme Empfindungen zu der Arbeit mit Ärger und Wut gehören. Es geht darum, sich daran zu erinnern, dass Sie die Arbeit tun können, und dass Sie sich ein wenig beruhigen, bis die „Welle“ Ihrer Emotionen vorübergegangen ist. Und Sie können auch andere Strategien anwenden, die Sie nützlich gefunden haben.

Emotionen hinter der Wut erforschen: Verschiedene Aspekte des Selbst

Wie wir gesehen haben, sind Emotionen wie Ärger, Wut, Angst und Mitgefühl mit ganz verschiedenen Motivationen verbunden, und wie man unter ihrem Einfluss denkt, erlebt, wahrnimmt und mit der Welt interagiert, unterscheidet sich beträchtlich. Es kann sich so anfühlen, als hätte man nicht nur ein Selbst, sondern mehrere: ein wütendes Selbst, ein ängstliches Selbst, ein glückliches Selbst, ein trauriges Selbst, ein entwertend selbstkritisches Selbst und natürlich ein mitfühlendes Selbst. Diese Selbste konkurrieren manchmal miteinander – wie bei dem bekannten Bild von dem Menschen mit einem kleinen Engel auf der einen Schulter und einem kleinen Teufel auf der anderen, die ihm ganz verschiedene Dinge einflüstern. In jeder beliebigen Situation kann man eine Reihe verschiedener miteinander konkurrierender Emotionen und Motivationen wahrnehmen, die Denken und Bewusstsein in verschiedene Richtungen ziehen können. Das Problem ist, dass aufgrund des Prinzips „Vorsicht ist besser als Nachsicht“, nach dem sich unser Gehirn in der Evolution entwickelt hat, das Bedrohungssystem häufig in der Lage ist, die „besseren Engel“ unserer Natur zu überwältigen.

Eine Weise, wie man eine gewisse Kontrolle bekommen kann, besteht darin, zurückzutreten und die Sichtweisen dieser verschiedenen Aspekte unseres „emotionalen Selbst“ zu erforschen und kennenzulernen, wobei wir dem mitfühlenden Selbst den Vorrang geben. Wir werden dies in der nächsten Übung tun. Es geht dabei darum, anzuschauen, wie unsere verschiedenen Emotionen die Situation erleben, und zwar aus Interesse und als freundliche, nicht wertende Beobachter. Wir werden nacheinander die Perspektiven von Ärger oder Wut, Angst, Traurigkeit und Mitgefühl betrachten und untersuchen, wie die Situation in diesen verschiedenen Standpunkten erscheint. Wenn Sie das Gefühl haben, dass Sie von diesen Emotionen überwältigt werden könnten, während Sie sie erforschen, hören Sie mit der Übung auf, gehen Sie zur Beruhigenden Atmung über und nehmen Sie die Perspektive des mitfühlenden Selbst ein. Versuchen Sie, sich freundlich dafür zu interessieren, was diese verschiedenen Teile von Ihnen denken, fühlen und tun wollen. Wenn nötig, können Sie jederzeit in eine beruhigende Übung wie die zum sicheren Ort übergehen, um sich zu zentrieren. Das Ziel ist, ein klareres Verständnis davon zu bekommen, wie sich verschiedene Emotionen in uns auswirken, indem wir uns erlauben, sie anzuschauen, ohne sie zu bewerten, und lernen, auch angesichts anderer, auf Bedrohung und Gefahr beruhender Emotionen in die Perspektive unseres mitfühlenden Selbst zu wechseln.

Wenn wir dies tun, etablieren wir das mitfühlende Selbst als eine Art „emotionale Autorität“, so wie der Kapitän eines Schiffes. Der mitfühlende Kapitäns muss dafür sorgen, dass alle anderen Passagiere (das wütende Selbst, das ängstliche Selbst, das traurige Selbst usw.) sagen dürfen, was sie zu sagen haben. Er akzeptiert und beruhigt sie, während er die freundliche, weise und zuversichtliche Präsenz des mitfühlenden Selbst benutzt, um mit der Situation zu arbeiten. Man kann sich vorstellen, dass sich das wütende Selbst aufregt, wenn es mit stürmischer See konfrontiert ist: „Ich wusste, dass es eine schreckliche Idee war, dieses Schiff zu betreten! Wer ist für dieses Durcheinander verantwortlich? Hängen wir ihn auf!“ Das ängstliche Selbst verliert sich in Sorgen: „Meine Güte, wir können alle sterben! Ich kann damit nicht umgehen!“ Das traurige Selbst verliert die Hoffnung und versinkt in Trauer: „Ich werde meine Lieben nie wiedersehen. Alles ist aus für mich." Im Gegensatz dazu weiß der mitfühlende Kapitän, dass die See manchmal stürmisch ist. Auch wenn es kein Spaß ist und manchmal Angst macht, kann der Kapitän seine Weisheit und Erfahrung nutzen, um das Schiff in Sicherheit zu bringen. Unser mitfühlendes Selbst kann die Sichtweisen des wütenden, des ängstlichen und des traurigen Selbst verstehen – verstehen, dass es unsere Natur ist, diese Emotionen zu erleben und auszudrücken, und daran arbeiten, uns Trost und Ausgeglichenheit zu verschaffen, wenn wir uns durch schwierige Emotionen hindurcharbeiten. Auf diese Weise können wir den verschiedenen Emotionen mit Akzeptanz (statt mit Scham und entwertender Selbstkritik) begegnen, auch wenn wir daran arbeiten, über ihre beschränkten Sichtweisen hinauszugehen.

Nehmen Sie bitte ein Blatt Papier und etwas zu schreiben und ziehen Sie auf dem Blatt Linien, die es in vier Quadrate teilt. Beschriften Sie die Quadrate der Reihe nach mit „Ärgerliches oder wütendes Selbst", dann „Ängstliches Selbst", „Trauriges Selbst" und „Mitfühlendes Selbst". Beginnen Sie oben links mit „Ärgerliches oder wütendes Selbst":

- Denken Sie an eine schwierige Situation, die Sie zu bewältigen hatten, vielleicht an etwas, was bei Ihnen kürzlich Aufregung oder Ärger ausgelöst hat.
- Wie sieht Ihr ärgerliches oder wütendes Selbst diese Situation? Vergegenwärtigen Sie sich einen Moment lang die typischen Gedanken, die Ihnen immer dann kommen, wenn Sie ärgerlich oder wütend sind – Gedanken an Unfairness, Gedanken, gering geschätzt oder abgelehnt zu werden: „Die Leute sind einfach gleichgültig, es ist ihnen alles egal", „Die Leuten sollten damit nicht durchkommen", „Ich muss es ihnen zeigen", „Ich werde benutzt". Inzwischen sind Sie wahrscheinlich mit dieser Art Gedanken vertraut, wenn Sie ärgerlich oder wütend sind. Tragen Sie sie in dieses Feld ein.
- Dann überlegen Sie, wie sich Ihr Ärger oder Ihre Wut anfühlt. Wo ist sie in Ihrem Körper? Bewegt sie sich? Wie wäre es für Sie, wenn diese Wut in Ihnen stärker würde?
- Denken Sie jetzt an Impulse zu handeln, die Ihre Gefühle des Ärgers oder der Wut begleiten. Wozu würden Ärger oder Wut Sie bringen,

wenn sie die totale Kontrolle besäßen? Nehmen Sie wahr, wie das Bedrohungssystem Ihr Verhalten zu kontrollieren versucht.

- Überlegen Sie: Was wollen Ärger oder Wut wirklich? Was wünschen sie sich, tief unten, was passieren soll?

Das Ziel ist hierbei, Einsichten in die wesentlichen Gedanken, Gefühle und Wünsche in Bezug auf Handeln zu gewinnen, die Ihr System von Ärger oder Wut, d. h. Ihr „ärgerliches oder wütendes Selbst" begleiten.

Übung 8.2: Verschiedene Aspekte des emotionalen Selbst

______________________________ Selbst

- **Gedanken und Bilder:** Was für Gedanken haben Sie, wenn Sie diese Emotion fühlen? Was für Fantasien haben Sie?
- **Körperliche Erfahrungen:** Wie erleben Sie diese Emotion in Ihrem Körper? Schmerzt sie zum Beispiel? Gibt es eine Wahrnehmung von Enge, Spannung oder einer Temperatur? Wie fühlt es sich an?
- **Motivation:** Was möchte dieses „emotionale Selbst" tun? Zu welchem Verhalten versucht es Sie zu motivieren?
- **Erwünschtes Ergebnis:** Was sollte diesem emotionalen Selbst nach passieren? In welche Richtung möchte es diese Situation beeinflussen?

Betrachten wir an unserem früheren Beispiel, wie diese Übung wirken kann: Wie hat Sheila darauf reagiert, dass Joshua seine Studienrichtung geändert hat und jetzt Kunst studieren will? Als Erstes sprach sie aus der Perspektive ihres ärgerlichen Selbst:

„Ich werde dir sagen, was mein ärgerliches Selbst denkt. Es denkt, dass er sechs Jahre damit verbracht hat, sein Studium abzubrechen und wieder aufzunehmen, dass er

sich genauso gut einen Abschluss aussuchen kann, der ihm ermöglicht, arbeitslos zu sein. Es sagt, dass mir nach allem, was ich getan habe, um ihn aufzuziehen und für seine Ausbildung zu sorgen, nichts anderes übrig bleiben wird, als ihn den Rest seines Lebens finanziell zu unterstützen. Mein Ärger denkt, dass dies einfach eine andere Form ist zu vermeiden, irgendeine wirkliche Arbeit zu machen – dass er einfach faul ist. Mein Körper ist in Aufruhr, mein Bauch ist verspannt und mein Kiefer angespannt – ich habe das Gefühl, ich könnte explodieren! Am liebsten möchte ich ihn durchschütteln, bis er zur Besinnung kommt, und ihm sagen, er soll mich so lange nicht mehr anrufen, bis er einen Abschluss und einen anständigen Beruf gefunden hat. Was mein Ärger wirklich will, ist, ganz die Kontrolle übernehmen, ihn zwingen, etwas Sinnvolles zu studieren und in die Gänge zu kommen."

Schauen wir uns als Nächstes das ängstliche Selbst an. Schreiben Sie in das Quadrat oben rechts „Ängstliches Selbst". Nehmen Sie sich einen Moment Zeit und denken Sie über das Ereignis nach, das Sie ärgerlich oder wütend gemacht hat. Konzentrieren Sie sich auf die ängstlichen Gedanken, die Ihnen gekommen sind. Worum haben Sie sich Sorgen gemacht? Sie haben vielleicht viele verschiedene Gedanken: „Ich verliere die Kontrolle", „Das werde ich vielleicht bereuen", „Vielleicht stimmt etwas nicht mit mir". Versuchen Sie einfach, diese ängstlichen Gedanken im Hintergrund wahrzunehmen, und schreiben Sie sie auf. Wenn Sie soweit sind, kommen Sie zum Nächsten und denken Sie darüber nach, wie sich die Angst in Ihrem Körper anfühlt. Wie wäre es, wenn diese Angst stärker würde? Wozu würde Ihre Angst Sie bringen, wenn sie die totale Kontrolle besäße? Wie würden Sie sich dann vielleicht verhalten? Was will Ihr ängstliches Selbst eigentlich?

Sheilas ängstliches Selbst sprach aus einer ganz anderen Perspektive zu ihr als die Stimme ihres ärgerlichen Selbst:

„Die Stimme meines ängstlichen Selbst ist ziemlich laut – sie sagt mir, dass Josh es einfach nicht schaffen wird, dass er arbeitslos und allein auf der Straße sitzen wird, dass er nicht gelernt hat, sich seinen Lebensunterhalt zu verdienen und dass ich nicht immer da sein werde, es für ihn zu tun. Was wird aus ihm werden? Es macht mir Kummer, dass er kein gutes Leben haben wird und dass es mein Fehler sein wird – dass ich ihm nicht das Werkzeug mitgegeben habe, das er braucht,

um Erfolg zu haben. Mein ängstliches Selbst hat Angst vor meinem ärgerlichen Selbst. Ich mache mir Sorgen, dass mein Ärger und meine Wut ihn mir entfremden. Ich mache mir Sorgen, dass er alle meine Versuche, ihm zu helfen, als Versuche sieht, sein Leben zu kontrollieren, und dass er mir das übel nimmt und nichts mehr mit mir zu tun haben will. Mein Körper ist voll von dieser Rastlosigkeit. Ich bin ganz zittrig, ich habe das Gefühl, das hört gar nicht mehr auf. Vielleicht werde ich verrückt. Mein ängstliches Selbst möchte die Situation einfach ignorieren und weglaufen, aber in Wirklichkeit möchte es eigentlich nur sicher sein, dass alles gut wird – dass Josh ein gutes Leben hat und dass ich weiß, dass ich es gut gemacht habe, so wie ich ihn erzogen habe.

Ein anderer Aspekt des Selbst, an das man manchmal nicht gern denkt, wenn man ärgerlich oder wütend ist, ist das traurige Selbst. Konzentrieren Sie sich aber zwischendurch für einige Momente auf Ihre Atmung. Dann schreiben Sie „Trauriges Selbst" in das Quadrat unten links. Nehmen Sie sich einen Moment Zeit, um über das Ereignis nachzudenken, das Sie geärgert hat, und lassen Sie traurige Gedanken in den Vordergrund kommen, die mit diesem Ereignis zusammenhängen. Dies können solche Gedanken sein: „Ich möchte nicht, dass die Dinge so sind", „Die Menschen, an denen mir liegt, stoße ich weg", „Ich fühle mich so allein". Manchmal hat das traurige Selbst Gedanken, die Hoffnungslosigkeit auszudrücken scheinen und die das Gefühl vermitteln, dass es nichts gibt, was man tun kann, oder dass sich nichts verändern wird. Notieren Sie diese traurigen Gedanken, damit Sie verstehen können, woher sie kommen. Wenn Sie soweit sind, gehen Sie weiter und denken Sie darüber nach, wie sich die Traurigkeit in Ihrem Körper anfühlt. Nehmen Sie wahr, dass sie sich ganz anders anfühlt als Ärger oder Wut mit ihrer hohen Energie – dass Traurigkeit oft von einer Art Schwere begleitet ist. Wie würde es Ihnen gehen, wenn sich diese Traurigkeit vertiefte – wie würde sich das in Ihrem Körper bemerkbar machen? Was würde sie Sie tun lassen wollen, wenn Sie ganz von ihr kontrolliert würden? Was ist es, was die Traurigkeit eigentlich will? Versuchen Sie, sich nicht in die Traurigkeit hineinziehen zu lassen – denken Sie daran, dass das Ziel ist, nur die Sichtweisen dieser verschiedenen Teile Ihres emotionalen Selbst zu erforschen, so wie Sheila das hier tut:

„Meine Beziehung mit Josh macht mich sehr traurig. Meine Traurigkeit denkt, dass ich versagt habe und ihm keine gute Mutter gewesen bin, obwohl ich mich so sehr bemüht habe. Ich glaube, dass ich dafür hätte sorgen sollen, dass er einen Vater hat. Er hat ein schreckliches, schwieriges Leben vor sich, weil ich ihm nicht gegeben habe, was er gebraucht hat. Ich glaube, ich hätte ihn nie haben sollen, weil ich nicht stark genug bin, für ihn zu sorgen. Meine Traurigkeit ist einsam und glaubt, dass es niemanden gibt, der mich wirklich liebt, und dass der Grund, weshalb Josh mich nicht liebt, darin liegt, dass ich ihn andauernd schikaniere. In meinem Körper fühlt sich meine Traurigkeit müde, alt und schmerzhaft an. Mein Körper möchte sich im Bett zusammenkauern und nie weder aufstehen oder vielleicht einschlafen und sterben. Tief unten möchte meine Traurigkeit einfach aufhören zu fühlen, aufhören, Schmerz zu fühlen. Sie möchte einfach, dass es aufhört."

Es kann sehr ernüchternd sein, wenn wir unsere Emotionen so untersuchen, weil es uns ermöglicht, uns in verschiedene Teile von uns einzustimmen, die von Ärger oder Wut gewöhnlich ausgeblendet werden. Viele meiner Klienten haben entdeckt, dass es hinter ihrer Wut eigentlich viel Traurigkeit und Angst gibt. Sie berichten, dass sie das mächtige Gefühl von Wut den verletzlichen Erfahrungen von Traurigkeit oder Angst vorziehen und dass sie es benutzen, um sich davon abzuhalten, diese Emotionen zu fühlen. Wenn man unfähig oder nicht bereit ist, Traurigkeit und Angst zu tolerieren, kann man das Gefühl haben, dass Ärger oder Wut die einzigen noch möglichen Reaktionen sind.

Nachdem wir mit dieser Übung verschiedene Emotionen und die Gründe erforscht haben, warum wir sie vermeiden wollen, überlegen wir nun, wie sie miteinander interagieren können. Was empfindet Ihr ärgerliches oder wütendes Selbst gegenüber dem ängstlichen Selbst? Ist es vielleicht verärgert oder verachtet Angst sogar? Was empfindet Ihr ärgerliches oder wütendes Selbst gegenüber dem traurigen Selbst? ... Wechseln Sie jetzt die Perspektive: Was empfindet Ihr ängstliches Selbst gegenüber dem ärgerlichen oder wütenden und gegenüber dem traurigen Selbst? Haben Sie zum Beispiel das Gefühl, dass Sie Angst vor Ihrer Fähigkeit haben, Ärger oder Wut zu empfinden? Und was könnte das traurige Selbst gegenüber dem ärgerlichen oder wütenden und gegenüber dem ängstlichen Selbst empfinden? Es lohnt sich, sich ein wenig Zeit zu nehmen und zu erforschen, wie diese verschiedenen Emotionen unser Denken dazu verleiten können, wertende Urteile über uns selbst zu fällen.

Sie sehen wahrscheinlich, dass diese verschiedenen Selbste häufig miteinander in Konflikt sind und sich vielleicht sogar gegenseitig ablehnen. Manche Menschen haben so große Angst davor, Wut auszudrücken, dass sie sich in Passivität zurückziehen und die Wut in sich „verschlossen" halten, sodass sie sich nie zu einem reifen Selbstbewusstsein entwickeln können. Ihre Fantasien, ihr Groll und ihr Ärger aber kochen weiter in ihnen und führen zu großem Stress. Andere strengen sich so sehr an zu verhindern, dass sie Angst und Traurigkeit empfinden, dass das „ärgerliche oder wütende Selbst" immer im Mittelpunkt steht. Alle diese Emotionen, die auf Bedrohung und Gefahr beruhen, sind mächtig, oft sehr unangenehm und schwer zu bearbeiten. Dies ist der Grund, weshalb es so nützlich ist, das mitfühlende Selbst als eine freundliche, weise und zuversichtliche Perspektive zu entwickeln, die uns erlaubt, mit unseren schwierigen Emotionen zu arbeiten. Bei dieser Übung ist das Feld unten rechts auf Ihrem Blatt für die Stimme Ihres mitfühlenden Selbst vorgesehen.

Mittlerweile sind Sie damit vertraut, wie Sie Zugang zu Ihrem mitfühlenden Selbst bekommen können. Beginnen Sie damit, dass Sie ein wenig langsamer und tiefer atmen. Spüren Sie, wie Ihr Körper langsamer wird. Während Sie dies tun, stellen Sie sich vor, dass Sie ein tief mitfühlendes Wesen sind: freundlich, weise und zuversichtlich. Nehmen Sie einen freundlichen Gesichtsausdruck an und stellen Sie sich Ihre freundliche und zuversichtlich klingende Stimme vor. Wenn Sie das Gefühl haben, dass Sie bereit sind, nehmen Sie sich einen Moment Zeit und denken Sie über die Situation nach, die Sie geärgert hat, aber fokussieren Sie auf hilfsbereite und mitfühlende Gedanken. Nehmen Sie jetzt wahr, wie sich die Empfindung, langsamer zu werden, im Körper anfühlt. Wie würde es sich anfühlen, wenn dieses Gefühl (verbunden mit einem Gefühl von Zuversicht, Weisheit und Wärme) in Ihnen wachsen sollte? Was für ein Verhalten oder Handeln würde Ihr mitfühlendes Selbst von Ihnen erwarten, wenn es ganz die Kontrolle besäße? Überlegen Sie einen Moment, was Ihr mitfühlendes Selbst wirklich möchte.

Beeilen Sie sich nicht bei der Übung. Nehmen Sie sich Zeit zum Nachdenken und seien Sie neugierig und interessiert und für neue Entdeckungen offen. Sie werden sehen, dass das mitfühlende Selbst ganz anders als das ärgerliche, ängstliche oder traurige Selbst denkt, fühlt und handeln möchte. Lehnen Sie sich zurück und schauen Sie das ärgerliche Selbst mit den Augen des mitfühlenden Selbst an. Machen Sie das Gleiche mit dem ängstlichen und mit dem traurigen Selbst. Was denkt und fühlt das mitfühlende Selbst über diese anderen Selbste? Kann das mitfühlende Selbst erkennen, dass diese ihre eigenen Sichtweisen haben, die nicht übergangen werden dürfen? Wie würde Ihr mitfühlendes Selbst diesen Emotionen helfen, wenn es erkennt, dass sie nur Teile von Ihnen sind? Könnte es zum Beispiel dem ärgerlichen oder wütenden und dem ängstlichen Selbst helfen zu lernen, selbstbewusster aufzutreten? Könnten Sie das ängstliche Selbst beruhigen?

Paul Gilbert hat diese Methode, mit den verschiedenen Selbsten zu arbeiten, eingeführt, um unsere Fähigkeit zu entwickeln, mitfühlend mit diesen inneren Stimmen umzugehen und emotional ausgeglichener zu werden. Sie werden auch sehen, dass das mitfühlende Selbst wie freundliche oder autoritative Eltern oder wie ein Kapitän ist, der verschiedene Standpunkte einnehmen kann und nicht mit anderen Selbsten im Streit liegt – während das ängstliche, das ärgerliche oder wütende oder das traurige Selbst gegenüber den anderen Angst empfinden oder sie verachten kann. Dies ist der Grund, weshalb wir das mitfühlendes Selbst wie eine innere Autorität sehen: Es kann auf eine Weise Raum für die schwierigen, auf Bedrohung oder Gefahr beruhenden Emotionen schaffen, die sowohl akzeptierend als auch selbstbewusst ist. Wir sahen, dass Sheilas ärgerlicher, ihr ängstlicher und ihr trauriger Teil von unterschiedlichen Vorstellungen beeinflusst waren: der unsichere Lebensunterhalt ihres Sohnes, wie andere sie als Mutter wahrnehmen und die Gefahren für ihre Beziehung mit Joshua, den sie sehr liebt. Schauen wir nun, was ihr mitfühlendes Selbst zu sagen hatte:

„Als Erstes würde mein mitfühlendes Selbst sagen, dass es verständlich ist, wenn ich Angst um Joshuas Zukunft habe und durch seine Entscheidungen frustriert bin. Die Wirtschaftslage ist zur Zeit schwierig, und ich bin seine Mutter – ich liebe ihn und möchte, dass er ein gutes Leben hat. Auch bin ich zu der Überzeugung erzogen

worden, dass es sehr wichtig ist, viel zu erreichen und viel Geld zu verdienen. Mein mitfühlendes Selbst erkennt, dass ein großer Teil meiner Traurigkeit daher kommt, dass ich mich ungeliebt fühle – als ich heranwuchs, schienen meine Eltern mich nur zu lieben, wenn ich tat, was sie wollten, und sie drückten oft sehr harte Missbilligung aus, wenn ich das nicht tat. Es gibt einen Teil von mir, dem es sehr schwerfällt, sich geliebt zu fühlen, auch jetzt noch. Mein mitfühlendes Selbst hilft mir auch, mich zu beruhigen, wenn ich mit meinem Ärger, mit Angst und mit Traurigkeit in Berührung komme, und es mir hilft, andere Aspekte der Situation zu sehen. Obwohl es mich wirklich mitnimmt und aufregt, muss ich auch zugeben, dass Josh immer seinen Weg durch seine Schwierigkeiten zu finden scheint. Er kommt selbst für seine Miete und einen Teil der Studiengebühren auf, und wir konnten verhindern, dass er sich verschulden musste. Er ruft mich jedes Wochenende an und versucht auch manchmal, mich zu beruhigen, dass er es schon schaffen wird – er ist freundlich, also muss ich auch etwas richtig gemacht haben. Und er schien sehr glücklich darüber zu sein, dass er sein Studienfach gewechselt hat. Ich möchte, dass er glücklich ist, und ich glaube, es gibt Jobs als Kunstlehrer und andere Möglichkeiten in der Richtung. Wenn ich Zugang zu meinem mitfühlenden Selbst habe, beruhigt sich mein Körper, und mir geht es gut. Mein mitfühlendes Selbst sieht mein ärgerliches, mein ängstliches und mein trauriges Selbst beinahe wie Kinder, die wichtig sind, aber nicht die ganze Situation verstehen. Es hilft ihnen, die Dinge klarer zu sehen. Das Ziel meines mitfühlenden Selbst ist einfach, das Beste zu tun, was ich kann, um zu helfen, sowohl Josh als auch meinen eigenen Emotionen. Ich möchte, dass wir alle glücklich sind.“

Zusammenfassend gesagt ist das Ziel dieser Übung, die Sichtweisen unserer konkurrierenden Emotionen, die auf Bedrohung und Gefahr beruhen, zu erforschen und ihnen zu erlauben, die Gedanken, Interessen, körperlichen Erfahrungen und Motivationen auszudrücken, die sie in Bewegung bringen. Wir nehmen uns dann ein paar Momente Zeit und nehmen die Sichtweise unseres mitfühlenden Selbst ein und antworten von dieser Perspektive einer freundlichen, weisen Autorität aus, die motiviert ist, alle an der Situation Beteiligten zu verstehen und ihnen zu helfen.

Die Technik der „zwei Stühle"

Die Sichtweisen unserer verschiedenen Selbste kann man sehr gut mithilfe der Technik der „zwei Stühle" erforschen, die in der Gestalttherapie (3) und bei anderen therapeutischen Ansätzen häufig gebraucht wird. Ein Stuhl ist der „ärgerliche oder wütende Stuhl" und wenn man auf ihm sitzt, spricht man direkt (und laut) aus der Perspektive von Ärger oder Wut. Wir lassen diesen Gefühlen freien Lauf und drücken aus, wie sich das ärgerliche oder wütende Selbst fühlt und warum es so fühlt. Wenn Ärger oder Wut so zu Wort gekommen sind, stehen wir auf, setzen uns auf den anderen Stuhl und sprechen aus der Sichtweise des mitfühlenden Selbst. Wir lassen auch ihm freien Lauf, drücken aus, wie es sich fühlt und was es sagen würde, mit Freundlichkeit und Sorge um das ärgerliche oder wütende Selbst. Diese Veränderung der Perspektive ist bei unserem Ansatz der Arbeit mit Wut das Entscheidende. Die meisten Übungen in diesem Buch dienen dem Ziel, uns zu helfen, auf verschiedene Weise diese Verschiebung zu üben.

Zusammenfassung

In diesem Kapitel haben wir untersucht, wie wir mit Mitgefühl bei unseren Erfahrungen von Ärger oder Wut sein können. Wir haben Praktiken und Techniken beschrieben, die einen mitfühlenden Ansatz der Arbeit mit Wut unterstützen und helfen sollen, sie als einen Ausdruck unserer Reaktion auf Bedrohung oder Gefahr zu erkennen, die sich zu unserem Schutz entwickelt hat, die aber zu vielen Schwierigkeiten unserer Zeit schlecht passt. Wir haben gesehen, wie wir verhindern können, dass wir uns zu Verhalten hinreißen lassen, das von Ärger oder Wut motiviert ist. Wir können das, wenn wir Zugang zu unserem an Mitgefühl orientiertem Denken bekommen und uns erlauben, alle unsere Gefühle zu erleben und kennenzulernen. Diese Arbeit verlangt von uns, dass wir Toleranz für unsere Not entwickeln, dass wir das Unangenehme akzeptieren und aushalten, das mit Ärger oder Wut verbunden ist. Im nächsten Kapitel werden wir mitfühlendes Denken erforschen, um Ärger und Wut noch besser zu verstehen und wirksam mit diesen Emotionen zu arbeiten.

9 Mitfühlend mit Ärger und Wut arbeiten: Mentalisierung, an Mitgefühl orientiertes Denken und Lösen von Problemen

Es ist leicht, zu sehen, dass unsere Wut ganz unmittelbar von Ereignissen provoziert wird, die in der Außenwelt passieren. Es mag uns so erscheinen, als täten andere Menschen einfach immer wieder Dinge, die uns ärgerlich oder wütend machen. Dann haben wir vielleicht das Gefühl, gar keine andere Möglichkeit zu haben, anders zu reagieren, und wir finden das völlig gerechtfertigt. Wenn wir aber genau hinschauen, sehen wir, dass Ärger und Wut viel komplexer sind als das – wie wir gesehen haben, gehört zu dem inneren Zustand von Ärger oder Wut viel mehr, als wie man sich fühlt und verhält. Dazu gehören auch unsere Aufmerksamkeit, unser Denken und Argumentieren und unsere Bilder und Motivationen. In diesem Kapitel werden wir uns damit befassen, wie wir Denken und Argumentieren nutzen können, wenn wir mit Ärger und Wut und mit den Situationen arbeiten, die sie auslösen.

Mentalisieren

Eine wichtige Qualität an Mitgefühl orientierten Denkens ist, was der britische Psychotherapeut Peter Fonagy „Mentalisierung" genannt hat (1). Mentalisierung besteht darin, dass wir unsere Handlungen betrachten und verstehen, worauf sie im Hinblick auf Begierden und Wünsche, Gefühle, Bedürfnisse, Überzeugungen und Gründe zurückgehen (2). Wenn man über andere Menschen mentalisiert, sieht man, dass ihre Handlungen ihren eigenen Gefühlen, Wünschen und Überzeugungen entstammen, und dies gilt natürlich auch für uns. Mentalisierung hilft uns, weniger automatisch, d. h. ohne Autopilot zu leben und besser hinter die Erscheinung der Dinge schauen zu können. Wir beginnen unser Verhalten als das Ergebnis verschiedener Dinge zu verstehen, die in uns vor sich gehen.

Betrachten wir als Beispiel Sheila und ihre Beziehung mit ihrem Sohn Joshua. Man kann sich leicht vorstellen, wie Joshua auf den Ärger seiner Mutter reagiert. Wenn er die Situation nicht so sieht wie seine Mutter, wird er sie als eine zu Ärger neigende, kontrollierende Person abtun, mit der sich eine Auseinandersetzung nicht lohnt, oder er ärgert sich einfach auch über sie. Wenn er andererseits gut mentalisieren kann, wird er überlegen, dass seine Mutter ein schwieriges Leben gehabt hat und dass es hart für sie gewesen sein muss, ihn allein aufzuziehen. Er wird sehen, dass sie zum Teil deshalb so ärgerlich wird, weil sie sich Sorgen um ihn macht und sein Bestes im Sinn hat, und dass sie sich freuen würde, wenn es ihm gut geht. Dann könnte er erkennen, dass sich seine Mutter auch ganz entgegengesetzt hätte verhalten und sich einfach nicht um ihn kümmern können. Dass ihr Ärger Ausdruck ihrer Sorge und ihrer Hoffnungen ist. Und er würde sehen, dass sie vielleicht tatsächlich kontrollierend ist, aber dass das möglicherweise zu ihrer Persönlichkeit gehört, die nichts mit ihm zu tun hat. Mentalisierung lässt uns erkennen, dass wir (und andere) von einer Reihe komplexer Gefühle und Wünsche motiviert sind. Joshua würde zu einer ganz anderen Sichtweise gelangen, die ihm helfen würde, sich ihr gegenüber freundlicher zu verhalten, wenn er über die Gefühle und Bedürfnisse seiner Mutter wirklich nachdenkt.

Sie werden wahrscheinlich nicht überrascht sein zu hören, dass Verlangsamen und der Versuch, unser mitfühlendes Selbst zu nutzen, uns helfen zu mentalisieren und Verantwortung für Ärger oder Wut und für unsere Handlungen zu übernehmen. Statt andere Leute und Situationen als die Quelle von Ärger oder Wut zu sehen, können wir nach innen schauen und verstehen, dass sie nicht von äußeren Faktoren verursacht werden, sondern von unseren eigenen Reaktionen – dass wir uns als Reaktion auf diese Faktoren bedroht fühlen.

Stellen Sie sich vor, dass jemand Sie grob und respektlos angeredet hat. An manchen Tagen würden Sie sich vielleicht ärgern und wütend werden, etwa wenn Sie zu wenig geschlafen haben und leicht gereizt sind oder wenn Sie der Grobheit des anderen bewusste Feindseligkeit unterstellen. An anderen Tagen, wenn Sie ein wenig zentrierter sind, sind sie vielleicht einfach nur leicht irritiert oder Sie fragen sich vielleicht sogar mit Mitgefühl, ob die Person möglicherweise selbst einen schlechten Tag gehabt hat. Auch wenn wir jedes Mal wütend werden, wenn jemand auch nur ein bisschen grob zu uns ist, geht es anderen nicht genauso. Warum diese unterschiedlichen Reaktionen? Ärger und Wut wurzeln in einer ganzen Reihe von inneren Erfahrungen wie z. B. Gedanken und Überzeugungen, dass „andere mich immer mit Respekt behandeln sollten". Wenn man genauer hinschaut, kann man sogar sehen, dass man sich von der Grobheit anderer bedroht oder in Verlegenheit gebracht fühlt. Man versteht diese Grobheit vielleicht so, dass man respektvoller oder freundlicher Behandlung nicht für wert gehalten wird oder dass man unsympathisch ist. Als Menschen sind wir für diese Art sozialer Bedrohungen sehr sensibel, aber unsere typischen emotionalen Reaktionen (Ärger und Wut, Angst/Furcht) sind wenig geeignet, damit umzugehen. Wenn wir aber die freundliche, zuversichtliche und weise Perspektive des mitfühlenden Selbst einnehmen, können wir mutig nach den Wurzeln von Ärger oder Wut im Inneren suchen, seien es nun Gedanken oder Emotionen wie Angst, Verlegenheit, Kränkung oder Eifersucht. Wenn wir wissen, dass Ärger und Wut Reaktionen auf Bedrohung oder Gefahr sind, können wir uns fragen: „Worin besteht hier die Bedrohung, auf die ich mit Wut reagiere?"

Lernen, anzuhalten und sich Fragen zu stellen

Eine Schlüsselfrage, die wir uns stellen sollten, lautet: „Warum handle ich so, wenn ich ärgerlich oder wütend bin?"

Man kann in verschiedenen Situationen sehr unterschiedlich handeln. Bei der Arbeit verbergen manche Menschen ihre emotionalen Reaktionen und schweigen zum Beispiel gegenüber einem Chef, der sich irrational verhält, oder verhalten sich passiv-aggressiv hinter dem Rücken ihrer Kollegen. Im Gegensatz dazu treten sie gegenüber ihrer Frau vielleicht offen feindselig auf. Jede dieser Reaktionen auf Ärger oder Wut – Unterdrückung, passive Aggression und Feindseligkeit – kann im Hinblick auf den inneren Zustand untersucht werden, der sie begleitet. Jede von ihnen ist mit bestimmten Gefühlen, Denk- und Argumentationsweisen und zugrunde liegenden Wünschen und Motivationen verbunden. Wenn wir die Gedanken, Motivationen und emotionalen Reaktionen betrachten, die Gefühlen und Verhaltensweisen zugrunde liegen, können wir verstehen, warum wir und andere Menschen so handeln, wie wir handeln. Diese Information kann sehr nützlich sein, wenn wir mit Ärger oder Wut arbeiten.

Zugang zur inneren Autorität unseres mitfühlenden Selbst hilft uns, langsamer zu werden und diese Fragen mit echtem Interesse und authentischer Sorge zu stellen. Es gibt gute Gründe dafür, zu glauben, dass man leichter mentalisieren kann, wenn man sich sozial sicher fühlt (3). Die Erfahrung von Bedrohung scheint unsere Fähigkeit und Bereitschaft zu schwächen, nach innen zu schauen und unser Denken, unsere Gefühle und unsere Motive zu untersuchen. Wenn man sich in die forschende Haltung des mitfühlenden Selbst begibt, hilft das, langsamer zu werden und Gedanken und Gefühle hinter Ärger und Wut wirklich anzuschauen. Statt uns und andere Menschen für unsere eigenen Reaktionen zu beschämen und sie uns selbst und anderen vorzuwerfen, stellt das mitfühlende Selbst Fragen, die unsere Aufmerksamkeit zur inneren Erfahrung lenken:

- „Wie interpretiere ich diese Situation? Was sagt sie über mich? Was bedeutet sie für meine Zukunft? Kann ich aus der Situation darauf schließen, was andere über mich denken?"

- „Inwiefern macht es Sinn, dass ich mich von dieser Situation bedroht fühle?“
- „Welche Gefühle kommen in mir in diesem Moment hoch?“
- „Gibt es andere Gefühle, die ich hier nicht anerkenne? (Vgl. Übung 8. 2.)“
- „Was ist meine größte Angst, wenn ich nicht meinem Ärger oder meiner Wut entsprechend handle? Was ist meine größte Angst, wenn ich es tue?“
- „Was sind die Motive und Wünsche in mir, denen mein Ärger oder meine Wut dienen?“
- „Was brauche ich, um mich sicher zu fühlen? Was würde mir helfen, mich weniger bedroht zu fühlen?“

Mentalisierung hilft uns, Empathie und Sympathie dem Teil von uns zuzuwenden, der sich bedroht fühlt, und diese Gefühle zu akzeptieren und mit ihnen zu arbeiten, statt Ärger oder Wut gegen eine äußere Quelle (oder gegen uns selbst) zu richten. Wir können unsere Sichtweise von „Wie kann ich es ihnen heimzahlen, dass sie so grob zu mir sind?“ zu „Wie kann ich mir helfen, damit ich mich in dieser Situation sicher fühle?“ verändern. Ob es einem gefällt oder nicht, es wird immer wieder einmal passieren, dass man von jemandem grob oder respektlos behandelt wird, manchmal aus Gründen, die überhaupt nichts mit uns zu tun haben. Es würde auch dann immer wieder passieren, wenn wir auf magische Weise eine Möglichkeit fänden, allzeit vollkommen nett zu sein. Wir müssen also Verantwortung dafür übernehmen, wie wir reagieren, wenn es passiert, indem wir lernen, die Wurzeln von Ärger und Wut in uns zu verstehen und mit ihnen zu arbeiten. Ein buddhistischer Vers sagt: Es ist leichter, sich Schuhe anzuziehen, als die Welt mit Teppichen auszulegen.

In der folgenden Übung üben wir dieses Mentalisieren. Ich verstehe diesen Prozess gern als eine Erweiterung von Achtsamkeit – man schaut tief in die Gefühle, Wünsche und Argumente, die zu Verhalten aus Ärger oder Wut führen. Wir beginnen diese Übung mit der Beruhigenden Atmung, um Körper und Geist langsamer werden zu lassen, und damit, dass wir Zugang zu der freundlichen, weisen, zuversichtlichen Autorität unseres mitfühlenden Selbst suchen. Das wird uns helfen, uns sicher zu fühlen, damit wir die inneren Erfahrungen genau anschauen können, die Ärger und Wut und die Verhaltensweisen nähren, in denen sie sich ausdrücken.

Übung 9.1: Mentalisieren

Beginnen Sie mit 30 Sekunden Beruhigender Atmung, bei der Sie langsam einatmen, den Atem ein paar Sekunden anhalten, dann langsam ausatmen. Nehmen Sie dann mit den Qualitäten Ihres mitfühlenden Selbst Kontakt auf. Öffnen Sie sich für die Erfahrung einer freundlichen Motivation, zu helfen, für die Weisheit, mit der Sie Ihre Lebenserfahrung nutzen, und die zuversichtliche Autorität, mit der Sie mit Schwierigkeiten arbeiten. Wenn Sie Mühe haben, ein Gefühl der Sicherheit zu finden, können Sie auch eine der anderen Übungen anwenden, die Ihnen schon einmal geholfen haben, sich sicherer zu fühlen, zum Beispiel die Übung zum sicheren Ort oder mit dem Bild, das für Sie in idealer Weise Mitgefühl verkörpert.

Versuchen Sie jetzt, sich an eine Erfahrung von Ärger oder Wut in jüngerer Zeit zu erinnern. Erkennen Sie die Situation an, die dies ausgelöst hat und schauen Sie sich Ihre Reaktion an:

- Überlegen Sie, wie Sie sich gefühlt haben, als Sie Wut oder Ärger erlebten. Wie war das?
- Was haben Sie als Reaktion auf Ihre Wut oder Ihren Ärger getan? Wie haben Sie sie ausgedrückt (oder nicht ausgedrückt)?

Wenden Sie sich Ihrer Erfahrung von Ärger oder Wut und dem Verhalten zu, das darauf folgte, und schauen Sie sich die mentalen Faktoren an, die dazu geführt haben, dass Sie so reagierten:

- Welche Motivationen oder Wünsche haben zu Ihrer Reaktion beigetragen? Was haben Sie gewollt oder angestrebt oder vermeiden wollen?
- Schauen Sie sich Ihre Reaktion auf die Situation an, die Ihren Ärger oder Ihre Wut ausgelöst hat. Wie haben Sie diese Situation verstanden und ihr Bedeutung gegeben? Was für Gedanken hatten Sie zu den Ursachen Ihres Ärgers oder Ihrer Wut? Wie haben Ihre Überlegungen die Situation beeinflusst? Haben Sie Ärger oder Wut verstärkt oder beigetragen, sie zu verringern?
- Welche anderen Gefühle gab es als Reaktion auf diese Situation? Wie haben sie zu Ihrer Reaktion beigetragen?

- Beantworten Sie die Fragen, die wir weiter oben im Abschnitt über Mentalisierung besprochen haben.

Wenn wir in die Perspektive unseres mitfühlenden Selbst wechseln und unsere Aufmerksamkeit auf die mentalen Prozesse richten, die zu Ärger oder Wut beitragen, können wir sie viel tiefer verstehen als nach dem Prinzip, nach dem das Bedrohungssystem reagiert: „Er hat dies gemacht, also habe ich das gemacht." Mit diesem Verständnis wenden wir uns wieder dem Beispiel von Sheila und Joshua zu:

Sheila schaute sich ihre von Ärger geprägten Interaktionen mit Josh, wenn sie sein Urteilsvermögen in Frage stellte und die Wahl seines Studienfachs lächerlich fand, genau an und sah, dass die verletzenden Dinge, die sie sagte, aus allen möglichen Dingen hervorgingen, die sich in ihrem Kopf abspielten.

„Ich habe mich ignoriert und benutzt gefühlt und hatte Angst, er würde für immer arbeitslos sein und ein elendes Leben führen. Ich hatte dieses Verlangen, ihn mit Gewalt dazu zu bringen, das zu tun, was ich wollte. Ich rechtfertigte das damit, dass ich mir sagte, ich wüsste, was das Beste für ihn war, und dass er das offensichtlich nicht wusste. Hinter alldem steckte meine Angst, ich könnte ihm eine schlechte Mutter gewesen sein, und der Wunsch, dass er einen guten Job bekommt und ein glückliches Leben hat. Ich hatte das Gefühl, er brauchte es, dass ich ihm sagte, was er zu tun hatte, und ihn motivierte, hart zu arbeiten, damit er Erfolg haben konnte, und dass ich ihm so eine gute Mutter sein konnte. Ich dachte wohl, wenn ich ihm nur ordentlich zusetzte, würde er ein etwas sinnvolleres Studienfach wählen, hart dafür arbeiten, einen Abschluss machen und dann einen guten Job finden. Ich war sicher, er würde später zurückkommen und mir für alles danken."

Als sich Sheila ihr Denken und ihre Emotionen näher anschaute, die zu ihrem andauernden Konflikt mit Joshua geführt hatten, entdeckte sie, dass der Konflikt mehr mit ihrem Argumentieren und mit ihren Annahmen,

Wünschen und Ängsten zu tun hatte als mit irgendeinem Verhalten von Joshua. Als sie anfing, ihre Wirkung auf Joshua zu untersuchen, konnte sie sehen, dass ihre Kritik und ihre Vorschläge wahrscheinlich eine ganz andere Wirkung auf ihn hatten, als sie erhofft hatte – sie untergruben sein Selbstvertrauen und seine Zuversicht und schwächten ihre Beziehung. Diese Einsicht war für Sheila hilfreich, und sie beschloss ihre Strategie zu verändern und nicht mehr zu versuchen, Joshua zu kontrollieren, sondern mit ihren eigenen Ängsten zu arbeiten und die Dinge zu verändern, mit denen sie einen Keil zwischen sich und ihn trieb.

Mitfühlend mit Gedanken arbeiten, die von Ärger oder Wut beeinflusst sind

Wie wir gesehen haben, neigen wir dazu, wenn etwas unser Bedrohungssystem aktiviert, die Situation zu dramatisieren und zu personalisieren. Wenn man zum Beispiel von jemandem im Straßenverkehr geschnitten wird, kann man sich persönlich angegriffen fühlen – als täte das jemand mit Absicht, um einen in Gefahr zu bringen. Wir neigen dazu, den Beteiligten sehr negative Motive zu unterstellen, und verallgemeinern diese negativen Absichten vielleicht und schreiben sie auch anderen zu. Das haben wir bei Sheila beobachtet, deren Ärger von Gedanken genährt wurde, sie würde von anderen aufgrund des Verhaltens ihres Sohnes negativ beurteilt, und indem sie seine Lebensentscheidungen persönlich nahm und sie als Ausdruck seines Trotzes verstand. In Kapitel 1 hatten wir das Beispiel von Steve, dessen wuterfüllte Gedanken sehr verallgemeinernd waren, wenn er seine Kollegen und Familienmitglieder als feindselig, gleichgültig und faul wahrnahm. In diesen beiden Fällen nährten und verstärkten diese Denkmuster ihre Wut.

Übungen zu mitgefühlsorientiertem Denken stammen aus der Kognitiven Therapie (wobei „kognitiv" sich auf das Denken bezieht), die in den 60er Jahren von dem Psychiater Aaron Beck entwickelt wurde (4). Bei der Kognitiven Therapie werden die Gedanken und grundlegenden Überzeugungen untersucht, die negative Emotionen und Verhaltensweisen nähren und stärken, sowie ihre irrationale und übertriebene Qualität wahrgenommen und durch rationalere, evidenzbasierte Alternativen ersetzt. Beck beobachtete, dass Patienten, die mit verschiedenen psychischen Problemen kämpften, bestimmte Arten negativer Gedanken erlebten. Zum Beispiel neigten depressive Patienten zu sehr negativen Gedanken über sich selbst, die Welt und die Zukunft. Er beobachtete auch, dass sich diese Gedanken in besonderer Weise auf die Emotionen und auf das Verhalten der Patienten auswirkten. Er sah, mit welcher Leichtigkeit solche Gedanken entstanden, und bezeichnete sie als „automatische Gedanken". Er stellte fest, dass sie oft irrational waren und genau die Übertreibungen und Verallgemeinerungen enthielten, die wir bei Sheila und Steve beobachtet haben.

Im Laufe der folgenden Jahrzehnte wurde diese Therapieform populär. Sie wurde mit Lernstrategien der Verhaltensänderung kombiniert, was zu der Kognitiven Verhaltenstherapie (KVT) führte. Im Laufe der Jahre wurde die KVT bei vielen psychischen Störungen angewendet und ihre Wirkung wurde inzwischen von vielen Untersuchungen bestätigt (5).

Neuere Therapieformen haben sich weniger für den Inhalt der automatischen Gedanken und Überzeugungen interessiert, die uns solche Probleme machen (zum Beispiel, ob sie genau, richtig oder rational sind oder nicht), und vertreten die Auffassung, dass das eigentliche Problem weniger darin besteht, dass man irrationale Gedanken hat, sondern dass man sie als wahr akzeptiert. Diese neuen Therapieansätze nutzen oft achtsamkeitsbasierte Ansätze wie die, die wir in Kapitel 6 besprochen haben. Sie fokussieren weniger darauf, den Inhalt der Gedanken zu verändern, als vielmehr darauf, die Beziehung mit den Gedanken zu verändern. Die Idee dabei ist, dass man lernt, Gedanken zu beobachten, sie lediglich als mentale Ereignisse (statt als Realität) zu verstehen und damit ihren Zugriff und Einfluss zu schwächen, den sie sonst auf uns haben. Eine Reihe von Therapieformen folgen diesem Ansatz, darunter die Achtsamkeitsbasierte Kognitive Therapie (6), die Dialektische Verhaltenstherapie (7) und die Akzeptanz- und Commitmenttherapie (8).

Der Ansatz, dem wir bei der KVT folgen, ist eine Kombination der oben beschriebenen. Unser Ziel ist es, die Ärger und Wut auslösenden Gedanken wahrnehmen zu lernen, sie achtsam als mentale Ereignisse, die aus unserem Bedrohungssystem entstehen, zu beobachten (statt sie als Tatsachen oder Realität zu behandeln), und sie durch mitfühlende Gedanken zu ersetzen. Wie die achtsamkeitsbasierten Ansätze werden auch wir vermeiden, zu viel Zeit darauf zu verwenden, zu entscheiden, ob die von Ärger oder Wut bestimmten Gedanken richtig oder rational sind – vielmehr ist unser Ziel, sie lediglich als mentale Ereignisse zu behandeln, die dem Zweck dienen, Ärger oder Wut zu nähren. Um mit Ärger oder Wut wirksamer umzugehen, lernen wir auch, uns für alternative mitfühlende Gedanken zu entscheiden und unser Denken generell an Mitgefühl zu orientieren. Das Entscheidende ist, dass wir versuchen, unsere alternativen Gedanken mit den Qualitäten Weisheit, Stärke und Anteilnahme zu füllen, die mit Mitgefühl verbunden sind.

„Was würde mein mitfühlendes Selbst sagen?“ Von Ärger oder Wut bestimmtes oder an Mitgefühl orientiertes Denken

Um von einem von Wut und Bedrohung bewegten Denken zu einem Denken, das an Mitgefühl orientiert ist, überzugehen, müssen wir lernen, bestimmte Gedanken zu erkennen, die dazu tendieren, Ärger oder Wut zu verstärken, und mitfühlende Alternativen zu finden und zu entwickeln. Dazu wollen wir von Ärger oder Wut bestimmtes Denken und an Mitgefühl orientiertes Denken vergleichen und einander gegenüberstellen.

Von Ärger oder Wut bestimmtes Denken	An Mitgefühl orientiertes Denken
Ausschließlich auf die Bedrohung oder Gefahr oder auf den Gegenstand von Ärger oder Wut gerichtet	Weit und offen, berücksichtigt viele Faktoren, um die Situation zu verstehen
Unflexibel und grübelnd	Flexibel, an Problemlösung interessiert
Aktiviert unser Bedrohungssystem; nährt Ärger und Wut	Aktiviert das Beruhigungssystem; hilft uns, uns wohl und in Frieden zu fühlen
Richtet Feindseligkeit gegen andere und gegen uns selbst	Begegnet anderen und uns selbst mit Freundlichkeit
Urteilend und entwertend kritisch	Nichtwertend und empathisch
Es geht ihm um Dominanz oder Bestrafen	Es geht ihm darum, uns und anderen zu helfen und Lösungen zu finden, von denen alle profitieren und die niemandem schaden.

Von Ärger oder Wut bestimmtes Denken hat eine interaktive Beziehung mit dem Bedrohungssystem – es wird von unserer Reaktion auf Bedrohung und Gefahr genährt, und es löst seinerseits die Reaktion auf eine Bedrohung aus – und es sorgt so dafür, dass die Wirkung der Situation anhält, lange nachdem sie selbst vorüber ist. Wenn man zulässt, dass das Verhalten den von Ärger oder Wut bestimmten Gedanken folgt, hat das oft negative Konsequenzen. Im Gegensatz zu Ärger und Wut, die sehr eng auf das fokussiert sind, was das Gehirn als unmittelbare Bedrohung oder Gefahr wahrnimmt, hat Denken, das an Mitgefühl orientiert ist, einen weiteren Horizont. Es erkennt an, dass all dies im Kontext eines andauernden Lebens geschieht, in dem wir (und andere) uns manchmal unangenehmen Gefühlen und Enttäuschungen stellen müssen, und dass wir uns auch den Konsequenzen unserer Handlungen stellen müssen. Eine mitfühlende Perspektive versteht, dass alle an der Situation Beteiligten glücklich und frei von Leiden sein möchten und dass wir alle mit denselben Dingen zu kämpfen haben – mit einem komplizierten Gehirn, mit Problemen des Lebens und mit Zielen, die miteinander konkurrieren. Auch wenn unsere Ziele, Strategien und Gewohnheiten manchmal kollidieren können, erkennt Mitgefühl, dass uns dies nicht zu „Feinden" macht. Wir sind einfach Mitmenschen, die sich jeder auf seine Weise durch ihr Leben bewegen. Wenn Schaden angerichtet wird (zum Beispiel wenn wir oder andere missbraucht werden), hilft uns eine mitfühlende Sichtweise, die Notwendigkeit selbstbewussten Handelns zu erkennen – Schaden zu beenden, solide Grenzen herzustellen und Schaden in der Zukunft vorzubeugen, statt sich auf Vorwürfe und Strafen zu verlegen. Um Ihnen zu helfen, über mitfühlende Alternativen nachzudenken, können wir das Ereignis anschauen, das Ihren Ärger oder Ihre Wut ausgelöst hat und uns wieder folgende Fragen stellen:

- Wie würde ich diese Situation vielleicht sehen, wenn ich nicht gestresst oder wütend oder ärgerlich wäre?
- Wie könnte eine neutrale, liebevolle und anteilnehmende Person dieses Ereignis sehen und mir/uns helfen, es zu durchdenken? (Es kann sehr nützlich sein, hier an das Bild zu denken, das in idealer Weise Mitgefühl verkörpert.)
- Wie würde ich dies lieber betrachten, wenn ich ruhig und gesammelt wäre?
- Wie werde ich dies in drei Monaten sehen? Werde ich mich überhaupt daran erinnern?
- Was könnte ich aus der Sicht meines mitfühlenden Selbst zu einem Freund sagen, der dies erlebt hat? Wie würde ich ihm helfen, damit er sich unterstützt fühlt?

Schauen wir uns dies einmal unter Verwendung einiger Beispiele an, die Sheilas Beschreibung ihrer Situation entnommen sind.

Gedanken aus Ärger oder Wut	**An Mitgefühl orientierte Gedanken**
„Joshua ist faul und denkt nicht an seine Zukunft.“	„Ich bin über die Entscheidungen, die er trifft, frustriert, weil ich möchte, dass er ein gutes Leben hat. Vielleicht sollte ich eher meine Sorgen als liebevolle Mutter als die einer ärgerlichen Mutter ausdrücken. Vielleicht könnte ich ihn einmal fragen, was er eigentlich vorhat.“
„Für ihn ist meine ganze Hilfe selbstverständlich. Er schätzt nichts von dem, was ich für ihn getan habe.“	„Ich habe das Gefühl, dass er meinen Rat missachtet und Entscheidungen trifft, die ich nicht billige. Eltern wollen oft, dass ihre Kinder das tun, was sie für das Beste halten – aber manchmal müssen Kinder einfach ihren eigenen Weg in der Welt finden. Vielleicht geht es hier mehr darum. Ich könnte das mit ihm herauszufinden versuchen. Dass er nicht alles tut, was ich von ihm verlange, heißt nicht, dass er nicht wertschätzt, was ich für ihn getan habe.“

„Meine Kollegen müssen denken, dass ich eine schreckliche Mutter bin. Bei der wichtigsten Aufgabe meines Lebens habe ich versagt."	„Es gibt keinen Beweis dafür, dass ich versagt habe – mein Sohn ist eine freundliche Person, ein anständiger Mensch –, auch wenn er es im Hinblick darauf, was er machen will, manchmal wirklich schwer hat. Meine Kollegen geben mit ihren Kindern an, weil sie stolz auf sie sind – es bedeutet aber nicht, dass sie auf Josh und mich herabsehen. Es ist schwer für mich, mit anzusehen, wie Josh andere Entscheidungen trifft, als ich gern hätte. Aber er muss seine eigenen Entscheidungen treffen. Es könnte noch viel schlimmer sein."
„Erst springt er von einem Fach zum anderen und dann entscheidet er sich für Kunst. Er wird nie einen guten Job haben, und wahrscheinlich sein ganzes Leben von mir abhängig sein. Meine Eltern hätten mich schon lange vor die Tür gesetzt."	„Mir liegt sehr an Josh, und ich mache mir Sorgen, ob er als Künstler seinen Lebensunterhalt verdienen kann. In gewisser Weise bewundere ich aber auch seinen Mut, dass er sich dafür entscheidet, was ihn glücklich macht, statt nur schnell die Ausbildung hinter sich zu bringen, wie meine Eltern es von mir verlangt haben. Ich habe ein gutes Auskommen, aber oft hasse ich meinen Beruf – vielleicht beneide ich Josh deshalb sogar. Vielleicht sollte ich mir weniger Sorgen um ihn machen und mich mehr auf mein eigenes Leben konzentrieren."

Wie wir oben sehen, hat ein Denken, das an Mitgefühl orientiert ist, keine leichten Lösungen für Schwierigkeiten des Lebens zu bieten. Für viele Aspekte unseres Lebens gibt es einfach keine leichten Antworten – so sehr Ärger und Wut (und zum Beispiel die Botschaften, die uns die Werbung vermittelt) uns auch vom Gegenteil zu überzeugen versuchen. Eine mitfühlende Perspektive kann uns aber helfen, uns der verschiedenen Aspekte der Situation bewusst zu werden und auf eine besonnene Weise mit den Schwierigkeiten des Lebens zu arbeiten, die im Einklang mit unseren Werten ist.

Die Lernkarte „Gedanken, die an Mitgefühl orientiert sind" (9)

Es lohnt sich, darüber nachzudenken, welche unsere typischen Auslöser für Ärger und Wut sind, wenn wir uns gerade in einem ruhigen Zustand befinden. Überlegen Sie, welche das sind und was für Gedanken Sie haben, wenn Sie ärgerlich oder wütend sind. Versuchen Sie, aufrichtig zu sein. Bedenken Sie, wie Ärger oder Wut Ihr Denken oft extrem radikalisieren können. Denken Sie jetzt genau darüber nach, welche alternativen Gedanken Ihnen helfen würden zu vermeiden, von dem Strom von Ärger oder Wut mitgerissen zu werden, und was für Dinge Sie einem guten Freund sagen würden – oder was Ihr Bild, das Mitgefühl auf ideale Weise verkörpert, sagen könnte. Was für Gedanken würden Sie haben, wenn Sie sehr viel Mitgefühl hätten – sehr weise, zuversichtlich, ruhig und motiviert wären zu helfen? Wie würde Ihr mitfühlendes Selbst in der Situation denken und sich verhalten? Überlegen Sie, ob Sie sich nicht eine Vokabelkarte machen – eine kleine Karte, die Sie immer bei sich haben können, vielleicht mit einem Bild oder einem Satz auf der Rückseite, den Sie besonders inspirierend finden. Oben auf der Karte notieren Sie ein oder zwei typische Gedanken, die Sie normalerweise haben, wenn Sie ärgerlich oder wütend sind. Dann schreiben Sie ein paar mitfühlende Alternativen auf, Gedanken, die Ihnen helfen können, ruhig zu bleiben. Wenn Sie diese Gedanken notiert haben, gehen Sie sie langsam durch und lesen Sie sie mit so viel Freundlichkeit, Hilfsbereitschaft und Ermutigung, wie Sie können. Stellen Sie sich die freundliche, weise und autoritative Stimme Ihres mitfühlenden Selbst vor, wie es zu Ihnen spricht, während Sie diese alternativen Sätze durchlesen. Es kann sehr nützlich sein, wenn Sie diese Karte bei sich haben und sie ab und zu lesen und Ihren Vorsatz auffrischen, zu dem mitfühlenden Selbst zu werden. So erinnern Sie sich daran, wie es denkt und was es sagen würde. Wenn Sie spüren, dass Ärger in Ihnen aufsteigt oder dass Sie wütend werden, halten Sie inne und schauen Sie auf die Karte.

„Was würde mein mitfühlendes Selbst tun?" Problemlösen mit Mitgefühl

Da wir uns sehr mit der mentalen Erfahrung von Ärger und Wut beschäftigt haben, sollten wir auch die Situationen des realen Lebens anschauen, die sie auslösen. Viele der Übungen, die wir gemacht haben, sind dazu bestimmt, von einem inneren Zustand der Bedrohung, von dem aus man Situationen unter dem Einfluss von Ärger oder Wut beurteilt, zu einer Perspektive überzugehen, die sie mit Mitgefühl betrachtet und versteht. Wenn wir dies tun, können wir zu der Situation zurückkehren und besonnen mit ihr umgehen. Manchmal wird es etwas geben, was wir tun können, um die Situationen zu verändern, die bei uns Ärger oder Wut auslösen; ein andermal werden wir mit Situationen konfrontiert sein, in denen wir wenig oder nichts tun können, um sie zu verändern. Diese verschiedenen Situationen verlangen unterschiedliche Reaktionen, darunter aktives Handeln, Akzeptanz und manchmal beides.

Es ist nützlich, wenn wir akzeptieren, dass unsere Motivation und der Prozess einer Problemlösung, die von Mitgefühl ausgeht, uns nicht helfen, einfach zu bekommen, was wir wollen. Wir müssen dann die bestmögliche Reaktion auf die Situation finden, und zwar auf eine Weise, die Schaden für uns und andere minimiert und die mit unseren Werten in Einklang ist. Dieser Prozess unterscheidet sich von der Mentalität des

„Gewinnens um jeden Preis", die von unserem Bedrohungssystem und von dem Antriebssystem getragen wird – eine Mentalität, die leicht zu Ärger oder Wut führen kann. Wenn man die Dinge aus einer mitfühlenden Perspektive betrachtet, erkennt man, dass sie sich oft nicht so entwickeln, wie wir es gern hätten, auch wenn wir unser Bestes tun. Wir werden aber auch verstehen, dass wir auf lange Sicht mit größerer Wahrscheinlichkeit erreichen, was wir wollen, wenn wir uns mitfühlend verhalten, auch wenn uns das erst einmal nicht gelungen ist. Eine weise, mitfühlende Perspektive weiß, dass wir unsere langfristigen Prioritäten (unsere emotionale Gesundheit, gute Beziehungen, Leben auf eine Weise, die mit unserem Menschenbild in Einklang ist) nicht wegen kurzfristiger und geringerer Ziele aufgeben sollten.

Betrachten wir also die Schritte, aus denen mitfühlendes Problemlösen besteht. Beginnen Sie mit etwa 30 Sekunden Beruhigender Atmung, um Zugang zu Ihrem mitfühlenden Denken zu bekommen und sich auf die Qualitäten von Freundlichkeit, ruhiger Autorität und Weisheit zu besinnen. Wenden Sie sich dann der Situation zu, die bei Ihnen Ärger oder Wut ausgelöst hat:

1. Beginnen Sie damit, dass Sie der Situation und allen Beteiligten Mitgefühl entgegenbringen

- Wir werden in den kommenden Kapiteln hiermit noch intensiver arbeiten. Vergegenwärtigen wir uns zunächst, dass Sie und alle an der Situation Beteiligten letztlich nur glücklich und frei von Leiden sein wollen.
- Wir haben alle ein kompliziertes Gehirn mit einem empfindlichen Bedrohungssystem. Dies ist aber niemandes Fehler.
- Wenn Sie jemand in der Situation ärgert oder frustriert, schauen Sie, ob Sie Empathie für diese Person aufbringen können:
  - Haben Sie sich schon einmal so verhalten, wie sich diese Person verhält? Was haben Sie da gefühlt? Was könnte das Verhalten dieser Person motivieren?

- Welche Gedanken, Ängste und Wünsche könnten zu den Handlungen dieser Person beitragen?
- Vielleicht hat diese Person ebenso wie Sie aufgrund der Tatsache, wie unser Gehirn funktioniert und wie man von früheren Erfahrungen beeinflusst sein kann, eine Menge automatischer Reaktionen auf die Situation.
- Wenn diese Person feindselig ist und aus Wut handelt, denken Sie daran, dass dies eine Form von Leiden ist und dass es auch für sie kein Spaß ist. Diese Person verhält sich so, weil sie sich wie wir bedroht fühlt.
- Seien Sie sich bewusst, dass die Aufmerksamkeit der Person verengt und ihr Denken weniger flexibel ist, wenn ihr Bedrohungssystem aktiviert ist.

2. Teilen Sie große Probleme in handhabbare Stücke

- Oft fühlen sich die Probleme und Situationen, mit denen wir konfrontiert sind, überwältigend an und als wären sie einfach zu groß, als dass wir etwas daran ändern könnten.
- Bevor wir sie angehen können, müssen wir sie in kleinere, handhabbarere Stücke zerlegen, so wie wir an jede große Aufgabe herangehen würden – wie zum Beispiel an das Projekt, dieses Buch zu schreiben. Ich kann an einem einzigen Tag kein ganzes Buch, aber ich kann ein paar Seiten schreiben. Sheila kann ihre Beziehung mit Joshua vielleicht nicht an einem Tag heilen, aber sie kann sich vornehmen, als ersten Schritt ein freundliches und mitfühlendes Gespräch mit ihm zu führen.
- Fragen Sie sich: „Was wäre ein Teil dieses Problems, das eine vernünftige Größe hat und das ich wirklich angehen könnte?" Sie können sich etwa 15 Minuten Zeit nehmen, um einen Plan für Ihr Vorgehen zu entwerfen.
- Listen Sie die Probleme und Aufgaben auf, von den leichtesten bis zu den schwierigsten, und beginnen Sie mit den leichtesten. Es wird

uns helfen, Fortschritte auf die Ziele hin zu machen und Selbstvertrauen und Zuversicht zu gewinnen, wenn wir sehen, dass wir anfangen, Erfolg zu haben.

3. Überdenken Sie das Problem und entwickeln Sie mitfühlende Antworten

- Was wären einige Ihrer möglichen Antworten auf die Situation? Lassen Sie sich so viele Möglichkeiten einfallen, wie Sie können. Sie müssen nicht unbedingt realistisch sein.
- Gehen Sie in die Perspektive Ihres mitfühlenden Selbst, wenn Sie an diese möglichen Antworten denken. Was würde Ihr mitfühlendes Selbst sagen und tun? Zu den Antworten können sowohl Handeln (Arbeiten mit der Situation) als auch Annehmen (Akzeptieren der Situation und Arbeit mit Ihrer Antwort darauf) gehören.

4. Bedenken Sie die Konsequenzen der verschiedenen Reaktionen, die Ihnen eingefallen sind

- Überlegen Sie aus der Sicht Ihres mitfühlenden Selbst, welche kurzfristigen und langfristigen Konsequenzen Ihre unterschiedlichen Reaktionen haben. Wie passen sie sowohl zu den Ergebnissen, die Sie sich wünschen, als auch zu Ihren Werten?

5. Entscheiden Sie sich für eine Reaktion

- Wählen Sie aus der Perspektive Ihres mitfühlenden Selbst die Option aus, die für Sie und für andere wahrscheinlich die beste Wirkung hat.
- Entscheiden Sie sich für eine Option, die Sie auch wirklich durchführen können. Denken Sie daran, dass eine Option auch darin bestehen kann, um Hilfe zu bitten.

6. **Überlegen Sie, was Sie brauchen, um die Reaktion, für die Sie sich entschieden haben, in die Tat umzusetzen.**
   - Denken Sie an die Dinge, die Sie vielleicht brauchen, um Ihre Reaktion in die Tat umzusetzen. Brauchen Sie jemandes Hilfe oder Rat?
   - Würden Sie die Dinge mit jemandem durchsprechen, dem Sie vertrauen, damit er Ihnen hilft, die Situation aus einer besseren Perspektive zu betrachten?
   - Ein Teil von Kompetenz besteht darin, dass man erkennt, wann man Hilfe braucht und einer Situation nicht gewachsen ist.

Verschiedene Reaktionen abwägen

Wenn andere an der Situation beteiligt sind (wie das bei den meisten Situationen, die Ärger oder Wut auslösen, der Fall ist), gibt es verschiedene Faktoren und Prioritäten, die berücksichtigt werden müssen, wenn man die beste Antwort sucht:

- Das Ziel: Welches Ergebnis möchten Sie erreichen?
- Ihre Beziehung mit den anderen Beteiligten.
- Der Ausdruck, wie Sie sich fühlen – andere wissen lassen, wie es Ihnen mit der Situation geht (10).

Diese Faktoren konkurrieren oft miteinander. Wenn zum Beispiel jemand etwas täte, was mich ärgert, könnte ich ihn sehr schnell stoppen (das Ziel), indem ich ihn anschreie oder ihm drohe: „Sei still oder ich verpasse dir eins" (Ausdruck meiner Frustration). Diese Reaktion wird wahrscheinlich unsere Beziehung beschädigen. Wir haben das bei Sheila gesehen, die ihre Frustration über Joshua auf eine Weise ausdrückte, die zwischen ihnen eine Distanz herstellte, die ihrerseits ihrem Ziel im Wege stand,ihm zu helfen, seinen Studienabschluss und seine berufliche Situation konstruktiv anzugehen. Das ist nicht ungewöhnlich. Wir beschädigen oft wichtige Beziehungen (zum Beispiel mit Partnern oder mit Kindern) im Interesse von Zielen, die wichtig oder weniger wichtig sind, oder indem wir unsere Emotionen auf feindselige Weise ausdrücken. Man kann sich dafür entscheiden, bestimmte Situationen zu akzeptieren, die man vielleicht nicht frei wählen würde, um gute Beziehungen aufrechtzuerhalten. Dies ist etwas anderes, als etwas einfach passiv hinzunehmen. Ich spreche davon, aktive Entscheidungen zu treffen, mit denen man Beziehungen Priorität vor bestimmten Zielen gibt. Diese Unterscheidung ist wichtig – wir machen uns nicht zu Märtyrern, wenn wir Verantwortung übernehmen und die Prioritäten setzen, die uns am wichtigsten sind. Andererseits gibt es Ziele, die es wert sind, Priorität vor Beziehungen zu bekommen. Wenn zum Beispiel jemand uns eine andere Person oder sich selbst verletzt, können Handlungen, die Schaden verhindern, in manchen Fällen zu Problemen in der Beziehung führen – aber wir handeln trotzdem.

7. Planen und verwirklichen Sie die Lösung

- Bevor Sie Ihre Reaktion in die Tat umsetzen, nutzen Sie Ihre Fantasie und gehen Sie durch, wie es laufen soll. Stellen Sie sich vor, dass Sie so reagieren, wie Sie es geplant haben, und versuchen Sie, Hindernisse vorherzusehen, und wie Sie mit Mitgefühl damit umgehen könnten. Dies wird Ihnen helfen, zu üben, mit schwierigen Situationen umzugehen und sich auf den Ernstfall vorzubereiten.
- Setzen Sie Ihre Lösung in die Tat um, indem Sie tun, was Sie geübt haben. Versuchen Sie dabei, achtsam zu beobachten, wie sich der Prozess entfaltet. Versuchen Sie, ihn als ein Experiment zu sehen, in dem Sie etwas Neues ausprobieren. Dies kann vermeiden, sich in Details zu verwickeln, besonders wenn die Dinge nicht genauso ablaufen, wie man es geübt hat.

8. Evaluieren der Lösung

- Schauen Sie sich Ihre Reaktion auf die Situation an – wie ist es ausgegangen?

- Was hat funktioniert, was war nützlich?
- Was hat nicht so gut funktioniert?
- Berücksichtigen Sie diese Dinge, wenn Sie planen, wie Sie in Zukunft auf etwas Ähnliches reagieren wollen.

Es gibt eine Menge Dinge, die sich darauf auswirken, wie sich eine beliebige Situation entwickelt, und von denen viele nicht unserer Kontrolle unterliegen. Entscheidend ist, dass wir unsere Bemühungen als eine Reihe von Experimenten sehen. Wie Wissenschaftler nehmen wir mit, was wir aus jeder Situation, das heißt bei jedem Experiment gelernt haben – was nützlich war und was nicht –, und nutzen diese Informationen, um die Wahrscheinlichkeit eines Erfolges zu steigern, wenn wir an die nächste Situation herangehen. Wir verfeinern geduldig unsere Fähigkeiten, indem wir versuchen, jedes Mal ein bisschen besser zu werden und Verhaltensweisen zu entwickeln, die unsere Werte spiegeln, statt automatisch auf wahrgenommene Bedrohungen zu reagieren.

Zusammenfassung

In diesem Kapitel haben wir gesehen, wie wir mitfühlend mit unserer Erfahrung von Ärger und Wut und mit den Situationen arbeiten können, die sie auslösen. Handeln aus der Perspektive unseres mitfühlenden Selbst kann bedrohliche Situationen zu Gelegenheiten für Wachstum, Verbessern unserer Fähigkeit, mit Stress umzugehen, sowie Vertiefen unserer Beziehung mit anderen und unseres eigenen Glücks transformieren helfen. Weil an vielen Wut auslösenden Situationen andere beteiligt sind, ist es wichtig, Interaktionen besonders zu berücksichtigen. In Kapitel 10 wird thematisiert, wie wir mitfühlend und effektiv mit anderen, besonders in schwierigen Situationen, in Beziehung sein können.

10 Mitfühlendes Verhalten / Mitgefühl in Beziehungen

Beim Interagieren auf der Basis von Mitgefühl geht es nicht darum, nur nett zu sein und den Leuten ständig nachzugeben. Manche der mitfühlendsten Dinge, die mir je jemand gesagt hat, hatten die Form direkten kritischen Feedbacks – freundlich, aber bestimmt war es der Rat, mein Verhalten zu ändern, wenn ich etwas tat, was zu Problemen führte. Wenn wir sehen, wie jemand vor ein fahrendes Auto läuft, ist das Mitfühlendste, was man tun kann, ihn zurückzuhalten. Mitgefühl bedeutet sicher nicht, dass man sich ausnutzen lässt. Es bedeutet, auf echte und bestimmte Weise zu kommunizieren und auf eine Weise zu handeln, mit der man sowohl andere als auch sich selbst respektiert, zum Nutzen aller Beteiligten und ohne jemandem zu schaden.

Wir haben in Kapitel 2 das Modell der drei Systeme zur Regulierung von Emotionen beschrieben: das Bedrohungssystem, das Antriebssystem und das Beruhigungssystem. Es ist nützlich, diese Systeme im Kopf zu haben, wenn man mit anderen mit Mitgefühl interagiert. Bei der Ausbildung meiner Psychologiestudenten ist dies ein wesentlicher Inhalt und bei meiner eigenen Planung und bei Interaktionen mit Menschen in meinem eigenen Leben verwende ich sie ebenso. Wir müssen verstehen, dass wir Auslöser für die Systeme zur Regulierung der Emotionen anderer Menschen sind – wir können jedes einzelne der drei Systeme oder eine Kombination von ihnen aktivieren –, und müssen uns die Frage stellen: „Was möchte ich in ihnen bewirken oder auslösen?“

Wir aktivieren das Bedrohungssystem anderer Menschen, wenn wir sie beleidigen, bedrohen oder grob und respektlos ansprechen. Wenn wir flirten, verführen oder etwas verkaufen, versuchen wir ihr Antriebssystem zu stimulieren. Und wenn wir beruhigen, bestätigen und Empathie zeigen oder uns empathisch verhalten, versuchen wir, ihr Beruhigungssystem zu aktivieren.

Darum geht es: Die Dinge laufen besser, wenn Menschen sich sicher fühlen. Wenn das Beruhigungssystem aktiviert ist und man sich wohlfühlt und weder in einem Zustand der Bedrohung befangen ist noch irgendeinem intensiven Verlangen nachgeht, kann man sich ganz auf die Aufgabe konzentrieren, die gerade ansteht. Wie wir gesehen haben, kann unsere Aufmerksamkeit in solchen Momenten weit werden und für viele Möglichkeiten offen sein. Dann können wir klar und flexibel denken. Befreit von der Last des Gefühls, wir müssten uns schützen, können wir uns darauf zubewegen, unser höchstes Potential zu verwirklichen.

Leider haben wir alle häufiger Konflikte, Meinungsverschiedenheiten und stressige Interaktionen – genau die, die unser sensibles Bedrohungssystem aktivieren. In diesem Kapitel werden wir einige nützliche Techniken vorstellen, wie wir mit Mitgefühl mit anderen in Beziehung sein können. Dabei geht es um Verhaltensweisen, die Probleme lösen und allen Beteiligten helfen können, sich sicherer zu fühlen, also um Verhaltensweisen, die nicht von unserem Bedrohungssystem diktiert werden.

Selbstbewusstsein

Ärger und Wut können unsere Kommunikation mit anderen stören, indem sie uns motivieren, auf eine Weise zu handeln, die aggressiv (beleidigend; Angriff), passiv (man verbeißt sich in den Ärger oder kocht vor Wut) oder passiv aggressiv (man verweigert Interaktion und mauert; Sarkasmus) ist. Leider kommt man mit keinem dieser Ansätze wirklich weiter. Warum nicht? Schauen wir sie uns im Hinblick auf die drei Faktoren an, die wir im Abschnitt über Problemlösen in Kapitel 9 behandelt haben:

- Diese Verhaltensweisen führen oft dazu, dass sich die Situation für uns selbst und/oder für andere schlecht entwickelt (Ziel).
- Sie beschädigen oft unsere Beziehung mit anderen.
- Sie ermöglichen uns nicht, unsere Emotionen auf eine Weise auszudrücken, die von den anderen Beteiligten aufgenommen und verstanden werden kann.

Im Gegensatz dazu drückt sich Selbstbewusstsein in einer Handlungsweise gegenüber anderen aus, die uns ermöglicht, „die Emotionen zu kontrollieren und die Botschaft zu verdeutlichen". Dazu gehört, dass man sich selbst respektiert – für sich einsteht – und die Menschen respektiert, mit denen man zu tun hat.

Wenn wir auf Menschen mit Aggression reagieren, hat das zur Folge, dass sie sich auf Verteidigung einstellen. Dadurch kann es für sie fast unmöglich werden, zu hören, was wir zu sagen versuchen. Und wenn Ihr eigenes Bedrohungssystem das Sagen hat, ist Ihnen vielleicht selbst nicht klar, welche Botschaft Sie vermitteln wollen und aus welchem Grund Sie das wollen. Selbstbewusstsein erlaubt uns, uns in schwierigen Situationen auszudrücken, während wir minimieren, wie sehr beide Seiten, wir und die anderen, sich bedroht fühlen, damit wir nicht noch mehr Öl ins Feuer gießen.

Was ist nun Bestimmtheit, Selbstbewusstsein *(assertiveness)?* Der Psychologe Willem Arrindell (1) und seine Kollegen beschreiben vier Eigenschaften, die Selbstbewusstsein charakterisieren:

1. **Zeigen negativer Gefühle.** Dies ist die Fähigkeit, Missbilligung oder Weigerung auszudrücken, jemanden aufzufordern, ein Verhalten, das uns stört, zu ändern, und bei unseren Vorhaben für uns selbst einzutreten.
2. **Die Fähigkeit, persönliche Grenzen zu benennen und mit ihnen umzugehen.** Dies bedeutet, dass man in der Lage ist, sich eigenen Grenzen (Einschränkungen), Unsicherheit oder Mangel an Wissen zu stellen.

Bestimmtheit hilft einem, Fehler einzugestehen und angemessene Kritik zu akzeptieren, ohne sich für das zu schämen, was man nicht weiß. Dazu gehört auch, dass man andere um Hilfe bittet, wenn man sie braucht.

- **Selbstbewusstes Auftreten.** Dies ist die Fähigkeit, mit Meinungsverschiedenheiten umzugehen – in der Lage zu sein, Meinungen auszudrücken, die möglicherweise von den Meinungen anderer abweichen, und zu akzeptieren, dass andere Meinungen haben, die sich von den eigenen unterscheiden, die aber nicht weniger gelten.
- **Positive Selbstbehauptung.** Dies ist die Fähigkeit, Stärken, Talente und Leistungen anderer wertzuschätzen und Bewunderung für sie auszudrücken und Lob für sich selbst anzunehmen.

Schauen wir uns nun an, wie man Selbstbewusstsein in ein paar verschiedenen Situationen konstruktiv zum Ausdruck bringen kann.

Emotionen und Wünsche ausdrücken

Es kann sehr schwierig sein, Gefühle wie Verlegenheit, Enttäuschung, Frustration, Angst oder Traurigkeit auszudrücken und seinem Gegenüber einfach zu sagen, was man empfindet. Das kann aber Sinn machen. Wenn man seine Gefühle anderen mitteilt, kann es sein, dass man sich verletzlich fühlt, und wenn man sich verletzlich fühlt, reagiert man auf diese wahrgenommene Bedrohung häufig automatisch defensiv: „Zeig das nicht! Verberge es! Werde lieber wütend!" Unser weises, mitfühlendes Selbst weiß aber, dass wir alle diese Emotionen haben. Und wenn wir unsere Gefühle selbstbewusst, und ohne andere damit anzugreifen, mitteilen, kann uns dies helfen, Lösungen für schwierige Situationen zu finden. Dies funktioniert viel besser als der Versuch, diese Emotionen zu vermeiden oder gegen sie anzugehen oder diejenigen zu attackieren, die sie zu verursachen scheinen.

In fast jedem Therapiezentrum für Kinder und Jugendliche, in dem ich gearbeitet habe, gibt es ein Poster, auf dem dieser Satz zu lesen ist:

„Wenn ________ , dann fühle ich _________ und würde gern ______ .“

Obwohl er ganz direkt formuliert und leicht zu verstehen ist, geht dieses Beispiel für selbstbewusste Kommunikation nicht nur Kinder an. Um es anzuwenden, beschreiben wir kurz die Situation, was wir in ihr empfinden und was wir uns wünschen, was passieren sollte.

- „Wenn Sie mich so anreden, ist mir das nicht so angenehm. Mir wäre es lieber, wenn Sie mich mit meinem wirklichen Namen ansprechen.“
- „Wenn Sie die Zeit der Konferenz (oder des Unterrichts) überziehen, komme ich unter Druck und bin unsicher, ob ich es schaffe, rechtzeitig da zu sein, wo ich danach sein muss. Mir wäre es lieb, wenn wir uns in Zukunft an den Zeitplan halten würden.“

Manche Menschen fühlen sich anfangs ein wenig komisch, wenn sie dieses Schema verwenden – es erscheint unnatürlich und gekünstelt, wenn man nicht damit vertraut ist. Es geht aber darum, seine Gefühle auf eine nicht aggressive Weise auszudrücken. Mit nicht aggressiv meine ich, dass man auf Formulierungen verzichtet, die die andere Person beleidigen, wie zum Beispiel: „Wenn Sie mich so anreden, mag ich das nicht. Ich möchte, dass Sie aufhören, sich wie ein Arschloch zu benehmen.“ Das ist äußerst aggressiv. Sie sehen in der folgenden Übung, dass es bei selbstbewusster Kommunikation nicht darum geht, „seinen Willen zu bekommen“ und sich unbedingt durchzusetzen, sondern der anderen Person die eigene Sichtweise zu vermitteln.

Übung 10.1: Selbstbewusster Ausdruck von Emotionen

Beginnen Sie wie bei allen Übungen damit, dass Sie etwa 30 Sekunden lang mithilfe der Beruhigenden Atmung Ihre Atmung verlangsamen und Zugang zu der freundlichen, weisen und zuversichtlichen Perspektive Ihrer inneren Orientierung an Mitgefühl suchen.

In seinem Buch *Overcoming Depression* (2) beschreibt Paul Gilbert vier Schritte, wenn man Ärger oder Wut selbstbewusst ausdrückt (und die auch bei anderen Emotionen gut funktionieren):

- Erkennen Sie Ihren Ärger oder Ihre Wut (oder was immer Sie fühlen) an.
- Identifizieren Sie, inwiefern Sie sich verletzt oder frustriert fühlen (und überprüfen Sie, ob Sie die Kränkung vielleicht übertreiben).
- Untersuchen Sie, worin diese Verletzung besteht, und fokussieren Sie auf Ihren Wunsch, dass die andere Person Ihre Gefühle und Ihre Sichtweise verstehen kann.
- Bestehen Sie nicht darauf, dass die andere Person einer Meinung mit Ihnen ist.

Wenn Sie diese Punkte durchgegangen sind, versuchen Sie, eine selbstbewusste Aussage zu formulieren, mit der Sie Ihrem Gegenüber Ihre Erfahrung vermitteln, ohne sie dabei anzugreifen. Hier ein paar Beispiele:

- „Wenn Sie mich unterbrechen, verletzt mich das, weil ich denke, dass Sie nicht wertschätzen, was ich sage."
- „Ich habe es viel lieber, wenn Sie …" (Beschreibung des Verhaltens, das Sie vorziehen).
- „Ich verstehe, dass Sie sich wie __________ fühlen, aber meine Sicht der Dinge ist ____________."

Sie sehen, dass die Beispiele für selbstbewusste Kommunikation das Wort „Ich" in Bezug auf unsere Emotionen verwenden. Aus diesem Grund werden solche Aussagen auch „Ich-Aussagen" genannt. Bei „Ich-Aussagen" formulieren wir unsere Emotionen oder Wünsche direkt, teilen mit, dass es unsere Emotionen und Wünsche sind, und fügen keine unnötigen Informationen hinzu, die andere kränken oder beleidigen könnten. Damit, dass es „unsere" sind, meine ich, dass wir anderen keine Kontrolle über unsere eigenen Emotionen einräumen, zum Beispiel, wenn wir sagen würden: „Du machst, dass ich _ fühle." Stellen Sie vielmehr einfach fest, was Sie fühlen, zum Beispiel:

„Ich bin in diesem Moment sehr wütend, und ich glaube, dass ich eine Pause brauche, bevor wir weiter hierüber sprechen." „Ich-Aussagen" machen klar, dass dies Ihre Sichtweise ist und nicht, dass es „an sich so ist". Nur weil ich zufällig etwas mag (oder nicht mag), ist es nicht an sich gut oder schlecht:

- „Basketball hat mir nie wirklich gefallen. Ich mag Fußball" (selbstbewusst).
- „Basketball ist bescheuert. Echte Männer spielen Fußball" (aggressiv).

Schauen wir, wie Sie diesen selbstbewussten Ansatz bei einem Konflikt anwenden können, zu dem es gerade gekommen ist:

Übung 10.2: Konflikt

Denken Sie an eine Situation der letzten Wochen zurück, als Sie mit jemandem einen Konflikt hatten. Versuchen Sie, sich daran zu erinnern, was da gesagt wurde. Beginnen Sie wie immer mit 30 Sekunden Beruhigender Atmung und suchen Sie Kontakt zu Ihrem weisen, freundlichen und zuversichtlichen mitfühlenden Selbst. Betrachten Sie diesen Streit ein paar Momente lang aus der Sicht von Mitgefühl:

- Versuchen Sie, sich an den Verlauf des Streits zu erinnern und sich vorzustellen, wie er verlaufen wäre, wenn Sie selbstbewusst kommuniziert hätten.
- Es kann auch nützlich sein, wenn Sie aufschreiben, wie Sie mit dem Konflikt anders umgehen könnten, wenn Sie die Techniken anwenden, die in Übung 10.1 beschrieben wurden.
- Nehmen Sie wahr, was für innere Blockierungen sichtbar werden. Denkt zum Beispiel ein Teil von Ihnen: „OK, in der Theorie ist das keine schlechte Sache, aber ich glaube nicht, dass die Person, mit der ich den Konflikt hatte, davon Notiz nehmen würde." Da könnten Sie recht haben. Aber selbstbewusstes Auftreten hat eine stärkere Wirkung, wenn man sich über längere Zeit so verhält. Wenn jemand mehr an unsere Aggressivität als an selbstbewusstes Verhalten gewohnt ist, kommt es ihm vielleicht merkwürdig vor, wenn man plötzlich etwas ein wenig anders macht, und er reagiert vielleicht

nicht so, wie wir es gern hätten. Wenn wir uns aber auf die Dauer selbstbewusst verhalten, lernen Leute, dass wir meinen, was wir sagen, und sie reagieren irgendwann entsprechend darauf. Gehen Sie nicht davon aus, dass Sie alles mit einer einzigen Interaktion ändern. Wie bei allen Techniken, die in diesem Buch beschrieben werden, ist Übung wirklich wichtig.

Arbeit mit Grenzen

Unser Bedrohungssystem hat sich dahin entwickelt, für Botschaften sehr sensibel zu sein, dass man „nicht gut genug" ist, und die sich darauf beziehen, wie andere einen sehen – was sie von einem halten und einem gegenüber empfinden. Außerdem leben wir in einer Welt, die uns ständig mit Botschaften bombardiert, wie wir sein sollten, wie wir aussehen, fühlen, handeln und uns verhalten sollten. Diese Botschaften, „wie ich sein sollte", werden leicht verinnerlicht, und wir sind dann allen möglichen schwierigen Gefühlen ausgesetzt, wenn es so aussieht, als würden wir diesen Erwartungen nicht genügen.

Wenn wir dies jedoch mit dem weisen Blick des mitfühlenden Selbst anschauen, können wir etwas realistischer werden und erkennen, dass es nicht bedeutet, dass alles an uns verkehrt ist, wenn wir nicht vollkommen sind. Unser mitfühlendes Selbst weiß, dass niemand perfekt ist und dass viele Faktoren, die wir uns nicht ausgesucht haben und über die wir keine Kontrolle haben, daran beteiligt sind, wie wir uns entwickelt haben. Das Entscheidende ist, dass wir genau hier und jetzt existieren und dass wir zwar die Dinge nicht verändern können, die uns an diesen Punkt gebracht haben, dass wir aber eine große Fähigkeit besitzen, zu beeinflussen, wie die Dinge von jetzt an weitergehen. Wir können Möglichkeiten finden, auch in Situationen selbstbewusst zu handeln, die uns einschüchtern, und wir müssen auch in der Lage sein, aufrichtig einzugestehen, wenn wir einer Aufgabe nicht gewachsen sind und uns helfen zu lassen.

Hier ein paar Möglichkeiten, wie man anfangen kann, an persönlichen Grenzen zu arbeiten:

Überprüfen

Als Erstes müssen wir entscheiden, ob es wirklich um eine Einschränkung geht oder ob wir es einfach mit einer negativen Bewertung unsererseits zu tun haben. Einer meiner Klienten, Robert, war fest davon überzeugt, dass er ein schlechter Vater war, was zum großen Teil auf der strengen Kritik beruhte, der er von seinem emotional missbräuchlichen Schwiegervater ausgesetzt war. Als wir aber genau anschauten, wie er mit seinen Kindern umging, und sahen, dass er ihnen geben konnte, was sie brauchten (und auch Feedback dazu von seiner Frau bekam), entdeckte er, dass er eigentlich gute Arbeit als Vater leistete. Wenn er niedergeschlagen oder deprimiert war, neigte er besonders dazu, seine Fähigkeiten als Vater in Frage zu stellen. Und so wie Robert können auch wir das Gefühl haben, dass wir alle möglichen Schwächen und Unzulänglichkeiten haben, die in Wirklichkeit aber gar nicht da sind. Eine Möglichkeit, dies zu überprüfen, besteht darin, Menschen, die Sie schätzen und die Ihnen nahestehen, nach ihrer Meinung zu fragen, wie Robert das getan hat – mitfühlende Menschen, deren Wohlwollen Sie sicher sind. Sie können sie zum Beispiel fragen: „Ich glaube, hier komme ich nicht weiter …" oder „Ich glaube, dass ich mit ______________ an eine Grenze komme. Was meinst Du?"

Akzeptanz

Stellen Sie sich vor, dass Ihr mitfühlendes Selbst Ihr Trainer oder Coach ist. Wie würde Ihr mitfühlendes Selbst Ihnen helfen, Ihre Grenzen zu akzeptieren und Ihre Aufmerksamkeit auf Ihre Stärken zu richten? So wie wir unsere entwertende innere Stimme benutzen, um uns davon zu überzeugen, dass wir nie glücklich sein können, wenn wir diese Schwäche haben, können wir die Stimme unseres mitfühlenden Selbst nutzen, um uns zu beruhigen und uns daran zu erinnern, dass wir alle mit Einschränkungen leben und dass das in Ordnung ist.

Ein gutes Beispiel ist Paul, der mir in einem Kurs begegnet ist, in dem ich Achtsamkeit unterrichtete. Paul war als Student sehr sportlich und athletisch gewesen, war aber infolge eines Unfalls vom Hals an abwärts gelähmt. Während des Kurses sprach er mit der Gruppe offen darüber, wie es für ihn gewesen war, lernen zu müssen, sich vollkommen neu zu definieren. Er beschrieb sehr eindrücklich, wie er ein neues Leben aufgebaut hatte und wie der erste Schritt darin bestanden hatte, zu akzeptieren, wie die Dinge aufgrund seiner Lähmung jetzt für ihn waren. Er weigerte sich, seiner Lähmung zu erlauben, ihn zu behindern, glücklich zu sein und seine Ausbildungsziele zu verfolgen. Aber indem er das tat, musste er sich damit auseinandersetzen, wie sein Leben jetzt war (im Gegensatz dazu, wie er es sich vielleicht wünschte).

Übung 10.3: Grenzen annehmen

Versuchen Sie, sich an eine Situation zu erinnern, in der Sie eine Einschränkung akzeptieren mussten. Beginnen Sie wieder mit 30 Sekunden Beruhigender Atmung und wenden Sie sich den Qualitäten Ihres mitfühlenden Selbst zu: Freundlichkeit, Weisheit und Zuversicht.

1. Erkennen Sie Ihre Enttäuschung an – niemand hat gern Einschränkungen: „Es macht Sinn, dass mir diese Einschränkung etwas ausgemacht hat. Das fühlt sich wichtig für mich an."
2. Fokussieren Sie auf den Prozess freundlicher Akzeptanz. Lassen Sie diese Einschränkung ohne Selbstvorwurf oder -beschämung zu. Nehmen Sie wahr, wie es sich anfühlt, wenn Sie nicht dagegen ankämpfen und sie einfach einen Teil von sich sein lassen: „Dies ist so, wie es für mich ist. Jeder hat Grenzen, und diese ist eine meiner Grenzen. Ich muss nicht vollkommen sein, und auch wenn es mir nicht gefällt, bedeutet diese Grenze nicht, dass ich nicht glücklich sein kann."

Wenn selbstentwertende Stimmen aufkommen, wiederholen Sie von Schritt 1 an.

Problemlösen

Wir können unser mitfühlendes Selbst auch nutzen, um herauszufinden, wie wir trotz unserer Grenzen und Einschränkungen erfolgreich und glücklich sein können. Rick, der sich im Irakkrieg eine Behinderung zugezogen hatte, litt sehr darunter, dass er nicht mehr Football spielen konnte. Schließlich konnte er es aber annehmen und er entschied sich dann dafür, stattdessen eine Kindermannschaft zu trainieren. Auch wenn er das Spielen vermisste, wurde seine Enttäuschung durch die Freude, die er daran hatte, Kinder in seinem Lieblingssport auszubilden, mehr als aufgewogen.

Tun Sie es trotzdem

Wenn unsere Einschränkung damit zu tun hat, dass uns eine bestimmte Fähigkeit oder Geschicklichkeit fehlt, können wir sie üben oder uns Rat holen, wie wir sie verbessern können. Auf der anderen Seite können wir auch lernen, uns weniger ernst zu nehmen und uns entschließen, Aktivitäten auszuprobieren (und zu genießen), auch wenn wir nicht besonders gut darin sind. Angenommen, Sie würden gern tanzen, glauben aber, Sie hätten „zwei linke Füße". Wie könnten Sie lernen, sich diesem „Minderwertigkeitsgefühl" zu stellen, und es einfach tun – die Angst fühlen und es trotzdem tun? Eine Weise könnte sein, dass Sie Ihre kritischen und wertenden Gedanken wahrnehmen, achtsam bei den körperlichen Empfindungen der Angst oder der Scham sind, Ihr mitfühlendes Selbst einschalten und dann einfach tanzen. Je öfter Sie es tun, umso weniger befangen werden Sie sein. Sie können sich auch dafür entschieden, Tanzunterricht zu nehmen. Ich habe in meinem Leben die Erfahrung gemacht, dass ein Geheimnis des Glücks für mich darin besteht, Spaß an Dingen zu haben, die ich nicht besonders gut kann. Bei manchen (wie Gitarrespielen) habe ich dann beschlossen, besser zu werden, und habe Stunden genommen, manches (wie Mountainbiking) mache ich einfach, nicht gut, aber ich habe Spaß daran. Noch einmal: Das Entscheidende ist, den Fokus von einer selbstentwertenden Einstellung zu einer mitfühlenden, praktisch nützlichen Einstellung zu verändern, indem wir unser mitfühlendes Selbst einschalten.

Lassen Sie los

Manchmal ist Verstehen unserer Grenzen extrem wichtig, weil es uns davor bewahren kann, dass wir zwanghaft versuchen, Dinge zu erreichen, die einfach nicht möglich sind. Stellen Sie sich zum Beispiel vor, dass Ihr Herzenswunsch ist, Arzt zu werden, Sie aber leider nicht den Schulabschluss oder den Notendurchschnitt haben, den man braucht, um Medizin studieren zu können. Das kann eine schmerzhafte Erkenntnis sein, aber wenn Sie Möglichkeiten finden können, das zu akzeptieren, finden Sie wahrscheinlich etwas anderes, was ähnlich erfüllend sein kann – wie Krankenpflege oder Arbeit für eine gemeinnützige Einrichtung im Bereich der Gesundheitsversorgung. Wenn man an unrealistischen Zielen festhält, kann das davon abhalten, andere, realistische Ziele zu verfolgen, die genauso glücklich machen könnten. Annehmen persönlicher Grenzen bedeutet, dass man aufrichtig mit sich in Bezug auf das ist, was man tun kann, was man tun könnte und was man niemals wird tun können.

Andererseits sollte man seine Träume nicht zu schnell aufgeben. Es gibt viele schwierige Aufgaben im Leben, bei denen man Erfolg haben kann, wenn man nur bereit ist, nicht locker zu lassen. Es heißt, das Geheimnis von Erfolg sei die Bereitschaft, zu scheitern. Kinder denken nicht viel darüber nach – wenn sie laufen lernen, fallen sie unzählige Male hin, bevor sie auf ihren Beinen sicher sind. Aber man sieht wohl keine Kinder in diesem Alter, die hinfallen und dann die nächsten 50 Jahre einfach liegen bleiben. Sie fallen hin und stehen wieder auf. Wenn man älter wird, fängt man an, sich zu bewerten und zu beurteilen, und das kann dazu führen, dass man vor dem Hinfallen Angst bekommt – was dazu führen kann, dass man aufgibt oder es gar nicht erst versucht. Mit einem mitfühlenden Selbstbewusstsein kann man sich Versagen und Scheitern stellen – den Staub abklopfen und wieder aufstehen –, ohne sich in Trägheit oder Lähmung durch Selbstentwertung zu verstricken. Arbeit mit Ärger und Wut ist genauso: Wenn man jahrelang damit gekämpft hat, wird man sich nicht über Nacht vollkommen verändern können. Man macht immer wieder Fehler. Aber wenn man sich mit Mitgefühl ermutigt, dabeizubleiben, wird man sich schließlich verändern.

Meinungsverschiedenheiten

Zu allen Beziehungen gehören Meinungsverschiedenheiten, aber diese Unterschiede müssen nicht zu Konflikten führen, die mit Ärger oder Wut ausgetragen werden. Eine mitfühlende Perspektive erlaubt uns, anderer Meinung zu sein und unsere Position auszudrücken und zugleich Respekt für den anderen zu zeigen. Es ist in Ordnung, anderer Meinung zu sein, aber man kann das offen und in angemessener Weise tun:

- Die Aussage des anderen: „Jim ist ein Arschloch."
- Andere Meinung: „Ich bin anderer Meinung. Er ist immer nett zu mir gewesen, und ich habe erlebt, wie er auch andere freundlich behandelt hat. Du hast anscheinend schlechte Erfahrungen mit ihm gemacht."

Das Entscheidende ist, dass man seine Sichtweise respektvoll ausdrückt, ohne zu behaupten, anzudeuten oder zu unterstellen, dass die Meinung des anderen dumm, naiv oder voreingenommen ist.

Übung 10.4: Meinungsverschiedenheiten

Beginnen Sie damit, dass Sie mithilfe der Übung Beruhigende Atmung Ihre Atmung ein wenig verlangsamen, und suchen Sie Zugang zu den Qualitäten Ihres mitfühlenden Selbst: Freundlichkeit, Weisheit und Zuversicht. Denken Sie an eine Situation, als Sie mit einer anderen Person anderer Meinung waren und Sie sich gewünscht haben, dass diese Person weiß, wie es Ihnen geht und was Sie fühlen. Stellen Sie sich weiter vor, dass das Ergebnis der Meinungsverschiedenheit ein anderes ist, wenn Sie von einem mitfühlenden, selbstbewussten Standpunkt ausgehen. Bedenken Sie Folgendes:

- Formulieren Sie Ihre Sicht der Dinge. Es ist in Ordnung, wenn man sehr direkt sagt: „Ich bin anderer Meinung …"

- Nehmen Sie davon Abstand, die andere Person oder ihre Sichtweise zu kritisieren oder anzudeuten oder zu unterstellen, sie sei dumm oder kurzsichtig, weil sie nicht einer Meinung mit Ihnen ist. Es ist leicht, jemanden anzugreifen, wenn man intensive Gefühle in Bezug auf etwas hat, aber dies führt fast immer zu einem schlechten Ergebnis. Andere Menschen haben das gleiche Recht auf ihre Meinung wie wir auf unsere, und wenn wir sie attackieren, führt das dazu, dass sie uns ebenfalls angreifen oder sich mindestens auf ihre Sicht der Dinge versteifen und in Opposition gehen.
- Zeigen Sie für die andere Person Respekt, indem Sie Interesse an ihrer Sichtweise ausdrücken, und stellen Sie Fragen, um herauszufinden und zu verstehen, warum sie so empfindet. Damit wird eine positive Interaktion möglich, denn man hilft dem Gegenüber, sich sicher und wertgeschätzt zu fühlen. Man vermittelt, dass man bereit ist zu hören, was der andere zu sagen hat – und es hilft Ihnen, besser zu verstehen, wo der andere steht.
- Üben Sie die Interaktion im Stillen für sich, damit Sie in der realen Situation nicht völlig überrascht werden. Meinungsverschiedenheiten selbstbewusst ausdrücken ist eine Kunst, und mit Übung wird man besser. Man kann auch mit zwei Stühlen ein Rollenspiel machen – man selbst sitzt dabei auf dem einen Stuhl, die andere Person auf dem anderen. Oder man bittet jemanden, dem man vertraut, die Rolle der anderen Person zu spielen. Er kann dann Feedback geben, wie er das, was man gesagt hat, erlebt hat.

Wenn es zu einer Meinungsverschiedenheit kommt, kann es nützlich sein, auf die Emotionen und Erfahrungen zu achten, die sich einstellen. Zum Beispiel kann der schwache Anflug von Ärger oder Wut ein Signal dafür sein, Ihre Atmung zu verlangsamen und die weise, ruhige Autorität Ihres mitfühlenden Selbst hinzuzuziehen, das die beste Lösung für beide Seiten finden möchte. Wenn man bewusst die Notwendigkeit anerkennt, langsamer zu werden (und dann wirklich langsam wird), kann das verhindern helfen, dass man von einer Reaktion auf eine Bedrohung in einen Wirbel wütender Gedanken und Impulse getrieben wird, der sich zunehmend verstärkt.

Die Fähigkeit, mit Konflikten umzugehen, ist eine Kunst – etwas, auf das man hinarbeiten sollte. Beziehungen verlaufen gut, wenn alle einer Meinung sind, aber die wahre Herausforderung beginnt, wenn die Dinge ein wenig bewegter werden. Bei Selbstbewusstsein geht es nicht darum, zu versuchen, alles ruhig zu halten, indem Meinungsverschiedenheiten vermieden werden oder dass man beim ersten Anzeichen eines Konflikts explodiert – es besteht in der Fähigkeit, sich durch Schwierigkeiten hindurchzuarbeiten, während man Kontrolle über seine Gefühle behält. Diese Fähigkeit erwirbt man durch Übung. Wenn Sie das Gefühl haben, dass Sie die Kontrolle über Ihre Emotionen verloren haben und ihnen ausgeliefert sind, dann sollten Sie ein wenig Abstand von der Situation zu nehmen, die Ihren Ärger oder Ihre Wut auslöst. Wenn man merkt, dass die Straße glatt ist, ist es sicher eine gute Idee, langsamer zu fahren, damit man nicht ins Schleudern gerät. Und wenn man sich dann beruhigt hat und die Perspektive des mitfühlenden Selbst eingenommen hat, wird es leichter, auf eine Weise mit dem Konflikt umzugehen, die nicht vom Bedrohungssystem bestimmt ist. Wenn man eine Pause einlegt, um sich zu zentrieren, heißt das nicht, dass man wegläuft – es ist gutes Management der Emotionen. Wenn man von intensivem Ärger oder von Wut erfasst ist, ist es schwer, die Sicht der anderen Person wahrzunehmen, da man unter dem Einfluss der engen Sichtweise des eigenen Bedrohungssystems steht. Mit Meinungsverschiedenheiten kann man leichter umgehen, wenn man wirklich versteht, was das Gegenüber sagt (mehr dazu im nächsten Kapitel). Es ist nützlich, wenn man etwas davon erfährt, was die andere Person denkt und fühlt, indem man Fragen stellt, um deren Sichtweise zu klären:

- Könnten Sie mir ein wenig mehr darüber sagen? Ich möchte nämlich verstehen, wovon Sie ausgehen.
- Ich verstehe, dass dies wirklich wichtig für Sie ist. Könnten Sie mir das erklären?
- Was regt Sie denn besonders auf? Was ist das Wichtigste für Sie bei dieser Sache?

Der Ton unserer Stimme ist wichtig – klärende Fragen haben keine Wirkung, wenn der Ton der Stimme und die Körpersprache aggressiv sind oder Geringschätzung ausdrücken. Wenn Menschen spüren, dass man sich wirklich bemüht, ihren Standpunkt wahrzunehmen, und ihnen nicht die eigene Sichtweise aufzwingen will, kommen sie viel eher auf einen zu. Es kann sehr nützlich sein, wenn man dies wirklich übt. Wenn Sie einen Moment Zeit haben, dann denken Sie an einen Konflikt, gehen Sie in Ihr mitfühlendes Selbst und spüren Sie, wie Sie langsamer dabei werden. Stellen Sie sich die Situation vor und üben Sie, diese Fragen zu stellen, wobei Sie sich als nachdenkliche, aufmerksame Person sehen, die diesen Konflikt lösen möchte. Wenn Sie dies tun, verschieben Sie den Fokus von dem Drang Ihres Ärgers oder Ihrer Wut, Ihr Gegenüber zu überwinden, weg und gehen Sie zu dem Wunsch über, der von Mitgefühl bestimmt ist, den Konflikt zu lösen. Noch einmal: Das Entscheidende ist, dass man übt, derjenige zu sein, der man werden möchte.

Versöhnung

Da zu allen Beziehungen auch Meinungsverschiedenheiten gehören und gelegentlich auch Gefühle verletzt werden, ist es wichtig, dass man lernt, sich wieder zu versöhnen – wieder aufeinander zuzugehen und Beziehungen zu reparieren, wenn sie durch einen Konflikt oder eine Meinungsverschiedenheit unterbrochen wurden. Einer der Gründe, weshalb es manchen Menschen schwerfällt, selbstbewusst aufzutreten oder Ärger oder Wut auszudrücken, ist, dass sie fürchten, ihre Beziehungen unwiderruflich zu beschädigen. Dies entwickelt sich manchmal aus einer Erfahrung in der Kindheit mit Eltern oder Bezugspersonen, die sehr schnell bestraft oder ihre Liebe entzogen haben, wenn man als Kind Ärger oder Wut gezeigt oder nicht gehorcht hat. Wenn man so eine Geschichte hat, kann es sein, dass man gelernt hat, mit dem Ausdruck von Emotionen sehr zurückhaltend und vorsichtig zu sein. Tim war zum Beispiel ein Klient in Paartherapie, der manchmal sehr wütend auf seine Frau war, aber große Angst hatte, das auszudrücken, denn er „hatte Angst, sie könnte jeden Moment sagen: ‚Jetzt hab ich genug von dir‘ und gehen.“ Ein anderer Klient, Gary, hatte eine ähnliche Angst, die in einer aggressiven Form zum Ausdruck kam: „Fuck you … Ich brauche dich sowieso nicht!" Eigentlich liebten beide Männer ihre Frauen, aber sie wussten nicht, wie sie mit Konflikten umgehen sollten, ohne entweder schlecht gelaunt und unterwürfig oder böse und aggressiv zu werden. Ihre Probleme beruhten zum Teil darauf, dass sie nicht wussten, wie sie sich nach einem Streit oder nach Meinungsverschiedenheiten wieder versöhnen sollten. Beide hatten das Gefühl, dass ihre ärgerliche oder wütende Seite nicht liebenswert war und dass es zu einem unüberwindlichen Riss in ihrer Beziehung führen könnte, wenn sie ihre Gefühle ausdrücken würden. Man kann das Gefühl haben, dass Versöhnung schwierig oder unmöglich ist oder dass sie sich wie Unterwerfung anfühlt – als müsste man versuchen, das Wohlwollen der Eltern wiederzugewinnen. Das Gute ist, dass Versöhnung normalerweise möglich ist, wenn beide zu der Beziehung stehen. Es gibt ein paar Dinge, die man tun kann und die dabei hilfreich sind:

Planen Sie voraus

Besprechen Sie im Voraus, wie Sie mit Konflikten arbeiten und sich versöhnen wollen, wenn sie vorüber sind. Zum Beispiel so: „Es kann gut sein, dass wir irgendwann einmal hitzige Meinungsverschiedenheiten haben. Wie möchtest du damit umgehen, wenn das passiert? Was können wir tun, das uns helfen könnte, wieder zusammenzukommen?" Zum Beispiel könnten Sie vereinbaren, Pausen einzulegen, wenn einer von Ihnen oder Sie beide sich beruhigen müssen, und sich damit Raum geben (statt weiter zu streiten) und später zu der Auseinandersetzung zurückkehren, wenn Sie beide wieder ruhig reden können.

Strategien finden, die beiden helfen, sich sicher zu fühlen

„Konflikte gehören zum Leben. Wie können wir dafür sorgen, dass wir uns in unserer Beziehung sicher fühlen, sodass wir wissen, dass Probleme vorübergehen und dass wir uns wieder versöhnen können?" Partner können einander zum Beispiel aus der Sicht ihres mitfühlenden Selbst Briefe

„Für den Fall, dass wir uns streiten" schreiben – sie können sie lesen, wenn sie sich voneinander entfernt oder entfremdet fühlen, um einander an ihre Liebe und an ihre Entschlossenheit zu erinnern, Schwierigkeiten durchzuarbeiten und wieder zusammenzukommen. „Richard, wenn du dies liest, dann wahrscheinlich deshalb, weil wir uns streiten. Obwohl ich mich in diesem Moment vielleicht über dich aufrege oder ärgere, möchte ich, dass du weißt, dass ich dich sehr liebe und dass ich entschlossen bin, mit dir alle Probleme zu lösen, die in unserer Beziehung auftauchen könnten …" Es geht darum, eine Möglichkeit zu finden, unsere Beruhigungssysteme zu aktivieren, statt zuzulassen, dass unsere Interaktionen von unseren Bedrohungssystemen kontrolliert werden.

Fragen Sie die Person, mit der Sie sich versöhnen möchten, was ihr helfen würde, sich sicher und wertgeschätzt zu fühlen

„Wie gehe ich am besten auf dich zu, wenn wir uns gestritten haben, und ich dann bereit bin, mich wieder zu versöhnen?" Einer meiner Klienten versuchte dies oft, indem er seiner Verlobten Blumen oder kleine Geschenke mitbrachte, und war überrascht, wenn diese Bemühungen sie sogar noch mehr von ihm entfernten oder ärgerten. „Weil sie das Gefühl hatte, ich versuchte, mich ‚freizukaufen', als dächte ich, durch die Blumen würde alles wieder in Ordnung, wenn ich sie gefühllos behandle." Es stellte sich heraus, dass ihr eine aufrichtige Entschuldigung oder ein Ausdruck von Anteilnahme viel lieber war, zum Beispiel: „Ich weiß, wir hatten eine Meinungsverschiedenheit, aber ich möchte, dass du weißt, dass ich dich immer noch liebe und dass mir unsere Beziehung sehr viel wert ist. Ich möchte es wieder gut machen, wenn du dazu bereit bist."

Grübeln unterbrechen

Man kann sich leicht in Grübeleien über Meinungsverschiedenheiten oder Konflikte verwickeln, auch wenn der Anlass unbedeutend ist. Man kann diesen inneren Zustand verändern, wenn man sich an die guten Zeiten, die man mit seinem Gegenüber hatte, und an die Gründe dafür erinnert, dass man sich für eine Beziehung mit diesem Menschen entschlossen hat. Menschen, denen es schwerfällt, ihre verletzten Gefühle auszudrücken, kann es passieren, dass sie an ihnen festhalten und zornig werden. Sie kennen in diesem Zusammenhang den Ausdruck „reinigendes Gewitter". Man kann Meinungsverschiedenheiten als Gelegenheit nutzen, Stolpersteine in der Beziehung wegzuräumen, indem man auf die Probleme fokussiert, ohne die Meinungsverschiedenheit zu personalisieren. Allein, dass jemand anderer Meinung als man selbst ist, bedeutet nicht, dass er einen nicht respektiert, dass man dem anderen gleichgültig ist oder dass er keine Beziehung mit einem haben will. Wenn das der Fall wäre, würde er sich wahrscheinlich nicht einmal die Mühe machen, mit einem zu sprechen.

Von Scham zu Bedauern übergehen

Wer mit Ärger oder Wut Probleme hat, empfindet vielleicht eine Menge Scham, und das kann einer Versöhnung im Weg stehen. Wie wir gesehen haben, kommt es zu Scham, wenn wir bemerken, dass wir uns auf eine Weise verhalten haben, die nicht mit unseren Werten übereinstimmt. Wir schließen daraus, dass wir irgendwie „schlecht" oder „fehlerhaft" sind oder dass wir etwas „Unverzeihliches" getan haben. Das Problem bei der Scham ist, dass sie uns in der Vergangenheit festhält und wir auf uns selbst fixiert bleiben. Wir machen dann manchmal die Erfahrung, dass wir vermeiden, uns den Problemen zu stellen, die wir verursacht haben, weil das zu schmerzhaften Selbsteinschätzungen führen könnte (3). Diese Scham kann auch dazu führen, dass man Menschen meidet, bei denen man das Gefühl hat, dass man sie verletzt oder ihnen geschadet hat. Dadurch wird Versöhnung natürlich verhindert. Wenn man lernt, sich zu versöhnen, und sich vornimmt, mit Ärger und Wut auf eine effektivere Weise umzugehen, muss man also lernen, Scham loszulassen. Wie wir gesehen haben, kann einem das schwerfallen, denn es kann sich so anfühlen, als würde man „sich drücken". Keine Sorge, das ist nicht der Fall – aber wir erkennen, dass Scham nichts bringt. Wir lernen, mit Scham verbundene Gedanken als mentale Ereignisse zu sehen und unsere Aufmerksamkeit auf andere Gedanken zu richten, die wirklich hilfreich sind. Eine Alternative zu Scham wäre Bedauern (4). Bedauern ermöglicht uns anzuerkennen, dass wir etwas getan haben, womit wir andere verletzt oder womit wir ihnen geschadet haben. Aber statt uns in selbstentwertender Kritik oder in lähmenden negativen Emotionen zu verstricken, führt Bedauern dazu, dass man die entsprechende Handlung nicht wiederholen, die Beziehung reparieren und es in der Zukunft besser machen will. Wir richten unseren Blick auf Verbesserung.

Sich entschuldigen

Wir tun alle manchmal absichtlich oder unabsichtlich Dinge, die andere verletzen. Wenn uns bewusst wird, dass wir jemanden verletzt haben, kann uns das sehr beschäftigen und belasten (das ist gut – es ist ein Zeichen von Mitgefühl). Wie wir oben gesehen haben, können Betroffenheit oder Scham aber auch unser Bedrohungssystem aktivieren und damit Auslöser für eher hinderliche Reaktionen sein:

- Wir rechtfertigen oder rationalisieren unsere Reaktion: „Er hat das verdient, weil …"
- Wir beschämen uns: „Ich bin ein schrecklicher Mensch."
- Wir verdrängen es, vermeiden, darüber nachzudenken, tun so, als wäre es nie passiert, oder vergessen es sogar.
- Wir spielen die Bedeutung des Vorkommnisses herunter.

Auf diese Weisen vermeiden wir, mit der Tatsache umzugehen, dass wir jemandem Schmerz zugefügt haben, und etwas in Richtung einer Wiedergutmachung zu tun. Keine dieser Reaktionen trägt dazu bei, den Schaden zu beheben, den wir mit unserem Verhalten angerichtet haben – im Gegenteil, wir vergrößern ihn nur noch. Unseren Fehler anerkennen und versprechen, es besser zu machen (und es damit wirklich ernst zu meinen), kann eine Bewegung in Richtung Heilung bewirken. Dies verstärkt auch die mitfühlende Gewohnheit, Verantwortung für die eigenen Handlungen zu übernehmen.

Die Fähigkeit, sich zu entschuldigen, setzt voraus, dass man Schuldgefühl und Bedauern erträgt – dass man Traurigkeit oder Reue zulässt, wenn man jemanden verletzt oder jemandem geschadet hat. Ärgerlichen oder wütenden Menschen fällt es oft schwer, Bedauern zu empfinden, vielleicht weil sie das Gefühl haben, sie würden von weichen Gefühlen wie Traurigkeit oder Reue überwältigt. Es kann Mut dazu gehören, sich diesen Gefühlen zu öffnen. Die Wahrheit ist, dass man meistens nicht die Absicht hat, so zu verletzen – man möchte anerkannt, respektiert, geliebt, wertgeschätzt und gemocht werden. Ein großer Teil unseres Ärgers und unserer Wut geht darauf zurück, dass diese Wünsche nicht erfüllt werden. Hinter Ärger oder Wut steckt oft eine Menge emotionalen Schmerzes, den man lieber vermeiden möchte. Wenn man mutig genug ist, sich diesen Emotionen zu stellen und sie so zu erleben, wie sie sind, dann braucht man sie nicht zu vermeiden und sich hinter Ärger oder Wut verstecken. Zu einer guten Entschuldigung gehört, dass man den Schaden direkt anerkennt, den man angerichtet hat, und Bedauern und die Absicht ausdrückt, nicht wieder zu tun, was man getan hat. Zu einer guten Entschuldigung passt nicht, dass man sie so formuliert, dass man sich indirekt vor der vollen Verantwortung drückt („Es tut mir leid, aber …") oder unterstellt, dass die andere Person doch im Unrecht ist („Es tut mir leid, dass du das Gefühl hattest, meine Bemerkung wäre beleidigend").

- „Es tut mir leid, dass ich ausgerastet bin. Ich war wie überwältigt, und es war überhaupt nicht dein Fehler. Ich würde mich wirklich freuen, wenn wir hierüber sprechen könnten."
- „Ich möchte mich dafür entschuldigen, dass ich dich beschimpft habe. Ich weiß, dass dich das sehr verletzt haben muss. Ich habe mich über diese Situation geärgert, und das habe ich an dir ausgelassen. Ich arbeite daran, mit meinem Ärger besser umzugehen, und ich werde dich in Zukunft besser behandeln, vor allem werde ich dich nicht mehr beschimpfen."
- „Es tut mit leid, dass ich das letzte _ genommen und aufgebraucht habe und es nicht ersetzt habe. Ich bin nicht auf die Idee gekommen, dass ich dir damit Unannehmlichkeiten bereiten könnte. Ich versuche in Zukunft, umsichtiger zu sein."

- „Ich entschuldige mich dafür, dass ich dich vor deinen Freunden kritisiert habe. Ich kann mir vorstellen, dass das sehr beschämend für dich war. Es war sehr rücksichtslos, und ich tue das nicht wieder."

Achten Sie vor allem auf den Ton Ihrer Stimme und auf Ihre Körpersprache, wenn Sie sich entschuldigen. Versuchen Sie, weder unterwürfig oder kindlich noch aggressiv oder herablassend zu sein. Sprechen Sie vielmehr aus der Sicht Ihres mitfühlenden Selbst. Das Entscheidende ist, dass man für die eigenen Handlungen Verantwortung übernimmt (nicht anderen die Schuld gibt), sein Bestes tut, um die Situation richtigzustellen, eine Absicht hegt und zum Ausdruck bringt, es in Zukunft besser zu machen, und sie dann in die Tat umzusetzen. Dieser letzte Punkt ist sehr wichtig. Es ist unsinnig, die Absicht zu haben, die andere Person nicht wieder zu verletzen, und dann das Versprechen doch zu vergessen. Wenn man sich für ein Verhalten entschuldigt und es dann wiederholt, lernt die andere Person, dass Ihre Entschuldigung wenig oder nichts bedeutet. Entschlossenheit, sich zu verändern, kann auch bedeuten, dass man sich Hilfe sucht – wie zum Beispiel in einer Paartherapie. Man sieht hier wieder, dass der Weg des Mitgefühls nicht immer leicht ist – es bedeutet, dass man Probleme direkt anerkennt und sich ihnen stellt.

Übung 10.5: Sich entschuldigen

Beginnen Sie mit 30 Sekunden beruhigender Atmung und suchen Sie Zugang zu Ihrem freundlichen, weisen und zuversichtlichen Selbst. Rufen Sie sich ins Bewusstsein, wofür Sie sich entschuldigen wollen. Formulieren Sie eine Entschuldigung, die Folgendes enthält:

- Eine unmittelbare Feststellung, dass Sie sich entschuldigen und bereuen: „Es tut mir sehr leid, dass ich …", „Ich entschuldige mich für …"
- Eine empathische Aussage über die Verletzung und den Schaden, die Sie möglicherweise verursacht haben: „Ich kann mir vorstellen, dass Ihnen/dir dies sehr wehgetan hat."

- Ein Versprechen, diese Handlung in Zukunft nicht zu wiederholen: „Ich verspreche, dies nicht wieder zu tun."
- Umsetzen in die Tat: Wenn Sie versprechen, diesen Menschen nicht wieder zu verletzen, dann halten Sie sich auch unbedingt daran.

Verzeihen

Wenn Sie dieses Buch lesen, ist es wahrscheinlich, dass einige der Menschen, denen gegenüber Sie Ärger oder Wut empfunden haben, Ihnen auf irgendeine Weise geschadet oder Ihre Gefühle verletzt haben. Lernen zu verzeihen – die negativen Emotionen loszulassen, die man denen gegenüber empfindet, die einem geschadet oder die einen geärgert haben –, ist ein wichtiger Schritt, sich aus dem Griff chronischen Ärgers oder immer wieder aufflammender Wut zu befreien. Verzeihen bedeutet nicht, dass man sagt, dass das, was einem angetan wurde, so in Ordnung war (dann wird es eventuell wieder passieren) oder dass man dem Täter jetzt blind vertraut. Vielleicht möchte man ihn im Gegenteil nie wieder sehen und keinen Kontakt mehr mit ihm haben. Verzeihen bedeutet auch sicher nicht, dass unsere Beziehung mit ihm einfach wieder so sein wird, wie sie früher war.

Die Fähigkeit, sich zu streiten und sich dann wieder zu versöhnen und zu verzeihen, kann eine Beziehung stärken und zu positiven Veränderungen führen. Es ist wichtig, sich darüber klar zu werden, was beim Verzeihen hilft und was dem eventuell im Wege steht. Würde es Ihnen helfen zu verzeihen, wenn sich jemand entschuldigt, wenn er Sie in der Hitze des Gefechts beleidigt hat? Was könnte Verzeihen erschweren? Was könnte Sie darin bestärken, an Ihrem Groll oder Ärger festzuhalten?

Verzeihen bedeutet, dass man sich dafür entscheidet, den Ärger oder die Wut und das Leiden, das man als Folge des Klammerns an eine bestimmte Erfahrung erlebt hat, loszulassen. Es bedeutet, zu akzeptieren, dass man verletzt wurde, und die Entscheidung zu treffen, die negativen Gefühle loszulassen, die man gegenüber dem anderen Menschen empfindet. Die folgende Übung ist so angelegt, dass man sie allein für sich macht. Ob Sie der anderen Person verzeihen, liegt bei Ihnen. Überlegen Sie, ob es nützlich oder richtig wäre – erstens Ihnen selbst und zweitens der anderen Person gegenüber.

Übung 10.6: Verzeihen

Beginnen Sie mit 30 Sekunden Beruhigender Atmung und suchen Sie in sich die Qualitäten der Freundlichkeit, Zuversicht und Weisheit Ihres mitfühlenden Selbst auf.

Beginnen Sie damit, kleine, unbedeutende Dinge zu verzeihen, und gehen Sie dann zu größeren Verletzungen über, wenn Sie ein Gefühl dafür bekommen haben.

- Denken Sie an jemanden, der Sie auf eine Weise in Verlegenheit gebracht, geärgert oder verletzt hat, die Sie nicht loslassen können. Überlegen Sie, wie das Festhalten an der Verletzung, an dem Groll und an der Wut bei Ihnen zu Leiden geführt hat und die Verletzung hat länger andauern lassen.
- Überlegen Sie, wie es sich anfühlen würde, wenn Sie nicht länger die Last dieser Verletzung tragen müssten, wenn Sie von der Last dieser negativen Emotionen befreit wären.
- Stellen Sie sich als Nächstes vor, dass der Mensch, der Sie verletzt hat, als Baby auf die Welt gekommen ist, so wie Sie. So wie Sie hat er es sich nicht ausgesucht, hier zu sein oder die Gene oder das Gehirn zu haben, die ihm gegeben wurden, oder die Lebenserfahrungen, die ihn geformt haben. So wie Sie hat er es manchmal schwer und tut Dinge, die nicht nützlich sind. Versuchen Sie, sich bewusst zu machen, dass sie beide Menschen sind.
- Nehmen Sie sich vor, allen bösen Willen loszulassen, den Sie in Bezug auf diese Person empfinden, um sich von Ihrem Leiden zu befreien. Stellen Sie sich diesen Menschen vor und sagen Sie zu sich: „Ich verzeihe dir."

- Nehmen Sie die Blockierungen wahr, zu denen es kommt, wenn Sie dies tun. Wenn Sie merken, dass es Ihnen schwerfällt, stellen Sie sich vor, wie es für Sie wäre, wenn Sie es ganz leicht tun könnten – wie würde es sich anfühlen, wenn Sie nicht mehr diesen Groll in sich hätten? Würde sich das gut anfühlen, oder würden Sie das Gefühl haben, dass Sie etwas verloren haben? Haben Sie Angst davor, die andere Person „davonkommen zu lassen"? Überlegen Sie, wie Ihr mitfühlendes Selbst mit dieser Einsicht arbeiten würde, dass es hier um Ihre Wut und um Ihren Ärger geht und nicht um die andere Person.
- Wenden Sie sich mit Mitgefühl sich selbst zu. Stellen Sie sich vor, frei von diesem Leiden zu sein.
- Wenn Ihr „ärgerliches oder wütendes Selbst" dem Verzeihen widersteht, schauen Sie, ob sie sich (aus der Sicht des mitfühlenden Selbst) mit Mitgefühl Ihrem ärgerlichen oder wütenden Selbst zuwenden können. Vielleicht können Sie die Verletzung, die diese Gefühle bei Ihnen ausgelöst hat, anerkennen und sich wünschen, frei davon zu sein.

Wenn Dinge nicht so laufen, wie wir wollen

Das Ziel von Selbstbewusstsein besteht darin, sich klar mitzuteilen und sich auf eine Weise auszudrücken, die mit unseren Werten übereinstimmt. Mit der Zeit werden einige unserer Interaktionen und Verhaltensweisen so werden, wie wir es uns wünschen, andere nicht. Wie wir gesehen haben, gibt es viele Situationen im Leben (so wie Reaktionen anderer Menschen), die wir einfach nicht kontrollieren können – oft werden sich die Dinge nicht so entwickeln, wie wir möchten, auch wenn wir unser Bestes geben. Wenn dies passiert, kann man leicht desillusioniert werden und denken: „Das hat einfach nicht funktioniert, obwohl ich mich so bemüht habe. Ich sollte es wieder wie immer machen …" Vermeiden Sie unbedingt diese Falle! Unsere Strategien mit Mitgefühl führen vielleicht nicht immer sofort zum Ziel, aber ich möchte Sie dennoch ermutigen, sie über längere Zeit auszuprobieren und zu schauen, ob sie nicht häufiger funktionieren als Ihre ärgerlichen Reaktionen. Sie machen vielleicht die Erfahrung, dass zwar bestimmte Situationen nicht so gelöst werden, wie Sie das gern hätten, dass Sie in anderer Hinsicht (wie in Bezug auf Ihr Glück und in Beziehungen) aber dennoch profitieren können. Zum Beispiel war Sheila nicht in der Lage, Joshuas Entscheidung in Bezug auf seinen Universitätsabschluss zu beeinflussen, aber als sie mit ihren eigenen Emotionen arbeitete und ihre Sorgen um ihn selbstbewusst formulieren konnte, gewann sie Dinge, die viel wertvoller waren: Sie sah, dass man auch anders als unter starkem elterlichen Druck eine Karriere verfolgen konnte, so wie es bei ihr gewesen war. Sie lernte Joshua als einen Erwachsenen respektieren, der sich Gedanken über seine Zukunft machte, und sie konnte ihre Beziehung mit ihm stärken, indem sie Dinge aufrichtig mit ihm besprach, was bis dahin nicht möglich gewesen war.

Auch wenn sich die Situation nicht so entwickelt, wie man will, kann man sich dennoch respektvoll gegenüber sich selbst und anderen verhalten, sodass man Schaden für das eigene Leben und das anderer so gering wie möglich hält. Wir versuchen ja, in unserem Denken und Bewusstsein und in unserem Gehirn Veränderungen zu bewirken, die unser Leben in der Zukunft formen. Auch wenn wir eine Situation nicht kontrollieren können, können wir doch das eigene Verhalten bestimmen und mit dem schwierigen Bedrohungssystem arbeiten, um bessere Beziehungen und ein glückliches Leben zu leben. Wir werden hin und wieder verlieren, aber letztendlich gewinnen wir.

Positive Interaktionen, die Bausteine guter Beziehungen

In ihrem Buch *Wir können uns doch verstehen* (5) beschreiben Clifford Notarius und Howard Markman das „Beziehungskonto“ als eine Möglichkeit, zu verstehen, wie wichtig positive Interaktionen in menschlichen Beziehungen sind. Die Idee ist einfach, aber von großer praktischer

Bedeutung: Stellen Sie sich vor, dass jede positive Interaktion mit jemandem eine „Einzahlung“ auf ein Beziehungskonto ist und dass man mit jeder negativen Interaktion etwas „abhebt“. Gelegentliche Konflikte sind leichter zu ertragen, wenn es auch eine Menge positiver Interaktionen gibt, denn dann ist die Beziehung im Ganzen von Freundlichkeit und positiven Erfahrungen geprägt. Stellen Sie sich vor, dass Sie im Straßenverkehr eine Strafe von 80 € bezahlen müssen, wenn Sie 20.000 € auf Ihrem Bankkonto haben. Es ist keine schöne Sache, aber Sie können das ohne Probleme verschmerzen. Wenn Sie auf der anderen Seite nur 50 € auf Ihrem Konto haben, fühlt sich der Strafzettel von 80 € ganz anders an. Wenn man viele negative Interaktionen erlebt und nur ein paar positive (oder auch nur eine gleiche Anzahl positiver und negativer Interaktionen, da negative eine größere Wirkung zu haben scheinen als positive), können an sich unbedeutende Konflikte ein großes Gewicht bekommen. Hier sind einige Möglichkeiten, wie man eine gesunde Bilanz auf dem Beziehungskonto herstellen kann:

Minimieren Sie Sticheleien

Eine Weise, wie man auf seinem „Beziehungskonto“ einen Überschuss erzielen kann, besteht darin, negative Interaktionen zu verringern. Die Art und Weise, wie man miteinander spricht, kann starke Verletzungen verursachen, auch wenn man sich nicht anschreit oder beschimpft. „Sticheleien“ sind Bemerkungen, die man in Bezug auf die andere Person so ganz nebenbei fallen lässt – Witzchen, grenzwertige Bemerkungen, die giftige Körnchen Kritik enthalten. Unabhängig davon, ob die Absichten gut sind oder nicht, solche kleinen Stiche können verletzen und eine Beziehung ziemlich gefährden. Besser, sich auf die Zunge beißen und daran denken, dass die Beziehung wichtiger ist als ein bisschen Ironie oder ein kleiner Witz. Wenn man ein Thema wirklich mit der anderen Person besprechen möchte, sollte man die Techniken selbstbewusster Kommunikation anwenden, die oben beschrieben wurden.

Mauern Sie nicht

„Mauern" bedeutet, dass man sich weigert, mit der anderen Person zu interagieren oder sich auf sie auf eine nützliche Weise einzulassen. Wenn man sich von anderen zurückzieht und sie bestraft, indem man sich passiv feindselig verhält oder einfach Kontakt verweigert, ist das so ähnlich, als sagte man: „Ich werde dich bestrafen, bis du tust, was ich von dir will, damit es mir besser geht." Solche Taktiken enthalten Gewalt, schaffen Distanz und verhindern eigentlich, dass man von anderen bekommt, was man haben möchte. Wenn diese Taktiken einem doch verschaffen, was man will, bewirken sie das auf eine Weise, die Mobbing oder Erpressung ähnlich ist. Es kann dazu führen, dass man die andere Person damit so sehr verärgert, dass sie nicht mit uns zusammenarbeiten will, auch wenn sie weiß, was wir von ihr brauchen. Wenn man die Situation aus einer mitfühlenden Perspektive betrachtet, erkennt man, dass der Drang, mürrisch zu reagieren oder zu mauern, ein Zeichen ist, dass man verletzt ist. Aber man erkennt auch, dass das zu nichts führt. Wenn man sich stattdessen selbstbewusst verhält, kann man mitteilen, was man braucht, und sich dabei handlungsfähiger und stärker zu fühlen und die Situation wirklich ansprechen, die einen so getroffen hat.

Planen Sie positive Interaktionen

Suchen Sie nach Möglichkeiten, wie Sie Spaß zusammen haben können. Das kann ein Kinobesuch mit dem Sohn oder mit der Tochter oder ein kurzes Gespräch über eine Fernsehsendung bei einer Kaffeepause im Büro sein. Stellen Sie bewusst Situationen her, bei denen Sie die Gesellschaft eines anderen Menschen genießen können. Seien Sie kreativ – wenn man positive Interaktionen initiiert, kann das anfangs etwas mühsam sein, aber wenn man das einmal zur Gewohnheit gemacht hat, werden sich Gelegenheiten von selbst ergeben. Man kann einfach die andere Person fragen und ihr vorschlagen, etwas zu tun, was ihr Freude macht (auch wenn es nicht unbedingt das ist, was wir toll finden). Es geht nicht um die Aktivität, es geht darum, gemeinsam etwas Schönes zu tun. Auch Aktivitäten, von denen Sie vielleicht nicht erwarten würden, sie zu genießen (wie zum

Beispiel die Garage aufräumen), können manchmal wunderbare Gelegenheiten zu gemeinsamen positiven Erfahrungen sein, besonders wenn man mit Humor bei der Sache sein kann.

Seien Sie höflich

Es ist vielleicht ein Klischee, aber Wörter wie „bitte" und „danke" vermitteln Respekt, wenn sie aufrichtig gemeint sind. Lassen Sie Menschen wissen, wenn Sie sie und ihre Bemühungen respektieren. Wir hassen es, einfach selbstverständlich in Anspruch genommen zu werden, und anderen geht es genauso. Wenn man höflich seine Dankbarkeit ausdrückt, erkennt man an, dass man uns gut behandelt hat. Das verbessert unsere Beziehung und hilft uns auch, uns besser zu fühlen.

Freundliche Grüße und Abschiede

Mit unseren besten Interaktionen stimulieren wir gegenseitig unsere Beruhigungssysteme. „Schön, dich zu sehen" oder beim Abschied „Es war schön mit dir" trägt dazu bei, dass wir uns wertgeschätzt und gemocht fühlen. Freundliche Grüße bereiten den Boden für positive Interaktionen, und gute Abschiede hinterlassen bei anderen gute Gefühle über die Beziehung. Dies mag sich dann sogar auf ihren Alltag auswirken und ihr Beruhigungssystem bleibt aktiviert. Es ist ein Geschenk, das uns nichts kostet, aber das eindeutig positive Wirkungen auf das Leben anderer haben kann.

Aufrichtige Komplimente

Ich möchte nicht zu Schmeichelei ermutigen, denn das ist unaufrichtig und im Grunde beleidigend. Gute Komplimente bestehen darin, dass man einfach mitteilt, was man an dem anderen schätzt. Ich glaube, die besten Komplimente erkennen an, was andere positiv tun, und verstärken es damit: „Ich habe wirklich geschätzt, was du über ____________ gesagt hast." Man kann es sich auch zur Gewohnheit machen, Erfolge anderer anzuerkennen und zu versuchen, sich darüber aufrichtig zu freuen. Das ist das, was Buddhisten „Mitfreude“ nennen. Dies kann schwierig sein, weil unser empfindliches Bedrohungssystem auf den Erfolg anderer mit Neid reagieren kann (es kratzt an unserem Selbstwertgefühl, weil sie den Erfolg hatten und nicht wir). Mit der Zeit können die Tendenzen, um uns selbst zu kreisen und uns in Konkurrenz zu sehen, geschwächt werden, wenn wir bewusst Mitfreude üben. Und andere werden sich uns näher fühlen, wenn wir echte Freude an ihrem Erfolg empfinden und dies ausdrücken. Wenn wir lernen, uns an dem Erfolg anderer und an den eigenen Erfolgen zu freuen, dann haben wir einfach mehr Freude!

Zusammenfassung

In diesem Kapitel haben wir gesehen, wie man mitfühlendes Verhalten nutzen kann, um auf eine Weise zu interagieren, die allen hilft, sich sicherer und nicht bedroht zu fühlen. Wenn man aus der Sicht des mitfühlenden Selbst handelt, kann man mit schwierigen Situationen auf eine authentische, respektvolle und selbstbewusste Weise arbeiten. Wir können unsere Beziehungen pflegen, wenn wir nicht in einem konflikthaften oder angespannten Zustand sind, und eine Fülle positiver Interaktionen kultivieren, sodass die unvermeidlichen Schwierigkeiten nicht ganz so schwer zu bewältigen sind. In Kapitel 11 werden wir sehen, wie wir mit Mitgefühl dabei sein können, wie wir andere erleben, und wie wir mitfühlende Eigenschaften wie Empathie entwickeln können.

11 Mit Mitgefühl dabei sein, wenn wir anderen begegnen

In Kapitel 10 haben wir thematisiert, wie man mitfühlendes Verhalten entwickeln kann, das uns hilft, konstruktiv mit anderen zu interagieren, auch dann, wenn wir mit ihnen im Streit sind. Diese Techniken können noch effektiver verwendet werden, wenn man lernt, mehr Mitgefühl mit anderen zu empfinden, wenn man die Gewohnheit entwickelt, andere mit den Augen unseres mitfühlenden Selbst zu sehen. Tatsächlich kann dieser Ansatz dazu beitragen, die Tendenz zu verringern, überhaupt in Wut zu geraten, denn man entwickelt Eigenschaften, die gegen Wut resistent sind – aber das braucht Übung. Der Dalai Lama hat mehrmals darauf hingewiesen, dass Entwickeln von Mitgefühl mit anderen immer nützlich ist, auch wenn man das von einem rein selbstbezogenen Standpunkt aus tut. Dies ist so, weil das Mitgefühl in Denken und Bewusstsein Veränderungen bewirkt: Es trägt dazu bei, dass Wut und andere Emotionen, die von dem Bedrohungssystem hervorgerufen werden, geschwächt werden.

In diesem Kapitel werden wir uns unserer Erfahrung anderer Menschen zuwenden – wie wir sie wahrnehmen und ihnen Bedeutung geben. Eines der problematischsten Dinge an Wut und anderen Emotionen, die das Bedrohungssystem auslösen, ist die Tatsache, dass sie andere (und uns selbst) ihrer Menschlichkeit berauben. Da das Bedrohungssystem versucht, uns zu verteidigen, vereinfacht es die Wahrnehmung der Realität.

Die Nuancen und Grautöne verschwinden, wenn die Welt in „richtig/gut“ und „falsch/schlecht“ geteilt wird, wobei man sich selbst meist als gut und diejenigen, auf die unser Bedrohungssystem reagiert, als schlecht sieht.

Wie wir gesehen haben, verengt sich der Horizont unserer Aufmerksamkeit und unseres Denkens, wenn uns die Wut gepackt hat, und Wahrnehmung und Denken fokussieren auf die Aspekte der Situation, die bedrohlich sind. In Kapitel 1 haben wir gesehen, dass Wut typischerweise mit der Frustration unserer Anstrengungen, unsere Ziele zu erreichen, verbunden ist. Wir haben das Gefühl, nicht tun zu können, was wir wollen, und sehen hierbei Ungerechtigkeit oder Unfairness und reagieren manchmal mit Ohnmacht oder Scham. Unsere Psyche übersetzt dann diese Wahrnehmungen in die emotionale Erfahrung, ignoriert, nicht respektiert oder attackiert oder auf irgendeine Weise abgelehnt zu werden, d. h. nicht sicher zu sein. Wir empfinden selten Ärger oder Wut, wenn wir das Gefühl haben, dass die Menschen, mit denen wir es zu tun haben, wirklich ihr Bestes versuchen, uns wahrzunehmen und sich uns gegenüber respektvoll zu verhalten.

Wir bringen diese negativen emotionalen Erfahrungen mit den Menschen in Verbindung, die sie auslösen, und reagieren so, als existierten diese Leute nur, um uns zu ärgern, und als würden sie uns mit Absicht ignorieren. Alle anderen Qualitäten, die sie haben, alle anderen Aspekte ihres Lebens und ihrer Persönlichkeit scheinen zu verschwinden, wenn wir sie in Gedanken auf die reduzieren, „die uns ärgern“.

Das Tragische daran wird sichtbar, wenn die Rollen vertauscht sind. Zum Beispiel unterscheiden sich die Männer, mit denen ich in unserer Gefängnis-Gruppe arbeite, in gewissem Sinn durch die Tatsache, dass ihr ganzes Leben – wie sie ihre Tage verbringen, wie andere sich ihnen gegenüber verhalten und was sie ihnen in Bezug auf ihren Charakter unterstellen – von den schlimmsten Dingen bestimmt ist, die sie je getan haben. Stellen Sie sich vor, wie das wäre – wenn das Einzige, was jemand von Ihnen weiß, das Schlimmste wäre, was Sie je getan haben.

Vielleicht wissen Sie sogar sehr gut, wie sich das anfühlt. Wenn wir mit Wut kämpfen, suchen wir vielleicht schließlich Hilfe, weil wir beobachten, dass andere uns als „Problem“ empfinden – dass wir für sie zu der „wütenden Person“ oder einfach zum „Arschloch“ geworden sind. Ihr

Bedrohungssystem reduziert uns in ihrer Vorstellung zu eindimensionalen Charakteren – auf dieselbe Weise, wie unsere Wut andere in unserem Denken reduziert. Für unsere Wut sind die anderen keine Menschen mit komplexen Leben und einem weiten Horizont von Hoffnungen, Träumen, Motivationen und Emotionen. Wenn unser Bedrohungssystem das Sagen hat, sind andere Menschen Hindernisse, die wir fürchten oder überwinden müssen. Dies ist aber nicht unser Fehler und auch nicht ihrer – unser kompliziertes Gehirn funktioniert einfach so. Wenn jemand erst einmal das Etikett „Bedrohung" oder „Gefahr" bekommen hat, geht man in einen defensiven Modus, der wenig Raum dafür lässt, neue Informationen einwirken zu lassen. Wenn dies passiert, ist es fast unmöglich, dass dieser Mensch nicht unser Bedrohungssystem aktiviert, denn wir neigen dazu, sein Verhalten so zu deuten, dass es zu der Vorstellung passt, die wir von ihm gebildet haben. Lernen wir, andere Menschen mit Mitgefühl zu betrachten, können wir unsere Vorstellungen von ihnen verändern, und ebenso, welche Vorstellungen sie von uns haben.

Mitfühlende Anerkennung, dass wir alle Menschen sind

In der ersten Hälfte dieses Buches wurden verschiedene Faktoren besprochen, die unser Lebens schwierig machen. Einige davon haben wir weder gewählt noch so gemacht, wie sie sind. Die Einsicht, dass einige dieser Faktoren nicht unser Fehler sind, kann uns helfen, entwertende Selbstkritik loszulassen und Mitgefühl mit uns selbst und mit anderen zu entwickeln. So wie wir finden sich alle anderen einfach hier vor, wurden in den Strom des Lebens hineingeboren, mit einem Gehirn, das sie nicht so gemacht haben, wie es ist, und in eine Umwelt, die sie sich nicht ausgesucht haben. So wie wir hatten sie nicht die Möglichkeit, dafür zu sorgen, dass ihr junges Gehirn alles bekam, was es brauchte, um mit schwierigen Emotionen umzugehen. So wie wir möchten sie glücklich und frei von Leiden sein. Und ebenso wie wir tun sie mit den Fertigkeiten, mit dem Wissen und mit den Ressourcen, die sie haben, ihr Bestes. Und so wie wir scheitern sie manchmal.

Wenn wir uns dies öfter klarmachen, haben wir einen Zugang zu Mitgefühl – wir erkennen an, dass das Leben schwer ist und dass wir alle damit umzugehen versuchen, so gut wir können. Wir befinden uns eben alle in der gleichen Situation.

Übung 11.1: Mitfühlendes Verständnis für andere

Beginnen Sie jede dieser Übung mit 30 Sekunden Beruhigender Atmung und suchen Sie Zugang zu der freundlichen, zuversichtlichen und weisen Autorität Ihres mitfühlenden Selbst.

- Denken Sie an jemanden, den Sie nicht so gut kennen. Erinnern Sie sich daran, was Sie in diesem Buch gelernt haben und wie sich das auch auf ihn anwenden lässt.
  - Machen Sie sich bewusst, dass er in eine Situation hineingeboren wurde, die er sich nicht ausgesucht hat.
  - Machen Sie sich bewusst, dass er wie Sie ein Bedrohungssystem hat, das sich entwickelt hat, um sein Bewusstsein und Denken um mächtige Emotionen wie Wut und Angst zu organisieren, und das den Horizont seiner Aufmerksamkeit und seine Fähigkeit, flexibel zu denken, einschränkt.
  - Machen Sie sich bewusst, dass er so wie Sie glücklich und frei von Leiden sein möchte. Er möchte wie sie nur akzeptiert und geliebt werden und erfolgreich sein.
  - Machen Sie sich bewusst, dass er vielleicht wie Sie gelernt hat, Glück auf eine Weise zu suchen, mit der ihm das nicht gelingt und die manchmal nur zu noch mehr Schwierigkeiten führt.
  - Schauen Sie, ob Sie Mitgefühl mit ihm empfinden können, wenn Sie die Schwierigkeiten anerkennen, mit denen wir es alle zu tun haben, und ob Sie ihm Gutes wünschen können, wenn er mit den Problemen arbeitet, die das Leben ihm beschert.

- Denken Sie an einen anderen Menschen und versuchen Sie sich vorzustellen, wie er sein Leben lebt. Stellen Sie sich vor, wie sich jede der unter 1 besprochenen Einsichten in seinem Leben auswirken könnte:
  - Zum Beispiel wurde er in eine Welt hineingeboren, die er nicht versteht.
  - Stellen Sie sich vor, wie er seine ersten Lebensjahre durchlebt und sprechen, krabbeln und laufen lernt. Und wie er hinfällt und weint, lacht und gestillt wird.
  - Stellen Sie sich ihn als Kind vor, das glücklich mit Freunden spielt. Stellen Sie sich vor, wie es Schmerz empfindet, wenn es abgelehnt wird, und wie dieser kleine Mensch zur Schule geht, sich müht und Erfolg hat, kämpft und versagt.
  - Stellen Sie sich ihn in seiner Jugend vor, wie er damit ringt, sich zu definieren und sich selbst zu finden. Stellen Sie sich vor, wie er mit Unsicherheit umgeht, die Liebe entdeckt und den Schmerz des Verlustes erlebt.
  - Stellen Sie sich ihn als Erwachsenen vor – vielleicht wie er arbeitet, heiratet und Kinder hat. Wie er Jobs hat und sie verliert, Erfolg hat und wie sein Herz bricht und wie er mit seinen Emotionen kämpft. Stellen Sie sich seine Erwartungen an sich vor, und wer er werden möchte, und seine Enttäuschung, manchmal zu versagen.
  - Stellen Sie sich vor, wie er alt wird und Freude an seinen Kindern und Enkeln hat. Vielleicht ist er von lieben Menschen umgeben oder er ist allein. Stellen Sie sich vor, dass er beobachtet, wie sein Körper altert, wie sich seine äußere Erscheinung verändert, seine Kraft schwindet und seine Weisheit zunimmt.
  - Stellen Sie sich ihn auf dem Sterbebett vor, wie er auf sein Leben zurückschaut. Stellen Sie sich vor, wie er sich vielleicht fühlt, wenn der Tod naht.
  - Stellen Sie sich zuletzt vor, dass dieser Mensch seine Augen schließt und stirbt.

Beide Teile der beschriebenen Übung sollen helfen, eine tiefere Erkenntnis und ein besseres Verständnis des Lebens anderer Menschen zu erlangen.

Dabei geht es darum, zu sehen, dass alle mit denselben Grundemotionen und -problemen zu tun haben wie wir, und zu erkennen, dass ihre Lebensgeschichte sie so stark prägt, wie unsere Geschichte uns prägt. Als mir das zum ersten Mal klar wurde, hat mich das sehr bewegt. Aber obwohl so ein gelegentliches Auftauchen von Mitgefühl sehr mächtig sein kann, vergisst man solche Momente allzu leicht, wenn man mit dem alltäglichen Ärger konfrontiert ist. Wenn man sich das im Alltag aber immer wieder bewusst macht, erhöht man die Wahrscheinlichkeit, dass man nicht vollkommen überwältigt wird, wenn sich das Bedrohungssystem einschaltet. Hier ein paar Tipps, die dabei nützlich sein können:

- Haben Sie zur Erinnerung in Ihrer Tasche einen kleinen Stein oder eine Münze dabei. Wenden Sie sich jedes Mal, wenn Sie den Stein oder die Münze spüren, den Qualitäten Freundlichkeit, Zuversicht und Weisheit Ihres mitfühlenden Selbst zu. Schauen Sie dann den ersten Menschen an, den Sie sehen, denken Sie an ihn und praktizieren Sie kurz einen Teil der oben beschriebenen Übung – machen Sie sich so bewusst, dass er ein Mensch ist wie Sie.
- Beginnen Sie mit Menschen, die Sie mögen oder die Sie nicht kennen (und nicht mit Leuten, die bei Ihnen Ärger oder sogar Wut auslösen).
- Wenn Sie das nächste Mal an einer roten Ampel halten oder ein öffentliches Verkehrsmittel benutzen, beobachten Sie jemanden in einem anderen Fahrzeug in der Nähe. Machen Sie sich bewusst, dass die Geschichte dieses Menschen so viel Gewicht wie Ihre Geschichte hat und dass er wie Sie nur glücklich und frei von Leiden sein will.
- Der „Spaziergang mit Mitgefühl“ ist ähnlich: Sehen Sie in jedem Menschen, dem Sie begegnen, bewusst jemanden, der nur glücklich sein möchte und wie Sie leidet und kämpft. Begegnen Sie ihm mit Mitgefühl und wünschen Sie ihm alles Gute.
- Achten Sie auf die entstehenden Gefühle, wenn Sie die Übungen machen, oder, falls das zu schwierig ist, stellen Sie sich vor, was Ihr mitfühlendes Selbst dabei empfindet.

Wenn man dies häufiger übt, kann man es spontan und sehr schnell machen – sodass es zu einer einfachen, aber mächtigen Gedächtnishilfe wird. Es sind keine Übungen, die viel Zeit brauchen. Es geht darum, schnell mit dem Bewusstsein in Kontakt zu kommen, dass das Leben anderer Menschen viel mehr Gewicht hat, als der kurze Ausschnitt, den wir miterleben, erkennen lässt, und in uns spontan eine freundliche Empfindung von Mitgefühl für sie zu wecken. Mit Übung kann dieses Bewusstsein in Sekunden da sein. Ich habe auch die Erfahrung gemacht, dass das Leben viel interessanter ist, wenn man beginnt, sich für das faszinierende Leben anderer Menschen zu öffnen und sich dafür zu interessieren.

Empathie kultivieren

Der enge, defensive Fokus unseres Bedrohungssystems zentriert unsere Aufmerksamkeit auf unsere Erfahrung und macht uns blind dafür, was andere Menschen möglicherweise empfinden. Die Folge ist, dass wir der Informationen beraubt werden, die uns helfen könnten, viele schwierige Situationen auf eine Weise zu verstehen, die weniger bedrohlich ist. Zu Mitgefühl gehört Empathie – man versucht, die emotionale Erfahrung anderer zu verstehen, herauszufinden, was diese andere Person fühlt, und wie es Sinn macht, dass dieser Mensch so fühlt. Dies kann uns helfen, aus der Haltung „wir gegen die anderen" herauszutreten und Lösungen zu finden, die „für uns und für sie" nützlich sind. Empathie hilft ebenfalls, Wut und bösen Willen anderen gegenüber zu verringern, denn wenn man die Gefühle eines anderen Menschen versteht, humanisiert man sie. Man erkennt, dass der andere Mensch aus viel mehr besteht als aus dem, was im Moment zufällig Ärger oder Wut auslöst. Wenn man sich bedroht fühlt, ist es schwer, Empathie zu empfinden. Daher ist es am besten, wenn man sich auf eine Bedrohung vorbereitet – indem man sich also an die Bemühung gewöhnt, die Gefühle der Menschen, mit denen man in irgendeiner Weise zusammenkommt, zu verstehen.

Übung 11.2: Die Gewohnheit entwickeln, empathisch zu sein

Diese Übung soll Ihnen helfen, die „mentalen Muskeln“ der Empathie zu dehnen, damit Sie die Emotionen anderer besser verstehen können. Nehmen Sie sich wie bei den anderen Übungen etwa 30 Sekunden Zeit, um Geist und Körper mit der Beruhigenden Atmung langsamer werden zu lassen und sich die Qualitäten Ihres mitfühlenden Selbst zu vergegenwärtigen: eine freundliche Motivation zu helfen, ruhige Zuversicht und die Weisheit, Ihre Lebenserfahrung zu nutzen.

Beginnen Sie damit, dass Sie mit Menschen üben, gegenüber denen Sie weder Ärger noch Wut empfinden. Denken Sie an jemanden und versuchen Sie zu verstehen, was er fühlt und inwiefern es Sinn macht, dass er so fühlt und sich so verhält, wie er es tut. Man kann diese Übung sogar vor dem Fernseher machen – beobachten Sie eine Person in einem Film und denken Sie darüber nach, was sie wohl fühlt. Versuchen Sie, dies zu üben, wann immer Sie daran denken, so oft wie möglich. Es muss nicht lange dauern.

Wenn man ein empathisches Verständnis dafür entwickelt, wie und was jemand fühlt, kann man eine Reihe verschiedener Informationsquellen nutzen:

- das Verhalten. Was sagen Handlungen über die Gefühle der Person aus?
- Gesichtsausdruck und Körperhaltung. Welche Gefühle drückt ihr nonverbales Verhalten aus?
- die eigene emotionale Reaktion auf das, was die andere Person erlebt oder wahrnimmt. Was fühlen Sie, wenn Sie die Person beobachten, während sie etwas erlebt oder wahrnimmt?
- Ihr Wissen über Persönlichkeit und Hintergrund der Person und wie sie sich von Ihrer eigenen Persönlichkeit und Ihrem Hintergrund unterscheiden. Wir würden vielleicht bestimmte Gefühle haben, wenn wir in der gleichen Situation wären, in der sich die Person befindet, aber wir können nicht davon ausgehen, dass wir das Gleiche empfinden. Was vermuten Sie auf der Grundlage dessen, was Sie über diese Person wissen, wie dieser Mensch diese Situation erlebt? (Möglicherweise erlebt er sie ganz anders als Sie.)
- Überlegen Sie: „Inwiefern macht es Sinn, dass dieser Mensch so empfindet?“

- Wenn Sie wirklich wissen möchten, was jemand fühlt, können Sie fragen und hören, was er sagt. Wenn man mit einer Frage konfrontiert ist, wie: „Ich habe mich gefragt, was Sie bei all dem fühlen, wie es Ihnen dabei geht", erzählen uns die Menschen das oft ganz einfach – wir müssen nur bereit sein zuzuhören.

Das Entscheidende ist, dass wir mit Mitgefühl zuhören und darauf verzichten, die Reaktionen der anderen Person zu beurteilen oder zu bewerten.

Empathie durch Mentalisierung vertiefen

Wenn man eine Vorstellung davon hat, was ein anderer Mensch fühlt, kann man weiter überlegen, warum er so fühlen und sich so verhalten könnte. In den ersten drei Kapiteln dieses Buches haben wir darüber gesprochen, wie sich unsere Systeme zur Regulierung der Emotionen entwickelt haben und auf welche verschiedenen Weisen Wut unser Denken und Bewusstsein organisieren kann. Wir haben auch über verschiedene Faktoren (Bindungsgeschichte, Lernen, implizites Gedächtnis) gesprochen, die sich darauf auswirken, wie wir unsere Emotionen ausdrücken und wie wir sie regulieren können. Aufgrund der Tatsache, dass wir so viele dieser Faktoren kaum beeinflussen können, habe ich gesagt, dass es zum großen Teil nicht an uns liegt und nicht unser Fehler ist, wie wir unsere Emotionen erleben. Wir haben uns unsere Probleme mit Wut nicht ausgesucht.

Es zeigt sich nun, dass auch alle anderen Menschen von diesen Faktoren beeinflusst werden. Und das ist auch nicht ihr Fehler oder ihre Schuld. Dies zu erkennen bedeutet nicht, dass man das eigene Verhalten nicht als unangenehm erlebt oder dass man nicht frustriert ist oder sich nicht darüber ärgern kann. Wenn man aber darüber nachdenkt, warum andere so fühlen und sich so verhalten, wie sie das tun, ärgert man sich vielleicht weniger über sie und empfindet vielleicht sogar Sympathie.

Um dahin zu gelangen, überlegen wir mit Mitgefühl, dass die andere Person so wie wir glücklich und frei von Leiden sein möchte und dass ein ziemlich großer Teil ihres Verhaltens irgendwie darauf gerichtet ist, diese allgemeinen Ziele zu erreichen. Wir nutzen dann die Techniken der Mentalisierung, die wir in Kapitel 9 besprochen haben, wozu gehört, dass wir uns bestimmte Fragen stellen. Mithilfe einer kurzen Übung können Sie sehen, wie das geht:

Übung 11.3: Empathie durch Mentalisierung vertiefen

Nehmen Sie sich wieder etwa 30 Sekunden Zeit und werden Sie durch die Beruhigende Atmung langsamer.

- Schauen Sie sich an, wie sich der andere verhält, und fragen Sie sich: „Welche Gedanken und Gefühle könnten ihn dazu bewegen, sich so zu verhalten?"
- Welche Bedürfnisse versucht er zu befriedigen? Das Bedürfnis nach Sicherheit? Nach sozialem Kontakt? Status? Materielle Bedürfnisse?
- Welche Wünsche, Sorgen und Interessen oder Ängste könnten dieses Verhalten motivieren?
- Vergegenwärtigen Sie sich die Lebensgeschichte dieses Menschen. Mit was für Kämpfen ist er vielleicht konfrontiert, von denen Sie keine Ahnung haben? Hat er vielleicht finanzielle Sorgen? Oder Probleme mit der Gesundheit? Hat er Probleme mit seinen Kindern oder mit kranken Verwandten? Vielleicht ist seine Ehe in Gefahr? Vielleicht machen es die Kombination seiner Gene und frühe Lebenserfahrungen schwer für ihn, sich empathisch zu verhalten? Wenn man das Verhalten anderer Menschen als schwierig empfindet, liegt das oft an vielen Faktoren, die ihre Emotionen und ihr Verhalten beeinflussen und die wir nicht kennen. Wenn wir das berücksichtigen, billigen wir vielleicht immer noch nicht ihre Handlungen, aber wir können sie vielleicht verstehen, Sympathie empfinden und darauf verzichten, sie zu verurteilen.

- Denken Sie an die verschiedenen Reaktionen, die Sie gegenüber dieser Person möglicherweise haben, und wie Ihre Reaktionen das Leben dieser Person leichter machen oder erschweren. Überlegen Sie, was für eine Wirkung Sie auf diesen Menschen haben oder wie Sie ihn beeinflussen möchten. Wie möchte Ihr mitfühlendes Selbst das Leben dieses Menschen beeinflussen?

Die Überlegung, warum andere Menschen etwas Bestimmtes tun oder auf eine bestimmte Art und Weise handeln, kann ein Gegenmittel gegen Ärger oder Wut sein. Wenn wir uns noch einmal Sheila und Joshua zuwenden, über die wir in den Kapiteln 8 und 9 berichtet haben, dann sehen wir, dass Sheilas Wut abnahm, als sie erkannte, dass Joshua nicht aus Faulheit so lange brauchte, um sein Universitätsstudium abzuschließen, sondern weil er einen Beruf finden wollte, der ihn wirklich erfüllen würde. Wenn man versucht, die Gründe für das Verhalten eines Menschen zu verstehen, und warum es Sinn macht, dass er so fühlt oder handelt, hilft das, die beschränkte Perspektive eines Denkens, das von Wut bestimmt ist, zu verlassen und die Sichtweise des besonnenen mitfühlenden Selbst einzunehmen.

Ich war sehr davon beeindruckt, wie die Männer in unseren Wut-Gruppen diese Übung aufnahmen. Am schwersten ist es, Menschen mit Empathie zu begegnen, die einen selbst oder andere wirklich schlecht behandeln, und im Gefängnis gibt es sehr viele, die hochaggressiv sind und entsprechend brutal handeln. Ein großer Teil der Gespräche in der Gruppe drehte sich darum, Möglichkeiten zu finden, wie man solche Interaktionen verstehen und darauf reagieren kann, sodass am Ende nicht nur Gewalt steht. Gewalt hat für die Gefangenen viele schlimme Folgen, wie zum Beispiel Einzelhaft, Verlängerung der Haftzeit und natürlich die Wahrscheinlichkeit physischer Verletzungen für alle Beteiligten. Wenn solche Situationen also das Thema waren, stellte sich die Frage: „Warum handelt er so?“ Die Gruppenmitglieder konnten diese Frage sehr gut beantworten und sich in den meisten Fällen sogar die aggressivsten Verhaltensweisen anderer Insassen anschauen und verstehen, dass sie von Unsicherheit oder dem Verlangen nach Status oder Respekt motiviert waren. Wir haben gesehen, dass es sogar im Gefängnis viele andere Reaktionen neben offener Aggression oder Passivität gibt (beides kann sie leicht wieder zum Ziel von Gewalt machen). Und wenn wir verstehen, warum jemand etwas tut, ist es viel leichter, klug und geschickt zu reagieren.

Einige unserer Gruppenmitglieder sind Meister darin geworden, mit Mitgefühl zu verstehen, was das Verhalten anderer Menschen motiviert. Ich habe nicht mitgezählt, wie oft ich Bemerkungen wie diese gehört habe: „Er muss ein ziemlich schlimmes Leben gehabt haben, wenn das die einzige Möglichkeit ist, wie er sich Respekt verschaffen kann", „Er muss sich sehr unwohl in seiner Haut fühlen, wenn er andere so behandelt" oder „Sie ist nicht immer so. Ich wette, sie hatte einen ziemlich schlimmen Tag". Diese Bemerkungen erkennen an, dass es oft an Leiden oder an fehlgeleiteten Versuchen liegt, für die eigenen Bedürfnisse zu sorgen, wenn sich jemand respektlos, schädlich oder grausam verhält. Wenn man so einem Menschen dieses Verständnis entgegenbringt, heißt das nicht, dass man ihn von der Verantwortung für sein Verhalten freispricht. Es bedeutet, dass man die Gründe seines Verhaltens zu verstehen versucht, statt ihn einfach zu verurteilen, sein Verhalten persönlich zu nehmen und sofort mit Ärger oder Wut zu reagieren. Dies ist nicht leicht, aber ich habe Männer gesehen, die 100 Jahre Gefängnis für Gewaltdelikte absitzen mussten und die genau das taten. Wenn sie das tun können, können wir das auch.

Sympathie

Während es bei Empathie darum geht, zu verstehen, was andere fühlen, erlaubt uns Sympathie, von ihrem Leiden bewegt zu sein – berührt zu werden oder Traurigkeit zu empfinden, wenn wir andere leiden sehen. Sympathie ist ein wichtiger Bestandteil von Mitgefühl, weil sie eine emotionale Erfahrung ist, die mit dem Leiden anderer mitschwingt und uns motiviert zu versuchen, es zu verringern. Emotionen haben sich entwickelt, um uns zu aktivieren, und Sympathie ist eine Emotion, die motivieren kann, helfend einzugreifen. Sie hat die stärkste Wirkung, wenn man die Motivation der Sympathie mit empathischem Verstehen kombiniert – weil man dann eher weiß, was anderen fehlt, sodass man ihnen klug und wirksam helfen kann. Dies hat wiederum mit den Qualitäten mitfühlenden Denkens zu tun: der Motivation zu helfen, der Weisheit, die darin besteht, dass man sich um das Verständnis bemüht, was am hilfreichsten wäre, und der Zuversicht, mit der man dies in die Tat umsetzt.

Besonders wichtig ist es, Sympathie mit anderen zu entwickeln, wenn man es mit Wut zu tun hat. Wenn wir versuchen, mit dem Leiden in Kontakt zu kommen, das wir mit unserem Verhalten verursachen, erkennen wir, dass wir keine Wahl haben, als mit der Wut zu arbeiten und zu lernen, wirksamer mit ihr umzugehen und sie zu zügeln. Unserer Sympathie mit ihrem Leiden kann in uns eine Verfassung herstellen, die es unmöglich macht, den Gedanken zu ertragen, ihnen weiter Schaden zuzufügen. Das Entscheidende ist hier, diese Emotion als Nahrung unserer Motivation zu nutzen, uns zu bessern – als eine Motivation, auf eine bessere mitfühlendere Weise weiter mit Situationen und anderen Menschen zu arbeiten. Wenn unsere alten Verhaltensweisen anderen großen Schmerz bereitet haben, mag es sein, dass wir selbst Schmerz empfinden, wenn wir uns für Sympathie und Empathie öffnen. Dies kann sehr überwältigend sein. Manche von uns vermeiden es, in dieser Weise Sympathie zu empfinden, weil es eben so viel Schmerz oder Scham zur Folge haben kann. Wie wir im letzten Kapitel gesehen haben, kann man versucht sein, sich in Unempfindlichkeit, Wut, Gleichgültigkeit oder Verleugnen zurückzuziehen, wenn man Scham empfindet. Wie gesagt, Scham fokussiert unsere Aufmerksamkeit auf uns und wie „schlecht" wir sind – und das nützt niemandem. Im Gegensatz dazu öffnet Bedauern mit Sympathie uns für den Schmerz, den andere empfinden, und wir können uns leichter dazu entschließen, ihnen zu helfen (oder ihnen wenigstens nicht weiter zu schaden). Wenn wir uns dazu entschließen, den Fokus auf die mitfühlende Motivation zu richten, anderen zu helfen, können wir auch den Mut finden, mit der Scham wie auch mit dem Wutverhalten zu arbeiten, das dazu geführt hat.

Mit Empathie Verständnis für unsere Reaktionen mit Ärger oder Wut aufbringen

Wir haben Mühe mit Empathie, wenn wir wütend sind, und es kann sein, dass wir große Schwierigkeiten haben, die Dinge aus der Sicht des anderen zu sehen. Aber wenn wir die Dinge aus einer anderen Perspektive verstehen, ist das nicht nur im Interesse anderer: Ohne Empathie gerät man leicht in Verwirrung, wenn man nicht weiß, warum andere sich so verhalten, wie sie es tun. Es ist dann schwer, die Wirkung zu verstehen, die wir auf andere haben. Das macht es leichter für uns, anderen zu schaden, ohne auch nur zu wissen, was wir tun.

Nehmen wir jemanden, die als Kind missbraucht wurde – nennen wir sie Jessica –, und als Erwachsene schnelle, extreme Stimmungsschwankungen erlebt. Sie fühlte sich schnell abgelehnt und allein. Es wurde bei ihr eine Borderline-Persönlichkeitsstörung diagnostiziert. Jessica tendierte dazu, Dinge sehr persönlich zu nehmen, und wurde ihren Kindern gegenüber sehr wütend, wenn sie ihr nicht gehorchten. Sie verstand ihr Verhalten als Zeichen, dass sie sie nicht respektierten und dass sie ihnen gleichgültig war. Manchmal explodierte sie vor Wut und schrie sie an, beschimpfte sie, stürmte aus dem Haus und ließ sie erschreckt und allein zurück. Erst als sie sich daran erinnerte, wie sie sich selbst gefühlt hatte, wenn sich ihre eigene Mutter genauso verhalten hatte, begann sie zu verstehen, wie ihr Verhalten auf ihre eigenen Kinder wirken musste. An diesem Punkt fing sie an, ihre selbstgerechten Gedanken loszulassen, die sie benutzt hatte, um ihr Wutverhalten zu unterstützen, und sie beschloss, mit Mitgefühl mit ihren Emotionen zu arbeiten. Als Jessica einmal die Not, die sie bei ihren Kindern verursachte (und das herzzerreißende Bedauern, das das in ihr auslöste) verstand, konnte sie sich nicht mehr erlauben, weiter so zu handeln. Sie begann, einen Kurs für Elternverhalten zu besuchen, und lernte, angemessen und wirksam mit dem problematischen Verhalten ihrer Kinder umzugehen. Je mehr Jessica ihr eigenes Verhalten änderte, desto seltener verhielten sich auch ihre Kinder wie bisher.

Wenn wir überlegen, wie andere unsere Wut erleben, ermöglicht uns das, sie und uns selbst in einem neuen Licht zu sehen. Wieder ist das

Entscheidende, diese Wahrnehmungen als Treibstoff für Veränderung zu nutzen – als Motivation, unser mitfühlendes Selbst zu entwickeln.

Übung 11.4: Sich in den anderen hineinversetzen

Diese Übung, die von Paul Gilbert entwickelt wurde, soll uns helfen, auf eine sichere und halb spielerische Weise zu bedenken, was andere als Reaktion auf unsere Wut empfinden.

- Stellen Sie zwei Stühle einander gegenüber. Setzen Sie sich auf den einen Stuhl (wir nennen ihn den „Stuhl der Wut") und stellen Sie sich vor, dass die Person, auf die Sie wütend sind, Ihnen gegenüber auf dem anderen Stuhl sitzt.
- Richten Sie Ihre Wut auf diese Person und sagen Sie ihr die Dinge, die Sie ihr bei ihrer Begegnung gesagt haben (oder, wenn sie sich das erst vorgenommen haben, die Dinge, die sie ihr sagen wollen). Drücken Sie ihr gegenüber ihren Ärger oder ihre Wut aus.
- Holen Sie jetzt tief Atem, stehen Sie auf und setzen Sie sich auf den anderen Stuhl. Stellen Sie sich vor, dass Sie die Person sind, die das Ziel ihrer Wut und Ihrer Vorwürfe ist. Nehmen Sie wahr, wie Sie sich fühlen und wie Sie vielleicht reagieren möchten. Stellen Sie sich den Gesichtsausdruck des wütenden Selbst vor. Nehmen Sie wahr, was Sie vielleicht fühlen würden, wenn diese Wut auf sie gerichtet ist. Lassen Sie die Gedanken und Gefühle auf sich wirken, die bei Ihnen auftauchen.

Diese Übung gibt uns die Gelegenheit, darüber nachzudenken, wie wir uns anhören, wie wir aussehen und was für eine Wirkung wir auf die andere Person haben, wenn wir wütend sind. Sie kann auch verwendet werden, um verschiedene Möglichkeiten auszuprobieren, mit schwierigen Interaktionen umzugehen. In Kapitel 10 haben wir uns damit beschäftigt, wie wir selbstbewusst kommunizieren können. Mit der eben beschriebenen Übung können wir im Rollenspiel eine andere Möglichkeit „ausprobieren", an eine Situation heranzugehen. Wir können uns dadurch besser vorstellen, wie sich die andere Person fühlt. Diese Übung ist deshalb so schön, weil sie uns Gelegenheit gibt, selbstbewusstes Auftreten und Fähigkeiten der Empathie zugleich zu üben.

Bilder, die Mitgefühl ausdrücken: einem schwierigen Menschen mit Mitgefühl begegnen

In Übung 7.2 haben wir eine Übung mit Bildern gemacht, zu der gehörte, jemandem Mitgefühl zuzuwenden, an dem uns liegt, und in Übung 7.3 haben wir dieses Mitgefühl uns selbst entgegengebracht. In der folgenden Übung werden wir unsere „Mitgefühlsmuskeln" ein wenig weiter dehnen, und jemandem mitfühlende Wünsche schicken, mit dem wir Mühe hatten, uns gestritten haben oder den wir einfach nicht mögen. Diese Übung ist offensichtlich schwieriger als die anderen, aber vergessen Sie nicht, dass Sie Ihren Geist trainieren – wie bei körperlichem Training (zum Beispiel, wenn man daraufhin trainiert, einen Marathon zu laufen) müssen wir uns manchmal fordern. Es mag schwierig erscheinen, aber ich wette, dass Sie in ihrem Leben eine Menge schwieriger Dinge getan haben, um etwas zu erreichen, das Ihnen wichtig war.

Suchen Sie zuerst wieder Zugang zu der freundlichen, weisen und zuversichtlichen Autorität ihres mitfühlenden Selbst und wenden Sie sich dann der Übung „Vertiefung von Mitgefühl" (7.2) zu. Bei dieser Übung visualisieren wir jemanden, an dem uns liegt, wecken Mitgefühl mit dem Wunsch, dieser Person zu helfen, und formulieren mitfühlende Wünsche für diesen Menschen. Wenn wir dies getan haben, vergegenwärtigen wir uns das Bild von einem „schwierigen Gegenüber", von einem Menschen, mit dem wir Schwierigkeiten hatten. Wir machen die Übung dann noch einmal für diesen Menschen und wünschen ihm, frei von Leiden und glücklich zu sein. Sie können auch mit den Übungen 11.1,11.2 und 11.3

in diesem Kapitel anfangen und dabei an diesen „schwierigen Menschen“ als Ihr Gegenüber denken. Diese Übung soll Sie nicht dazu bringen, den anderen Menschen zu mögen, es geht vielmehr darum, Ihre innere Orientierung von Wut zu Mitgefühl für diesen Menschen zu ändern. In dieser Hinsicht ähnelt die Übung dem Verzeihen.

Wenn Sie das Gefühl haben, dass Sie kein Mitgefühl aufbringen können, kommen Sie zu dem Bild von der Person oder dem Tier zurück, mit dem Sie begonnen haben – zu dem Wesen, das Ihnen am Herzen liegt und für das Ihr Mitgefühl ganz natürlich da ist. Wenn Sie mit diesen Gefühlen des Mitgefühls wieder in Kontakt sind, versuchen Sie, sich wieder diesem „schwierigen Menschen“ zuzuwenden. Dies ist eine Übung für Fortgeschrittene, besonders für diejenigen von uns, die seit langer Zeit einen Groll, Ärger oder Wut in sich tragen – also keine Sorge, wenn Sie dies nicht auch fühlen können. Versuchen Sie, sich einfach vorzustellen, wie es wäre, wenn Sie Mitgefühl und freundliche Wünsche für diese Person fühlen und ausdrücken könnten. Auch wenn man versucht, den Menschen Mitgefühl entgegenzubringen, die man nicht mag oder mit denen man im Streit liegt, ist es am besten, klein anzufangen – vielleicht mit jemanden, der relativ unbedeutenden Ärger auslöst, und nicht mit jemandem, demgegenüber man heftige Wut empfindet oder der einen sehr verletzt hat. Es ist nicht leicht, aber mit Übung können wir die Erfahrung machen, dass wir in der Lage sind, auch für die Menschen Mitgefühl in uns zu finden, die uns regelmäßig auf die Palme bringen.

Übung 11.5: Einem schwierigen Menschen Mitgefühl entgegenbringen

Beginnen Sie mit den Übungen für das mitfühlende Selbst (7.1) und die Vertiefung von Mitgefühl (7.2). Nehmen Sie sich ein paar Minuten Zeit, um die Qualitäten des mitfühlenden Selbst in sich wachzurufen. Wecken Sie in sich mitfühlende Wünsche, die Sie für jemanden formulieren, der Ihnen am Herzen liegt. Fokussieren Sie auf Ihre Gefühle des Mitgefühls und auf die Freundlichkeit, ruhige Zuversicht und Weisheit ihres mitfühlenden Selbst. Wünschen Sie sich von Herzen, dass diese Person glücklich sein möge.

Wenn sie Gefühle der Freundlichkeit und des Mitgefühls für die Person oder für das Tier, das ihnen am Herzen liegt, geweckt haben, richten Sie den Fokus auf jemanden, mit dem sie einen Konflikt hatten – vielleicht auf jemanden, mit dem sie sich öfter gestritten haben. Stellen Sie sich diese Person so lebendig vor, wie Sie können, und beginnen sie, Ihr Mitgefühl auf sie zu richten. Stellen Sie sich sie als einen Menschen vor, der wie Sie einfach auf diese Welt gekommen ist und der nur glücklich sein und Leiden vermeiden möchte und der sein Bestes tut, wenn er mit schwierigen Gefühlen und Lebensumständen konfrontiert ist. Sie wissen, dass sogar die unguten oder verletzenden Dinge, die diese Person getan hat, nur in dem Versuch getan wurden, glücklich und frei von Leiden zu sein. Behalten Sie Ihren mitfühlenden freundlichen Ausdruck und die Wärme in Ihrer Stimme bei, sprechen Sie die Person mit ihrem Namen an und richten Sie die folgenden Sätze an sie:

- Mögest du frei von Leiden sein. (Halten Sie etwa 10 bis 30 Sekunden lang inne.)
- Mögest du glücklich sein. (Halten Sie wieder inne.)
- Mögest du aufblühen. (Halten Sie inne.)
- Mögest du Frieden finden. (Halten Sie etwa 10 bis 30 Sekunden lang inne.)

Als Nächstes wiederholen Sie etwa eine Minute lang diese Sätze (laut oder still für sich), während Sie sich diese Person vorstellen. Konzentrieren Sie sich bei jedem Satz auf den Wunsch, den Sie für diese Person formulieren – versuchen Sie, den Wunsch zu fühlen, sie möge frei sein von Leiden, glücklich und fähig, zu blühen und Frieden zu finden. Wenn die Person Sie oder andere verletzt hat, stellen Sie sich vor, dass sie frei von dem Leiden und der Verwirrung ist, die sie dazu gebracht haben, diesen Schaden zu verursachen.

Wenn Sie einen Widerstand in sich spüren – zum Beispiel das Gefühl haben, als wollten Sie nicht wirklich, dass sie glücklich oder frei von Leiden ist, dann nehmen Sie diese Gedanken und Gefühle achtsam als eine normale Weise wahr, wie ihr Bedrohungssystem versucht, sie zu schützen.

Bringen Sie Ihren Fokus ruhig zu Ihrem freundlichen, zuversichtlichen und weisen mitfühlenden Selbst zurück und nehmen Sie wahr, was für Gefühle auftauchen, wenn Sie diese freundlichen Wünsche formulieren, und wie es sich in Ihrem Körper anfühlt, wenn Sie anfangen, Ihren Groll loszulassen.

Zusammenfassung

Wenn wir damit arbeiten, mit Ärger und Wut effektiver umzugehen, können wir unsere Erfahrungen von anderen Menschen erweitern, sodass, wie wir sie sehen, nicht mehr von einem Bedrohungssystem bestimmt ist, dass unsere Aufmerksamkeit einengt und unser Argumentieren beeinflusst. Unser mitfühlendes Selbst versteht andere (und uns selbst) als komplexe Wesen, die nur glücklich und frei von Leiden sein möchten und deren Verhalten eine Vielzahl von Motivationen, Emotionen und Denkprozessen spiegelt. Wenn wir Mitgefühl mit anderen praktizieren und zur Gewohnheit machen, Empathie und Sympathie zu empfinden und die mitfühlende Motivation wahrzunehmen, nützlich zu sein, beginnen wir die Triebkraft zu beseitigen, die Ärger und Wut nähren, und die „mentalen Muskeln" unseres mitfühlenden Denkens zu stärken. In Kapitel 12 legen wir unseren mitfühlenden Fokus dahin zurück, wo wir begonnen haben – zu uns selbst.

12 Der Kreis schließt sich: Mitgefühl und Freundlichkeit für sich selbst

In diesem Buch haben wir viel darüber gesprochen, wie man Mitgefühl als Hilfe nutzen kann, mit Wut zu arbeiten und unsere Beziehungen zu verbessern. Dazu mussten wir viel Aufmerksamkeit auf Probleme richten – wie wir mit schwierigen Dingen arbeiten können, und was man tun muss, wenn etwas schiefläuft. Dieses Kapitel wird die Dinge ein wenig anders angehen. In Kapitel 10 haben wir das Buch von Notarius und Markman *Relationship Bank Account* (1) besprochen, in dem beschrieben wird, wie Schwierigkeiten und Konflikte in Beziehungen viel leichter zu bewältigen sind, wenn die Beziehung viel mehr positive Interaktionen als negative enthält und wenn sie sonst stark ist. In ähnlicher Weise ist etwas, was in unserem Leben schiefgeht, viel leichter zu ertragen, wenn es im Kontext eines sonst glücklichen Lebens passiert. Es ist weniger wahrscheinlich, dass man angesichts unbedeutender Schwierigkeiten die Fassung verliert, wenn das Leben sonst von vielen positiven Erfahrungen erfüllt ist, für die man dankbar ist. Wenn man andererseits gestresst, bei schlechter Gesundheit und bis an die Grenzen belastet ist … dann sind dies perfekte Bedingungen für unser Bedrohungssystem, aus Maulwurfshügeln Berge zu machen.

Während aber das Thema „Wie lebt man ein glückliches Leben“ über den Rahmen dieses Buches weit hinausgeht, möchte ich doch in diesem kurzen Kapitel einige sehr wirksame Möglichkeiten vorstellen, wie man vermehrt positive emotionale Erfahrungen in sein Leben bringen kann. Es geht dabei darum, die persönlichen Ressourcen so aufzubauen, dass wir besser in der Lage sind, mit den Dingen umzugehen, wenn sich plötzlich Schwierigkeiten, Ärger und Krisen einstellen – und weniger unserem hochempfindlichen Bedrohungssystem auf den Leim zu gehen, wenn es versucht, uns davon zu überzeugen, dass alles zusammenbricht.

Mitfühlendes Verhalten: Selbstfürsorge

Wenn wir Mitgefühl in unser Leben bringen, bedeutet das, dass wir gut für uns sorgen und unserem Körper und Geist die Unterstützung und die Ressourcen zukommen lassen, die sie brauchen, um so gut wie möglich zu funktionieren. Allzu oft essen wir ungesund, schlafen zu wenig, planen keine Zeit für Entspannung und Erholung oder positive Interaktionen mit anderen ein und wundern uns dann, warum wir uns gestresst und leicht gereizt fühlen. So wie es uns helfen kann, die Ursachen und Bedingungen für positivere innere Zustände herzustellen, wenn wir einfach in einer bestimmten Weise denken, gibt es auch ein paar fundamentale Dinge, die uns helfen, besser mit Stress und schwierigen Situationen umgehen zu können und außerdem glücklicher zu leben. Wenn Sie daran arbeiten, sich selbst Mitgefühl entgegenzubringen, dann sollten Sie unbedingt folgende Punkte beachten:

- *Sorgen Sie für genug Schlaf.* Für die meisten Menschen sind 7 bis 8 Stunden pro Nacht ein gutes Ziel.
- *Ernähren Sie sich vernünftig.* Beschränken Sie den Genuss von Lebensmitteln, die viel Zucker, Fette und Kohlenhydrate enthalten und die kalorienreich sind und wenig Nährwert haben. Sorgen Sie dafür, dass Ihre Ernährung viel Obst und frisches Gemüse enthält und dass die Portionen eine vernünftige Größe haben. Nützlich ist auch Geschirr von mäßiger Größe … Wir neigen dazu, unsere Teller zu füllen und

dann zu essen, bis sie leer sind (2). Wenn Sie das Gefühl haben, dass Sie zu viel essen, schlage ich vor, dass Sie etwa eine Woche lang kleinere Teller benutzen – Sie werden sehen, dass Sie satt werden, auch wenn die Portionen kleiner sind als normalerweise.

- *Vermeiden Sie Drogen, und wenn sie Alkohol trinken, dann tun Sie das mit Maß.* Unter dem Einfluss von Drogen oder Alkohol kommt es immer wieder zu aggressivem Verhalten. Wenn Sie alkoholabhängig sind (wenn Sie ein starkes Verlangen nach Alkohol haben, Gründe dafür suchen, um zu trinken, und sehen, dass die Menge, die Sie trinken, mit der Zeit zugenommen hat) oder auch sonst Probleme mit Alkohol haben, ist es sicher besser, ganz auf Alkohol zu verzichten. Alkoholabhängigkeit bekommt man aber alleine kaum in den Griff, Sie sollten sich dann Hilfe suchen. Das wäre ein Akt des Mitgefühls gegenüber sich selbst.
- *Suchen Sie sich eine regelmäßige körperliche Betätigung.* Finden Sie Freude daran, Ihren Körper zu bewegen. Körperliche Bewegung hat auf unser Leben alle möglichen guten Wirkungen, darunter die Reduktion von Stress und Verbesserung unserer körperlichen Gesundheit.
- *Lernen Sie, Ihre Zeit zu planen.* Es gibt viele Möglichkeiten, wie man das tun kann, aber ein guter Anfang wäre, wenn Sie einen Terminkalender nutzen, um Überblick über Ihre Zeit zu behalten. Vielleicht entdecken Sie eine Menge „verborgener Freiräume", die Sie auf eine Weise nutzen können, die produktiver ist oder mehr Spaß macht.
- *Identifizieren Sie die wichtigsten Stressoren in ihrem Leben und verschaffen Sie sich Ressourcen, mit deren Hilfe Sie mit ihnen umgehen können.* Wenn es in Ihrem Leben Dinge gibt, die sehr viel Stress hervorrufen, ignorieren Sie sie nicht einfach in der Hoffnung, dass sie von allein verschwinden. Oft gibt es nützliche Ressourcen, die wenig kosten (zum Beispiel kostenlose Kurse für den Umgang mit Finanzen) und die leicht im Internet zu finden sind.
- *Lernen Sie Ihre Ausgaben zu kontrollieren.* Wenn man große Schulden hat, kann das zu einer Menge Stress führen, der unser Bedrohungssystem in einem Dauerzustand hoher Wachsamkeit halten kann. Dies geht zwar über den Rahmen dieses Buches hinaus, aber es gibt viele

Möglichkeiten, zu lernen mit Geld umzugehen. Das Reduzieren impulsiver Ausgaben kann sehr ähnlich wie Arbeit mit Wutverhalten sein – obwohl impulsives Geldausleben durch das Antriebssystem bedingt ist.

- *Suchen und pflegen Sie soziale Kontakte.* Suchen Sie Kontakt zu Menschen, mit denen Sie gern Zeit verbringen und die Sie so annehmen, wie Sie sind. Seien Sie wach für Möglichkeiten, mehr Zeit mit ihnen zu verbringen. Denken Sie daran, dass unser Beruhigungssystem auf freundliche, unterstützende Interaktionen mit anderen ganz natürlich reagiert.
- *Suchen Sie neue Quellen sozialer Unterstützung.* Seien Sie offen für Menschen, die Ihre Werte teilen und mit denen Sie Zeit verbringen können. Überlegen Sie sich, ob Sie ein Hobby ausbauen möchten, das zu Kontakt mit Menschen führen kann, die ähnliche Interessen haben.
- *Suchen Sie Möglichkeiten, wie Sie anderen helfen können.* Suchen Sie nach Gelegenheiten, wie sie anderen Menschen oder Tieren helfen können – es gibt oft auch kleine Dinge, die man tun kann, um das Leben anderer zu verbessern, und die relativ wenig Zeit oder Mühe verlangen. Es tut beiden Seiten gut! Ehrenamtliche Arbeit zum Beispiel hilft uns direkt, unser Mitgefühl zu entwickeln, und ist eine wunderbare Möglichkeit, gleichgesinnte und mitfühlende Menschen zu treffen und mit ihnen Freundschaften zu entwickeln.
- *Planen Sie Zeit für Spaß.* Schaffen Sie Gelegenheiten für positive emotionale Erfahrungen in Ihrem Leben. Nehmen Sie sich Zeit dafür, Dinge zu tun, die Ihnen Spaß machen, und tun Sie sie oft! Erlauben Sie sich, es sich manchmal leicht zu machen und Spaß zu haben.
- *Suchen Sie sich Hilfe, wenn Sie sie brauchen.* Manchmal sind wir einfach nicht in der Lage, unsere Probleme allein zu lösen, auch nicht mit der Hilfe von Büchern wie diesem. Nehmen Sie in diesem Fall die Hilfe eines qualifizierten Therapeuten in Anspruch. Wenn man sich stur weigert zuzugeben, dass man etwas nicht allein bewältigen kann, dann verstärkt das nur die Not. Wenn uns unser Auto Probleme macht, obwohl wir unser Bestes tun, es zu reparieren, bringen wir es auch in eine Werkstatt. Warum sollten wir uns selbst nicht wenigstens genauso gut behandeln?

Diese Vorschläge sind keine besonders neuen Ideen – es sind einfach die Dinge, die glückliche, gesunde Menschen tun. Sie können diese Methoden ausprobieren oder selbst eigene finden. Es geht einfach darum, die erfreulichen, gesunden, lohnenden und nährenden Dinge im Leben zu maximieren, unnötige Stressoren zu vermeiden und geduldig die Schwierigkeiten anzunehmen und mit ihnen zu arbeiten, die nicht zu vermeiden sind. Wir sollten innere und äußere Ressourcen aufbauen, die wir nutzen können, wenn wir sie brauchen. Wenn man mit Mitgefühl lebt, sorgt man für sich und für andere, und dies sollte im Gleichgewicht sein, damit es einem gut geht.

Erweitern der Perspektive: Situationen

Wenn wir irgendwie verärgert sind, tendieren unsere Gedanken dazu, die positiven Aspekte der Situationen, in denen wir uns befinden (und unseres Lebens im Allgemeinen), zu ignorieren und nur die negativen wahrzunehmen. Wir grübeln über diese Dinge und kreisen ständig um sie herum. Die kurzen Übungen in diesem Abschnitt sind bestimmt, dieser Gewohnheit des wütenden und reizbaren Geistes entgegenzuwirken und Ihnen zu helfen, mehr die positiven Aspekte des Lebens zu suchen und anzuerkennen. Wenn wir genau hinschauen, entdecken wir trotz aller Schwierigkeiten und Probleme viele schöne Dinge im Leben, an denen wir uns erfreuen und für die wir dankbar sein können.

Positive Emotionen: Erweitern und Aufbauen *(broadening and building)*

In diesem Kapitel stelle ich eine Reihe von Übungen vor, die bestimmt sind, positive emotionale Zustände zu fördern. Viele von ihnen bestehen darin, dass man die guten Dinge im Leben und die, für die wir dankbar sein können, beachtet. Während dies zuerst wie eine Therapie nach dem Motto „Denk einfach gute Gedanken“ erscheinen mag, gibt es gute Gründe dafür, dass solche Methoden wirksam sein können. Wie wir gesehen haben, engen Emotionen wie Wut und Angst, die auf Bedrohung und Gefahr zurückgehen, unsere Aufmerksamkeit ein und beschränken unsere Fähigkeit, flexibel zu denken. Wenn man sich in Gefahr befindet, kann einem dies helfen, schnell zu denken und auf Gefahren zu reagieren. Im modernen Leben kann es aber auch Probleme bereiten, wenn man mit Schwierigkeiten konfrontiert ist, die eher Besonnenheit als schnelles Handeln verlangen. Neuere Forschung ist zu dem Ergebnis gekommen, dass positive Emotionen unsere Aufmerksamkeit erweitern und uns ermöglichen, flexibler zu denken (3) (was nützlich sein kann, wenn man herauszufinden versucht, wie man mit schwierigen Situationen umgehen soll) (4, 5).

Mit der Zeit können negative oder positive Lebenserfahrungen eine negative oder eine positive Dynamik hervorrufen, die unser Gehirn beeinflusst, sodass man also umso wahrscheinlicher negative Erfahrungen in der Zukunft hat, je mehr negative emotionale Erfahrungen man jetzt macht. Dasselbe gilt für positive emotionale Erfahrungen. Wir halten also fest, dass man durch Fokussierung der Aufmerksamkeit und Gedanken in bestimmter Weise diese Arten emotionaler Erfahrungen so beeinflussen kann, dass diese Dynamik in Richtung eines glücklicheren Lebens, besserer Beziehungen und mehr Fähigkeiten wirkt, Schwierigkeiten, zu bewältigen. Eine Weise, wie man diese positiven Emotionen hervorrufen kann, besteht darin, mittels Meditation Freundlichkeit und Mitgefühl zu sich selbst und zu anderen zu lenken (6) – so wie wir das in vielen Übungen in diesem Buch getan haben!

Die guten Dinge beachten: das Tagebuch der Dankbarkeit

In *Das Gehirn eines Buddha* (7) besprechen der Neuropsychologe Rick Hanson und sein Koautor, der Neurologe Richard Mendius, wie sich die Hinwendung der Achtsamkeit auf die positiven Aspekte des Lebens heilsam auf das Gehirn auswirken. Das Gute ist, dass wir bewusst mit der Tendenz unseres Gehirns arbeiten können, Gedanken und Aufmerksamkeit auf die Aspekte unseres Lebens zu richten, die sich bedrohlich anfühlen. Wir können uns entscheiden, sie stattdessen auf die vielen positiven Aspekte des Lebens zu richten. Dies bedeutet nicht, dass wir die Schwierigkeiten im Leben ignorieren oder vermeiden – wir haben ja eine Menge Zeit damit verbracht, zu diskutieren, wie man mit ihnen arbeiten kann. Wenn wir jedoch nicht bewusst mit diesen Schwierigkeiten arbeiten, dann dient das Grübeln über sie nur dazu, den inneren Zustand der Bedrohung zu nähren. Das Entscheidende ist, dass wir die Gewohnheit annehmen, die positiven Dinge im Leben wahrzunehmen, so wie ein gutes Essen oder ein Musikstück, das wir genießen. Wenn wir diese Gewohnheit annehmen können, wird unser Leben sicherlich besser sein.

„Dankbarkeit" kann als ein Gefühl dankbarer Wertschätzung für Zuwendungen oder Wohltaten definiert werden, die wir von anderen bekommen haben (8). Zunehmend vertritt die Forschung die Auffassung, dass Empfinden und Ausdrücken von Dankbarkeit unsere Fähigkeit steigern kann, positive Emotionen zu empfinden, und unser Wohlbefinden verbessern und zu besseren Beziehungen beitragen kann (9). Die Forschung hat auch gezeigt, dass Menschen, die die Dinge aufgeschrieben haben, für die sie dankbar waren, von einer Zunahme positiver Emotionen, einem Abnehmen negativer Emotionen, von verbessertem Schlaf und erhöhter Zufriedenheit berichteten (10). Dankbare Menschen sind auch eher hilfsbereit und bieten emotionale Unterstützung an – mit anderen Worten: Sie handeln stärker aus Mitgefühl. Fokussierung auf die Freundlichkeit, die wir von anderen erfahren, hilft offensichtlich, unsere eigene Neigung zu aktivieren, mit unserem freundlichen, weisen und mitfühlenden Denken Kontakt aufzunehmen.

Die nächste Übung soll Ihnen helfen, Positives dankbar wahrzunehmen, auch wenn es sich nur um Kleinigkeiten handelt. Heute bin ich zum Beispiel dankbar dafür, dass mein Computer einwandfrei funktioniert, dass die Sonne scheint, dass ich eine gute Tasse Tee beim Schreiben trinken kann und dass ich eine Familie habe, die mich liebt. Auch wenn einiges schiefgeht, es gibt immer Dinge, für die wir dankbar sein können.

Übung 12.1: Das Tagebuch der Dankbarkeit

Nehmen Sie zuerst die Perspektive mitfühlenden Denkens ein und üben Sie etwa eine halbe Minute die Beruhigende Atmung. Während Sie Ihre Atmung verlangsamen, vergegenwärtigen Sie sich die Eigenschaften mitfühlenden Denkens: Freundlichkeit, Zuversicht und Weisheit.

- Es gibt viele Dinge in unserem Leben, große und kleine, für die wir dankbar sein können. Denken Sie an die vergangene Woche und schreiben Sie fünf Dinge auf, für die Sie dankbar sind.
- Während Sie diese Dinge aufschreiben, empfinden Sie Dankbarkeit für diese Dinge, die Sie im Leben bekommen haben.

Interdependenz, Dankbarkeit und ein Reichtum an unabsichtlicher Freundlichkeit

Der Buddhismus hat im Laufe von Tausenden von Jahren Techniken des Geistestrainings entwickelt, die uns helfen können, innerlich auf Mitgefühl statt auf Aggression wie Ärger oder Wut zu fokussieren. Bei der Compassion Focused Therapy verwenden wir eine Reihe dieser Techniken. Wenn man sich bedroht fühlt oder ärgerlich oder von Wut erfüllt ist, kann man das Gefühl haben, dass man allein gegen den Rest der Welt steht und dass man von anderen wenig Freundlichkeit oder Unterstützung zu erwarten hat. Wenn man mit diesem Gefühl durch das Leben geht, kann die Welt ein sehr einsamer und bedrohlicher Ort sein.

Wir können diesem Gefühl begegnen, wenn wir unsere wechselseitige Verbundenheit und die Tatsache anerkennen, dass wir alle voneinander abhängig sind. Unser Leben wird durch die Handlungen anderer Menschen unterstützt, so wie wir sie unsererseits unterstützen. Wenn ich zum Beispiel ein Paar Tennisschuhe kaufe, unterstütze ich das Leben derer, die diese Schuhe herstellen, und ihre Anstrengungen machen es möglich, dass ich Schuhe tragen kann. Wenn wir diese Idee der wechselseitigen Abhängigkeit intensiv untersuchen, sehen wir, dass wir alle wahrhaftig und tief miteinander verbunden sind.

Der Dalai Lama erwähnt häufig eine Achtsamkeitstechnik zur Entwicklung dieses Verständnisses, das man „Berücksichtigen der absichtslosen Freundlichkeit anderer“ (11) nennen kann. Statt unsere Aufmerksamkeit auf die Schäden, Kränkungen oder Unannehmlichkeiten zu richten, von denen wir vielleicht meinen, dass andere sie uns angetan haben, können wir uns dafür entscheiden, stattdessen auf die vielen Aspekte unseres Lebens zu fokussieren, die nur aufgrund der Anstrengungen anderer Wesen auf diesem Planeten existieren. Dies erlaubt uns, uns zweier Dinge bewusst zu werden: Erstens nehmen wir wahr, dass wir nicht allein sind, sondern dass wir unser Leben in vollkommener wechselseitiger Verbundenheit mit dem Leben anderen Menschen leben und dass unser Leben eng mit ihrem verflochten ist. Zweitens können wir uns bewusst machen, dass fast alles, was unsere Lebensweise möglich macht, ein unmittelbares Ergebnis der Bemühungen – der „absichtslosen Freundlichkeit“ – anderer Menschen ist.

Denken Sie an etwas, was für Sie vielleicht selbstverständlich ist, wie die Kleidung, die Sie tragen. Wie viele Hunderte oder Tausende Menschen haben gearbeitet, sodass Sie diese Kleidung tragen können? Das Hemd, das ich trage, existiert nur, weil der Farmer sein Feld bestellt und die Baumwolle angebaut hat, weil jemand die Baumwolle bewässert und schließlich geerntet hat. Dann wurde sie dahin gebracht, wo sie zu Stoffen verarbeitet wird. Andere haben den Stoff verarbeitet, das Material zugeschnitten und ein Hemd daraus genäht. Viele haben sich um das Verpacken, den Transport, die Lagerung und schließlich um den Verkauf gekümmert … Auf jeder Stufe dieses Prozesses wurden die Anstrengungen dieser Menschen nur durch die Anstrengungen vieler anderer Menschen möglich, die z. B. Maschinen und Werkzeuge gebaut, Fabriken gebaut und Straßen angelegt und instand gehalten haben und so weiter. Wenn man wirklich darüber nachdenkt, repräsentiert dieses Hemd, das für mich fast immer selbstverständlich da ist, die harte Arbeit Tausender Menschen. Wenn wir die Momente unseres Lebens genau betrachten, dann sehen wir, dass es mit fast allem in unserem Leben so ist: dass die Lebensmittel, die wir essen, die Verkehrsmittel, auf die wir uns verlassen, der Computer, mit dem wir schreiben, alle nur aufgrund der schweren Arbeit zahlloser Menschen möglich ist, denen wir niemals begegnen und denen wir niemals danken können.

Sie sehen, für wie viele Dinge man dankbar sein kann. Dass wir nicht dazu kommen, all diesen Menschen und anderen Wesen gegenüber unsere Dankbarkeit auszudrücken, bedeutet nicht, dass wir es nicht für uns selbst anerkennen können. Wenn wir das tun, kann dies unser Denken transformieren und uns ermöglichen zu sehen, wie verbunden und wechselseitig abhängig voneinander wir alle sind. Diese Einsicht ist ein guter Zugang zu Mitgefühl. Dennoch spüren Sie vielleicht Widerstand und denken: Gut, aber diese Menschen haben diese Dinge nicht mir zuliebe getan, sie haben sie getan, weil sie ihren Lebensunterhalt verdienen müssen. Sie haben das alles nicht aus Freundlichkeit getan. Aber auch wenn es so ist, bedeutet es nicht, dass sie nicht unsere Dankbarkeit verdienen. Unabhängig von ihren Absichten profitieren wir doch davon. Und ist nicht unser Leben allein aufgrund ihrer schweren Arbeit möglich? Der Dalai Lama spricht in diesem Zusammenhang von „unabsichtlichen Freundlichkeiten", denn obwohl ihnen keine Absicht zugrunde liegt, macht die Tatsache, dass wir von ihnen profitieren, ihre Taten zu Akten der Freundlichkeit. Wenn wir das Leben so betrachten, sehen wir, dass wir von der Freundlichkeit anderer umgeben sind und ein Leben leben, das nur aufgrund von ihnen möglich ist. Wir sind alles andere als allein.

Übung 12.2: Die unabsichtliche Freundlichkeit anderer

Wie alle anderen Übungen in diesem Buch beginnen wir mit etwa einer halben Minute Beruhigender Atmung, um Zugang zu unserem Mitgefühl und seinen verschiedenen Eigenschaften zu bekommen wie Freundlichkeit, zuversichtlicher Autorität und Weisheit. Stellen Sie sich vor, wie es wäre, diese Eigenschaften zu besitzen und sie bei dieser Übung zu nutzen.

- Wählen Sie einen bestimmten Aspekt Ihres Lebens – etwas, wovon Sie profitieren, was Ihre Lebensweise ermöglicht oder was Sie einfach genießen. Es kann zum Beispiel die Straße sein, die Sie benutzen, um zur Arbeit zu gelangen, die Lebensmittel, die Sie zu sich nehmen und genießen, oder die Kleider, die Sie tragen.
- Überlegen Sie, was nötig war, damit dieser Teil Ihres Lebens entstehen konnte: die vielen Menschen und andere Lebewesen, deren Anstrengung diesen Teil Ihres Lebens möglich gemacht haben. Bedenken Sie, dass ohne sie das alles nicht möglich wäre.
- Sehen Sie diese Bemühungen als Akte der Freundlichkeit, von denen Sie profitieren. Empfinden Sie Dankbarkeit ihnen gegenüber.
- Beobachten Sie, wie Sie sich fühlen, wenn Sie diese Dinge bedenken. Nehmen Sie die Empfindungen wahr, die in Ihrem Körper entstehen.

Mitfühlende Briefe

In diesem Kapitel haben wir eine Reihe von Möglichkeiten besprochen, wie man sich selbst Freundlichkeit und Mitgefühl entgegenbringen kann. Eine Form, wie man diese Ansätze mit den verschiedenen anderen Übungen zu Mitgefühl zusammenbringen kann, sind mitfühlende Briefe (12). Ein mitfühlender Brief ist ein Brief aus der Perspektive mitfühlenden Denkens an sich selbst. In diesem Brief ermutigen wir uns und begegnen uns selbst mit Freundlichkeit, wir bestätigen uns und unsere Gefühle und geben uns selbst Rat. Wir können diesen Brief immer dann lesen, wenn wir Schwierigkeiten haben, und uns dadurch beruhigen und uns motivieren, auf eine Weise mit unserer Aggression umzugehen, die effektiver ist. Mit diesem Brief erinnern wir uns an Dinge, die uns in schwierigen Situationen helfen können:

- Unsere Fähigkeit, Sorge und Interesse zu empfinden und aufrichtig an anderen Anteil zu nehmen.
- Unser mitfühlendes Selbst und seine Sensibilität für unsere Not und unsere Bedürfnisse.
- Unsere Fähigkeit, Not und Stress zu ertragen und uns unseren Gefühlen zu stellen, auch wenn sie schmerzhaft sind.
- Unsere Fähigkeit, mehr Verständnis für unsere Gefühle und die Gründe zu haben, warum wir uns auf eine bestimmte Weise verhalten.
- Eine nicht wertende und nicht verurteilende Sichtweise.
- Ein echtes Gefühl von Wärme und von Verständnis und Anteilnahme.
- Das Verhalten, das wir vielleicht brauchen, damit es uns besser geht.
- Die Notwendigkeit, unsere Perspektiven zu erweitern; gute Dinge, die Stärken, die wir haben, und die Dinge, für die wir dankbar sein können, anzuerkennen.
- Die Gründe dafür, dass wir uns bemühen, besser zu werden.

Hier folgt ein Beispiel für solch einen mitfühlenden Brief:

Lieber Jim,

es war eine schwierige Woche für dich, es ist verständlich, dass du eine Reihe intensiver Gefühle hast. Du hast versucht, sehr intensiv mit deiner Wut zu arbeiten, und es ist leicht, enttäuscht zu sein, wenn du erkennst, dass du so handelst, dass du nicht stolz darauf sein kannst. Denk daran, dass deine Wut Teil deines Bedrohungssystems ist, das du dir nicht selbst ausgesucht hast. Es ist nicht dein Fehler, dass du so fühlst, wie du fühlst. Gewohnheiten haben viel Macht, und sie sind schwer zu verändern. Das Entscheidende ist, dass du es immer wieder versuchst. Es ist mutig, dass du die Verantwortung für deine Wut übernommen hast und lernst, mit ihr zu arbeiten. Dafür verdienst du Mitgefühl. Lernen, dein Denken zu lenken, ist schwierig, und du wirst es nicht immer richtig machen. Es ist in Ordnung, dass du dich so fühlst, wie du dich in diesem Moment fühlt. Die Tatsache, dass es dir schlecht geht, bedeutet, dass dir daran liegt, es besser zu machen, und es ist ein Zeichen dafür, dass sich deine harte Arbeit lohnt, auch wenn es manchmal nicht so aussieht. Du hast viele Fortschritte gemacht, und andere Menschen nehmen dies wahr und ermutigen dich. Denk daran, wie es dir jetzt geht, verglichen damit, wie es dir ging, als du angefangen hast.

Vielleicht gibt es Techniken, die du auf deinem Weg gelernt hast und die dir jetzt helfen können? Du hast immer die Übung mit dem sicheren Ort gemocht. Oder vielleicht könntest du mit Robert darüber sprechen, wie es dir jetzt geht – er hat dir immer zugehört und versucht, dich zu verstehen. Versuche, dir etwas Raum und Luft zu lassen, und denk daran, dass du dies tust, um ein gutes Beispiel für deinen Sohn und deine Tochter zu sein. Sie verdienen deine Liebe und dein Mitgefühl und du verdienst sie auch. Am wichtigsten ist, dass du weitermachst. Arbeite weiter daran, dass du der Mann wirst, der du sein möchtest. Du kannst es.

Liebe Grüße

Jim

Zusammenfassung

In diesem Kapitel haben wir eine Reihe von Möglichkeiten behandelt, wie wir unser mitfühlendes Denken nutzen können, um besser für uns zu sorgen und in unserem Leben mehr positive emotionale Erfahrungen zu haben. Indem wir mitfühlendes Verhalten nutzen, um gut für uns zu sorgen, schaffen wir die Grundlage, unser Bestes zu geben, wenn wir uns den Herausforderungen des Lebens stellen. Wenn wir lernen, unsere Gedanken den positiven Aspekten unseres Lebens zuzuwenden und Dankbarkeit, Verbundenheit und Freundlichkeit zu empfinden, wirken wir Isolation und Groll entgegen, die so oft unsere Aggression nähren. Schließlich können wir einen mitfühlenden Brief schreiben, um uns an die Techniken zu erinnern, die wir in diesem Buch behandelt haben, und uns freundlich zu ermutigen, wenn wir Hilfe brauchen.

13 Auf Ärger und Wut und auf das Leben mit Mitgefühl zugehen

In diesem Buch habe ich versucht, Ihnen eine neue mitfühlende Weise vorzustellen, wie Sie Ihre Wut verstehen können, und Ihnen zu helfen, wirksam mit ihr zu arbeiten, indem Sie die Qualitäten Ihres mitfühlenden Selbst entwickeln. Wir haben über die Systeme zur Regulierung der Emotionen gesprochen und darüber, wie kompliziert die Funktionen unseres Gehirn sind und wie das manchmal zu Problemen führen kann. Wir haben Übungen beschrieben, um mit Emotionen, Gedanken und Verhalten zu arbeiten, und die unser Leben davor bewahren können, von unserem Bedrohungssystem besetzt zu werden. Wir haben einen weiten Weg zurückgelegt, deshalb möchte ich in diesem letzten Kapitel eine Zusammenfassung geben. Ich versuche zu beschreiben, wie Sie all dies organisieren und auf Ihr Leben anwenden können.

Unsere Arbeit mit Ärger und Wut: Das RAGE-Modell

Die Compassion Focused Therapy hilft uns, viele verschiedene Fähigkeiten zu entwickeln, um effektiver mit Ärger und Wut arbeiten zu können. In der zweiten Hälfte dieses Buches haben wir eine Vielzahl dieser

Fähigkeiten und Hilfsmittel besprochen. Das RAGE-Modell ist ein Versuch, diese Fähigkeiten so zu organisieren, dass Sie sie anwenden können, wenn Sie wahrnehmen, dass Sie wütend werden (1). RAGE *(englisch rage bedeutet Wut)* wird als Anagramm verwendet und steht für Aktivitäten, die in vier Schritten zusammengefasst werden. Das R steht für Erkennen *(engl. recognize),* dass Ärger oder Wut aufkommt, für Reduzieren *(engl. reduce)* dieser Erregung und für Unterlassen *(engl. refrain)* von Verhalten, mit dem die Wut einfach ausgelebt würde. Das A steht für Zugang *(engl. access)* zu unserem an Mitgefühl orientierten Denken, für Akzeptieren *(engl. accept)* unserer Erfahrungen und für Aktivieren *(engl. activate)* unseres Beruhigungssystems. Das G steht für Herstellen *(engl. generate)* einer mitfühlenden Sichtweise und mitfühlender Alternativen zu Wut und dafür, dass man sich die Erlaubnis gibt *(engl. give),* alles zu erleben und zu fühlen, was man erlebt und fühlt. Das E steht dafür, dass mitfühlende Reaktionen, die uns unseren Langzeitzielen näherbringen, in die Tat umgesetzt *(engl. enact)* und als gültig anerkannt, evaluiert *(engl. evaluate)* werden, dass Alternativen im Gehirn etabliert *(engl. establish)* werden und dass man sich als mitfühlenden Menschen erlebt *(engl. experience).* Betrachten wir diese Prozesse genau. Sie sehen vielleicht, dass sich diese Schritte in gewisser Weise überschneiden, aber das ist mit Absicht so – jeder einzelne Schritt soll die anderen Schritte oder Aspekte unterstützen.

Erster Schritt: Erkennen, Reduzieren und Unterlassen

Wut oder Ärger als Reaktion des Bedrohungssystems erkennen

Der erste Schritt beim Umgehen mit Wutverhalten besteht darin, die ersten Anzeichen von Wut zu erkennen. Achtsame Aufmerksamkeit (Kapitel 6) hilft uns, die Veränderungen in Körper und Geist wahrzunehmen, die anzeigen, dass Wut oder Ärger aufsteigt. Mitfühlendes Denken (Kapitel 9) hilft uns, die Situationen zu erkennen, die leicht Wut auslösen, sodass wir darauf vorbereitet sein können. Dies hilft uns, innerlich aus der Wut und aus der Situation, die sie hervorgerufen hat, „auszusteigen" und zu beginnen, die Dinge in einem weiteren Kontext zu sehen. Wir nutzen mitfühlendes Denken, um uns der Ursachen für unsere Empfindungen bewusst zu werden, und fragen uns mithilfe der Techniken der Mentalisierung (Kapitel 9): „Was ist die Gefahr oder Bedrohung, auf die mein Gehirn reagiert?“ Wir können die verschiedenen emotionalen Reaktionen untersuchen (wie Befangenheit oder Scham), die den Ärger oder die Wut nähren. So können wir leichter erkennen und besser damit arbeiten, womit wir es zu tun haben, statt unser Verhalten von Ärger oder Wut kontrollieren zu lassen.

Reduzieren der Erregung von Ärger oder Wut

Diese Gefühle werden durch Erregung im Körper genährt, die es sehr schwer machen kann, klar zu denken und sich davon zu lösen. Wenn wir die Erregung der Wut im Körper erkannt haben, können wir daran arbeiten, sie mithilfe von Techniken mitfühlender Aufmerksamkeit wie der Beruhigenden Atmung (Kapitel 5) und mithilfe der Übungen mit Bildern von Mitgefühl (Kapitel 6) zu reduzieren.

Unterlassen von Verhalten, das von Ärger oder Wut getrieben ist, und von Gewohnheiten, die die Wut verstärken

Viele unserer Probleme haben mit gewohntem Verhalten zu tun – dass wir Wut entweder ausagieren oder sie unterdrücken. Der erste Schritt bei der Veränderung dieser Gewohnheiten besteht darin, dass man darauf verzichtet, sich wie gewohnt zu verhalten, wenn man sich einmal bewusst ist, dass man wütend wird. Die Techniken, die wir in Kapitel 8 gelernt haben, helfen uns, die Erfahrung der Wut zu ertragen, ohne sofort und wie gewohnt zu reagieren. Außerdem neigen wir zum Grübeln darüber, was passiert ist, und unsere Reaktion mit Wut zu rechtfertigen. Mit diesem Verhalten verstärken wir die Wut und nähren sie weiter. Wenn wir lernen, diese Prozesse achtsam zu erkennen und uns von ihnen mithilfe der beschriebenen Techniken zu distanzieren, ist es möglich, uns von der Sichtweise, die von der Wahrnehmung einer Gefahr oder Bedrohung bestimmt ist, zu lösen.

Zweiter Schritt: Zugang, Akzeptieren und Aktivieren

Zugang zum mitfühlenden Selbst

Das eigentliche Ziel des Ansatzes der CFT ist die Entwicklung unseres mitfühlenden Selbst (Kapitel 4). Von Kapitel 7 an haben wir im Detail betrachtet, wie man diesen inneren Zustand kultivieren kann. Ziel dabei ist, die Gewohnheit zu entwickeln, so früh wie möglich die mitfühlende Perspektive einzunehmen, wenn Ärger oder Wut aufsteigen.

Akzeptieren und Aushalten von unangenehmen Empfindungen, die Ärger oder Wut begleiten

Wie Sie in den ersten zwei Kapiteln sahen, sind Wut und andere Emotionen, die von der Wahrnehmung von Bedrohung ausgelöst werden, von einem starken Drang, zu handeln, begleitet. Man empfindet diesen Drang und die Wut selbst oft als etwas Unangenehmes, wie ein Jucken, das ein intensives Verlangen auslöst, sich zu kratzen. Um mit Wut zu arbeiten, verwenden wir unser mitfühlendes Verständnis, um zu akzeptieren, dass dies einfach das Wesen von Wut ist – so funktioniert unsere Reaktion auf Bedrohung. Sie ist unangenehm, aber sie bringt uns nicht um, und um effektiver mit Wut zu arbeiten, müssen wir diese unangenehmen Empfindungen als das akzeptieren, was sie sind, und sie ertragen lernen. Wir können diese Empfindungen auch als ein Signal sehen, das uns sagt, dass wir in diesem Moment Gelegenheit haben, aktiv mit unserer Wut zu arbeiten und die Techniken anzuwenden, die wir gelernt haben. In Kapitel 8 haben wir besonders Strategien besprochen, wie wir diese unangenehmen Gefühle, die mit Wut verbunden sind, ertragen können. In ähnlicher Weise können wir Achtsamkeit verwenden, um diese Empfindungen zu beobachten und mit ihnen zu arbeiten, statt sie auszuagieren. Eine der besten Strategien, die wir dabei verwenden können, ist:

Aktivieren unseres Beruhigungssystems

Nun, da wir die Reaktion auf Bedrohung als das erkannt haben, was sie ist, können wir daran arbeiten, sie auszugleichen, indem wir unser Beruhigungssystem stimulieren. Wir haben in dem Kapitel über Bilder, die

Mitgefühl verkörpern (Kapitel 8), eine Reihe von Übungen dazu beschrieben. Eine weitere Möglichkeit ist der mitfühlende Brief (Kapitel 12). Wir können mitfühlendes Denken nutzen, um unser Beruhigungssystem zu aktivieren und unsere Systeme zur Regulierung der Emotionen wieder in ein Gleichgewicht zu bringen. Dies schafft die Bedingungen dafür, dass wir effektiver mit der Situation und mit den Emotionen arbeiten können.

Dritter Schritt: Erzeugen und Geben

Mitfühlende Alternativen zu gewohntem Wutverhalten

Wenn wir einmal den Teufelskreis unserer gewohnten Reaktion mit Ärger oder Wut verlassen haben, können wir unser mitfühlendes Denken verwenden, um neue Formen zu finden, wie wir in der Situation reagieren können. Die Kapitel in der zweiten Hälfte des Buches, besonders die über mitfühlendes Denken (Kapitel 9) und mitfühlendes Verhalten (Kapitel 10), beschreiben verschiedene Techniken dafür.

Uns erlauben, alles zu erleben, was wir erleben

Wenn man mitfühlendes Denken entwickelt, bedeutet das natürlich nicht, dass man nie wieder Ärger oder Wut empfindet und niemals aggressive und verletzende Gedanken hat. Wenn Sie wahrnehmen, dass Sie solche Gedanken oder Gefühle haben, versuchen Sie, sich das nicht vorzuwerfen oder sich dafür zu schämen. Vielmehr können Sie mitfühlende Akzeptanz und mitfühlendes Denken anwenden und diese Erfahrungen als mentale Ereignisse anerkennen, die normale Folgen unserer Reaktionen auf Bedrohung oder Gefahr sind, und dann andere Gedanken und Emotionen erzeugen. Das Entscheidende ist, uns für mentale Erfahrungen nicht zu kritisieren oder bestrafen zu wollen und stattdessen die Erfahrungen hervorzurufen, die wir wirklich haben wollen. Die Achtsamkeitsübungen in Kapitel 6 helfen uns, unsere Erfahrung zu akzeptieren, und die Übungen mit Bildern in Kapitel 7, die Mitgefühl verkörpern, sowie die Übung in Kapitel 12 zum Verfassen eines mitfühlenden Briefes sind Möglichkeiten, wie wir Mitgefühl auch mit uns selbst entwickeln können. Die Übungen zu mitfühlendem Denken in Kapitel 9 zeigen, wie wir mit nicht hilfreichem und schädlichem Denken arbeiten können.

Der vierte Schritt: In die Tat umsetzen, Evaluieren, Etablieren und Erleben

Mitfühlende Alternativen in die Tat umsetzen

Jetzt, da wir mit unserem mitfühlenden Bewusstsein bessere Möglichkeiten haben, können wir die auszuwählen, die wir anwenden möchten. Es ist an der Zeit, neue Gewohnheiten anzunehmen, aber dies braucht Übung. Auf dieser Stufe setzen wir das, was wir gefunden haben, in die Tat um.

Mitfühlende Alternativen evaluieren

Hier schauen wir uns die mitfühlenden Alternativen an, die wir angewendet haben, und fragen: „Wie funktionieren sie?" Wie wir gesehen haben, entwickeln sich viele Situationen nicht so, wie wir es gern hätten, gleich, was wir tun – denn so ist das Leben. Wir können unseren „Erfolg" nicht auf Faktoren aufbauen, die wir nicht kontrollieren können. Das Ziel ist, dass unser Verhalten unsere Werte reflektiert, damit wir damit glücklich sein können, wie wir reagieren, egal, wie sich die Situation entwickelt. Dadurch entdecken wir Optionen, die besser funktionieren als andere, und wir beginnen, ein Repertoire mitfühlender Strategien zu sammeln, die wir in schwierigen Situationen anwenden können. Dies wird uns helfen, mit Schwierigkeiten zuversichtlicher umzugehen, denn wir fangen an zu verstehen, dass wir unsere Reaktionen beeinflussen können. Dieses Gefühl, die Kontrolle zu haben, beruhigt unser Bedrohungssystem und hilft uns, in einer Reaktion mit Ärger oder Wut zu bremsen, bevor diese sich verselbstständigen können.

Neue Muster im Gehirn etablieren

Jedes Mal, wenn wir aus einer mitfühlenden Motivation heraus handeln oder uns für eine mitfühlende Alternative entscheiden, statt uns wie gewohnt aggressiv zu verhalten, etablieren und stärken wir neue Muster in unserem Gehirn, die festlegen, wie wir in Zukunft reagieren. Wir sollten nicht vergessen, dass es nicht nur um die jeweilige besondere Situation geht – wir arbeiten daran, in kleinen Schritten die Fähigkeiten zu entwickeln, die uns helfen, die Auseinandersetzungen und Kämpfe zu bewältigen, mit denen wir in unserem Leben konfrontiert sind. Wir entwickeln neue Lebenstechniken und machen sie zur Gewohnheit. Es ist inspirierend, wenn man sieht, dass man immer selbstverständlicher mit „mitfühlenden Alternativen" reagiert.

Sich als mitfühlender Mensch erleben

Wenn Sie sich beobachten, wie Sie aus der Perspektive Ihres mitfühlenden Selbst statt aus der eines inneren Zustandes von Bedrohung und Gefahr zu handeln, können Sie anfangen, mit sich selbst auf neue Weise in Beziehung zu sein – als mitfühlender Mensch. Sie werden niemals vollkommen sein, und Sie brauchen es auch nicht zu sein. Es geht darum, dass Sie aus einer mitfühlenden Motivation heraus handeln, um Ihr eigenes Leiden und das Leiden anderer zu verringern und allen an der Situation Beteiligten zu helfen. Wie wir alle werden auch Sie versagen, aber Sie stehen immer wieder auf und machen einen neuen Versuch. Dies ist ein lebenslanges Unterfangen, aber es wird mit der Zeit leichter (und macht mehr Spaß), wenn Sie diesen Weg weiter gehen. Hilfsmittel zur Unterstützung bei den Übungen, die in diesem Buch beschrieben werden, unter anderem Kopien von Formblättern und MP3-Versionen von angeleiteten Meditationen, finden Sie in dem Abschnitt „Working With Anger" bei www.compassionatemind.net (auf Englisch).

Schluss

Da wir nun unsere gemeinsame Reise beenden, möchte ich Ihnen mit ein paar Worten gratulieren. Sie haben das Ende des Buches erreicht und sicherlich gelernt, wie Ihr Gehirn funktioniert, und wie Sie mit Ihrer Wut und anderen schwierigen Emotionen umgehen können. Vielleicht haben Sie auch begonnen, Mitgefühl mit sich selbst und mit anderen zu empfinden. Jetzt beginnt die wirkliche Arbeit. Fassen Sie sich ein Herz und denken Sie daran, diese Arbeit Schritt für Schritt zu tun, und wenden Sie die Dinge, die Sie gelernt haben, in Ihrem Leben weiter an, um sie in das Hier und Jetzt zu bringen. Es ist dieser gegenwärtige Moment, in dem alles passiert. Indem Sie sich einfach dafür entscheiden, in Ihrem mitfühlenden Selbst zu sein und aus dieser Perspektive zu denken und zu handeln, beginnen Sie, neue Gewohnheiten und Muster im Gehirn zu kultivieren und zu etablieren. Mit Übung können diese neuen Gewohnheiten und Muster für den Rest Ihres Lebens bleiben. Dies mag schwierig klingen, aber ich verrate Ihnen ein Geheimnis: Wenn diese neuen Muster einmal etabliert sind, werden sie bleiben und die alten Muster ersetzen. Sie verstärken neue Bahnen und lassen die alten langsam an Kraft verlieren.

Sie fragen sich vielleicht, wann Sie die Wirkung Ihrer Anstrengungen sehen werden. Man meint oft, dass sich Veränderungen plötzlich einstellen, so wie die Sonne plötzlich durch die Wolken bricht. Meiner Erfahrung nach kann man den Prozess der Veränderung aber eher mit der Bewegung des Minutenzeigers einer Uhr oder damit vergleichen, wie man ein Kind wachsen sieht – während man zuschaut, erkennt man überhaupt keine Bewegung und kein Wachstum. Man sieht niemals wirklich, wie sich etwas verändert. Aber dennoch nimmt man nach einer gewissen Zeit wahr, dass das Leben anders geworden ist. Eines Tages wird Ihnen bewusst, dass Tage und Wochen vergangen sind, seit Sie das letzte Mal jemanden angeschrien haben. Oder Sie können sich nicht erinnern, wann Sie das letzte Mal unfreundlich mit Ihrem Partner oder mit Ihrem Kind gesprochen haben und dass Sie viele positive Interaktionen mit anderen hatten und mehr Freunde haben. Die Dinge scheinen einfach besser zu laufen und vielleicht haben Sie sogar das Gefühl, dass Sie glücklicher sind.

Machen Sie weiter, üben Sie weiter, einen kleinen Schritt nach dem anderen. Es wird Rückschläge und Probleme geben, aber Sie werden stetig in die Richtung orientiert bleiben, in die Sie gehen wollen. Wenn Sie einmal fallen, stehen Sie auf, schütteln sich und machen den nächsten Schritt. Sie werden sicher einmal fallen, und deshalb ist es so wichtig, Mitgefühl mit sich selbst zu haben. Es ist nicht leicht, aber die meisten Dinge im Leben sind nicht leicht – das wissen wir alle. Auf jeden Fall sind Sie diese Mühe wert, und Sie können dies tun.

Anmerkungen

Einleitung

1 Für mehr Informationen empfehle ich die folgende Literatur:

Neff, K. D. (2012). *Selbstmitgefühl: Wie wir uns mit unseren Schwächen versöhnen und uns selbst der beste Freund werden*. München: Kailash.

Germer, C. K. (2010). *Der achtsame Weg zur Selbstliebe*. Freiburg, Br.: Arbor.

Gilbert, P. (2011). *Mitgefühl: Wie wir Mitgefühl nutzen können, um Glück und Selbstakzeptanz zu entwickeln und es uns wohl sein zu lassen*. Freiburg, Br.: Arbor.

Gilbert, P. (2010). *Compassion Focused Therapy: Distinctive Features*. London: Routledge.

Kapitel 1: Ärger und Wut. Einführung und Überblick

1 Die folgenden Bücher von Ray DiGuiseppe, Howard Kassinove und Raymond Chip Tafrate liefern ausführlichere Beschreibungen der verschiedenen Formen, die Ärger und Wut annehmen können (und eine Menge anderer wichtiger Informationen über Ärger und Wut und wie man sie behandeln kann). Diese Autoren haben hervorragende Arbeiten darüber verfasst und waren bei der Vorbereitung dieses Kapitels von großem Nutzen.

DiGuiseppe, R. & Tafrate, R. C. (2007). *Understanding Anger Disorder*. New York: Oxford University Press.

Kassinove, H. & Tafrate, R. C. (2002). *Anger Management*. Atascadero, California: Impact.

2 Obwohl es unveröffentlicht ist, gibt dieses Manuskript von Martin Paulus, einem Psychiater der University of California, und seinen Kollegen einen hervorragenden Überblick über Ärger und Wut und ihre Wirkung auf die Gesundheit. Eine gute Übersicht über die gesundheitlichen Folgen von Ärger und Wut bietet auch Kassinoves und Tafrates *Anger Management*.

Paulus, M. R., Fedler, J., Leckband, S. G. & Quinlan, A., *Anger: Definition, Health Consequences, and Treatment Approaches* (Unveröffentlichtes Manuskript, 1–45. Quelle: http://koso.ucsd.edu/~martin/AngerReview.pdf).

Kassinove, H. & Tafrate, R. C. (2002). *Anger Management*. Atascadero, California: Impact.

3 Ekman, P. (1992). An Argument for Basic Emotions, *Cognition and Emotion, 6*, 169–200.

4 Tangney, Wagner, Fletcher & Gramzow, Shame into Anger? The Relation of Shame and Guilt to Anger and Self-Reported Aggression. *Journal of Personality and Social Psychology, 62*, (1992) 669–675.

Tangney, Wagner, Hill-Barlow, Marschall & Gramzow, Relation of Shame and Guilt to Constructive Versus Destructive Responses to Anger Across the Lifespan. *Journal of Personality and Social Psychology, 70*, (1996) 797–809.

5 Siegel, D. J. (2006). *Wie wir werden, die wir sind: neurobiologische Grundlagen subjektiven Erlebens und die Entwicklung des Menschen in Beziehungen*. Paderborn: Junfermann.

6 Gilbert, P. (2011). *Mitgefühl: Wie wir Mitgefühl nutzen können, um Glück und Selbstakzeptanz zu entwickeln und es uns wohl sein zu lassen*. Freiburg, Br.: Arbor.

7 Mehr Informationen über buddhistische Ansätze zur Arbeit mit Ärger und Wut findet man in Chodrons hervorragendem Buch *Es ist dein Ärger*, sowie in dem Buch des Dalai Lama *Der Mensch der Zukunft: meine Vision*, das auf den Lehren von Shāntidevas Anleitung zum Leben als Bodhisattva beruht:

Chodron, T. (2011). *Es ist dein Ärger: Methoden zum Umgang mit starken Gefühlen*. Bielefeld: Theseus-Verlag.

Dalai Lama (1998). *Der Mensch der Zukunft: Meine Vision*. Bern; München; Wien: Barth.

8 Harmon-Jones, E., Vaughn-Scott, K., Mohr, S., Sigelman, J. & Harmon Jones, C., The Effect of Manipulated Sympathy and Anger on Left and Right Frontal Cortical Activity. *Emotion, 4*, (2004) 95–101.

9 Die Literatur darüber, wie sich Ärger und Wut auf Urteilsvermögen und Entscheidungsfindung auswirken können, wird in dem folgenden Kapitel schön zusammengefasst:

Litvak, P. M., Lerner, J. S., Tiedens, L. Z. & Shonk, K., Fuel in the Fire: How Anger Impacts Judgment and Decision-Making. In Potegal, Stemmler & Spielberger (Hrsg.) (2010). *International Handbook of Anger*, 287–310. New York: Springer.

10 Tiedens, L. Z., & Linton, S., Judgment Under Emotional Certainty and Uncertainty: The Effects of Specific Emotions on Information Processing. *Journal of Personality and Social Psychology, 81*, (2001) 973–988.

11 Bodenhausen, G. V., Sheppard, L. A. & Kramer, G. P., Negative Affect and Social Judgment: The Differential Impact of Anger and Sadness. *European Journal of Social Psychology, 24*, (1994) 45–62.

12 Carver, C. S. & Harmon-Jones, E., Anger Is an Approach-Related Affect: Evidence and Implications. *Psychological Bulletin, 2*, (2009)183–204.

Kapitel 2: Der Compassionate Mind Approach kann helfen, Ärger und Wut zu verstehen

1 Eine der aufregendsten Entwicklungen der modernen Psychologie ist die Entdeckung, auf welche dramatische Weise unsere Erfahrungen sich auf unser sich entwickelndes Gehirn auswirken und während unseres ganzen Lebens nachwirken. Daniel Siegel ist ein Pionier auf diesem Gebiet, und ein grundlegender Text ist sein Buch *Wie wir werden, die wir sind.* Unten habe ich für Leser, die dieses aufregende Gebiet der psychologischen Wissenschaft näher kennenlernen möchten, ein paar weitere Titel aufgeführt. Siegels CD-Reihe mit dem Titel The Neurobiology of ‚We' ermöglicht einen besonders leichten Zugang zu diesem Forschungsgebiet.

Cozolino, L. (2007). *Die Neurobiologie menschlicher Beziehungen.* Kirchzarten bei Freiburg: VAK-Verl.-GmbH.

LeDoux, J. (2001). *Das Netz der Gefühle: Wie Emotionen entstehen.* München: Dt. Taschenbuch-Verlag.

Schore, A. (2007). *Affektregulation und die Reorganisation des Selbst.* Stuttgart: Klett-Cotta.

Siegel, D. J. (2006). *Wie wir werden die wir sind: Neurobiologische Grundlagen subjektiven Erlebens und die Entwicklung des Menschen in Beziehungen.* Paderborn: Junfermann.

Siegel, D. J. & Hartzell, M. (2009). *Gemeinsam leben, gemeinsam wachsen: Wie wir uns selbst besser verstehen und unsere Kinder einfühlsam ins Leben begleiten können.* Freiburg, Br.: Arbor.

Siegel, D. J. (2008). *The Neurobiology of ‚We': How Relationships, the Mind, and the Brain Interact to Shape Who We Are.* Boulder, Colorado: Sounds True.

2 Gilbert, P. (2011). *Mitgefühl: Wie wir Mitgefühl nutzen können, um Glück und Selbstakzeptanz zu entwickeln und es uns wohl sein zu lassen.* Freiburg, Br.: Arbor.

3 Dieses Modell beruht auf der Arbeit von Neurowissenschaftlern wie Richard Depue, Jack Panksepp und Joseph Ledoux.

Depue, R. A. & Morrone-Strupinsky, J. V., A Neurobehavioural Model of Affiliative Bonding. *Behavioural and Brain Sciences, 28,* (2005), 313–95.

LeDoux, J. (2001). *Das Netz der Gefühle: Wie Emotionen entstehen.* München: Dt. Taschenbuch-Verlag.

Panksepp, J. (1998). *Affective Neuroscience.* New York Oxford University Press.

4 Moons, W. G., Eisenberger, N. I. & Taylor, S. E., Anger and Fear Responses to Stress Have Different Biological Profiles. *Brain, Behaviour, and Immunity, 24,* (2010), 215–9.

5 Gould, J., Trapasso, C. & Schapiro, R., Worker Dies at Long Island Wal-Mart after Being Trampled in Black Friday Stampede, *New York Daily News,* vom 4. 12. 2010. Quelle: http://www.nydailynews.com/ny_local/2008/11/28/2008–11–28_worker_dies_at_long_island_walmart_after.html

6 Stansbury, K. & Gunnar, M. R., Adrenocortical Activity and Emotion Regulation. In N. A. Fox (Hrsg.) (1994). The Development of Emotion Regulation: Biological and Behavioural Considerations – *Monographs of the Society for Research in Child Development, 59* (2–3, Serial No. 240), 108–34.

7 Cozolino, L. (2007). *Die Neurobiologie menschlicher Beziehungen.* Kirchzarten bei Freiburg: VAK.

8 Gilbert, P. (2010). *Compassion Focused Therapy: Distinctive Features.* London: Routledge.

9 Coan, J. A., Schaefer, H. S. & Davidson, R. J., Lending a Hand: Social Regulation of the Neural Response to Threat. *Psychological Science, 17,* (2006), 1032–9.

10 Carter, C. S., Neuroendocrine Perspectives on Social Attachment and Love. *Psychoneuroendocrinology, 23,* (1998), 779–818.

11 Seltzer, L. J., Ziegler, T. E. & Pollak S. D., Social Vocalizations Can Release Oxytocin in Humans, Proceedings of the Royal Society B: Biological Sciences, (2010), DOI: 10.1098/rspb.2010.0567

12. Siegel, D. J. (2006). *Wie wir werden, die wir sind: Neurobiologische Grundlagen subjektiven Erlebens und die Entwicklung des Menschen in Beziehungen*. Paderborn: Junfermann.

Kapitel 3: Wenn die Dinge aus dem Gleichgewicht geraten

1 Twenge, J. M., Gentile, B., DeWall, N. C., Ma, D., Lacefield, K. & Schurtz, D. R., Birth, Cohort Increases. In Psychopathology among Young Americans, 1938–2007: A Cross-Temporal Meta-Analysis of the mmPI. *Clinical Psychology Review, 30* (2010), 145–54.

2 Twenge, J. M. & Campbell, W. K. (2009). *The Narcissism Epidemie: Living in the Age of Entitlement*. New York: Free Press.

3 Eckersley, R., Is Modern Western Culture a Health Hazard? *International Journal of Epidemiology, 35*, (2006), 252–8.

Eckersley, R., Cultural Fraud: The Role of Culture in Drug Abuse. *Drug and Alcohol Review, 24*, (2005), 157–63.

4 Gilbert, P. (2011). *Mitgefühl: Wie wir Mitgefühl nutzen können, um Glück und Selbstakzeptanz zu entwickeln und es uns wohl sein zu lassen*. Freiburg, Br.: Arbor.

5 Calkins, S. D., Origins and Outcomes of Individual Differences in Emotion Regulation. In N. A. Fox (Hrsg.) (1994), The Development of Emotion Regulation: Biological and Behavioural Considerations – *Monographs of the Society for Research in Child Development, 59* (2–3, Serial No. 240), 53–72.

6 Es gibt eine Fülle an Literatur auf dem Gebiet der Bindungsforschung, die die große Bedeutung solcher Beziehungen bei Kindern und bei Erwachsenen während unserer ganzen Lebenszeit untersucht. Eine hervorragende Übersicht über diese Literatur und Hinweise auf viele andere Informationsquellen über Bindung finden Sie hier:

Dykas, M. J., & Cassidy, J., Attachment and the Processing of Social Information across the Life Span: Theory and Evidence. *Psychological Bulletin, 137*, (2011), 19–46.

7 Siegel, D. J. (2006). *Wie wir werden die wir sind: Neurobiologische Grundlagen subjektiven Erlebens und die Entwicklung des Menschen in Beziehungen*. Paderborn: Junfermann.

8 Schore, A. (2007). *Affektregulation und die Reorganisation des Selbst*. Stuttgart: Klett-Cotta.

9 Gerhardt, S. (2004). *Why Love Matters*. London: Routledge.

Siegel, D. J. (2007). *Das achtsame Gehirn*. Freiburg, Br.: Arbor.

10 Siegel, D. & Hartzell, M. (2009). *Gemeinsam leben, gemeinsam wachsen: Wie wir uns selbst besser verstehen und unsere Kinder einfühlsam ins Leben begleiten können*. Freiburg, Br.: Arbor.

11 Dies wurde zuerst durch den Psychologen Albert Bandura beschrieben:

Bandura, A. (1979). *Sozial-kognitive Lerntheorie*. Stuttgart: Klett-Cotta.

12 Ferster, C. B., A Functional Analysis of Depression. *American Psychologist, 28*, (1973), 857–70.

13 Gilbert, P. (2011). *Mitgefühl: Wie wir Mitgefühl nutzen können, um Glück und Selbstakzeptanz zu entwickeln und es uns wohl sein zu lassen*. Freiburg, Br.: Arbor.

14 Es gibt viele Quellen, die das implizite und explizite Gedächtnis beschreiben, aber für unsere Zwecke empfehle ich das Buch von Daniel Siegel, besonders aufgrund seiner Beschreibung, wie das implizite Gedächtnis die Erfahrung der Gegenwart formen kann:

Siegel, D. J. (2006). *Wie wir werden die wir sind: Neurobiologische Grundlagen subjektiven Erlebens und die Entwicklung des Menschen in Beziehungen*. Paderborn: Junfermann.

Siegel, D. J., *The Neurobiology of ‚We'. How Relationships, the Mind, and the Brain Interact to Shape Who We Are*. Boulder, Colorado: Sounds True, 2008.

Kapitel 4: Die Argumente für Mitgefühl

1 Dalai Lama, Understanding our Fundamental Nature. In R. J. Davidson and A. Harrington (Hrsg.) (2002). *Visions of Compassion: Western Scientists and Tibetan Buddhists Examine Human Nature*. New York: Oxford University Press.

2 Compassion. In V. Neufeldt (Hrsg.) (1988). *Webster's New World Dictionary*, 3. Auflage der Collegeausgabe. New York: Webster's New World.

3 Schwartz, C., Meisenhelder, J. B., Ma, Y. & Reed, G., Altruistic Social Interest Behaviors are Associated with Better Mental Health. *Psychosomatic Medicine, 65* (2003), 778–785.

4 Gilbert, P. (2011). *Mitgefühl: Wie wir Mitgefühl nutzen können, um Glück und Selbstakzeptanz zu entwickeln und es uns wohl sein zu lassen*. Freiburg, Br.: Arbor.

5 Gilbert, P. (2010). *Compassion Focused Therapy: Distinctive Features*. London: Routledge.

6 Brach, T. (2006). *Mit dem Herzen eines Buddha: Heilende Wege zu Selbstakzeptanz und Lebensfreude*. München: Knaur-Taschenbuch.

Kapitel 5: Erste Schritte

1 Gilbert, P. (2011). *Mitgefühl: Wie wir Mitgefühl nutzen können, um Glück und Selbstakzeptanz zu entwickeln und es uns wohl sein zu lassen.* Freiburg, Br.: Arbor.

2 Therapieformen wie die Akzeptanz- und Commitmenttherapie (Acceptance and Commitment Therapy (ACT)) haben betont, wie wirksam uns Anknüpfen an unsere Kernwerte motivieren kann, uns zu verändern.

Hayes, S. C., Strosahl, K. D., & Wilson, K. G. (2011). *Akzeptanz- und Commitment-Therapie: Ein erlebnisorientierter Ansatz zur Verhaltensänderung.* München: CIP-Medien.

3 Die „Beruhigende Atmung“ und viele andere Übungen, die in diesem Buch beschrieben werden, wurden in Zusammenarbeit mit den anderen Mitgliedern und Partnern der Compassionate Mind Foundation von Paul Gilbert entwickelt. Wir haben beständig daran gearbeitet, diese Techniken zu verfeinern, um sie so nützlich wie möglich zu machen, und wo es sinnvoll war, habe ich versucht, sie besonders an die Arbeit mit Ärger und Wut anzupassen. Außer meiner Website findet man auf der Website der Compassionate Mind Foundation – www.compassionatemind.co.uk – Hinweise auf eine Reihe von Quellen und Anleitungen zu Übungen wie die „Beruhigende Atmung“ (auf Englisch).

4 Carney, D. R., Cuddy, A. J. C. & Yap, A. J., Power Posing: Brief Nonverbal Displays Affect Neuroendocrine Levels and Risk Tolerance. *Psychological Science*, (2010) 1363–8.

5 Davis, S. F. & Palladino, J. J. (2000). *Psychology.* 3. Aufl. Upper Saddle River, New Jersey: Prentice-Hall.

Kapitel 6: Achtsamkeit kultivieren

1 Hofmann, S. G., Sawyer, A. T., Witt, A. A. & Oh, D., The Effect of Mindfulness-based Therapy on Anxiety and Depression: A Meta-Analytic Review. *The Journal of Consulting and Clinical Psychology, 78*, (2010), 169–83.

2 In seinem Buch *Das achtsame Gehirn* beschreibt Daniel Siegel, dass Achtsamkeit bestimmte Qualitäten besitzt, wie Neugier, Offenheit und Akzeptanz.

Siegel, D. J. (2007). *Das achtsame Gehirn*. Freiburg, Br.: Arbor.

3 Kabat-Zinn, J. (2010). *Im Alltag Ruhe finden: Meditationen für ein gelassenes Leben*. München: Knaur-Taschenbuch.

4 Eine hervorragende und berührende Darstellung von Tara Brach, wie man mit den Schwierigkeiten des Lebens arbeiten kann, wenn man sie mit Achtsamkeit annimmt:

Brach, T. (2006). *Mit dem Herzen eines Buddha: Heilende Wege zu Selbstakzeptanz und Lebensfreude*. München: Knaur-Taschenbuch.

5 Kornfield, J. (2008). *Das weise Herz: Die universellen Prinzipien buddhistischer Psychologie*. München: Goldmann.

6 Holzel, B. K., Carmody, J., Vangel, M., Congleton, C., Yerramsetti, S. M., Gard, T. & Lazar, S. W., Mindfulness Practice Leads to Increases in Regional Brain Gray Matter Density. *Psychiatry Research: Neuroimaging, 191* (2011), 36–43.

7 In diesem Buch werden das MBSR-Programm und die verwendeten Achtsamkeitsübungen ausführlich beschrieben:

Kabat-Zinn, J. (2011). *Gesund durch Meditation: Das große Buch der Selbstheilung*. München: Knaur-Taschenbuch.

8 Yongey Mingyur Rinpoche (2007). *Buddha und die Wissenschaft vom Glück: Ein tibetischer Meister zeigt, wie Meditation den Körper und das Bewusstsein verändert*. München: Goldmann.

Kapitel 7: Bilder, die Mitgefühl verkörpern: Entwickeln des mitfühlenden Selbst

1 Die Übungen, die in diesem Kapitel beschrieben werden, sind direkte Anpassungen der Übungen, die von Paul Gilbert und anderen Mitgliedern der Compassionate Mind Foundation und Anwendern der Compassion Focused Therapy entwickelt wurden:

Gilbert, P., Audio Exercises for Compassionate Mind Training: Instruction, Soothing-Rhythm breathing, Compassionate Self and Compassionate Image, www.compassionatemind.co.uk.

2 Freundlicher Dank an Miriam Berkman dafür, dass sie mich vor einer Reihe von Jahren mit dieser hervorragenden Technik bekannt gemacht hat.

3 Gilbert, P. (2011). *Mitgefühl: Wie wir Mitgefühl nutzen können, um Glück und Selbstakzeptanz zu entwickeln und es uns wohl sein zu lassen.* Freiburg, Br.: Arbor.

4 Besonders hervorzuheben sind die Psychologen Kristin Neff, die die ‚Self-Compassion Scale' entwickelt hat, und Christopher Germer, der Autor von *Der achtsame Weg zur Selbstliebe.*

Neff, K. D., The Development and Validation of a Scale to Measure Self-Compassion. *Self and Identity, 2*, (2003), 223–50.

5 Neff, K. D. (2012). *Selbstmitgefühl: Wie wir uns mit unseren Schwächen versöhnen und uns selbst der beste Freund werden*. München: Kailash.

6 Germer, C. K. (2010). *Der achtsame Weg zur Selbstliebe.* Freiburg, Br.: Arbor.

7 Wegner, D. M., Schneider, D. J., Carter, S. R. & White, T. L., Paradoxical Effects of Thought Suppression. *Journal of Personality and Social Psychology, 53*, (1987), 5–13.

8 Die Psychologin Deborah Lee hat diese Übung ursprünglich entwickelt, um Traumatisierten zu helfen, die an einer Posttraumatischen Belastungsstörung (PTBS) leiden.

Lee, D. A., The Perfect Nurturer: A Model to Develop a Compassionate Mind within the Context of Cognitive Therapy. In P. Gilbert (Hrsg.) (2005). *Compassion: Conceptualisations, Research, and Use in Psychotherapy*. London: Routledge.

Kapitel 8: Mitfühlende Arbeit mit Ärger und Wut: Anerkennen und Tolerieren des Leidens und unserer Emotionen

1 Goss, K. (2011). *The Compassionate Mind Approach to Beating Overeating Using Compassion Focused Therapy*. London: Constable and Robinson.

2 Ray, R. D., Wilhelm, E. H., & Gross, J. J., All in the Mind's Eye? Anger Rumination and Reappraisal. *Journal of Personality and Social Psychology, 94*, (2008), 133–45.

3 Perls, F. (2007). *Grundlagen der Gestalt-Therapie: Einführung und Sitzungsprotokolle*. Stuttgart: Klett-Cotta.

Kapitel 9: Mitfühlend mit Ärger und Wut arbeiten: Mentalisierung, an Mitgefühl orientiertes Denken und Lösen von Problemen

1 Fonagy, R. & Luyten, R., A Developmental Mentalization-Based Approach to the Understanding and Treatment of Borderline Personality Disorder. *Development and Psychopathology, 21* (2009), 1355–81.

Fonagy, P., Gergely, G., Jurist, E. & Target, M. (2004). *Affektregulierung, Mentalisierung und die Entwicklung des Selbst*. Stuttgart: Klett–Cotta.

2 Lysaker, R. H., Gumley, A. & Dimaggio, G., Metacognitive Disturbances in Persons with Severe Mental lllness: Theory, Correlates with Psychopathology and Models of Psychotherapy. *Psychology and Psychotherapy: Theory, Research, and Practice, 84* (2011), 1–8.

3 Liotti, G. & Gilbert, P., Mentalizing, Motivation, and Social Mentalities: Theoretical Considerations and Implications for Psychotherapy. *Psychology and Psychotherapy: Theory, Research, and Practice, 84* (2011), 9–25.

4 Beck, A. T. (1967). *Depression: Clinical, Experimental, and Theoretical Aspects*. New York: Harper and Row.

Beck, A. T. (1976). *Cognitive Therapy and the Emotional Disorders*. New York: International Universities Press.

5 Hayes, S. C., Villatte, M. L. & Hildebrandt, M., Open, Aware, and Active: Contextual Approaches is an Emerging Trend in the Behavioural and Cognitive Therapies. *Annual Review of Clinical Psychology, 7* (2011), 141–68.

6 Segal, Z. V., Williams, J. N. G. & Teasdale, J. D. (2008). *Die achtsamkeitsbasierte kognitive Therapie der Depression: Ein neuer Ansatz zur Rückfallprävention.* Tübingen: Dgvt-Verlag.

7 Linehan, M. M. (1996). *Dialektisch-behaviorale Therapie der Borderline-Persönlichkeitsstörung.* München: CIP-Medien.

8 Hayes, S. C., Strosahl, K. D. & Wilson, K. G. (2011). *Akzeptanz- und Commitment-Therapie: Ein erlebnisorientierter Ansatz zur Verhaltensänderung.* München: CIP-Medien.

9 Wie viele Übungen, die in diesem Buch beschrieben werden, wurde auch die Lernkarte „Denken, das an Mitgefühl orientiert ist" von Paul Gilbert eingeführt.

10 Mit dieser Methode, bei der Entscheidung, wie man handeln will, Prioritäten im Hinblick auf die Ziele, die Beziehung und den emotionalen Ausdruck zu berücksichtigen, wurde ich an einem bestimmten Punkt sehr früh in meiner Ausbildung durch einen Lehrer bekannt gemacht. Seit Jahrzehnten nutze ich diesen klugen Ansatz in meinem Leben und in meiner Arbeit mit Klienten, aber mir ist es nicht gelungen, seine Quelle ausfindig zu machen. Mein Dank gilt dem Lehrer, durch den ich ihn kennengelernt habe, und der Person, die ihn sich ursprünglich ausgedacht hat. Dieser Ansatz war für mich von großem Nutzen, und wenn ich Sie hier namentlich erwähnen könnte, würde ich das tun.

Kapitel 10: Mitfühlendes Verhalten / Mitgefühl in Beziehungen

1 Arrindell, W. A., Sanderman, R., Van der Molen, H., Van der Ende, J. & Mersch, P. P., The Structure of Assertiveness: A Confirmatory Approach. *Behaviour Research and Therapy, 26* (1999), 337–9.

2 Gilbert, P. (2009). *Overcoming Depression.* New York: Basic Books.

Es ist nicht überraschend, dass sich Paul Gilbert auf seinem beruflichen Weg, der ihn letztlich dahin führte, die Compassion Focused Therapy zu entwickeln, sehr mit Scham beschäftigt (und darüber geschrieben) hat. Der unten genannte Band ist eine hervorragende Sammlung, die Paul und seine Kollegin Bernice Andrews zusammengestellt und herausgegeben haben.

3 Gilbert, P., What is Shame? Some Core Issues and Controversies. In P. Gilbert & B. Andrews (Hrsg.) (1998). *Shame: Interpersonal Behaviour, Psychopathology and Culture.* Oxford: Oxford University Press.

4 Thubten Semkye, Persönliche Mitteilung (23. März 2011).

Meine Gedanken über Scham, Schuld und Bedauern wurden sehr durch ein kurzes Gespräch mit Thubten Semkye, eine tibetische buddhistische Nonne, während eines Retreats in der Sravasti Abtei angeregt, an dem ich im späten März 2011 teilnahm. Ich drückte ihr gegenüber aus, dass ich Scham als sehr problematisch sah, Schuld aber als nützlicher, da man sich dabei wegen etwas schlecht fühlt, was jemand getan hat, aber ohne die negativen Selbst-Zuschreibungen. Semkye teilte mit, dass man in ihrer Tradition stattdessen „Bedauern" verwendet, da dieser Begriff dazu tendiert, den Fokus mehr auf das Wiedergutmachen zu legen, statt uns auf den Fokus von uns selbst festzulegen (normalerweise mit einer Art Gefühl „ich fühle mich schlecht"). Ich stimme vollkommen zu.

5 Dieses Buch entstand auf der Grundlage der Forschungsarbeit, die von den Autoren (beide sind klinische Psychologen) zusammen mit ihrem Berater John Gottman, der für seine Arbeit auf dem Gebiet von Ehe und Partnerschaft bekannt ist, durchgeführt wurde. Es ist eine hervorragende Quelle für Paare und für alle, die gute Beziehungen und die Fähigkeit haben möchten, Konflikte in diesen Beziehungen durchzuarbeiten:

Notarius, C. & Markman, H. (1996). *Wir können uns doch verstehen: Paare lernen mit Differenzen leben.* Reinbek bei Hamburg: Rowohlt.

Kapitel 12: Der Kreis schließt sich: Mitgefühl und Freundlichkeit für sich selbst

1 Notarius, C. & Markman, H. (1996). *Wir können uns doch verstehen: Paare lernen mit Differenzen leben.* Reinbek bei Hamburg: Rowohlt, 1996.

2 In seinem Buch *59 Seconds* hat der britische Psychologe Richard Wiseman die wissenschaftliche Literatur auf nützliche Hinweise und kurze Übungen hin gesichtet, die beitragen können, ein glückliches, gesundes und erfülltes Leben zu leben. Dieses Buch präsentiert einen Reichtum solcher einschlägigen Informationen, die sich auf gesunde Ernährungsweisen zur Regulierung des Körpergewichts und auf viele andere Lebensbereiche beziehen.

Wiseman, R. (2009). *59 Seconds: Think a Link, Change a Lot* (London: MacMillan.

3 Frederickson, B. L. & Branigan, C., Positive Emotions Broaden the Scope of Attention and Thought-Action Repertoires. *Cognition and Emotion, 19* (2005) 313–32.

4 Frederickson, B. L., The Role of Positive Emotions in Positive Psychology: The Broaden-and-Build Theory of Positive Emotions. *American Psychologist, 56* (2001), 218–26.

5 Garland, E. L., Frederickson, B., Kring, A. M., Johnson, D. R., Piper, S. M. & Penn, D. L., Upward Spirals of Positive Emotions Counter Downward Spirals of Negativity Insights from the Broaden-and-Build Theory and Affective Neuroscience on the Treatment of Emotion Dysfunctions and Deficits in Psychopathology. *Clinical Psychology Review* (2010), doi: 10.1016/ j.cpr.210.3.002.

6 Frederickson, B. L. & Cohn, M. A., Open Hearts Build Lives: Positive Emotions, Induced through Loving-Kindness Meditation, Build Consequential Personal Resources. *Journal of Personality and Social Psychology, 5* (2008), 1045–62.

7 Rick Hanson und J. Richard Mendius haben die Übung „Fokussieren auf das Gute“ entwickelt. Ihr Buch ist eine in einem warmherzigen Ton geschriebene und leicht verständliche Quelle für diejenigen, die verstehen möchten, wie die Arbeit mit unserem Bewusstsein und unserem Denken uns helfen kann, unser Gehirn zu verändern.

Hanson, R. & Mendius, R. (2010). *Das Gehirn eines Buddha: Die angewandte Neurowissenschaft von Glück, Liebe und Weisheit.* Freiburg, Br.: Arbor.

8 Watkins, P. C., Woodward, K., Stone, T. & Kolts, R. L., Gratitude and Happiness: Development of a Measure of Gratitude, and Relationships with Subjective Well-Being. *Social Behaviour and Personality 31* (2003), 431–52.

9 Watkins, P. C., Van Gelder, M. & Frias, A., Furthering the Science of Gratitude. In C. R. Snyder & S. Lopez (Hrsg.) (2009). *The Oxford Handbook of Positive Psychology*, 2. Aufl. New York: Oxford University Press.

10 Die Anleitungen zu dem Tagebuch der Dankbarkeit bei den Übungen ist aus dem Buch Counting Blessings Versus Burdens übernommen:

Emmons, R. A. & McCullough, M. E., Counting Blessings Versus Burdens: An Experimental Investigation of Gratitude and Subjective Well-Being in Daily Life. *Journal of Personality and Social Psychology, 84* (2003), 377–89.

11 Wenn wir wirklich Mitgefühl kultivieren wollen, gibt es vielleicht keine bessere Quelle als die Schriften und öffentlichten Reden von Tenzin Gyatso, dem 14. Dalai Lama von Tibet. Er verbindet meisterhafte Beherrschung der 2500 Jahre zurückreichenden Techniken des Geistestrainings zum Wecken von Mitgefühl mit einer Fähigkeit, die Herzen moderner Zuhörer unmittelbar anzusprechen. Er hat viele Bücher über dieses Thema geschrieben. Hier ein paar Titel, die ich sehr nützlich gefunden habe.

Dalai Lama (2010). *Das Buch der Menschlichkeit: Eine neue Ethik für unsere Zeit.* Rheda-Wiedenbrück; Gütersloh: RM-Buch-und-Medien-Vertrieb.

Dalai Lama (2002). *Mit weitem Herzen: Mitgefühl leben.* Berlin: Theseus.

Dalai Lama (2001). *Ohne Anfang, ohne Ende: Die acht Schritte zu einem erfüllten Leben.* Bern; München; Wien: O. W. Barth.

12 Gilbert, P. (2011). *Mitgefühl: Wie wir Mitgefühl nutzen können, um Glück und Selbstakzeptanz zu entwickeln und es uns wohl sein zu lassen.* Freiburg, Br.: Arbor.

Kapitel 13: Auf Ärger und Wut und auf das Leben mit Mitgefühl zugehen

1 Kolts, R. (2010). *Making Peace: A Compassion Focused Therapy Approach for Working with Anger* (Unveröffentlichte Handreichung für die Behandlung).

Anhang

Nützliche Bücher und CDs zur Arbeit mit Ärger und Wut (auf Englisch)

Kassinove, H. & Tafrate, R. C. (2002). *Anger Management.* Atascadero, California: Impact.

Nay, W. R. (2009). *Overcoming Anger in Your Relationship: How to Break the Cycle of Arguments, Put-downs, and Stony Silences.* New York: The Guilford Press.

Tarrate, R. C. & Kassinove, H. (2009). *Anger Management for Everyone.* Atascadero, California: Impact.

Buddhistische Ansätze zur Arbeit mit Ärger und Wut

Chodron, T. (2001). *Es ist dein Ärger: Methoden zum Umgang mit starken Gefühlen.* Bielefeld: Theseus-Verlag.

Hanh, T. N. (2002). *Ärger: Befreiung aus dem Teufelskreis destruktiver Emotionen.* München: Goldmann.

Selbstmitgefühl

Germer, C. K. (2010). *Der achtsame Weg zur Selbstliebe.* Freiburg, Br.: Arbor.

Neff, K. D. (2012). *Selbstmitgefühl: Wie wir uns mit unseren Schwächen versöhnen und uns selbst der beste Freund werden.* München: Kailash.

Das Compassionate-Mind-Modell und Compassion Focused Therapy

Gilbert, P. (2010). *Compassion Focused Therapy: Distinctive Features.* London: Routledge.

Gilbert, P. (2011). *Mitgefühl: Wie wir Mitgefühl nutzen können, um Glück und Selbstakzeptanz zu entwickeln und es uns wohl sein zu lassen.* Freiburg, Br.: Arbor.

Der Geist, das Gehirn und wie sie interagieren, um das zu formen, was und wer wir sind

Begley, S. (2009). *The Plastic Mind: New Science Reveals Our Extraordinary Potential to Transform Ourselves.* London: Constable and Robinson.

Hanson, R. & Mendius, R. (2010). *Das Gehirn eines Buddha: Die angewandte Neurowissenschaft von Glück, Liebe und Weisheit.* Freiburg, Br.: Arbor.

Siegel, D.J. (2006). *Wie wir werden die wir sind: Neurobiologische Grundlagen subjektiven Erlebens und die Entwicklung des Menschen in Beziehungen.* Paderborn: Junfermann.

Siegel, D. J. (2008). *The Neurobiology of ‚We': How Relationships, the Mind, and the Brain Interact to Shape Who We Are.* Boulder, Colorado: Sounds True.

Siegel, D. J., & Hartzell, M. (2009). *Gemeinsam leben, gemeinsam wachsen: Wie wir uns selbst besser verstehen und unsere Kinder einfühlsam ins Leben begleiten können.* Freiburg, Br.: Arbor.

Westliche Anwendungen von Achtsamkeit und Akzeptanz

Brach, T. (2006). *Mit dem Herzen eines Buddha: Heilende Wege zu Selbstakzeptanz und Lebensfreude.* München: Knaur-Taschenbuch.

Kabat-Zinn, J. (2008). *Zur Besinnung kommen: Die Weisheit der Sinne und der Sinn der Achtsamkeit in einer aus den Fugen geratenen Welt.* Freiburg, Br.: Arbor.

Kabat-Zinn, J. (2011). *Gesund durch Meditation: Das große Buch der Selbstheilung.* München: Knaur-Taschenbuch.

Kabat-Zinn, J. (2013). *Achtsamkeit für Anfänger* [Medienkombination]. Freiburg, Br.: Arbor.

Kabat-Zinn, J. (2010). *Im Alltag Ruhe finden: Meditationen für ein gelassenes Leben.* München: Knaur-Taschenbuch.

Siegel, D. J. (2007). *Das achtsame Gehirn.* Freiburg, Br.: Arbor.

Buddhistische Psychologie

Kornfield, J. (2008). *Das weise Herz: Die universellen Prinzipien buddhistischer Psychologie.* München: Goldmann.

Yongey Mingyur Rinpoche (2007). *Buddha und die Wissenschaft vom Glück: Ein tibetischer Meister zeigt, wie Meditation den Körper und das Bewusstsein verändert.* München: Goldmann.

Ehe/Beziehungen

Gottman, J. (2002). *The Relationship Cure: A 5-Step Guide to Strengthening Your Marriage, Family, and Friendships.* New York: Three Rivers Press.

Gottman, J. (1995). *Why Marriages Succeed or Fail: and How You Can Make Yours Last.* New York: Simon & Schuster.

Notarius, C. & Markman, H. (1996). *Wir können uns doch verstehen: Paare lernen mit Differenzen leben.* Reinbek bei Hamburg: Rowohlt.

Nützliche Websites

Hilfsmittel (Fragebögen, Audio-Anleitungen von Übungen), die bei der Arbeit mit diesem Buch nützlich sein können, findet man im Abschnitt ‚Working with Anger' auf meiner Website: www.compassionatemind.net.

Dies ist die Website des Inland Northwest Compassionate Mind Centre in Spokane, WA, USA. Wir bieten Trainings, Beratung und therapeutische Begleitung, die auf dem Ansatz der Compassion Focused Therapy beruhen. Diese Website ist auch mit der Compassionate Mind Foundation verbunden: www.compassionatemind.co.uk

Großbritannien

British Association for Behavioural and Cognitive Psychotherapies (BABCP): www.babcp.com

British Association for Counselling and Psychotherapy (BACP): www.bacp.co.uk

MIND: The National Association for Mental Health: www.mind.org.uk

Nordamerika

American Psychological Association: www.apa.org

Association for Behavioural and Cognitive Therapies: www.abct.org

Arbeit mit dem Ansatz, der auf Mitgefühl fokussiert

Compassionate Mind Foundation - www.compassionatemind.co.uk.
Die Website dieser Non-Profit-Organisation, die von Paul Gilbert gegründet wurde, enthält Informationen über die Compassion Focused Therapy, Hilfsmittel für diejenigen, die diesen Ansatz für sich allein verwenden möchten, um mit den Schwierigkeiten des Lebens zu arbeiten, Forschungsergebnisse, die Interventionen auf der Grundlage dieses Ansatzes unterstützen und Links zu anderen Websites, in denen es um auf Mitgefühl fokussierte Arbeit geht.

Die Website des Center for Compassion and Altruism Research and Education: ccare.stanford.edu. Diese Seite enthält viele Informationen, Videoclips und Ausbildungsangebote im Bereich der sich entwickelnden Wissenschaft vom Mitgefühl, ferner Hinweise auf die Formen, wie Mitgefühl in der modernen Welt kultiviert werden kann.

Mind and Life Institute: www.mindandlife.org. Dies ist die Website des Instituts, in dem sich der Dalai Lama und westliche Wissenschaftler zur Zusammenarbeit zusammenfinden.

Selbstmitgefühl: www.self-compassion.org. Dies ist die Website von Kristin Neff, einer der ersten und einflussreichsten Forscherinnen auf dem Gebiet Selbstmitgefühl.

www.mindfulselfcompassion.org. Dies ist die Website von Christopher Germer, dem Autor von *Der achtsame Weg zur Selbstliebe*. Sie enthält Anleitungen zu vielen Formen der Meditation und viele Texte.

Fragebogen zur Beobachtung von Ärger oder Wut

Dieser Fragebogen soll Ihnen helfen, mit den Situationen, die tendenziell Ärger oder Wut bei Ihnen auslösen, und damit, wie Sie in der Regel reagieren, vertraut zu werden. Es kann Ihnen dabei helfen, mitfühlende Alternativen zu finden. Wählen Sie eine Situation in dieser Woche, in der Sie Wut, Zorn oder Ärger erlebt haben.

Situation/Auslöser: ______________________________

____

Emotionen: ___________________________________

____

Gedanken: ____________________________________

____

Verhalten (Was habe ich gemacht?): ______________

____

Was sagt mein mitfühlendes Selbst? ______________

Was würde mein mitfühlendes Selbst tun? __________

____

Ergebnis? ____________________________________

____

Danksagung

Ich bin vielen Menschen dankbar, die zu meiner Entwicklung als Person und als Psychologe beigetragen haben und die auf diese Weise Anteil an der Entstehung dieses Buches haben, das Sie jetzt in Händen halten. Zu den wichtigsten Lehrern und Mentoren gehören Debra Keil (Riddle), Tom Lombardo, Sandy Brown, John McQuaid und Gail Hicks. Diese Mentoren haben mir durch ihre Anleitung und ihr Vorbild genau das gegeben, was ich gebraucht habe, und genau zu dem Zeitpunkt, als ich es gebraucht habe. Besonderer Dank gilt auch den vielen Kollegen, mit denen ich in der Vergangenheit die Freude hatte, zusammenarbeiten zu können, unter ihnen Phil Watkins und Arif Khan. Ich möchte auch meinen wunderbaren Kollegen an der Eastern Washington University danken, die die perfekte Umwelt geschaffen haben, in der ich persönlich und professionell wachsen konnte, und den zahlreichen Studenten, die über die Jahre als Mitglieder meines Forschungsteams so konzentriert gearbeitet haben.

Mitgefühl in meine therapeutische Arbeit zu integrieren, ist ein unmittelbares Ergebnis der Lehre und der Inspiration verschiedener buddhistischer Lehrer, vor allem von Lama Inge Sandvoss von Padma Ling in Spokane und seiner Heiligkeit des Dalai Lama. Von großer Bedeutung war für mich auch die Arbeit Thubten Chodrons, Pema Chödröns und Jack Kornfields.

Es ist auch wichtig, die vielen Menschen anzuerkennen, die sich in der ganzen Welt in Bewegungen engagieren, die dem Thema Mitgefühl gewidmet sind. Besonders im Inneren des Nordwestens der USA möchte ich die inspirierende Arbeit aller in der Sravasti Abbey, die Gruppe Spokane Friends of Compassion und die Eastern Washington University Compassionate Interfaith Society anerkennend erwähnen. Dank gilt auch Crystal Contreras, meiner Kotherapeutin in unseren Gruppen zum Wut-Management in Gefängnissen, Lou Sowers, und allen im Washington State Department of Corrections, die einen Beitrag geleistet haben, dieses Buch zu ermöglichen.

Ich empfinde sehr große Dankbarkeit gegenüber Paul Gilbert, der die Compassion Focused Therapy (CFT) entwickelt und mich gelehrt hat, sie anzuwenden. Paul ist ein großer Wissenschaftler und Lehrer, ein meisterhafter Therapeut und ein inspirierender Freund. Seine Arbeit wird in diesem Buch häufig zitiert, und sein Einfluss und seine Ideen sind immer präsent; es hätte einen unzumutbar langen Text ergeben, wenn ich ihn so anerkannt hätte, wie er es verdient, denn er würde auf fast jeder Seite mehrmals zitiert.

Mein Kollege und lieber Freund Dennis Tirch hat unschätzbares Feedback und wertvolle Anregungen beigetragen, während ich dieses Buch geschrieben habe, und ich wurde auch durch meine Interaktionen mit der Gemeinde der CFT, besonders Michelle Cree, Chris Irons, Deborah Lee und Ian Lowens geformt. Wenn Ihnen die Lektüre von Nutzen ist, richten Sie Ihre Dankbarkeit bitte an die vielen, die dieses Buch ermöglicht haben. Alle Fehler aber sind meine Fehler.

Großer Dank gilt auch Fritha Saunders, meiner Lektorin bei Constable & Robinson. Ich kann mir bei meinem ersten Buch keine bessere Begleiterin vorstellen. Ich bin auch Kelly Falconer sehr dankbar, die meinen Text redigiert hat und deren Korrekturen und Vorschläge seine Qualität erheblich verbessert haben.

Dieses Buch wäre ohne die vielen Klienten nicht möglich gewesen, mit denen ich während der vergangenen Jahre arbeiten durfte. Die Stärke und der Mut, die Sie in unserer gemeinsamen Arbeit gezeigt haben, waren für mich inspirierend. Besonderer Dank gilt den Männern, die an den Wut-Gruppen am Airway Heights Correctional Center bei Spokane, Washington, in denen mit Compassion Focused Therapy gearbeitet wurde, teilgenommen haben. Ihre erfolgreichen Bemühungen, unter sehr schwierigen Bedingungen Mitgefühl zu lernen und zu üben, haben dieses Buch inspiriert.

Mein nie endender Dank gilt meiner Frau, Lisa Koch, meinem Sohn, Dylan Kolts, meiner Großmutter, Shirley Kolts, meinen Eltern, John und Mary Kolts, meinen Geschwistern, Jason und Michelle Kolts, und meiner weiteren Familie und meiner zweiten Familie: Don, Sandy, Robert und Emily Koch und an Karen und Robert Winchell. Ihr alle habt mich gelehrt, wie man schwer arbeitet, noch mehr liebt und die Dinge im Leben versteht, die wahrlich am wichtigsten sind.

Schließlich möchte ich Ihnen, den Lesern, dafür danken, dass Sie sich dafür entschieden haben, mit Mitgefühl mit Ihrer Wut zu arbeiten. Ich hoffe, dass Ihnen dieses Buch wirklich von Nutzen ist.

Weitere Literatur aus dem Arbor Verlag

Paul Gilbert

Mitgefühl

Wie wir Mitgefühl nutzen können, um Glück und Selbstakzeptanz zu entwickeln und es uns wohl sein zu lassen

Jeder, der mit seinem inneren Kritiker kämpft, sollte dieses Buch lesen. Paul Gilbert schreibt auf meisterhafte Weise über das Training mitfühlenden Denkens – ein innovativer Ansatz, der in den nächsten Jahren gravierend an Bedeutung gewinnen wird, nicht zuletzt, da es immer überzeugendere wissenschaftliche Belege für dessen Wirksamkeit gibt.

Paul Gilbert ist einer der brillantesten Wissenschaftler, die Mitgefühl derzeit erforschen. In *Mitgefühl* macht er uns seine Theorie lebendig und praktisch umsetzbar zugänglich.

ISBN 978-3-86781-055-5

Christopher Germer

Der achtsame Weg zur Selbstliebe

Wie man sich von destruktiven Gedanken und Gefühlen befreit

Das Leben ist hart, vieles kann enorm schieflaufen.
Oft schämen wir uns dann und werden selbstkritisch. Wir fragen uns: „Warum schaffe ich es nicht?" oder „Warum ich?". Vielleicht setzen wir auch alles daran, uns selbst wieder „in Ordnung zu bringen", und machen damit alles nur noch schlimmer.
Doch wir können lernen, mit Kummer und Leid auf eine andere, gesündere Art und Weise umzugehen. Anstatt schwierigen Gefühlen mit erbittertem Widerstand zu begegnen, können wir unseren Schmerz anschauen, beobachten und mit Freundlichkeit und Verständnis darauf reagieren. Das ist Selbstliebe: Wenn wir uns voller Mitgefühl so um uns selbst kümmern, wie wir es bei einem geliebten Menschen tun würden. Bereits ein Augenblick, in dem wir mitfühlend und liebevoll mit uns selbst umgehen, kann unseren Tag verändern und viele solcher Momente können unserem Leben eine ganz neue Richtung geben. Die Befreiung aus der Falle destruktiver Gedanken und Gefühle durch mitfühlende Selbstliebe kann unsere Selbstachtung von innen heraus stärken und sogar Depressionen und Ängste vertreiben.
Erfahren Sie, wie Sie sich dieses Mitgefühl und diese Liebe entgegenbringen können, wenn Sie sie am dringendsten brauchen: Wenn Sie vor Scham fast vergehen, wenn Sie vor Wut oder Angst die Fäuste ballen oder sich zu verletzlich fühlen, um ein weiteres Familientreffen zu überstehen.

In diesem wichtigen Buch erhellt Christopher Germer die unendliche Vielzahl von Synergien, die zwischen Achtsamkeit und Mitgefühl bestehen. Er zeigt effektive Wege auf, wie wir auf geschickte Weise sicherstellen können, dass wir uns selbst einladen, im liebevollen Herzen des Gewahrseins selbst zu verweilen.

Jon Kabat-Zinn

ISBN 978-3-86781-011-1